河出文庫

差異と反復 上

ジル・ドゥルーズ
財津理 訳

差異と反復　上　目次

第一章　それ自身における差異

第三章　思考のイマージュ

凡例

『 』　原著で引用されている書物の題名を示す。ただし、それに収録されている論文などは「 」で示す。

「 」　原著での « » を示す。

《 》　原著での大文字を示す。

……　原著での……を示す。

〈 〉　文意をとりやすくするために訳者が用いた記号。

〔 〕　訳者が補った文章や言葉を示す。

傍　点　原著でのイタリック体の文章や言葉を示す。

小みだし　小みだしは、原著の目次にあるだけで、本文には付せられていないが、目次に指示されている頁数に従って、訳者の判断でしかるべき段落の前に置いた。また、小みだしを、やはり訳者の判断によって、原著での段落の中間に置いた場合、その位置を変更した場合、二つの小みだしをまとめて一つの小みだしにした場合がある。

差異と反復　上

はじめに

書物に含まれる数々の弱点は、往々にして、実現されえなかった空しい意図の代償である。そうした意味からすれば、意図を宣言するということは、実現された書物は理想的な書物に比べて貧弱であると証言することに等しい。序文は最後に読むべきだ、とはよく言われることだ。逆に言えば、結論こそ最初に読まなければならないということであって、それは、結論を読むとそれ以外の部分の読解が無用になりかねないこのわたしたちの書物についても、真実なのである。

本書で論じられる主題は、明らかに、時代の雰囲気のなかにある。その雰囲気のしるしとして、つぎの〔四つの〕点をあげてよいだろう。まず、ハイデガーが、存在論的《差異》の哲学にますます強く定位しようとしていること。つぎに、構造主義の活動が、或る共存の空間における差異的《ディフェランシエル》＝微分的な諸特徴の配分に基づいていること。さらに、現代小説という芸術が、そのもっとも抽象的な省察ばかりでなくその実際的な技法においても、差異と反復をめぐって動いていること。最後に、無意識の、言語の、そして芸術の力でもあろうような、反復の本来の力《ピュイサンス》が、あらゆる種類の分野において発見されていること。これらすべてのしるし《シーニュ》は、或る一般化した反ヘーゲル主義に数え入れることができる。つまり、差異と反復が、同一的なものと否定的なものに、同一性と矛盾に取ってかわったのである。というのも、差異は、ひとがその差異を同一的なものに従属させ続けるかぎりでしか、否定的なものを巻き込むことがないし、矛盾へと運ばれてしまうことがないからである。同一性をどのように理解しようとも、いずれにせよ同一性の優位によって表象＝再現前化《ルプレザンタシオン》(1)の世界が定義される。だが、現代思想は、表象＝再現前化の破産から生まれもすれば、同一性の破滅から生まれもするのであり、要するに、同一的なものの表象＝再現前化の下で作用しているすべての威力の発見から生まれるのだ。現代の世界は、もろもろの見せかけ《シミュラクル》(2)の世界である。そこでは、人間は、神と同様に永らえることはなく、主観の同一性は、実体の同一性と同じく命脈を保つことはない。一切の同一性は、差異と反復の遊びとしての或るいっそう深い遊びによって、見せかけられた《シミュレ》ものでしかなく、まるで光学的な「効果」のように生産されたものでしかないのだ。わたしたちは、それ自身における差異を、そして〈異なるもの〉と〈異なるもの〉との関係を、表象＝再現前化の諸形式から独立に思考したい。なぜなら、この諸形式は、その差異とその関係を、《同じ》ものに連れ戻し、それらをして否定的なものを経由させてしまうからである。

わたしたちは、わたしたちの外で、かつわたしたちの内で、このうえなく機械的で極度に常同症《ステレオタイプ》的なもろもろの反復に直面しつつ、そうした諸反復から、絶えず幾許かのちっぽけな差異、ヴァリアント、そして変容を引き出している——それが、現代におけるわたしたちの生であろう。しかしそれを逆に見れば、偽装しながら隠れているいくつかの秘めやかな反復が、ひとつの差異の永続的な置き換えによって活気づけられながら、わたしたちの内でかつわたしたちの外で、機械的で常同症《ステレオタイプ》的な裸の反復を再現しているのである。見せかけ《シミュラクル》においては、反復がすでに複数の反復を対象としており、差異がすでに複数の差異を対象としている。反復されるのは、まさに諸反復であり、異化＝分化させられるのは、まさに異化＝分化させるものである。生の務めは、差異がみずからを配分してゆく或る空間のなかで、すべての反復を共存させるところにある。本書は、はじめから、つぎのような二つの方向で探究をすすめている。その一方は、否定なき差異という概念に関わる方向である。まさしく、差異は、同一的なものに従属させられないかぎり、〔否定を介する〕対立と矛盾に行き着くことはないだろうし、またそこに「行き着く必要もないだろう」からである。——他方は、反復という概念に関わる方向である。たとえば、機械的あるいは裸の物理的な諸反復（《同じ》もの〔あるいは、《自体》〕の反復）は、「差異的＝微分的」なものを偽装し置き換えてゆく或る隠れた反復のいっそう深い諸構造に、おのれの存在理由を見いだすだろうからである。そうした純粋な差異と複雑な反復という概念は、いかなる機会においても、ひとつにまとまって混じり合っているように思えたので、以上のような二つの探究はおのずから合流することになった。差異の永続的な発散と脱中心化には、反復における置き換えと偽装が、密接に対応しているのである。[3]

同一的なものから解放され、否定的なものから独立するようになった純粋な諸差異を援用するには、数々の危険がつきまとう。そのなかでも最大の危険は、美しき魂[4]のもろもろの表象＝再現前化に陥ること、たとえば、血腥い闘争からかけ離れた、和解可能で連携可能な差異でしかないといったものに陥ることである。美しき魂はこのように言う——わたしたちは、異なるものではあるが、対立するものではない……。そこで問題という基礎概念だが、わたしたちはいずれ、これが差異という基礎概念に結びついているのを理解するだろうが、それはともかくこの概念がまた、美しき魂の諸状態に糧を与えているようにも見えるのである。たとえば、重要なのはただ、問題と問いだけである……。けれども、わたしたちの信じるところでは、諸問題がおのれに固有な定立性の段階に達するとき、また差異がその段階に対応した肯定の対象になるとき、その諸問題は、或る攻撃と選別の力《ピュイサンス》を解き放つのであり、この力《ピュイサンス》が、美しき魂をまさにその同一性から罷免することによって、かつその良き意志〔やる気〕を打ち砕くことによって、その美しき魂を破壊するのである。問題的なものと差異的＝微分的なものは、闘争あるいは破壊の規定であって、この場合の闘争、破壊とは、それに比べれば否定的なものの闘争や破壊が仮象にしかならないような、また美しき魂の祈りがどれもこれも仮象のなかから汲み出された欺瞞にしかならないような闘争、破壊である。見せかけ《シミュラクル》の役割は、似像《コピー》たることにではなく、すべての範型《モデル》いいをも転倒させることによってすべての似像《コピー》を転倒させることにある。そのとき、あらゆる思考《パンセ》〔思想〕は、攻撃へと生成するのだ。

哲学の書物は、一方では、一種独特な推理小説でなければならず、他方では、サイエンス・フィクション〔知の虚構〕のたぐいでなければならない。推理小説ということでわたしたちが言わんとしているのは、どの概念も、局所的なシチュエーションを解決するために、影響力を行使できる範囲で介入するべきだということである。諸概念は、諸問題とともにそれ自体変化するものだ。諸概念には、それなりの支配圏域があり、そこでは、やがてわたしたちが見るように、諸概念が「ドラマ」との関係において、かつ或る種の「残酷」の諸方途によって行使されるのである(5)。それぞれの概念は、それらだけで一貫性を維持しなければならないのだが、しかしこの一貫性は、それらの概念に由来したものであってはならない。諸概念は、おのれの一貫性を、ほかから受け取らなければならないのだ。

経験論の秘密は、以下のように言えよう。経験論は、けっして概念に対する反動ではないし、たんに体験へすがることでもない。それどころか、経験論とは、未見にして未聞の、このうえなく発狂した概念創造の企てである。経験論、それは、概念の神秘主義であり、概念の数理主義である。しかし、経験論は、概念をまさに、或る出会いの対象として、〈ここ－いま〉として、あるいはむしろエレホン[6] *Erewhon* として取り扱う。エレホンとは、そこから、異様に配分されたつねに新しいもろもろの「ここ」と、もろもろの「いま」が尽きることなく湧き出てくる国である。経験論者を措いて、誰がつぎのように言えようか――諸概念は物そのものである、がしかし、「人間学的諸述語」の彼岸において、自由で野性的な状態にある物なのである。私は私の諸概念をつくったり、つくりなおしたり、こわしたりしているが、それは、私の諸概念を反復し、かつ異化＝分化する、動く地平から、あるいはつねに脱中心化する中心から、あるいは絶えず置き換えられる周縁から出発してのことである。現代哲学のなすべき仕事は、〈時間的－非時間的〉、〈歴史的－永遠的〉、〈個別的－普遍的〉といった二者択一を克服することにある。ニーチェに続いて、わたしたちは、時間〔時代〕と永遠性よりもさらに深遠なものとして、かの反時代的なものを発見する。いまや哲学は、歴史哲学でもなければ永遠の哲学でもなく、かえって、反時代的な、つねにただひたすら反時代的な哲学である。すなわち、「この時代に逆らって、来たるべき時代のために、その来たるべき時代を私は望むのだ。[7]」サミュエル・バトラーに続いて、わたしたちは、起源的な「どこにもない」と、置き換えられ、偽装され、変容され、つねに再創造される「ここ－いま」とを同時に意味するものとして、エレホンを発見するのである。もろもろの経験的な個別性でもなければ、抽象的な普遍でもないもの。崩潰した自我として《私ハ思考スル《コギト》》。わたしたちは、どの個体化も非人称的であり、どの特異性も前個体的であるひとつの世界を信じる。《ひと》、それは何と素晴らしいものであろうか。そこにこそ、あのエレホンから必然的に派生するサイエンス・フィクションというアスペクトがある。この書物が現前させるべきはずであったこと、それは、以上からして、神のものあるいは世界のものでもなければ、わたしたちのもの、すなわち人間のものでもないような、或る一貫性へのアプローチである。その意味で、この書物は、ひとつの黙示録的な書物になるべきはずのものであった（時間のセリーにおける第三の時代[8]）。

この書物は、別の意味でもまた、やはり弱点の目につくサイエンス・フィクションである。自分が知らないこと、あるいは適切には知っていないことについて書くのではないとしたら、いったいどのようにして書けばよいのだろうか。まさに知らないことにおいてこそ、かならずや言うべきことがあると思える。ひとは、おのれの知の尖端でしか書かない、すなわち、わたしたちの知とわたしたちの無知とを分かちながら、しかもその知とその無知をたがいに交わらせるような極限的な尖端でしか書かないのだ。そのような仕方ではじめて、ひとは決然として書こうとするのである。無知を埋め合わせてしまえば、それは書くこと《エクリチュール》を明日に延ばすことになる。いやむしろ、それは書くことを不可能にすることだ。おそらく、そこには、書くことが死とのあいだに、沈黙とのあいだに維持していると言われている関係よりも、はるかに威嚇的な関係がある。[9] だからわたしたちは、あいにく、このサイエンス〔知〕はサイエンス的〔学問的、科学的〕ではないということをしみじみ感じているがままに、サイエンスと言ったのである。

ひとは哲学の書物をかくも長いあいだ書いてきたが、しかし、哲学の書物を昔からのやり方で書くことは、ほとんど不可能になろうとしている時代が間近に迫っている。「ああ、古いスタイルよ……。」哲学的表現の新しい手段の追究は、ニーチェによって開始されたのだが、今日では、その追究を、たとえば演劇や映画のような、或るいくつかの芸術の刷新に見合ったかたちで遂行しなければならない。この視点から、いまやわたしたちは、哲学史をどう利用するべきかという問いを立てることができる。哲学史は、絵画におけるコラージュの役割にかなり似た役割を演じるべきだと、わたしたちには思われる。哲学史とは、まさにその哲学の再生産である。哲学史における報告は、正真正銘の分身として作用しなければならず、その分身本来の最高度の変容を包含しなければならないだろう。（口髭をはやしたモナ・リザ[10]と同じ意味で、哲学的に髭をはやしたヘーゲル、哲学的に髭をそったマルクスを想像してみよう。）実在する過去の哲学の書物を、まるで見せかけだけの想像上の書物であるかのようにまんまと語ってしまうことが必要になるだろう。周知のように、ボルヘスは、想像上の本を報告することにかけては卓越した力量をもっている。しかしボルヘスがもっと徹底してことにあたるのは、彼が、たとえば『ドン・キホーテ』のような実在する書物を、想像上の著者ピエール・メナール自身によって再生産された想像上の書物であるかのようにみなしておきながら、しかもこのピエール・メナールを今度は実在的な人物であるかのようにみなすときである。そのとき、もっとも正確でもっとも厳密な反復が、最高度の差異を相関項としているのである（「セルヴァンテスのテクストとメナールのテクストは、言葉のうえでは同一であるが、しかし後者のほうが、ほとんど無限に豊かである……」(11)）。哲学史の諸報告は、テクストに関する、一種のスローモーション、凝固あるいは静止を表象＝再現前化していなければならず、しかも、その諸報告が関係しているテクストばかりでなく、その諸報告がその内部に潜んでいる当のテクストまでも扱わなければならない。したがって、哲学史の諸報告は、或る分身的存在をもつのであり、そして、古いテクストとアクチュアルなテクストの相互間における純然たる反復を、理想的な分身としてもつのである。だからこそわたしたちは、そうした分身的存在にアプローチするために、ときには歴史的な注解を、わたしたちのテクストそのものに統合しなければならなかったのである。

序論　反復と差異

反復と一般性――行動の視点からする第一の区別

反復は一般性ではない。反復は、いくつかの仕方で一般性と区別されねばならない。両者の混同を巻き込んでいる言表は、いずれも厄介なものである。たとえば、わたしたちが、二つの事物は、二つの水滴のように類似しているという場合や、「一般的なものについてしか科学〔学問、知識〕は存在しない」というのと、「反復するものについてしか科学は存在しない」というのを、同一視する場合である。差異は、本性上、反復と、たとえどれほど極限的な類似であろうと、その類似とのあいだにある。

一般性は、類似の質的レヴェルと等価の量的レヴェルの、二つの大きなレヴェルを提示している。もろもろの循環と、もろもろの等しさとが、その象徴である。だが、いずれにせよ、一般性は、どの項も他の項と交換可能であり、他の項に置換しうるという視点を表現している。もろもろの個別的なものの交換ないし置換が、一般性に対応するわたしたちの行動の定義である。だからこそ、経験論者が、言葉のうえで一般観念に類似している個別〔特殊〕観念などのような個別観念であろうと、その一般観念の代理として用いてかまわない、という気持ちを加味することを条件に、一般観念を、それ自身において個別的なひとつの観念として提示するのも間違いではないのだ。これとは逆に、わたしたちには、反復は代理されえない〔かけがえのない〕ものに対してのみ必然的で根拠のある行動になるということがよくわかる。行動としての、かつ視点としての反復は、交換不可能な、置換不可能な或る特異性に関わる。反映、反響、分身、魂は、類似ないし等価の領域には属していない。そして一卵性双生児といえども、互いに置換されえないように、自分の魂を交換しあうことはできないのである。交換が一般性の指標だとすれば、盗みと贈与が反復の指標である。したがって、反復と一般性とのあいだには、経済的な差異があることになる。

　反復すること、それは行動することである。ただし、類似物も等価物もない何かユニークで特異なものに対して行動することである。そして、おそらく、そのような外的行動としての反復は、それはそれでまた、より秘めやかなバイブレーションに、すなわち、その反復を活気づけている特異なものにおける内的でより深い反復に反響するだろう。祝祭というものには、「再開不可能」なものを反復するという明白なパラドックス以外のいかなるパラドックスもない。一回目に、二回目、三回目を加算するというのではなく、第一回目を「*n*」乗するのだ。このような力＝累乗《ピュイサンス》の関係＝比《ラポール》のもとで、反復は、内面化されることによって転倒させられるのである。ペギーが言ったように、バスティーユの攻略を記念するあるいは表象＝再現前化するのが連盟祭なのではなく、まさにバスティーユ攻略が諸連盟をまえもって祝いかつ反復するのである。あるいはまた、モネの最初の睡蓮こそが、他のすべての睡蓮を反復するのである。[1]だからわたしたちは、個別的なものに関する一般性であるかぎりでの一般性と、特異《サンギユリエ》なものに関する普遍性としての反復とを対立したものとみなすのである。わたしたちは、一個の芸術作品を概念なき特異性《サンギユラリテ》として反復するのであって、一つの詩が暗誦され〔心で覚えられ〕なければならないということは、偶然ではないのだ。頭脳は交換の器官であるが、心は、反復を愛する器官である。（たしかに、反復は頭脳にも関わっている。しかし、それはまさに、反復が頭脳にとって恐怖でありパラドックスであるからだ。）ピユス・セルヴィアンは、正当にも二つの言語を区別した。ひとつは、諸科学の言語であって、等号に支配され、どの項〔辞項〕も他の項によって代理されうるものである。他は、抒情的な言語であって、どの項も代理されえず、ただ反復されることしか可能でないものである。[2]なるほど、反復を、極限的な類似ないしは完全な等価として「表象＝再現前化」することはできる。しかし、二つの事物のあいだの本性上の差異は、ひとが一方の事物から他方の事物へ徐々に〔度を経て〕移行することがあっても、なくなりはしないのである。

一般性の二つのレヴェル——類似と等しさ

他方、一般性は法則のレヴェルに属している。だが、法則は、その法則に従う諸基体と、その法則が指示している〔数式の〕諸項との、類似と等価を規定しているだけである。法則は、反復を基礎づけるどころか、むしろ、法則のたんなる諸基体――個別的なもの――にとって反復が不可能なままであるのはどうしてなのか、ということを示している。法則によって、その諸基体は、余儀なく変化してしまう。差異の空虚な形式、変化の不変の形式である法則は、その諸基体に対して、それら自身の変化を代償にするときだけその法則の例証になるよう強制するのである。なるほど、法則が指示している項には、変数もあれば定数もあるし、自然のなかには、もろもろの流れや変化もあれば、もろもろの恒久性、持久性もある。しかし、持久性にしても、反復をつくりはしない。ひとつの法則中の定数は、もっと一般的な法則のなかでは変数であり、それはちょうど、きわめて固い岩が、百万年単位の地質学的スケールでは、やわらかくて流動的な物質へ生成するのと似ているところがある。そして、それぞれの水準において、法則の基体は、まさに自然のなかの恒久的な大きい対象と比べてみてこそ、反復できないおのれの無力を悟るのであり、また、その基体は、恒久的な対象のなかに、そうした無力がすでに含まれ、反映されているのを発見し、その対象からおのれの〔変化の〕余儀ない状態を読みとる。法則は、もろもろの水の流れの変化を、大河の恒久性に結びつける。エリー・フォールは、ワトーについて、「彼は、いっそう移ろいやすいものを、わたしたちの視線が出会ういっそう堅固なもの、すなわち空間と大きな森のうちに置いた」と述べている(1)。これが、十八世紀の方法なのだ。『新エロイーズ』のなかで、ヴォルマールは、そのひとつのシステムをつくってしまっていた。つまり、《自然》の法則がすべての個別的な被造物に余儀なくさせているようにみえる一般条件としての変化、すなわち反復の不可能性は、固定的な項との対比において把握されていた（もちろん、この固定的な項もそれ自体、他のより一般的な法則との関連では、他の恒久性に対して変化可能な項になるだろう）。これが、木立、ほら穴、「聖」なる物の意味である。サン・プルーは、たんに彼の変化とジュリーの変化のゆえだけでなく、象徴的な価値を帯び、しかも彼を真の反復から排除する、自然のなかのもろもろの大きな恒久性のゆえに、反復することは不可能であると思い知る。反復が可能であれば、反復は、法則に属するというよりも、むしろ奇跡に属する。反復は、法則に反している。すなわち、法則の類似形式と等価内容に反しているのだ。反復が自然のなかにさえ見いだされうるのであれば、それは、法則なるものに反する自己を肯定し、諸法則の下で働き、おそらくは諸法則に優越するような、そうした力《ピュイサンス》＝累乗の名においてである。反復が存在するのであれば、反復は、一般的なものに反する或る特異性、個別的なものに反する或る普遍性、通常なものに反する或る特別なもの、変化に反する或る瞬間性、恒久性に反する或る永遠性を、同時に表現している。あらゆる点で、反復とは、侵犯《トランスグレッション》なのである。反復は、法則を疑わしいものとみなし、より深く、より芸術的な現実のために、法則の名目的あるいは一般的な性格を告発するのである。

法則の視点からする第二の区別

とはいえ、科学的実験そのものの観点からすれば、反復と法則との関係をすべて否認することは難しいようにみえる。しかしわたしたちは、どのような条件において、そうした実験は反復を保証するのかと問わなければならない。類似の巨大な諸循環のなかではどんな推論も可能であって、自然現象は勝手気ままに生じるのだという考え方からすれば、あらゆるものがあらゆるものに反応し、すべてがすべてに類似することになる（雑多なもののそれ自身との類似）。ところが、実験は、比較的閉じた環境をつくり、そのなかで、わたしたちは、選択された少数のファクターに即してひとつの現象を定義する（そのファクターは、最小限二つ必要であって、たとえば、真空中の物体の運動一般については、空間と時間である）。したがって、物理学への数学の応用について、あれこれ疑ってみる必要はない。あらかじめ確保された諸ファクターあるいは閉じた環境は、幾何学的座標系を構成しているのだから、物理学はそのまま数学なのである。このような諸条件においては、現象は必然的に、選択された諸ファクター間の一定の量的な連関に等しいものとして現われる。それゆえ、実験においては、問題になるのは、一般性のひとつのレヴェルを他のレヴェルに置換すること、つまり類似のレヴェルを等しさのレヴェルに置換することである。実験の個別的な諸条件のなかでひとつの現象を同定するのを可能にしてくれる等しさ《エガリテ》〔等式〕を発見するために、諸類似をこわすということだ。この場合、反復は、一般性のひとつのレヴェルからもうひとつのレヴェルへの移行のなかにしか現われず、そうした移行のおかげで、またそれを機会として、ちらっと顔をのぞかせるだけである。あたかも反復が、その二つの一般性の下で、その二つの一般性のあいだで、一瞬のうちに頭を出したかのように、すべては進行する。だが、そこでもまた、本性上異なっているものを、程度上の差異と取り違える危険がある。というのは、一般性というものは、仮定〔仮言〕的な反復、つまり、もし同じ諸状況が与えられていればそのときには……という仮定的な反復しか表象＝再現前化せず、予想させないからである。そのような言い方はつぎのことを意味している。すなわち、似ているいくつかの全体的なものにおいて、わたしたちは、現象が〔量的な連関と〕〈等しく‐ある〉ということを表象＝再現前化している同一的な若干の諸ファクターを、つねにあらかじめ確保し選択しうるだろう、ということである。だが、このようにしては、反復を定立するものも、定言的なものも、あるいは反復のなかで権利上価値あるものも説明されはしない（権利上価値あるものというのは、二回目、三回目を経る必要のない、たった一回の力《ピュイサンス》＝累乗としての「n」回のことである）。反復は、たとえ現われ出るために、ひとつの一般的なレヴェルからもうひとつの一般的なレヴェルへの人為的移行を利用するにしても、その本質においては、本性上一般性とは異なる特異な力《ピュイサンス》＝累乗を指し示しているのである。

反復、自然の法則と道徳法則

「ストア派」の誤りは、自然法則の反復を期待することにある。賢者は、回心して有徳の士にならなければならない〔と言われている〕。反復を可能にするはずの法則を見いだそうという夢は、道徳法則の側に移るわけである。《義務》の再確認と一体になった日常生活には、再開すべき務め、繰り返すべき忠実さというものがつねにある。ビュヒナーは、ダントンに、つぎのように言わせている。「退屈千万なことだ。いつでもまずシャツを着てそれからズボンをはく、夜はベッドに入り、朝になるとまた這い出す。そして片っ方の足をいつもこうやってもう片っ方の前に出す。変えようと思ったってまるでめどが立たない。まったく悲しいことさ、これまで何百万の人間がこうやってきたんだが、これからさきも何百万人もの人がまたこうしていくだろう。その上に僕たちは、左右対称の二つの部分からできていて、その半分ずつがまったく同じことをやっているんだから、すべては二度繰り返されているんだ——こいつはまったく悲しいぜ。[2]」しかし、もし道徳法則が繰り返しを聖化しないことにでもなれば、とくに自然法則〔自然法〕がわたしたちに禁じているような立法権を、道徳法則がわたしたちに与えることによって、繰り返しが不可能にでもなるとしたら、その道徳法則は、いったい何の役に立つだろうか。モラリストは、《善》と《悪》というカテゴリーを、つぎのようなかたちで提示することがある。すなわち、自然の存在としてのわたしたちが、自然に従って反復を行おうとするたびに（快楽の、過去の、情念の反復）、絶望と倦怠以外の結末はもたないような、すでに呪われた、悪魔的な試みのなかに身を投じるのである[3]〔以上が悪」。これに反して、《善》は、反復の成功に関しても、反復の精神性に関しても、その反復の可能性をわたしたちに与えてくれるだろう。なぜなら、《善》は、もはや自然の法則ではなく義務の法則であるようなひとつの法則に、そして、道徳的存在としてのわたしたちが同時にその立法者でもある場合にのみその基体〔従うもの〕であるようなそうした法則に、依存しているだろうからである。カントが最高の吟味と呼んでいるもの(4)は、いったい何が権利上再生されうるのかを、すなわちいったい何が道徳法則の形式で矛盾なく反復されうるのかを規定すべき思惟吟味であって、それ以外の何ものでもない。この義務の人〔カント〕は、反復の「吟味〔テスト〕」を考案した。彼は、権利の観点から反復されうるものを規定した。したがって彼は、悪魔的なものとうんざりさせるものを同時に克服したと思っている。そこに、ダントンの心配事に対するひとつの反響があり、その心配事へのひとつの答えがあるとすれば、カントの規則正しい毎日の散歩のみならず、カントの伝記作者たちがあんなにも正確に記述したあの反復装置、つまりカントが誂えたあの見事な靴下留め(5)のなかにすら、若干の道徳主義があるのではなかろうか(ただし、身づくろいに無頓着であったり練習をサボったりする行為が、矛盾なしには普遍的な法則とは考えられえないような、したがって権利上の反復の対象にはなりえないような格率に基づく行為に属するという意味において)。

しかし意識〔良心〕は両義的なものであって、その両義性とはつぎのようなことである。すなわち、意識は、道徳法則——自然法則の外にあり、それに優越しており、それとは無関係な道徳法則――を立てることによってでしか、おのれを考えることができないのだが、しかし意識は、自然法則の影像《イマージュ》と範型《モデル》をおのれ自身のうちに復元することによってでしか、道徳法則の適用を考えることができない、ということ。したがって、道徳法則によっては、わたしたちは真の反復を得るどころか、反対に、またもや一般性のなかにとどまってしまうのである。この場合、一般性は、もはや自然の一般性ではなく、第二の自然としての習慣の一般性である。不道徳な習慣、悪い習慣〔悪癖〕があると言ったところで無駄である。本質的に道徳的なもの、善の形式をそなえたものは、習慣の形式であり、あるいは、ベルクソンが言ったように、習慣を身につけるという習慣（責務の全体）(6)であるからだ。ところで、習慣に関するそのような全体つまりそのような一般性のなかに、わたしたちは再び二つの大きなレヴェルを見いだす。一方は、類似のレヴェルであり、それは、習慣が身についていないかぎりにおいて、行動の諸要素が、前提とされるひとつのモデルに応じて様々なかたちをとりながらも互いに一致するということである。他方は、等価のレヴェルであって、それは、習慣が身につくや、行動の諸要素が、色々な状況にあっても等しくなるということである。だから、習慣は、けっして真の反復を形成することがない。要するに、前者においては、意図は変わらぬままに、行動が変化し改善されてゆくのだが、後者においては、意図とコンテクストが異なっているのに、行動は等しいままであるということだ。反復が可能であれば、そこでもまた、反復は、そうした改善と統合という二つの一般性のあいだにしか、その二つの一般性の下でしか現われず、そこで、それらの一般性を転倒させる恐れをはらみながら、或るまったく別の力《ピユイサンス》を証示しているのである。

反復が可能であれば、それは、自然法則に反してだけでなく道徳法則にも反して可能なのである。周知のように、道徳法則を転倒させるには二つのやり方がある。ひとつは、諸原理にまでさかのぼるやり方である。この場合、道徳法則のレヴェルは、二次的で、派生的で、借りもので、「一般的だ」として異議申し立てを受ける。つまり、道徳法則は、根源的な威力を横領し、あるいは根源的な力《ピユイサンス》を詐取しているセコハンの原理だとして告発されるのである。もうひとつは、それとは逆のやり方であって、道徳法則の転倒は、諸帰結の方に降りてゆけば、そして、どんなつまらないことに対してもばかばかしいほど完全に遵守してやればうまくゆく。うわべだけで服従する魂は、道徳法則に合わせることによってこそ、首尾よくその法則の裏をかき、その法則が禁じているはずの快楽を味わうことができる。そうしたことは、背理法を用いるすべての証明に、遵法ストライキに、さらにはまた、わざとヘイコラしてみせて嘲るという或る種のマゾヒスティックな行動によく現われている。道徳法則を転倒させる最初のやり方は、イロニー〔皮肉〕的であり、イロニーはそのとき、諸原理の技術、諸原理への遡行の技術、そして諸原理の転倒の技術であることが明らかになる。その第二のやり方は、フモール〔ユーモア〕であり、それは、諸帰結ともろもろの下降との技術、もろもろの中断といくつもの転落との技術である。反復がそうした中断のなかにもそうした遡行のなかにも出現するという事態は、ちょうど実存《エグジスタンス》（生活）が、もはや諸法則によって束縛されなくなるとそれ自体において再開され、「繰り返される」といった事態であるかのように理解しなければならないのであろうか。反復は、フモールとイロニーに属する。ただし反復は、その本性からして、侵犯であり例外であって、法則に従うすべての個別的なものに反する特異性と、法則をつくるすべての一般性に反する普遍性とを、つねに顕示しているのである。

＊＊＊

キルケゴール、ニーチェ、ペギーによる、反復の哲学のプログラム

キルケゴールとニーチェには、共通の威力がある。（牧師、アンチクリスト、カトリック信徒という三幅対をつくるには、これにペギーを加えねばなるまい。この三人は、それぞれ、それなりの流儀で、反復を、言語と思考のひとつの本来的な力《ピュイサンス》に、ひとつのパトスに、そしてひとつの高次の病理学《パトロジー》に仕立てあげたばかりでなく、さらに未来の哲学の基本的なカテゴリーにまで仕立てあげたのである。その三者のそれぞれには、ひとつの《契約》と、ひとつの《演劇》あるいは演劇についてのひとつの考え方と、その演劇における、反復の主人公としてのひとりの卓越した主人公とが対応している。すなわち、ヨブ＝アブラハム、ディオニュソス＝ツァラトゥストラ、ジャンヌ・ダルク＝クリオ)。キルケゴールとニーチェとペギーを分かつものは大きく、顕著で、ひとのよく知るところである。しかし、反復の思想をめぐるこの驚くべき出会いは、なにものによっても打ち消されないだろう。彼らは、反復を、一般性のすべての形式に対立させているからである。そして「反復」という言葉を、彼らは隠喩的な仕方で受けとめているのではなく、反対に彼らは、その言葉を文字通りに受けとめてそれをスタイルにまで高める或るやり方を心得ているのである。そこでまず、彼らのあいだの一致を示す主要な諸命題を列挙して番号をつけることができるし、またそうしなければならない。

1　反復そのものを、何か新しいものにすること。そして、反復を、或るテストに、或る選別に、或る選別テスト[7]に結びつけること。そして、反復を、意志と自由との至高の対象として定立すること。キルケゴールは、つぎのように明確に述べている。すなわち、反復から、何か新しいものを引き抜かないこと、つまり、反復から、何か新しいものを抜き取らないこと。というのも、観照だけが、外から観照する精神だけが、「抜き取る」からである[8]。肝要であるのは逆に、行動することであり、反復を反復であるかぎりにおいて、ひとつの新しさに、ひとつの自由に、そして自由のひとつの務めにすることである。そしてニーチェだが、彼はこう述べている。すなわち、意志を束縛しているすべてのものから、意志を解放するために、反復を、意欲の対象そのものにすること。なるほど反復は、それだけですでに、束縛するものである。しかし、ひとが反復で死ぬとすれば、ひとを救い、病を癒やし、そして何よりもまず他の反復を癒やしてくれるのもまた、反復である。したがって反復には、落命と救済の神秘的な戯《ジュ》れのすべてと、死と生の演劇的な戯《ジュ》れのすべてと、病と健康の定立的な戯《ジュ》れのすべてが、同時に存在するのだ(永遠回帰における反復の力《ピュイサンス》たるただひとつの同じ力《ピュイサンス》による、病めるツァラトゥストラと快癒しつつあるツァラトゥストラを参照せよ)(9)。

2　それゆえ、反復を、《自然》の諸法則に対置すること。キルケゴールは、自然における反復、すなわち循環あるいは季節、交換と等しさについて語っているのではまったくないと明言している。それればかりではない。反復が意志の最深奥部に関わっているのは、一切が、自然法則に従いながら、意志をめぐって変化するからである。自然法則からするならば、反復は不可能である。だからこそ、エピクロス主義者としてだけでなくたとえストア主義者としてであっても、とにかく立法の原理と同一化することによって、自然の諸法則から反復を得ようとするあらゆる努力を、キルケゴールは、美的〔感性的〕反復だとして断罪するのである。ニーチェにおいては、事態はそれほど明瞭ではないと思われるかもしれない。けれども、ニーチェの言明には断固たるものがある。ニーチェが《自然《ピュシス》》そのもののうちに反復を発見するのは、彼が《自然《ピュシス》》のうちに、諸法則の支配に優る何ものかを発見しているからである。それは、すべての変化を横断しておのれ自身を欲する意志、法則に抗する力《ピュイサンス》、地表の諸法則に対立する大地の内部である。ニーチェは、おのれの「仮説」を、循環の仮説に対置する。彼は、永遠回帰における反復を、《存在すること》として理解しているのだが、ただし彼は、この存在することを、あらゆる法則的形式に対立させる、つまり〈似て－いる〔存在する〕〉にも〈等しく－ある〔存在する〕〉にも対立させるのだ。してみれば、法則という基礎概念の批判を徹底的に押し進めたこの思想家が、どうして永遠回帰を、自然の法則として再び持ち込むことなどできようか。古代ギリシア人に精通したニーチェが、もしもあの自然的平板さを、すなわち古代ギリシア人にとって周知のあの自然の一般性を、ただ定式化するだけで満足しているとするなら、どうして彼は、おのれ自身の思想を、驚くべきものかつ新しいものとみなすことができようか。ツァラトゥストラは、二度繰り返して、永遠回帰の悪しき解釈を訂正する。一度目は怒りをもって、彼の悪魔に対して（「重さの霊よ。……あまりにも手軽に考えるな」[10]）。二度目は優しさをもって、彼の動物たちに対して（「おいおい、おどけものたちよ、手回しオルガンどもよ。……おまえたちは、それをもう手回しオルガンの歌にしてしまったのか」[11]）。手回しオルガンの歌とは、循環あるいは還流としての、〈似て－いる〉としての、かつ〈等しく－ある〉としての永遠回帰であり、要するに、自然的な動物的確信としての、かつ自然そのものの感覚されうる法則としての永遠回帰である。

3　反復を、道徳法則に対置すること。それによって、倫理学を失効させ、善悪の彼岸の思想をつくること。反復は、孤独な者のロゴス、単独者《サンギユリエ》〔特異なもの〕のロゴスとして、「私的思想家」のロゴスとして現われる。キルケゴールにおいても、ニーチェにおいても、公的な教授、法則の博士、すなわちおのれのセコハンの言説が媒介を用いているような者、しかもその道徳的源泉が概念の一般性にあるような者に対する、私的な思想家、彗星＝思想家[12]、すなわち反復の担い手の対立が展開されている（ヘーゲルに対抗するキルケゴール、カントとヘーゲルに対抗するニーチェ、さらにその観点からして、ソルボンヌに対抗するペギーを参照せよ）。ヨブは果てしない異議申し立てであり、アブラハムは果てしない諦めであるが[13]、それら二つは、ただひとつの同じものなのである。ヨブは、イロニーをもって〔皮肉なやり方で〕法則を疑わしいものとみなし、すべてのセコハンの説明を拒絶し、そして、原理としての、普遍的なものとしての、もっとも特異なもの〔単独なもの〕に到達するために、一般的なものを罷免する。アブラハムは、フモールをもって〔ユーモラスに〕法則に服従するが、まさにその服従のなかに、法則が犠牲にすることを命じていたひとり子[14]の特異性〔単独性〕を再び見いだす。キルケゴールが言わんとする反復は、心的な意図としての異議申し立てと諦めとの、共通の超越的な相関項である。（さらにそれら二つのアスペクトは、ジャンヌ・ダルクとジェルヴェーズというペギーによる二分化のなかに見いだされよう。[15]）ニーチェの輝かしき無神論においては、法則への憎悪と運命愛 *amor fati*[16] が、つまり攻撃性と同意が、聖書から採られかつ聖書に敵対する、ツァラトゥストラの二つの顔である。或る意味でまた、ツアラトゥストラが競合する相手は、明らかにカントであり、道徳法則における反復の吟味《テスト》である。永遠回帰はつぎのように言われている。すなわち、おまえの欲するものが何であろうと、それの永遠回帰をも欲するがごとくして、それを欲せよ、と。そこには、カントを彼自身の土俵のうえで転倒させる「形式主義」があり、〔カントの吟味よりも〕いっそう徹底したテストがある。なぜなら、そうしたテストは、前提された道徳法則に反復を関係させるかわりに、反復そのものを、道徳の彼岸にある法則の唯一の形式たらしめているように思われるからだ。しかし実際には、事態はもっと込みいっている。永遠回帰における反復の形式は、直接的なもの〔媒介されていないもの〕の生《なま》の形式、糾合された普遍的なものと特異的なものとの形式であり、こうした形式こそが、あらゆる一般的な法則を廃位し、もろもろの媒介を解消し、法則に服従したもろもろの個別的なものを滅ぼすのである。法則を越えた彼岸と、法則の手前にある此岸が存在するのであって、その二つは、ツァラトゥストラの毒を含んだイロニーとブラックユーモアとして、永遠回帰のなかで一致協力するのだ。

4　反復を、習慣に属するもろもろの一般的なものに対置するだけでなく、記憶に属するもろもろの個別的なものにも対置すること。というのも、外から観照された反復から、首尾よく何か新しいものを「引き抜く」ことができるのは、おそらく習慣であろうからだ。習慣においては、わたしたちは、観照する微小な《自我》がわたしたちのうちに存在するということを条件としてはじめて、行動するのである。まさにその微小な自我こそが、個別的な事例の擬似‐反復から、新しいもの、すなわち一般的なものを引き出すからである。他方、記憶はおそらく、一般性のなかに溶け込んだもろもろの個別的なものを再発見するだろう。だが、そうした〔習慣と記憶の〕心理学的運動は、たいして重要ではない。そのような運動は、ニーチェにおいてもキルケゴールにおいても、習慣と記憶に対する二重の断罪として定立された反復を前にすれば消え失せてしまう。反復が未来についての思考であるのは、まさにそうしたかたちで定立されるからである。反復は、想起《アナムネーシス》という〔プラトン的な〕古代のカテゴリーにも、ハビトゥス[17]という近代のカテゴリーにも対立する。《忘却》がひとつの定立的な力《ピュイサンス》へと生成し、無意識が定立的な高次の無意識へと生成するのは、まさに反復においてであり、反復によってである（たとえば、威力としての忘却は、永遠回帰の体験を構成する不可欠の部分である）。一切は、力＝累乗のなかで要約されるのだ。キルケゴールが、反復は意識の第二の力《ピュイサンス》〔2乗〕だと語るとき[18]、この「第二」は、二番目を意味しているのではなく、むしろ、ただの一回について言われる無限を、ひとつの瞬間について言われる永遠を、意識について言われる無意識を、つまり「n次の」力《ピュイサンス》＝累乗を意味している。またニーチエが、永遠回帰を、力《ピュイサンス》の意志[19]の直接的な〔否定によって媒介されていない〕表現として提示するとき、この〈力の意志〉は、けっして「力を欲すること」を意味しているのではなく、反対につぎのことを意味している――永遠回帰における思考の選別的な働きによって、永遠回帰それ自身における反復の特異性によって、おまえの欲するものが何であろうと、おまえの欲するものを「n次の」力《ピュイサンス》へもたらすこと〔n乗《ピュイサンス》すること〕、すなわち、そこから最高の形相[20]を取り出すこと。存在するすべてのものの最高の形相にこそ、永遠回帰と超人との直接的な同一性があるのだ。[3]

真の運動、演劇と表象＝再現前化

わたしたちは、ニーチェのディオニュソスとキルケゴールの神とが類似していると言いたいのではない。反対に、わたしたちは、両者の差異は乗り越え難いものだと思っているし、そう信じている。しかしそれだけにますます、反復というテーマに関して、つまり反復という根本的な目的に関して、たとえその目的が両者では違った仕方で理解されているにせよ、とにかく一致があるということは、いったいどこに由来しているのかと問わなければならないのである。キルケゴールとニーチェは、共に、哲学に新しい表現手段をもたらす者である。彼らに関して、ひとは好んで哲学の超克を語る。ところで、彼らの全作品において問われているのは、運動である。彼らがヘーゲルを非難する点は、ヘーゲルが贋の運動に、抽象的な論理的運動に、すなわち「媒介」にとどまっているということにある。キルケゴールとニーチェは、形而上学を、運動させようと、活動させようと欲している。彼らは、形而上学を、現実態《アクト》に移行させようと、そして直接的な〔媒介されていない〕諸行為《アクト》に移行させようと欲している。したがって、彼らにとっては、運動の新しい表象＝再現前化を提案するだけでは十分ではない。表象＝再現前化は、それだけですでに媒介であるからだ。逆に、あらゆる表象＝再現前化の外側で、精神を揺り動かしうる運動を作品のなかで生産することが必要なのである。運動そのものを、仲介なしにひとつの作品に仕立てあげること、媒介的なもろもろの表象＝再現前化のかわりに、ダイレクトなもろもろのしるし〔記号《シーニュ》〕を用いること、ダイレクトに精神を突き動かすいくつものバイブレーション、回転、旋回、牽引、舞踏あるいは跳躍を創り出すこと、これが必要なのだ。これこそ――時代に先駆する――演劇人の、演出家の理念である。まさにその意味で、何かまったく新しいものが、キルケゴールとニーチェと共に始まるのだ。彼らはもはや、ヘーゲル流に演劇を反省することはない。哲学的な演劇をつくるのでもない。彼らは、哲学において、演劇との途方もない等価物を創り出し、こうすることで、そのような未来の演劇とひとつの新しい哲学を同時に基礎づけるのである。なるほどひとは、少なくとも演劇についてなら、それはまったく実現されていないと言うだろう。実際、一八四〇年ごろのコペンハーゲンと牧師の職業も、バイロイトおよびワーグナーとの決裂も、有利な条件ではなかった。けれども、ひとつ確かなことがある。すなわち、キルケゴールが古代劇と近代劇を語るとき、[21]読者はすでにエレメントを変えてしまい、もはや〔ヘーゲル的な〕反省というエレメントのなかにはいないということだ。仮面の問題を生き、仮面に固有なものとしての内部の空虚を敢えて甘受し、たとえ「絶対に異なるもの[22]」を用いても、すなわち、有限と無限との差異全体をその空虚のなかに置くことになろうとも、その空虚を埋め合わせ、満たそうと試み、こうしてフモールと信仰との演劇を創造しようとする、ひとりの思想家が見いだされるのである。そして彼キルケゴールが、信仰の騎士は晴れ着を着た市民と見間違えるほど似ていると説明するとき[23]、この哲学的な指図《アンディカシオン》〔ト書き〕は、信仰の騎士はどのように演じられるべきかを示す演出家の注意書きとして受けとらなければならない。そして彼が、ヨブやアブラハムを注釈するとき、また彼が、物語『アグネーテと水の精』のヴァリアントを想い描くとき[24]、その様式は、紛う方なく、シナリオの様式なのである。アブラハムのなかにまで、ヨブのなかにまで、モーツァルトの音楽が反響している。そして肝心なのは、この音楽の調べにのって、「跳躍する」[25]ことである。「私は運動しか考慮に入れない」という言葉こそ、最高の演劇的問題を、すなわち、ダイレクトに魂を突き動かす運動の問題を、いや魂の運動にほかならぬ運動の問題を提起する、演出家のフレーズである[4]。

ニーチェなら、なおさらのことだ。『悲劇の誕生』は、古代ギリシアの演劇についての反省ではなく、未来の演劇の実践的な基礎づけであり、ニーチェがワーグナーをさらに押し進めうると信じた道を切り開く作業である。しかもワーグナーとの決裂は、理論をめぐる出来事ではないし、音楽をめぐる出来事でもない。その決裂は、ニーチェの夢みる演劇における、台詞、物語、効果音、音楽、照明、歌、舞踏、そして舞台装置のそれぞれの役割に関わる出来事である。『ツァラトゥストラ』は、エンペドクレスに関する二つのドラマ的な試みを繰り返している。そしてワーグナーよりもビゼーの方が優れているというのは、㉖まさしく演劇の観点からのことであり、『ツァラトゥストラ』における舞踏に関してのことなのだ。ニーチェがワーグナーを非難する点は、ワーグナーが「運動」を転倒させ変質させてしまったことにある。ワーグナーは、わたしたちを、軽やかに歩ませ舞踏させるかわりに、ぬかるみに足をとられるようにまた泳ぐように仕向け、こうしてわたしたちに一種の水上劇をつくってくれるのである。『ツァラトゥストラ』はそれ全体が哲学として構想されているが、さらにそれ全体がまた舞台のためにも構想されている。『ツァラトゥストラ』においては、一切が、音声化され、視覚化され、運動させられ、歩まされ、舞踏させられている。してみれば、高人の叫び㉗の正確な音声を求めずして、いかに『ツァラトゥストラ』を読みえようか。『ツァラトゥストラ』の物語全体の幕を開く綱渡り芸人㉘を舞台で演技させずして、いかにその『序説』を読みえようか。『ツァラトゥストラ』は、いくつかの点で、戦慄すべきことどものオペラ・ブッファである。そしてニーチェが超人の喜劇を口にするのも偶然ではない。年老いた魔術師の口にのぼるアリアドネの歌を思い起こしてほしい㉙。そこでは、二つの仮面が重ね合わされている――コレー㉚の仮面とでも言えそうな若い女の仮面が、醜悪な老人の仮面に押し当てられるようになる。俳優は、コレーの役を演じつつ老人の役を演じなければならない。このとき、ニーチェにとってもまた、舞台空間において仮面の内部の空虚を埋め合わせることが問題になる。すなわち、重ね合わされた仮面をさらに重ねることによって、さらにその重ね合わせのなかにディオニュソスの遍在を刻み込むことによって、つまり永遠回帰の反復のなかに絶対的な差異を置くがごとく、その重ね合わせのなかに現実的運動としての無限を置くことによって埋め合わせることがである。ニーチェが、超人はパルジファルよりもボルジアに似ていると言うとき㉛、また超人はイエズス会の性質と同時にプロイセン将校団の性質をも分けもつと主張するとき㉜、そのときでもまた、それらのテクストを、そのあるべき姿において受けとることによってでしか、すなわち、超人はどのように「演じ」られるべきかを指摘する演出家の注意書きとして受けとることによってでしか、それらのテクストを理解することはできないのである。

演劇、それは現実的《レエル》運動である。そして演劇は、おのれが利用するすべての芸術から、現実的運動を引き出す。だからこそ、そうした運動は、というよりその運動の本質と内的性格は、反復であって、対立ではなく、媒介でもないと、ひとはわたしたちに語るのである。ヘーゲルは、《自然《ピュシス》》と《魂《プシュケー》》の運動のかわりに、抽象的な概念の運動を提案する者として告発されるのだ。ヘーゲルは、《理念《イデア》》における特異なものと普遍的なものとの真の関係のかわりに、個別的なものと概念一般との抽象的な関係を用いる。したがって彼は、「表象＝再現前化《ルプレザンタシオン》」という反省されたエレメントに、つまりたんなる一般性にとどまっている。彼は、諸《理念《イデア》》をドラマ化するかわりに、いくつかの概念を表象〔上演〕＝再現前化《ルプレザンテ》する。つまり彼は、贋の演劇、贋のドラマ、贋の運動をつくるのである。ヘーゲルは、そのような無理解におのれの弁証法を基礎づけるため、そして、彼自身の思考の運動でしかなくまたその思考に含まれるいくつかの一般的なものの運動でしかないひとつの運動のなかに、〔否定による〕媒介を導入するため、どれほど直接的なもの〔媒介されていないもの〕を歪曲し変質させているかを、わたしたちは知るべきである。思弁の継起が、もろもろの共存に取ってかわり、〔論理的な〕諸対立がもろもろの反復を覆いそして隠蔽してしまうことになる。それとは反対に、〔現実的〕運動は反復であり、それこそがわたしたちの真の演劇であるという主張がなされるとき、そこで語られているのは、戯曲がまだひとびとに知られていないから俳優が「反復」に努めるのだなどということではない。そこで考えられているのは、舞台空間であり、またその空間の空虚である。そればかりでなく、もろもろのしるし《シーニュ》といくつかの仮面を通して、俳優が、他のいくつかの役をもさらに演じるようなひとつの役を演じるとき、それらのしるし《シーニュ》と仮面によってその空間が満たされ規定されるその仕方もまた考えられているのであり、要するに、どのようにして反復は、即自的に諸差異を包含しながら、ひとつの特別な点〔特異点〕から他の特別な点に向かって織り上げられるのかが考えられているのである。〔マルクスもまた、ヘーゲル学派の抽象的な贋の運動あるいは媒介を批判しているが、彼はそのとき、ひとつの観念に与して、それを展開するというよりはむしろ指図《アンディケ》するのである。すなわち、歴史がひとつの演劇であるかぎり、反復、あるいは反復における悲劇と喜劇は、運動のひとつの条件をなしており、その条件のもとで、「当事者《アクトウール》〔俳優〕」つまり「主人公」は、歴史において、何か実際に新しいものを生産するという、本質的に「演劇的な」観念である。[33]）反復の演劇が、表象＝再現前化の演劇に対立するということは、運動が、その運動を概念に関係させてしまう表象＝再現前化に対立するのと、また概念そのものに対立するのと同じことだ。反復の演劇において、わたしたちが体験するのは、精神に対して仲介なしに作用し、精神をダイレクトに自然と歴史に結び付ける、空間内の、或るいくつかの純粋な威力、力動的な道筋であり、語より先に語るひとつの言語活動であり、器官をそなえた身体以前に仕上げられる或るいくつかの所作であり、顔より先に仕上げられる或るいくつかの仮面であり、登場人物より先に仕上げられる或るいくつかの亡霊であり幽霊であり――「恐るべき力＝累乗《ピュイサンス》」としての反復の全装置である。

いまや、キルケゴールとニーチェの差異を語るのは容易になる。しかしその〔差異についての〕問いはもはや、アブラハムの神あるいは『ツァラトゥストラ』におけるディオニュソスの究極的な本性に関する思弁の水準で提起されてはならない。むしろ、「運動をする〔つくる〕こと」、あるいは反復すること、反復を獲得することが何を意味するのか、これを明らかにするべきである。キルケゴールが信じているように、跳ぶことに重要性があるのか。あるいはニーチェが考えているように、踊ることに重要性があるのか。ニーチェは、舞踏と跳躍の混同を好んでいない（跳ぶのは、ツァラトゥストラの猿、彼の悪魔、彼の侏儒、彼の道化だけである）。キルケゴールは、わたしたちに、信仰の演劇を提出している。そして彼が論理的運動に対置するものは、精神的運動、信仰の運動である。したがってキルケゴールは、あらゆる美的反復を乗り越えるようにと、またイロニーをさらにはフモールさえも乗り越えるようにと、わたしたちに勧めることができる。もっとも彼は、彼がわたしたちに提出するのはそのような乗り越えの、美的な、イロニー的な、そしてフモール的なイマージュだけであるということを、痛みをもって知ってはいるのだが。ニーチェにおいて、わたしたちに提出されるものは、無信仰の、《自然《ピュシス》》としての運動の、演劇であり、すでにひとつの残酷演劇である。フモールとイロニーは、ここでは、乗り越え不可能なものであり、自然《ナチュール》の基底において働くものである。永遠回帰は、目もくらむばかりのひとつの運動[34]であるということが忘れられてしまうなら、また、永遠回帰には、或る選別する威力、すなわち、追放もすれば創造もする威力、破壊もすれば生産もする威力、しかし《同じ》もの一般〔《自体》一般〕は還帰させない威力がある、ということが忘れられてしまうなら、そうした永遠回帰とはいったい何であろうか。ニーチェの偉大な考えは、永遠回帰における反復を、神の死に基づけると同時に《自我》の崩潰に基づけるということである。しかし、信仰の演劇においては、そうした〔神と自我との〕同盟はまったく異なる。キルケゴールは、再発見されたひとつの神と再発見されたひとつの自我との同盟を、夢想しているからである。すべての種類の差異は連鎖しているのだ。すなわち、運動は、精神の圏内にあるのだろうか。それとも、神をも知らず自我をも知らない大地の胎内にあるのだろうか。運動がもろもろの一般的なものに対して、また諸媒介に対してよりよく守られるのは、いったいどこにおいてであろうか。反復は、自然の諸法則を越えているかぎりにおいて超自然的なものである、ということになるのだろうか。あるいはまた、自然がそれ自身の王国とそれ自身の法則に対してそれ自身からして高次のものであるがゆえに、反復はこのうえなく自然的なものであり、それ自身における《自然《ナチユール》》の意志であり、おのれ自身を《自然《ピユシス》》として欲するものである、ということになるのだろうか。キルケゴールは、「美的」反復を断罪する際に、すべての種類のものごとを混ぜ合わせてしまったのではないだろうか。たとえば、自然の一般的な諸法則に帰せられるような擬似－反復と、自然そのものにおける真の反復とを、あるいは、病理的な様態での諸情念の反復と、芸術および芸術作品における反復とをである。わたしたちはいま、以上の諸問題のいずれをも解決することはできない。わたしたちにとっては、一般性と反復とのあいだの還元不可能な差異について、その演劇上の確証を見いだすだけで十分だったのである。

＊＊＊

反復と一般性――概念の視点からする第三の区別

反復と一般性は、これまで、行動の視点と法則の視点から互いに対立していたのであった。そこでさらに、概念の[35]あるいは表象＝再現前化の視点から、第三の対立を明らかにしなければならない。権利問題としてのひとつの問いを、以下のように立ててみよう。

権利上、概念は、ひとつの存在する個別的な事物の概念であることが可能であり、その際、無限な内包をもつ〔のであろうか〕。〔そうだとすれば〕無限な内包は、外延＝1と相関している。きわめて重要なことは、そうした概念の無限性は、現実態における無限性として定立されているのであって、潜在的な無限性、あるいはたんに無際限な無限性としては定立されていないということである。以上を条件としてはじめて、概念の諸契機としての諸述語は、それら述語が帰属する主語のなかで保存され有効になる。こうして、無限な内包は、想起《ルメモラシオン》と再認《レキグニシヨン》、(36)つまり記憶と自己意識を可能にする（もっとも、それら二つの能力は、可能になった場合でも、無限な能力ではないのだが）。概念とその対象との関係は、そのような二つのアスペクトのもとで、すなわち、そうした記憶とそうした自己意識のなかで実現されているようなものとして、表象＝再現前化《ルプレザンタシオン》と呼ばれる。そこから、通俗ライプニッツ主義とでもいうべきものの諸原理が取り出されうる。差異の原理に従うなら、あらゆる規定は、結局のところ概念的規定であり、要するに、何らかの概念の内包に現実的《アクチユエルマン》に属しているのである。充足理由の原理に従うなら、個別的な事物ごとにかならずひとつの概念が存在する。その逆によれば、すなわち不可識別者同一の原理に従うなら、概念ごとにひとつのそれもただひとつの事物が存在する。それらの原理がそろうと、差異は概念的差異として説明され、表象＝再現前化は媒介として展開されるのである。

概念の内包と「阻止」の現象

しかし、どの概念であれ、その概念のそれぞれの規定の水準において、つまり、その概念に含まれるそれぞれの述語の水準において、つねに阻止される可能性がある。[37] 規定としての述語に固有な性格は、概念においては固定したままでありながら、事物においては他なるものに生成するということである（動物〔という述語〕は、〔事物としての〕ヒトとウマとでは他なるものに生成し、人間は、ピエールとポールとでは他なるものに生成する）[38]。そうした意味でこそ、概念の内包は無限なのである。すなわち、事物において他なるものに生成してしまった述語は、概念における他の述語の対象として存在するということだ。しかし、そうした意味でまた、それぞれの規定〔述語〕は、概念において固定された規定であるかぎり、かつ無限個の諸事物に権利上適合する規定であるかぎり、一般的なものにとどまるのであって、つまりはひとつの類似を明示しているのである。したがって概念は、この場合、その内包がその概念の実在的な使用において無限に至るように、構成されている。だが概念はまた、その論理的使用においてはつねに人為的な阻止を被りうるものである。概念の内包に対するあらゆる論理的限定は、当の概念に、1より大きな、そして権利上は無限な外延を与え、したがって、現存するいかなる個物もココトイマ *hic et nunc* においてその概念に対応することはできないという意味での一般性を与える（内包と外延の反比例の規則）。そのようなわけで、概念における差異としての差異の原理は、諸類似の覚知に対立するどころか、反対に、その覚知に最大限の可能な戯《ジュ》れを許すのである。なぞなぞ遊びの視点からだけでも、「どんな差異があるか」という問いは、つねに、「どんな類似があるか」という問いに変換することができる。しかし、とりわけ、分類においてもろもろの種を決定する作業が、もろもろの類似の連続的な見積もりを含意し前提としているのである。なるほど、類似は、部分的に同一であるということではない。しかし、そう言えるのも、もっぱら、概念における述語が、事物において他なるものへ生成するがゆえに、その事物のひとつの部分にはならないからである。

「自然的阻止」の三つの事例と反復——名目的諸概念、自然の諸概念、自由の諸概念

わたしたちは、上に述べたようなタイプの人為的阻止と、概念の自然的阻止と呼ぶべきまったく別のタイプの阻止との差異を指摘したい。前者は、単純な論理学を指し示しているが、後者は、現実存在に関するひとつの先験的論理学あるいはひとつの弁証論《ディアレクティク》を指し示している。そこで、つぎのように仮定してみよう。すなわち、内包が有限であるような一定の契機においてとらえられた概念〔たとえば種や類〕に、無理やり、空間と時間におけるひとつの場所が、すなわち、通常なら外延＝1に対する現実存在〔個体的存在〕が指定される、と。そのような場合には、どの類も、どの種も、内包を増大させることなく〔個体ではないのに〕、ココトイマにおける現実存在へ移行する、と言ってもよかろう。その概念に押しつけられるそうした外延《エクスタンシオン》＝1と、貧弱な内包を原理的に要請する〔その概念の〕外延《エクスタンシオン》＝∞との分裂があるということだ。その結果、「離散的広がり《エクスタンシオン》〔外延〕」が、言い換えるなら、概念に関しては絶対的に同一でありながら現実存在においては特異性そのものの性格を帯びているような諸個体の繁殖が見いだされるだろう（分身あるいは双生児のパラドックス）。[6] そのような離散的広がりという現象は、論理的阻止とは本性上異なる、概念の自然的阻止を含意している。つまりその現象は、思考における類似のレヴェルを構成しているのではなく、現実存在におけるひとつの真の反復を形成しているのである。概念の論理的な力《ピュイサンス》をつねに指示している一般性と、概念の無力《アンピュイサンス》とその現実的な限界を証示している反復は、大いに異なる。反復とは、有限な内包をもちながらもそのあるがままのかたちで現実存在に強制的に移行させられる或る概念の純粋事実である。では、そのような移行の実例は、知られているだろうか。エピクロスの原子は、その一例になるかもしれない。空間のなかに存在する個体は、それにもかかわらず貧弱な内包しかもたず、この貧弱な内包は離散的広がりによって償われ、その結果、同じ形と同じ大きさの無数の原子が存在することになる。しかし、エピクロス的原子のようなものの現実存在は、もちろん疑わしい。それに反して、或る意味で言語学的な原子であるもろもろの語の現実存在は疑うことができない。語のもつ内包は必然的に有限である。なぜなら、本性上、語は、名目的でしかない定義の対象であるからだ。ここでわたしたちは、概念の内包が無限に至る可能性のない理由を手にしている。すなわち、一つの語は、有限個の語によってでしか定義されないということである。

けれども、語と一体になっているパロール〔語り〕とエクリチュール〔書くこと〕が、当の語に、ココトイマにおける現実存在を与える。したがって類〔語〕は、あるがままのかたちで現実存在に移行する。そして、そこでもまた、〔語の〕広がりが、パロールとエクリチュールにおける言語活動《ランガージュ》の現実的な力《ピュイサンス》を形成するひとつの反復の支配下で、分散によって、離散によって償われるのである。

離散的広がり〔外延〕あるいは有限な内包における〔概念の〕自然的阻止以外に、何か別の自然的阻止が存在するかどうか、これが問題である。無際限な《アンデフィニ》〔不定な〕（潜在的に無限な《アンフィニ》）内包をもつ概念を仮定してみよう。このような内包のなかに果てしなく進んでいったとしても、わたしたちは必ず、その概念が複数の完全に同一的な対象を包摂していると考えることができる。現実態における無限においては、概念は権利上、おのれの対象を他のあらゆる対象から区別するだけで十分である。しかしそうした現実態における無限のなかで生じることとは逆に、いまわたしたちは、概念が、それ自身無際限に多数の対象を包摂しながらも、おのれの内包をやはり際限なく追求できるといった事例に直面しているのである。そこでもまた、概念は、多数の区別された対象にとって、《同じ》もの——際限なく同じもの——である。そのときわたしたちは、それらの対象のあいだの非概念的な諸差異の現実存在を再認するべきである。無際限的でしかない種別化[39]の能力をそなえた諸概念と、非概念的で、純粋に時-空的な、あるいは対立的な諸規定との相関関係を見事に指摘したのは、ほかならぬカントである（対称的な事物のパラドックス）[40][7]。しかしまさに、そうした諸規定は、反復の諸形態《フィギュール》にすぎず、空間と時間は、それ自体、反復の媒体《ミリユ》なのであって、[41]現実的な対立は、最大の差異ではなく、最小の反復であり、回帰し自己に呼応するだけの、二つのものに切り縮められた反復であり、おのれに際限を与える〔おのれを定義する〕手段を見いだした反復なのである。反復は、したがって、概念なき差異として現われるのであって、これは、無際限に連続する概念的な差異から免れている。こうした反復は、現存するものの固有な力＝累乗《ピュイサンス》を、そして現存するものの直観への執着を表現している。というのも、この直観は、たとえどれほど概念に関する種別化が押し進められようと、そのような種別化に対しては全面的に抵抗するからである。カントの言うところでは、概念のなかにどれほど進んでいったとしても、なしうるであろうことは、いつでも、反復すること、すなわち、いくつかの、少なくとも二つの〔同じ〕ものを、一方は左として他方は右として、一方はより多いものとして他方はより少ないものとして、一方は肯定的なものとして他方は否定的なものとして、概念に対応させることである。

以上のような事態は、無際限の〔不定の〕内包をもった諸概念は《自然》の諸概念であるということを考察してみれば、もっとよく理解されよう。そのような諸概念は、自然の諸概念でありながら、つねに他のもののなかにある。すなわち、それらの概念は、《自然》のなかにあるのではなく、自然を観照し、あるいは観察し、自然をみずからのうちに表象＝再現前化する精神のなかにある。だからこそ、《自然》とは、自己自身に対立する疎外された《アリエネ》〔外化された〕精神、疎外された概念であると言われているのだ(42)。そのような諸概念に対応している対象は、記憶を欠いたもの、すなわちそれ自身の〔成立の〕諸契機を即自的には所有せず取り込んでいないものである。《自然》はなぜ反復するのかという問いには、自然は、部分ノ外ナル部分 *partes extra partes*、瞬間的精神 *mens momentanea* であるからだと答えることができる(43)。そうなれば、新しいものは、みずからのうちで表象＝再現前化を行う精神の側に移る。精神は、記憶をもつからこそ、あるいは習慣をつけるからこそ、一般に諸概念を形成することができるのであり、おのれが観照する反復から、何か新しいものを引き抜くことができ、何か新しいものを抜き取ることができるのだ。

有限な内包をもった諸概念は、名目的概念であり、他方、無際限な内包はもつが記憶はもたない諸概念は、《自然》の概念である。だが、それら二つの事例ではまだ、自然的阻止の実例を尽くしたことにはならない。無限な内包をもち、記憶をそなえているが、自己意識はもたない個人的観念、つまり個別的な表象＝再現前化をとりあげてみよう。たしかに、そのような内包をもつ表象＝再現前化は即自的に存在し、追想《スヴニール》は現に存在して、ひとつの行為や、ひとつの情景や、ひとつの出来事や、ひとつの存在といったものの特性を残りなく包含している。しかし、それでも欠けているものがあって、それは、一定の自然的理由からして、意識の対自〔意識が自己に向かうこと〕であり、再認《レキグニション》である。記憶に欠けているものは、想起《ルメモラシオン》であり、あるいはむしろ徹底操作《エラボラシオン》である(44)。意識は、表象《ルプレザンタシオン》＝再現前化と《私》とのあいだに、「私はひとつの表象《ルプレザンタシオン》〔イメージ〕をもっている」という表現に現われる関係よりももっと深い関係を打ち立てる。つまり意識は、表象＝再現前化を、自由な能力であるかぎりでの《私》に関係させるのであって、この自由な能力は、その所産のいずれにも閉じ込められてしまうことはなく、かえって、どの所産も、その能力にとっては、過去として、すなわち、内感において規定された変化の機会として、すでに思考され、再認されているのである。知についての意識、あるいは追想についての徹底操作《エラボラシオン》が欠けているとき、即自的に存在するそのような知は、もはやその知の対象の反復でしかない。そうした知は、認識されるかわりに、演じられ、反復され、現実態に置かれるのである。このとき、そうした反復は、自由概念についての、知についての、追想についての無意識として、つまり表象＝再現前化についての無意識として現われる。反復そのものをひとつの真の「強制」に、「強迫」に仕立てあげる抑圧、抵抗としての阻止の自然的理由を定めたのは、ほかならぬフロイトである。したがってそこに、今度は自由についての諸概念に関わる阻止の第三の事例がある。またここでも、或る種のフロイト主義の視点から、反復と意識との、反復と想起《ルメモラシオン》との、反復と再認《レキグニシヨン》との反比例の原理を取り出すことができる（「墓」の、あるいは埋められたもののパラドックス）。すなわち、ひとは、おのれの過去を追想することが少ないほど、また、それを覚えているという意識が少ないほど、いっそうおのれの過去を反復する——反復しないためには、追想せよ、追想を徹底操作せよ、というわけだ。[8] 再認《レキグニシヨン》における自己意識は、未来の能力、あるいは未来の機能、つまり新しいものの機能であることが明らかになる。還帰する死者たちだけが、弔いもされずにあまりにも早く、あまりにも深く埋められた者であるということ、そして後悔は、記憶過剰よりもむしろ、追想の徹底操作における無力あるいは不調を証示しているということ、これが真実ではないだろうか。

反復の喜劇というものと反復の悲劇というものがある。反復は二度現われる、一度は悲劇的な運命のなかで、もう一度は喜劇的特徴のなかで、ということは必然的でさえある。演劇において、主人公が反復をなすのは、まさに彼が或る無限な本質知から隔てられているからである。この知は、彼のなかにあり、彼のなかに潜んでおり、彼のなかで作用しているのだが、しかしひとつの隠れたものとして、ひとつの阻止された表象＝再現前化として作用しているのだ。喜劇的なものと悲劇的なものとの差異は、抑圧された知の本性たる二つのエレメントに由来している。一方は、直接的な自然的知、つまり常識《サンス・コマン》という単純な所与であり、他方は、恐るべき秘教的知である。したがってまた、登場人物が知から締め出されている仕方、つまり「彼は自分が知っていることを知らない」仕方も存在する。実践上の問題は一般に、つぎのような事態にある——そうした知られない知は、あたかも舞台全体を浸し、戯曲のすべての要素に沁みわたり、自然と精神のすべての力《ピュイサンス》を即自的に含むものとして、上演《ルプレザンテ》＝再現前化されねばならないのだが、しかし同時に、主人公は、その知を、みずからのうちに表象《ルプレザンテ》＝再現前化することはできず、反対にその知を現実態に置き、演じ、反復しなければならないということだ。しかも、アリストテレスが、「発見的認知」[45]と呼んでいたあの鋭い瞬間に至るまで反復しなければならないのであって、そのときに至れば、反復と表象＝再現前化は、互いにもつれあい対決もするが、しかしおのれの〔知と無知という〕二つの水準を混同することはなく、一方の水準は他方の水準に反映し、他方をむさぼり、そのような知は、こうして、舞台の上で上演＝再現前化され俳優によって反復されるかぎりにおいて、同じものだと再認されるのである。

＊＊＊

反復は概念の同一性によっては説明されず、否定的でしかない条件によっても説明されないということ

離散的なもの、疎外されたもの、抑圧されたものは、自然的阻止の三つの事例であり、それぞれ、名目的諸概念、自然の諸概念、自由の諸概念に対応している。しかし、いずれの事例においても、反復を説明するために、概念における同一的という形式、表象＝再現前化における《同じ》という形式が援用されている。すなわち、反復すると言われるのは、現実的には区別されているが、厳密にはそれでもなお同じ概念をもっている諸要素であるということだ。したがって、そうした反復は、ひとつの差異〔区別〕として、しかし、絶対的に概念なき差異として、その意味で無差異の〔概念的差異のない〕差異として現われている。〔ここで用いられた〕「現実的に《レエルマン》」、「厳密に」、「絶対的に」という語は、ひとつの一般性しか規定しない論理的阻止とは対照的な、自然的阻止の現象を指し示しているとみなされている。しかし、そのような試みは、ひとつの重大な難点によって危うくされている。わたしたちが、〔現実的に〕区別されている諸対象にとっての概念の絶対的同一性を、〔反復の説明のために〕援用するかぎり、わたしたちはたんに、否定的な、かつ欠如《デフォ》による説明を提出しているにすぎないのである。この欠如は、概念そのもの、表象＝再現前化そのものの本性に基づくものだと言ったところで、事態はまったく変わらない。〔自然的阻止の〕第一の事例では、名目的概念が有限な内包を本性上もつがゆえに、反復が存在する。第二の事例では、自然の概念が本性上記憶を欠き、疎外〔外化〕され、自己の外にあるがゆえに、反復が存在する。第三の事例では、自由の概念が無意識的なままであり、追想と表象＝再現前化が抑圧されたままであるがゆえに、反復が存在する。それらすべてのケースにおいて、反復をなすものは、「理解」しないからこそ、追想しないからこそ、知らないあるいは意識しないからこそ、反復をするのである。いずれの場合にも、概念と、それに付随する表象＝再現前化的なものたち〔記憶と自己意識、想起《ルメモラシオン》と再認《レキグニシヨン》〕との不十分さこそが、反復の説明になるとみなされている。したがって、概念における同一性の形式に基づくあらゆる論証に関する欠陥《デフォ》は、以下の点にある——それらの論証は、わたしたちに、反復についての名目的定義および否定的説明しか与えてくれないということだ。なるほど、単純な論理的阻止に対応する形式的同一性と、自然的阻止に現われるような現実的同一性（《同じということ》）を、対立させることはできる。しかし、自然的阻止は、それ自身さらに、その阻止を説明すると同時に反復を説明することのできる超概念的な定立的威力を必要としているのである。

「死の本能」の諸機能——差異との関係における、そしてひとつの定立的な原理を要請するものとしての、反復（自由の諸概念の例）

抑圧するから反復する……、という精神分析の例をもう一度考えてみよう[46]。フロイトは、そのような否定的な図式には、すなわち反復を健忘によって説明する図式にはけっして満足しなかった。たしかに、最初から、抑圧はひとつの定立的な力《ピュイサンス》を意味していた。しかしフロイトは、そのような定立的な性格を、快感原則もしくは現実原則から借りているのである。したがって、そのような定立的な性格は、派生的なものにすぎず、対立に関するものでしかない。フロイト主義の大きな転回は、『快感原則の彼岸』において現われる。そこでは、死の本能が、破壊的な諸傾向や攻撃性との関連においてではなく、もろもろの反復現象の直接的考察によって発見されている。奇妙なことに、死の本能は、反復にとって、本源的な定立的原理の価値をもつのであって、まさに反復にこそ、死の本能の本領と意味があるのだ。快感原則がたんに心理学的な次元のものであるのに対して、死の本能は、ひとつの先験的原理の役割を演じる。だからこそ、死の本能は何よりもまず沈黙している（経験に与えられていない）のであり、他方、快感原則はうるさく声を立てるのである。そこでまず、つぎのような問いを立てることができるだろう。心理学的な次元の生においてもっとも否定的なものを蓄えていると思われる死という主題は、どのようにして、即自的には、反復を肯定するほどまでに、このうえなく定立的であり、しかも先験的に定立的でありうるのか。死という主題は、どのようにして、ひとつの原初的な本能に関係させられうるのか。しかし、第二の問いが、ただちに第一の問いを裁ち直す。反復は、どのような形式で、死の本能によって肯定され命じられるのか。結局のところ、反復ともろもろの偽装との関係が問題になる。夢の作業や〔ノイローゼの〕症状形成における諸偽装——圧縮、置き換え、ドラマ化——は、（《同じ》ものの反復としての）生《なま》のそして裸の反復を、緩和しながら覆ってしまうのか。フロイトは、初期の抑圧理論以来、別の道を指示していた。すなわち、ドラは、他者たち（K、K夫人、女家庭教師……）が務め、彼女自身もそれら他者たちに比例して務める他のもろもろの役割を通じてはじめて、自分自身の役割を加工し、父親への愛を反復するということである。[47]偽装とヴァリアント、仮面あるいは仮装は、「上に」かぶさってくるのではなく、反対に、反復そのものの内的な発生的要素なのであり、反復をつくる構成的部分なのである。この道は、無意識の分析を、ひとつの真の演劇に導きえたはずのものである。けれども、その道はそこに通じてはいない。なぜなら、フロイトは、生《なま》の反復というモデルを、少なくとも傾向としては維持せざるをえないからである。そうしたことは、彼が固着をエスに由来するものとみなす場合によく現われている。その場合、偽装は、諸威力の単純な対立というパースペクティヴのなかで理解されており、偽装された反復は、もはや、《自我》とエスという対立する諸威力のあいだの二次的な妥協の産物でしかない。フロイトは、死の本能を、生命のない物質の状態へ還帰しようとする傾向、まったく物理的あるいは物質的な反復というモデルを維持している傾向として解釈している[48]がゆえに、快感原則の彼岸においてさえ、裸の反復の形式が存続しているのである。

死は、物質的モデルとは何の関係もない。反対に、死の本能を、仮面や仮装との関係において理解すれば、それで十分である。反復とは、まことに、構成されながら偽装されるもの、偽装されながらでなければ構成されないものである。反復は、もろもろの仮面の下にある〔仮面をつけている〕わけではなく、もろもろのヴァリアントを伴って、またそのなかで、あたかもひとつの特別な点〔特異点〕から他の特別な点に向かって、ひとつの特権的な点から他の特権的な点に向かって形成されるように、まさにひとつの仮面から他の仮面に向かって形成されるのである。どの仮面も、他の仮面以外には、何ものも覆い隠していない。反復されることになる最初の項などは、ありはしないのだ。だから、母親へのわたしたちの幼児期の愛は、他の女たちに対する他者の成人期の愛の反復なのである。それはちょうど、『失われた時を求めて』の〔幼い〕主人公が、オデットに対するスワンの情念を、自分の母親に対して再演するのに似ている。反復のなかでこそ反復されるものが形成され、しかも隠されるのであって、そうした反復から分離あるいは抽象されうるような反復されるものなどは、したがって何も存在しないのである。偽装それ自身から抽象ないし推論されうるような反復は存在しないのだ。偽装するのも偽装されるのも、同じ事物である。精神分析のひとつの決定的な契機は、フロイトが、言わば偽装される究極の諸項であるような幼児期の現実的なもろもろの体験の仮説を放棄し、それにかえて、死の本能――そこでは一切が仮面でありしかも偽装である――のなかに潜んでいる幻想《ファンタスム》の力《ピュイサンス》を用いたときである。要するに、反復は、その本質からして象徴的なのであって、象徴《サンボル》、見せかけ《シミュラクル》〔幻想《ファンタスム》（フロイト）、幻像《ファンタスム》（プラトン）〕は、反復そのものの文字である。象徴のレヴェルと偽装とによって、差異は反復のなかに含まれている。だからこそ、もろもろのヴァリアントは、外から到来せず、また、抑圧する審廷と抑圧される審廷とのあいだの二次的な妥協《コンプロミ》を表現しないのであって、それらヴァリアントは、対立のまたもや否定的な形式、すなわち方向転換《ルトゥルヌマン》あるいは逆転《ランヴェルスマン》から出発して理解されてはならないのである。もろもろのヴァリアントが表現しているものはむしろ、反復される対象の本質と発生に関わる或るいくつかの差異的《ディフェランシエル》=微分的なメカニズムである。反復における「裸の」ものと「着衣の」ものとの関係を転倒させねばなるまい。（《同じ》ものの反復としての）裸の反復、たとえば、強迫儀礼、あるいは精神分裂病における常同症をとりあげてみよう。その場合、反復において存在する機械的なもの、つまり、みかけのうえで反復される行動要素は、もっと深い反復を覆うものとして役立っている。このもっと深い反復とは、別の次元において演じられる反復、すなわちもろもろの役割ともろもろの仮面が死の本能によって成立するような秘められた垂直性において演じられる反復のことである。ビンスワンガーは、精神分裂病に関して、恐怖の演劇と言っていた。そこでは、「未視《ジャメ・ヴュ》」は「既視《デジャ・ヴュ》」[49]の反対物ではなく、両者はそろって同じものを意味し、互いに他方のうちで体験されるものである。ネルヴァルの『シルヴィ』は、すでにそのような演劇をわたしたちに紹介していたし、ネルヴァル的なインスピレーションにきわめて近い『グラディーヴァ』[50]では、反復そのものと、その反復のなかでつねに偽装されるようにして反復されるものとを同時に体験する主人公が、わたしたちに示されるのである。強迫観念の分析においては、死という主題の出現は、強迫観念にとりつかれた者が、自分のドラマに登場する人物をすべて意のままに扱い、「儀礼」が外被でしかないような反復のなかで彼らを再結合する、といった契機に一致している。いついかなる場合でも、裸のものの真理は、仮面、仮装、着衣のものである。反復の真の基体〔真に反復されるもの〕は、仮面である。反復は、本性上、表象=再現前化とは異なるからこそ、反復されるものは、表象=再現前化されえないのであって、反復されるものはつねに、おのれを意味するものによって意味され、おのれを意味するものをおのれの仮面とし、同時におのれ自身、おのれが意味するものの仮面となる、ということでなければならないのだ。

私は、抑圧するがゆえに反復する、というのではない。私は、反復するがゆえに抑圧するのであり、私は、反復するがゆえに忘却するのである。私は、或る種のものごと、あるいは或る種の経験を、まずはじめに、反復という様態でしか生きることができないがゆえに、抑圧するのである。私は、それらのものごとや経験を私がそのようにしか生きられないという事態の妨げとなるようなものを、抑圧するように決定されている。すなわち、私は、そのようにしか生きられないものを、同一的な、もしくは似ている事物の形式に関係させることによって媒介するような表象＝再現前化を抑圧するように、決定されているのである。エロスとタナトスは、以下のように区別される。すなわち、エロスは、反復されるべきものであり、反復のなかでしか生きられえないものであるのに対して、（先験的原理としての）タナトスは、エロスに反復を与えるものであり、エロスを反復に服従させるものである。抑圧の起源、その本性、その諸原因、抑圧の対象となる厳密な諸項、といったものに関する解明されていない諸問題においてわたしたちを前進させうるのは、以上のような視点のみである。なぜなら、フロイトが、いくつかの表象＝再現前化を対象とする「本来的な意味での」抑圧の彼岸に、まずはじめにいくつかの現前化に関わる原抑圧を定立する必要があると指摘したとき、あるいは、諸欲動が必然的に生きられるその仕方を指摘したとき、わたしたちの信じるところでは、彼は、後期になってから死の本能のなかで規定しうるように思われたような反復、また、本来的な意味での抑圧における表象＝再現前化の阻止を説明するべきはずの反復、しかもその抑圧によっては説明されえないような反復の内的な定立的理由に、最高に近づいていたのである。だからこそ、反復と想起《ルメモラシオン》との反比例の法則は、反復を抑圧に依存させるかぎり、あらゆる点で不満足なものなのである。

フロイトは最初から、反復をやめる〔ノイローゼをなおす〕ためには、抽象的に〔情動《アフエクト》なしに〕追想するだけでも、概念を一般的に形成するだけでも、抑圧された出来事をその全特性とともにみずからのうちに表象＝再現前化するだけでも、十分ではないと指摘していた。すなわちフロイトは、追想を、それがそこで存在する当の場所〔過去〕において探究しなければならない、そして、過去のなかに一挙に身を置いて、知と抵抗との、表象＝再現前化と阻止との生ける接続を遂行しなければならないと指摘していたのである。したがって、健忘《アムネジー》によって病むことがないように、たんなる記憶《ムネジー》によって癒やされることもない。他の場合と同じくこの場合でも、意識するということは、取るに足らぬことである。格別に演劇的でドラマ的な働きによってこそ、ひとは〔ノイローゼが〕癒やされるのであり、また癒やされないこともあるのであって、このような働きにはひとつの名が与えられている。すなわち、転移《トランスフェール》である。さて、この転移はやはり、反復に属し、そして何よりもまず、反復に属している。[9] 反復によってわたしたちが病むとすれば、わたしたちの病を癒やすのもまた反復である。反復によってわたしたちが束縛され破壊されるとすれば、わたしたちを解放するのもまた反復であって、反復はそれら二つのケースにおいて、おのれの「悪魔的」な力《ピュイサンス》を証示しているのである。治療の全体は、結局のところ、反復というひとつの旅である。なるほど、転移には、どこか科学的実験に似たところがある。というのは、患者は、特権的な人工的条件のなかで、分析医という人物を「対象」とみなして、おのれの障害の総体を反復すると仮定されているからである。しかし、転移における反復の機能は、いくつかの出来事や、いくつかの人物や、いくつかの情念を同一化《イダンティフィエ》することにあるというより、むしろ、いくつかの役割の真正さを証明すること、いくつかの仮面を選別することにある。転移は、経験ではなく、分析的経験の全体を基礎づける原理である。それらの役割は、それら自身、本性上エロス的であるが、しかし、それらの役割の〔選別〕テストは、死の本能であるところの、もっと高い原理に、もっと深い審判者に訴えるものである。事実、〔フロイトにとって〕転移についての熟考は、「〔快感原則の〕彼岸」の発見の決定的な原因であった。まさしく以上のような意味において、反復は、それ自身によって、わたしたちの病とわたしたちの健康の、わたしたちの破滅とわたしたちの救済の選別ゲームを構成しているのである。では、そのようなゲームを、今度はどのような意味で、死の本能に関係づけることができるだろうか。それはおそらく、ミラーが、ランボーに関する彼の驚嘆すべき書物において述べているような意味に近いだろう。「僕が理解したのは、僕は自由だということ、それも、僕が経験した死が僕を解放してくれたのだということだ。[51]」死の本能という観念は、明らかに、つぎのような三つの相補的な逆説的諸要請に即して理解するべきである。反復に、ひとつの定立的な根源的原理〔死の本能〕を与えること、しかも反復に、偽装のひとつの自律的な力＝累乗《ピュイサンス》を与えること、最後に、反復に、恐怖が選別と自由との運動に徹底的に混じり合っているという内在的な意味を与えること。

＊＊＊

二つの反復——概念の同一性と否定的条件による反復、差異による、そして《理念《イデア》》における過剰による反復（自然的諸概念と名目的諸概念の例）

わたしたちは、反復の本質を問題にしている。なぜ反復は、概念あるいは表象＝再現前化における同一性の形式によって説明されてしまうことはないのか——どのような意味で反復は、ひとつの高次の「定立的《ポジティフ》」な原理を要求するのか——という点について知ることが必要である。この探求の対象は、自然の諸概念と自由の諸概念との総体でなければならない。そこで、或るひとつの装飾模様を、それら二つの事例の境界において考察してみよう。いま、ひとつの図柄が、絶対に同一的な概念のもとで再生されているように見える(52)……。しかし、実際には、制作者はそのようにして仕事をしているわけではない。彼は、そのひとつの図柄の複数のコピーを、並列しているのではない。彼は、一回一回、ひとつのコピーに含まれるひとつの要素を、続けて置かれるもうひとつのコピーの他の要素と組み合わせているのである。彼は、〔全体の〕構成の動的なプロセスのなかに、ひとつの不均衡、不安定、非対称、一種の開口《ベアンス》(53)を導き入れており、それらは、

〔制作物の〕全体的な結果《エフェ》〔効果〕のなかで、やっと祓いのけられるであろうようなものである。レヴィ＝ストロースは、そのようなケースを解説しようとして、こう書いている。「それらの要素は、互いにずらされることによって、かわら状に重ね合わされ、そして最後になってようやく、図柄はひとつの安定性を見いだすのだが、この安定性は、その図柄を仕上げた動的な技法を、そっくりそのまま確証すると同時に打ち消すのである。」[10] この指摘は、因果性一般の観念にとって価値がある。というのも、人為的あるいは自然的因果性において重要であるのは、現前する対称的な諸要素ではなく、原因のなかで欠けていて存在しないものであるからだ——すなわち、重要であるのは、原因における対称は結果における対称よりも小さいという可能性である。さらに、その可能性が、何らかの契機において実際に実現されているのでなければ、因果性は、永久に仮説にとどまってしまうだろうし、たんなる論理的カテゴリーにとどまることになるだろう。だからこそ、因果性の論理的関係は、信号発信の物理的プロセスから切り離せないのであり、このプロセスがなければ、因果性の論理的関係は現実態に移行しないであろう。わたしたちは、非対称的な複数のエレメントをそなえた、つまり複数の齟齬する量的レヴエルをそなえたシステムを、「信号《シニャル》」と呼ぶ。さらにわたしたちは、そのようなシステムのなかで生起するもの、〔複数のレヴェルの〕間隙のなかで閃くもの、たとえば齟齬するものたちのあいだに打ち立てられる或る連絡《コミュニカシオン》を、「しるし《シーニュ》」と呼ぶ。[54] しるし《シーニュ》は、なるほどひとつの結果《エフェ》〔効果〕であるが、しかしこの結果は、二つのアスペクトをもっている。ひとつのアスペクトからすれば、しるし《シーニュ》は、しるし《シーニュ》であるかぎりにおいて、生産的な非対称を表現しており、もうひとつのアスペクトからすれば、しるし《シーニュ》は、その非対称を取り消す傾向をもつ。しるし《シーニュ》は、必ずしも象徴《サンボル》〔記号〕のレヴェルをなしているわけではない。けれども、しるし《シーニュ》は、ひとつの内的差異を巻き込むことによって（しかしその差異の再生の諸条件は外的なものに委ねて）、象徴を準備するのである。

　わたしたちは、「対称の欠如」という否定的な表現に惑わされてはならない。この表現は、因果的プロセスの起源とその定立性《ポジティヴィテ》を指示している。その表現が、定立性そのものなのである。わたしたちにとって本質的なことは、この場合、あの装飾模様がわたしたちにそうせよと促すように、因果性を解体してその因果性において反復の二つのタイプを区別することである。すなわち、一方は、抽象的な全体的結果に関わるタイプとして、他方は、作用力をもつ原因に関わるタイプとして区別すること。一方は、静的な反復であり、他方は、動的な反復である。一方は、作品から帰結する反復であるが、他方は、言わば所作の「進化《エヴォリュシオン》」である。一方は、ひとつの同じ概念を指し示しており、この概念は、ひとつの図柄のもろもろの通常のコピー間の外的な差異しか存続させないのだが、他方は、或る内的な差異の反復であって、この内的な差異とは、その反復が、その反復の各契機において含んでいるものであり、しかもその反復が、ひとつの特別な点〔特異点〕から他の特別な点に運搬するものである。なるほど、前者のタイプから後者のタイプにかけて、変化したのは概念の内容にすぎず、あるいは、また別に分節的に構成されているのは図柄にすぎないと言うことによって、あえて両者の反復を同一視しようとすることはできる。しかし、そうすれば、それら二つの反復のそれぞれのレヴェルを見誤ることになってしまうだろう。なぜなら、動的な〔反復の〕レヴェルにおいては、もはや、表象＝再現前化する概念はなく、前もって存在するひとつの空間内に表象＝再現前化される図柄もないからである。あるのは、ひとつの《理念《イデア》》であり、そして、その《理念《イデア》》に対応した、空間創造の或る純然たる力動である。

リズムや対称性についての研究が、そうした二元性を確証してくれる。整数係数あるいは分数係数の目盛りを指し示している、等差的対称性と、無理数による割合や比に基づく、等比的対称性が区別されるし、立方体や六角形のタイプの静的な対称性と、五角形のタイプの動的な対称性が区別される。後者の対称性は、〔数学的〕螺線のなかに、あるいは等比数列状の脈動のなかに、要するに、生けるそして死に至る「進化」のなかに顕現している。ところで、後者のタイプの反復は、前者の心臓部にあり、前者の心臓部そのものであり、そして前者にとっての能動的で定立的な技法である。五角形もしくは星形五角形の中心を非対称の極としてもつ放射状の線が、或る重なりあった菱形の格子のなかに発見される。[55] その格子は、言わば骨組みの上に重なっている素材であるが、「しかし、その骨組みの区切り、その主要なリズムは、ほとんどつねに、その格子から独立した主題である。」それ〔区切り、リズム〕は、ひとつの対称的な総体にとって、その発生原理として役立つとともにその考察原理としても役立つような、非対称のエレメントであると言えよう。[11] 重なりあった菱形の格子における静的な反復は、したがって、ひとつの五角形によって形成される動的な反復を指し示しており、そして「その五角形におのずから内接しているもろもろの星形五角形の縮小してゆくセリー」を指し示している。同様に、リズム理論は、わたしたちに、反復の二つのタイプを直接に区別するよう促す。〈韻律《ムジユール》〔拍子、構成単位〕－反復〉は、時間の規則的な分割であり、同一的な諸要素の等時的な回帰である。しかし、一定の持続は、〈強さアクセント〉によって規定されるのでなければ、また諸強度によって支配されるのでなければ、存在しない。もろもろのアクセントは等間隔で再生されると言ってしまうなら、アクセントの機能について誤解することになるだろう。逆に、強さのつまり強度的な諸価値〔アクセント〕は、韻律的に等しいいくつかの持続つまり空間のなかに、いくつかの不等性、通約不可能性を創造するように作用するのである。それらの価値は、ひとつのポリリズムをつねに示す複数の特別な点〔特異点〕、つまり特権的な瞬間を創造する。そこでもまた、不等なものが、もっとも定立的なものである。韻律は、ひとつのリズムの、そして諸リズムの関係《ラポール》＝比の外被にすぎない。不等性の点の、屈曲の点の、リズム的出来事の繰り返しは、同質的な通常の要素の再生よりもずっと深いものである。そうであればこそ、わたしたちは、いたるところで、〈韻律－反復〉と、〈リズム－反復〉を、前者は後者の抽象的な仮象あるいは効果にすぎないがゆえに区別しなければならないのである。（《同じ》ものの反復としての）物質的で裸の反復が出現するのは、つぎのような意味においてである。

すなわち、それとは別の〔着衣の〕反復が、その裸の反復を構成しながらその裸の反復のなかでおのれを偽装し、かつおのれを偽装することによっておのれ自身をも構成するという意味においてである。自然においてさえ、もろもろの等時的な自転運動は、もっと深いひとつの運動の仮象にすぎず、もろもろの公転的《レヴォリユティフ》な循環は、抽象的なものにすぎない。だが、それら公転的な循環は、関係のなかに置かれると、進化《エヴォリユシオン》の諸循環を、すなわち可変的な曲率をもった螺線を、しかも左右非対称のアスペクトをもつ軌道をとる螺線を開示する。否定的なものと混じり合っていないそのような開口《ベアンス》においてこそ、そしてつねにこの開口《ベアンス》において、被造物たちは、生きる能力と死ぬ能力を受けとると同時に、自分たちの反復を織りあげているのである。

最後に、名目的諸概念に立ち返ろう。語の反復を説明するものは、名目的概念の同一性であろうか。韻の例をとりあげよう。韻はたしかに語詞的反復であるが、ただし、二つの語の差異を含みながら、その差異を、韻によって規定される空間のなかで、詩的《理念《イデア》》の内部に刻み込む反復である。したがって、韻の意味は、等しい間隔を示すことにあるのではなく、むしろ、強勢韻という考え方にみられるように、音色の諸価値を強さのリズムに奉仕させることに、等差的なリズムに対する強さのリズムの独立に貢献することにある。同じひとつの語の反復に関して言えば、わたしたちはそれを、或る「一般化された韻」とみなさなければならない。もっともそれは、縮小された反復であって、韻そのものではないのだが。さて、そのような一般化には、二種類の技法がある。

その一方は、二つの意味で用いられるひとつの語によって、それら二つの意味のパラドクシカルな類似あるいは同一性を保証するということ。他方は、ただひとつの意味で用いられるひとつの語が、それに隣接する諸語に対して牽引力を及ぼし、それらに驚異的な引力を連絡し、ついには、近接している諸語のひとつがあとを引き継ぎ、今度はおのれが反復の中心へと生成するまでになるということである。レーモン・ルーセルとシャルル・ペギーは、文学に関する偉大な反復者であった。彼らは、言語の病理学的な力《ピュイサンス》を、高次の或る芸術的水準にまでもたらすことができた。ルーセルは、二重の意味をもった語、あるいは同形異義語から出発する。そして、二分化され、二度提示される諸事物そのものと、ひとつの物語とによって、彼は、それら二重の意味の隔たりを埋める。こうしてルーセルは、自分自身の地歩に立って同形異義性を克服し、最大の差異を、反復のなかにも、語のただなかに開かれた空間のなかにも刻み込むのである。この空間は、ルーセルによってまた、もろもろの仮面の空間、死の空間としても提示され、そして、束縛する反復と、救済する反復——それもまっさきに束縛する反復から救済する反復——とを、その空間において同時に仕上げるのである。ルーセルは、そこでひとたび一切が語られてしまったら、一切は反復され、再開されるような、そうした或る〈後－言語〉を創造するのだ。[12]ペギーの手法は、それとは何と異なっていることか。その手法は、反復を、同形異義語のかわりにではなく、類義語のかわりに用いる。その手法は、言語学者たちが、類似性の機能ではなく近接の機能と呼ぶものに関わっている。

その手法は、或る〈前－言語〉、曙光の言語を形成し、そこでは、語の内部空間が少しずつ産み出されていくように、すべての微小な差異に基づいてことが運ばれるのである。今度は、すべてが、夭折と老化の問題に通じているのだが、しかしその場合でも、この問題において、すべてが、束縛する反復に抗して救済する反復を肯定できる前代未聞の幸運に通じているのだ。ペギーとルーセルは、それぞれの立場で、言語を、その諸限界のひとつへと導く（ルーセルにあっては、類似性あるいは選別、*billard*〔ビヤール（撞球台）〕と*pillard*〔ピヤール（略奪者）〕[56]とのあいだの「弁別特徴」、ペギーにあっては、近接あるいは組み合わせ、あの有名なタピスリーステッチ）[57]。ふたりとも、繰り返し語られる通常の語の反復、つまり水平的反復にかえて、特別な点〔特異点〕の反復、すなわち、語の内部へと遡行してゆく垂直的反復を遂行する。名目的概念あるいは語詞的な表象＝再現前化の不十分さによる、つまり欠如による反復にかえて、言語学的かつ文体論的《理念》《イデア》における過剰による反復を遂行するのだ。反復が肯定されるときにはつねに現前している死が、どうして言語活動をインスパイアすることなどあろうか。

《同じ》ものの再生は、所作の原動力ではない。周知のように、もっとも単純な模倣でさえ内と外との差異を含んでいる。そのうえ、模倣は、ひとつの行動の組み立てにおいて、二次的な調整的役割しかもたないのであって、模倣は、なされつつある運動の修正を可能にしこそすれ、運動の創始を可能にはしないのである。学習は、表象＝再現前化と行動との関係において（《同じ》ものの再生として）行われるのではなく、しるし《シーニュ》と応答《レポンス》との関係において（《他の》ものとの出会いとして）……ものとの出会いとして）行われる。しるし《シーニュ》というものは、少なくとも三つの仕方で異質性を含んでいる。まず、しるし《シーニュ》を担い、しるし《シーニュ》を発する対象において。これは、ちょうどしるし《シーニュ》がそのあいだで閃くその二つの齟齬する量的あるいは実在的レヴェルのように、準位〔レヴェル〕の差異を必然的に提示しているからである。つぎに、しるし《シーニュ》それ自身において。なぜなら、しるし《シーニュ》は、そのしるし《シーニュ》を担う対象の諸限界のなかで、他の「対象」を包み込んでおり、自然と精神（《理念《イデア》》）との力《ピュイサンス》を具現しているからである。最後に、しるし《シーニュ》が促す応答において。応答の運動は、しるし《シーニュ》の運動に「類似」していないからである。泳ぐ者の運動は、波の運動に似ていない。実際のところ、わたしたちが砂のうえで再生する水泳指導員の体の動きは、わたしたちが、波の動きをしるし《シーニュ》として実践的に把握してはじめて避けることを学ぶような当の波の動きに対しては、無力である。それゆえ、ひとりの人間がどのようにして学習するのかという点について語るのは、きわめて難しい。生得的なものであるにせよ習得されたものであるにせよ、とにかくもろもろのしるし《シーニュ》に対する実践上の精通というものが存在するのであって、こうした精通によって、あらゆる教育は、何か愛情的な〔エロス的な〕ものになり、そればかりでなく、何か死に関わる〔タナトス的な〕ものにもなる。わたしたちは、「私と同じようにやれ」と言う者からは、何も学ぶことはない。わたしたちにとっての唯一の教師は、わたしたちに対して「私と共にやりなさい」と言う者であり、この教師は、わたしたちに、再生するべき所作を提示するかわりに、異質なもののなかで展開するべきいくつかのしるし《シーニュ》を発することのできる者なのである。言い換えるなら、観念－運動性は存在せず、感覚－運動性が存在するということだ。身体が、おのれのもろもろの特別な点〔特異点〕を波のもろもろの特別な点に共役的に関係づけるとき、もはや《同じ》ものの反復ではなく、かえって《他の》ものを含む反復の、そして、波から所作への、所作から波への差異を含む反復の、しかも、そのように〔特別な点によって〕構成された反復空間のなかにその差異を運搬する反復の原理を、身体が打ち立てるのである。或るいくつかのしるし《シーニュ》との出会いの空間においても、もろもろの特別な点が互いに相手のなかで繰り返され、そして反復が偽装されながら同時に形成されるのであって、学習するということは、まさにそうした空間を構成することなのである。学習が創造するそうした空間の諸限界において、その学習が〔身体に対するしるし《シーニュ》の〕異質性を展開するがゆえに、学習のなかには、つねに死のいくつかのイマージュが存在する。しるし《シーニュ》というものは、遠景のなかに消えるとき、そして、真正面からわたしたちを襲うときにも、死に関わるものである。オイディプスは、しるし《シーニュ》を、一度はあまりにも近くから、一度はあまりにも遠くから受けとる。そして、その近さと遠さのあいだで、罪の恐るべき反復が織りなされる。ツァラトゥストラは、おのれの「徴《しるし》」[58]を、ある時はあまりにも近くから、ある時はあまりにも遠くから受けとる。そして、彼を永遠回帰において病むように仕向けるものを、弁済的、救済的な反復に変えるであろう十分な距離を、彼は予感するのだ。しるし《シーニュ》は、演劇の真の要素である。しるし《シーニュ》は、上演=再現前化《ルプレザンテ》された語や、所作や、人物や、物の下で作用する自然と精神との力=累乗《ピュイサンス》を証示している。しるし《シーニュ》は、抽象的なものの贋の運動としての表象=再現前化《ルプレザンタシオン》とは反対の、現実的な運動としての反復を意味している。

反復における裸のものと着衣のもの

わたしたちは、同じ概念を絶対的に所有している同一的な諸要素に直面するとき、なるほど、それは反復していると言ってよい。しかし、そうした離散的な諸要素から、つまり反復される諸対象から、わたしたちは、それらの対象を貫いておのれを反復する秘めやかな主体〔基体、主語〕を、すなわち反復の真の主体を区別しなければならない。代名詞的なものをそなえた反復を考える必要があり、反復の《自身《ソワ》》を、おのれを反復するものにおける特異性を見いだす必要がある。というのも、反復者なしには反復はないし、反復をなす魂なしには反復されるものは何もないからである。そればかりではなく、わたしたちは、反復されるものと反復者、対象と主体ではなく、むしろ反復の二つの形式を区別しなければならない。なるほど、いずれの形式においても、反復とは、概念なき差異のことである。しかし、一方においては、差異は、概念に対して外的な差異として、換言すれば、同じ概念のもとで表象=再現前化され、空間と時間において、無差異〔概念的差異のないこと〕の状態に陥った、諸対象間の差異として定立されるにすぎない。他方においては、差異は、《理念《イデア》》の内部に存在している。この差異は、

《理念《イデア》》に対応する或る動的な空間と時間を創造する純然たる運動としておのれを展開する。前者の反復は、《同じ》ものの反復であり、概念ないしは表象＝再現前化の同一性によって説明されるものである。後者の反復は、差異を含む反復であり、しかも《理念《イデア》》の他性《アルテリテ》において、また或る「間接的呈示《アプレザンタシオン》」[59]の異質性において、おのれ自身を含む反復である。前者は、概念における欠如による、否定的な反復であり、後者は、《理念《イデア》》における過剰による、肯定的な反復である。前者は、仮言的なものであり、後者は、定言的なものである。前者は、静的であり、後者は、動的である。前者は、結果における反復であり、後者は、原因における反復である。前者は、外延〔広がり〕における反復であり、後者は、内包的〔強度的〕な反復である。前者は、通常なものであり、後者は、特別で特異なものである。前者は、水平的で、後者は、垂直的である。前者は、展開され繰り広げられた《エクスプリケ》反復であり、後者は、包み込まれた反復であって、それゆえ解釈される必要のある反復である。前者は、公転的《レヴォリユティフ》な〔回って戻る〕ものであり、後者は、進化的《エヴォリユティフ》な〔回って進む〕ものである。前者は、同一性、通約可能性、対称性をそなえ、後者は、不等なもの、通約不可能なもの、あるいは非対称的なものに基づいている。前者は、物質的であり、後者は、自然においてさえまた大地のなかにあってさえ精神的である。前者は、生命のないものであり、後者は、わたしたちの死とわたしたちの生との、わたしたちの束縛とわたしたちの解放との、悪魔的なものと神的なものとの秘めやかな真理である。前者は、「裸の」反復であり、後者は、おのれを装い、仮面をつけ、おのれを偽装しながら、おのれ自身を形成する着衣の反復である。前者は、正確さをそなえた反復であり、後者は、真正さを基準とする反復である。

それら二つの反復は、相互に独立しているものではない。後者は、前者の特異な主体、心胸、内面であり、前者の奥ゆき《プロフォンドゥール》〔深さ〕である。この前者はと言うなら、それは、外被にすぎず、抽象的な結果にすぎない。〔後者の〕非対称の反復は、対称的な総体や結果のなかに隠れている。それは、〔前者の〕通常な点〔正則点〕の反復の下に潜む特別な点〔特異点〕の反復である。そして、いたるところで《他の》ものが、〔前者の〕《同じ》ものの反復のなかに隠れている。後者の反復は、このうえなく深い、秘めやかな反復である。ひとりその反復のみが、前者の反復の理由を、そして諸概念の阻止の理由を手渡してくれる。その領域では、あたかも「仕立て直された裁縫師《サルトル・レサルトゥス》」(60)におけるように、仮面、偽装されたもの、仮装こそが、裸のものの真理である、ということが判明する。それは必然的なことなのだ。なぜなら、反復は、反復でないものによっては隠されることがなく、かえっておのれを偽装しながらおのれを形成するのであり、自分自身の幾度もの偽装に先立っては存在せず、こうして、おのれを形成しながら、裸の反復を構成し、そのなかに包み込まれてゆくからである。そのような事態の帰結は重大である。仮面をつけて前進する反復、あるいは、置き換えを、スピードアップを、スピードダウンを、ヴァリアントを含む反復、最後には出発点からはるか遠くへとわたしたちを連れてゆくことのできる差異を含む反復、こうした反復の現前を前にするとき、わたしたちは、そこに、反復が純粋ではなく近似的でしかないようなひとつの混合状態を見ることになりがちである。反復という語そのものが、この場合、わたしたちには隠喩や類似によって象徴的に使われているように見える。なるほどわたしたちは、反復を、概念なき差異として厳密に定義した。しかしわたしたちは、反復が《理念《イデア》》の内部にあるということ、また概念たるかぎりでの概念を越えているしるし《シーニュ》や象徴や他性《アルテリテ》のすべての能力を、反復がそれ自身のうちにもちあわせているということ、これを理解しないとしたら、概念における《同じ》ものの形式のもとで外的性格に再び落ちこんでいる差異へ反復を還元するという誤りを犯すことになろう。先ほど援用したもろもろの例は、名目的諸概念、自然の諸概念、自由の諸概念という、きわめて異なった事例に関わっていた。そこでひとは、わたしたちが、物理的および心的なすべての種類の反復をまぜこぜにしたといって、そして心的な領域においてさえも、常同症的なタイプの裸の諸反復と、潜在的で象徴的な諸反復をまぜこぜにしたといって非難するだろう。だがそうなってしまうのも、以上の諸審廷があらゆる反復構造において共存しているということをわたしたちが指摘したかったからである。しかも、前者の反復のふところに「他の」〔潜在的な〕反復を形成しつつ、同一的な諸要素を貫いておのれ自身を反復するそうした潜在的な主体を、その諸要素の顕在的な反復が、どのようにして必然的に指し示しているのかということを、わたしたちは指摘したかったからである。したがって、そうした他の反復について、わたしたちは、それはけっして近似的でも隠喩的でもないと言いたい。その反復は、逆に、あらゆる反復の精神である。その反復は、あらゆる反復の文字、透かし模様の、あるいは構成要素的暗号の状態にある文字でさえある。まさにこの反復が、あらゆる反復がそこで成立する当の媒介されていない差異、つまり概念なき差異の本質をなしているのだ。あらゆる反復の、第一の、文字通りの、そして精神的な意味をなしているのは、まさにそうした他の〔後者の〕反復である。殻のように分泌された物質的な意味は、そうした他の反復から帰結するものにすぎない。

わたしたちは、一般性と反復を区別することから始めた。つぎにわたしたちは、反復の二つの形式を区別した。その二つの区別は、鎖のようにつながっている。はじめの区別は、つぎの区別のなかでしか、その諸帰結を展開しないということだ。それというのも、わたしたちが、反復からその内的性格を取り去って、その反復を抽象的に定立することだけでやめてしまうならば、なにゆえに、かついかにして、ひとつの概念が自然的に阻止されるのか、そして一般性と混じり合っていない反復が出現しうるのかということは、わたしたちにとってはいつまでも理解できないことになってしまうからである。逆に、わたしたちが、反復における字義通り内的なものを発見するときには、覆いとしての外面性の反復を理解することができるだけでなく、一般性のレヴェルを取り戻すこともできる（キルケゴールの願いに従って、単独者《サンギュリエ》〔特異なもの〕と一般的なものとの和解を実現することもできる）。なぜなら、内的な反復が、おのれを覆ってしまう裸の反復を貫いて、おのれを投射するかぎり、内的な反復が含む諸差異は、どれもこれも内的な反復に対立するファクターとして現われ、それらファクターは、内的な反復を緩和し、「一般的な」諸法則に即して内的な反復を変化させてしまうからである。しかし、諸法則の一般的な労働《トラヴァーユ》の下には、つねに、特異性たちの遊び《ジュ》が存続している。自然における循環的なもろもろの一般性は、それらの干渉を通して突き出ている特異性の仮面である。そして、道徳生活におけるもろもろの習慣的一般性の下に、わたしたちは、いくつかの特異な学習を再発見する。なるほど諸法則の領域は理解されるべきものではあるが、しかしその理解は、おのれ自身のもつ法則よりも高次にある《自然》と《精神》から出発して遂行されねばならず、しかもその自然と精神は、諸法則がいまだ存在しないとき、大地と心胸の深みにおいて、まっさきにおのれの反復を織りあげるものである。反復の内部は、つねに差異のレヴェルの影響を被っている。反復が、今度は外的で裸の反復として現われ、諸事物が、それ自体、一般性の諸カテゴリーに服従したものとして現われるのは、まさに何ものかが、その何ものかのレヴェルとは別のレヴェルにある反復に関係づけられるかぎりにおいてである。差異と反復とが不適合になるときにこそ、一般的なもののレヴェルが創設されるのだ。そうした意味で、ガブリエル・タルドは、類似〔という一般的なもの〕はそれ自身、くさびをはずされた反復にすぎぬと主張していた。(61) 真の反復とは、それと同じ度にある差異にダイレクトに対応している反復である。差異と反復との徐々に完成されてゆく適合を創始するための秘密の努力が、自然と精神のなかにあることを発見することによって、ひとつの新しい弁証法を仕上げるということを、だれもタルド以上にうまくはできなかったのである。[13]

＊＊＊

概念的差異と概念なき差異

わたしたちが、差異を、概念的な、それも内在《アントランセックマン》的に概念的な差異として定立し、反復を、ひとつの同じ概念のもとで表象＝再現前化された諸対象間の、外在《エクストランセック》的な差異として定立するかぎり、差異と反復の関係についての問題は、事実によって解決されうるように見える。しかし、どうであろうか、〔外在的ではない〕或るいくつかの反復が存在するというのだろうか、それとも、あらゆる差異は、結局のところ、外在的で概念的であるのだろうか。ヘーゲルは、ライプニッツを、こう言って嘲弄した。すなわち、ライプニッツは、宮廷の貴婦人たちに、二枚の木の葉は同じ概念をもたないということを検証するため、庭を散歩しながら実験的形而上学をするようすすめた、と。(62) 宮廷の貴婦人たちを、科学捜査を行う刑事に置き換えてみよう。絶対に同一的な二個のほこりの粒は存在せず、同じ特別な点〔特異点〕をそなえた筆跡も存在せず、同じ印字を打ち出す二台のタイプライターも存在せず、弾丸に同じように線条痕をつける二丁のピストルも存在しない……。しかし、なぜわたしたちは、個体化ノ原理 *principium individuationis* の基準を事実のなかに求めるかぎり、問題は正しく立てられないと感じるのだろうか。

なぜなら、差異は、内的《アンテルヌ》であるにもかかわらず、概念的ではないということが可能だからである（そこにはすでに、対称的な事物のパラドックスの意味がある）(63)。動的な空間は、その空間につながれている観察者の視点から定義されるべきであって、外的な立場から定義されるべきではない。対象を表象＝再現前化する前に、《理念》《イデア》をドラマ化する或るいくつかの内的《アンテルヌ》差異が存在するのだ。差異は、この場合、対象の表象＝再現前化としての概念の外部にありながらも、《理念》《イデア》の内部にある。それゆえ、カントとライプニッツの対立は、両者の理論に現前している動的なファクターを考慮に入れるならば、まさに緩和されるように思われる。カントは、直観の諸形式に、概念のレヴェルには還元しえぬ外在的《エクストランセック》な諸差異を再認しているが、それらの差異は、それでもなお「内的《アンテルヌ》」である。たとえ、それらの差異が、悟性によって「内在的《アントランセック》」なものとしては特定されえず、また、空間全体に対する外的な関係のなかでしか、表象＝再現前化されえないにしてもである。[14] それは、いくつかの新カント派的な解釈に従うなら、全体を外的性格の形式として「表象＝再現前化する」ことに先立たねばならぬ空間の内的な動的構成が、少しずつ存在するようになる、ということでもある。そうした内的発生のエレメントは、わたしたちには、図式よりもむしろ内包量〔強度量〕にあり、悟性概念よりもむしろ《理念》《イデア》〔イデー〕に関係していると思われる(64)。外在的な諸差異の空間的なレヴェルと、内在的な諸差異の概念的レヴェルは、図式が証示しているように、結局はひとつの調和をもつようになるのだが、そのことは、さらに深いところでは、瞬間における連続的なものの総合たる、つぎのような強度的〔内包的〕な差異的＝微分的エレメントのおかげなのである。すなわち、そのエレメントは、連続的反復 *continua repetitio* の形式をとって、まずはじめに、諸《理念《イデア》》に即して、空間を内的に産み出すようなエレメントのことである。ところで、ライプニッツにおいては、外在的な諸差異と、内在的な概念的諸差異との親和性は、すでに、連続的反復の内的なプロセスに依存していた。すなわち、内部から空間を産み出すための点において連続的なものの総合を遂行する強度的な差異的＝微分的エレメントに基づく内的なプロセスに依存していたのである。

しかし、**差異の概念（《理念《イデア》》）**は、**概念的差異に還元されることはなく**、**同様に、反復の定立的な本質は、概念なき差異に還元されることはない**

たんに外在的な差異であるのではない差異ではない反復が存在する。内在的《アントランセック》あるいは概念的ではない、内的《アンテルヌ》な差異が存在する。そこで、わたしたちは、これまでの曖昧なことどもの源泉を、もっと見やすい位置に置いてみることができる。わたしたちは、反復を概念なき差異として規定するとき、反復における差異は外在的でしかない特徴をもつと結論しうると信じこむ。この場合、わたしたちは、あらゆる内的な「新しさ」は、わたしたちを〔反復の〕文字から遠ざけるに十分なものであり、またその「新しさ」は、類比によって定められる近似的な反復とだけ両立できると思いこむ。ところが、事態は、そのようになってはいないのだ。というのも、反復の本質はどのようなものであるのか、

「概念なき差異」という表現は定立的には何を意味しているのか、そうした差異が巻き込みうる内的性格の本性は何を意味しているのか、ということについては、わたしたちはまだ何も知っていないからである。逆に、わたしたちは、差異を、概念的差異として規定するとき、差異であるかぎりでの差異の概念規定のために、十分なことをやったのだと信じこむ。けれども、そこでもまた、わたしたちは、差異のいかなる観念も、本来的な差異のいかなる概念も手にしてはいないのである。差異を概念一般に刻み込むだけで満足し、差異の概念を、たんに概念的な差異と混同したのは、おそらく、アリストテレスからライプニッツを経てヘーゲルに至る差異哲学の誤謬であった。実際のところ、差異を概念一般に刻み込むかぎり、差異の特異な《理念《イデア》》はまったく手に入らないし、表象=再現前化によってすでに媒介された差異のエレメントにただとどまるだけのことになってしまう。したがってわたしたちは、二つの問いに直面することになる。まず、差異の概念とはどのようなものか――ただしその差異は、たんなる概念的差異に還元されず、ひとつの本来的な《理念《イデア》》を、言わば《理念《イデア》》におけるひとつの特異性を要求するものである。つぎに、反復の本質とはどのようなものか――ただしその反復は、概念なき差異に還元されることはなく、同じひとつの概念のもとで表象=再現前化された諸対象の外見上の特徴と混同されもせず、むしろそうした反復であるかぎり、《理念《イデア》》の力=累乗《ピュイサンス》としての特異性を証示しているものである。差異と反復という二つの基礎概念の出会いは、もはや最初から定立されえず、反対に、反復の本質に関わる線と、差異の理念に関わる線という、二つの線が相互に干渉し交差することによってようやく出現するにちがいない。

第一章　それ自身における差異

差異と暗い背景

無差異《アンディフェランス》には二つのアスペクトがある。それはまず、一切が溶け込んでいる未異化《アンディフェランシエ》＝未分化の深淵、暗黒の無、未規定の動物であり、――それはさらに、純白の無、静寂を取り戻した表面であって、そこでは、つながりのないいくつかの規定が、まるでバラバラになった肢体のように、たとえば、頸から落ちた頭蓋、肩から抜けた腕、顔面から飛び出た眼球のように漂っている[1]。一方の未規定なものは、まったく無差異的《アンディフェラン》であるが、しかし他方の浮遊する諸規定も、未規定なものに劣らず、互いに無差異的である。では、差異《ディフェランス》は、それら二つの極の「あいだ」に介在しているのだろうか。あるいはむしろ、差異こそが、唯一の極、すなわち、現前と明確さの唯一の契機ではないだろうか。差異とは、そこで規定作用ソノモノを語ることが可能になる当の状態なのである。二つの事物の「あいだ」の差異は経験的なものにすぎず、それに対応した諸規定は非本質的なものにすぎないのだ。そこで、ひとつの事物が他の事物から区別される《ス・ディスタンゲ》という事態のかわりに、何らかのものが際立つ《ス・ディスタンゲ》〔一方的に区別される〕という事態を想像してみよう——ところが、際立つ事物が別の事物から際立つ場合、その別の事物は、それにもかかわらず前者の際立つ事物から際立たないのである。たとえば稲妻が走るとき、あたかも、おのれから際立たないものに対しておのれの方が際立つように、稲妻は暗黒の天空から際立つが、しかしその天空をおのれと共に引きずってゆかざるをえない。背景《フォン》〔地、基底〕は背景であるがままに表面に出てくる、とでも言えそうである。このような、捕えがたい敵に対する闘いには、双方の側に、何か残酷なもの、そして奇怪なものすら存在する。というのも、そのような闘いにおいては、際立つものは、おのれから際立ちえない何ものかと対立し、この際立たないものは、それと縁を絶つ際立つものと縁を結び続けるからである。差異とは、一方的な区別《ディスタンクシオン》〔際立ち〕としての規定作用の以上のような状態なのである。それゆえ、よく「差異をつくる《フェール・ラ・ディフェランス》〔差をつける〕」という言い方がされるように、差異について、差異をつくる〔差をつける〕、差異ができる〔差ができる〕と言わなければならない。このような差異、つまり規定作用ソノモノはまた、[2]残酷でもある。プラトン主義者たちは、[3]《非－一》は《一》から際立つが、その逆はなりたたない、なぜなら、《一》の方は、その《一》から逃れてゆく《非－一》から逃れることがないからだ、と語っていたし、また別の視点から、形《フォルム》〔形式、形相〕は、素材《マチエール》〔質料〕あるいは背景から際立つが、素材や背景は形から際立つことはない、なぜなら、際立ち《ディスタンクシオン》自体がひとつの形式《フォルム》であるからだ、と語っていた。だが実を言えば、浮き出る背景《フォン》に反映するとき、散乱するのはまさしくすべての形である。そうなると背景は、それ自身、背後にとどまるたんに未規定なだけのものではなくなってしまい、他方、もろもろの形もまた、共存的もしくは補完的な諸規定であることをやめてしまう。浮き出る背景はもはや背後に退いてはいず、自律的な存在を獲得するのであり、そのような背景に反映する形は、もはや形ではなく、直接魂に訴えかける抽象的な線になる。背景が表面に出てくると、〔たとえば〕人間の顔は、そうした〔浮き出る背景という〕鏡のなかで崩れるのであり、それというのも、その鏡においては、未規定なものも諸規定も、差異を「つくる」唯一の規定作用のなかで混じり合ってしまうからである。怪物をひとつ産みだすために、いくつもの雑多な規定を積み重ねたり、動物に重層的決定をほどこしたりするのは、貧困なやり方である。むしろ背景を浮き出させ、形を崩潰させる方がよい。ゴヤはアクアチントとエッチングの技法で、すなわちアクアチントでは灰色の濃淡《グリザイユ》を用いて、またエッチングでは厳密〔な線〕によって仕事をしていた。またオディロン・ルドンは、キアロスクーロ〔明暗法〕と抽象的な線を用いて仕事をした。肉づけ、すなわち形の造形的な象徴と関係するのをやめることによって、おのれの威力のすべてを手に入れる抽象的な線は、おのれが背景から際立ちながらも背景はおのれから際立たないだけに、いっそう激しく背景に関与してしまうのである。[1] そのような鏡のなかでは、顔はどれほどデフォルメされることであろうか。そして、怪物を産みだすのは《理性》の眠り[4]でしかないなどと言ってもはじまらない。怪物を産みだすのはまた、思考の覚醒、思考の不眠症でもある。なぜなら、思考とは、そこにおいて規定作用が、未規定なものとの一方的で明確な関係を維持することによってはじめてひとつの規定へとつくりあげられる、当の契機だからである。思考は差異を「つくる」、がしかし、当の差異は怪物なのだ。差異が呪われているように見えるからといって、あるいは差異が過誤もしくは罪であり、贖罪を約束された《悪》の形態であるからといって、驚くにはあたらない。背景を浮き出させ、形を崩潰させるという罪を措いて、他にいかなる罪も存在しないのだ。残酷、それはひたすら規定作用《デテルミナシオン》〔決定〕そのものだ、というアルトーの考えを思い起していただきたい⑤。残酷とは、規定されるものが未規定なものと本質的な関係をそこで維持しているまさにその明確な点なのであり、キアロスクーロにおいて育まれる抽象的で厳密な線なのである。

差異を表象＝再現前化するということは必要なのだろうか。表象＝再現前化の四つのアスペクト（四重の根）

そのような場合、差異をその呪われた状態から抜き出すことが、差異哲学の企てであるように思われている。差異は、調和のとれた有機体〔組織〕へと生成することができるのではないだろうか、そして差異は、ひとつの形式において、すなわち、有機的〔組織的〕な表象＝再現前化の首尾一貫したエレメントにおいて、規定作用そのものを他の諸規定に関係させることができるのではないだろうか〔と思われている〕。さて、「〔充足〕理由」としての表象＝再現前化のエレメントには、四つの主要なアスペクトがある。〔1〕未規定な概念の形式における同一性、〔2〕最終的な、規定可能な諸概念〔カテゴリー〕間の関係における類比、〔3〕概念内部の諸規定の関係における対立、〔4〕概念それ自身の規定された対象における類似。以上の諸形式は、言わば媒介の四つの頭であり、あるいは媒介の四つの絆である。同一性と対立、類比と類似という四重の根に首尾よく差異を服従させてしまうかぎり、ひとは、差異は〔表象＝再現前化において〕「媒介」されていると言うだろう。〔差異、それは悪だ、という〕最初の印象から出発するからこそ、ひとは、差異を、表象＝再現前化することによって「救済」しようともくろみ、そして差異を、概念一般の諸要請〔アスペクト〕に委ねることによって表象＝再現前化しようともくろむのである。

幸福な契機、差異、大と小

してみると、問題は、差異が言わば概念と和解している幸福な契機――ギリシア的な幸福な契機――を規定することにある。〔そのような契機において〕差異は、おのれの洞窟の外に出ているのでなければならず、怪物であることをやめているのでなければならない。あるいは少なくとも、幸福な契機を避けるもの、ひたすら悪との出会い、悪しき機会を構成するものだけが、怪物であり続けなければならないのである。この場合、「差異をつくる〔差をつける〕」という表現は意味を変える。いまやその表現は、どのような差異が概念一般のなかに刻み込まれているのか、そしてどのように刻み込まれているのか、を決定するべき選別テストを示している。そのようなテスト、そのような選別を実際に遂行するのは、《大》と《小》であるように思われる。というのも、《大》と《小》が《一》に関して言われるというのは当然のことではなく、むしろ《大》と《小》は、何よりもまず差異に関して言われるからである。したがって、差異が、概念の手前で失われたりそのかなたで消え去ったりせずに、概念の限界内に入ってくるためには、その差異はどこまで進むことができるのか、また進まなければならないのか——どのくらい大きくなるのか、どのくらい小さくなるのか——と問われることになる。問題を以下のように立ててよいかどうかを知るのは、明らかに難しいことではある——すなわち、差異は本当に即自的に悪であったのか、問いをそのような道徳的な言葉遣いで立てる必要はあったのか、差異をつきあいやすいものにすると同時に思考されうるものにするために、その差異を「媒介する」必要はあったのか、選別はそのようなテストとして成立せざるをえなかったのか、そのような仕方でかつそのような目的で、テストを構想しなければならなかったのか、と。ともかく、わたしたちは、ここで想定されている幸福な契機の本性をもっと正確に規定するのでなければ、それらの問いに答えることはできないだろう。

＊＊＊

概念的差異、最大かつ最高の差異

アリストテレスは、最大《メギステ》 μεγίστη であると同時にもっとも完全《テレイオス》 τέλειος な差異が存在する、と述べている。[7] 差異一般は、異別性《ディヴェルシテ》あるいは異他性《アルテリテ》から区別される。[8] なぜなら、二つの項が、それら自身によってではなく、〔それら以外の〕何ものかによって異他的であるときに、異なるからであり、したがって、また、二つの項がさらに別のものにおいては、すなわちもろもろの種的差異〔種差〕にとっての類においては、またもろもろの数的な差異にとっての種においては、あるいは類的差異にとっての「類比による存在」においては一致するときでも、それら二つの項は異なるからである。――では、それらの条件において、最大の差異とはどのようなものだろうか。最大の差異とは、つねに、対立《オポジシオン》のことである。[9] しかし、対立のすべての形式のうちで、もっとも完全で、まったく申し分なく、最高に「適している」対立の形式はどのようなものだろうか。[10]〔まず相対関係という形式の対立があり〕相対的なものどもは互いに主語・述語の関係になる。〔つぎに矛盾という形式の対立があり〕すでにひとつの基体〔主語〕について矛盾が言われているのだが、それは、基体の存立を不可能にするためなのであり、そして矛盾は、基体が存在し始めたり、し終えたりするようにさせる変化〔転化〕の性格を示しているにすぎないのである。〔さらに欠如という形式の対立があり〕欠如もまた、存在する基体の一定の無力を表現している。〔最後に反対性という形式の対立があり〕ひとり反対性のみが、〔質料あるいは類によって〕実体的には同一のものにとどまりながらも対立し合うものどもを受け入れうるという基体の力《ピュイサンス》を表象＝再現前化している。けれども、反対性は、どのような条件のもとで、おのれの完全さを差異に連絡するのだろうか。その質料において理解される具体的な存在者を考察するかぎり、その存在者に影響を与える反対性どもは、物体的な変化なのであって、そのような変化からは、またもや外在的な〈何性〔本質〕ノ外ナル *extra quidditatem*〉差異という偶有的な経験的概念しか手に入らないのである。たとえば「白い」と「黒い」が「人間」から切り離せるように、偶有性が基体から切り離せる場合と、たとえば「おす」と「めす」が「動物」から切り離せないように、偶有性が基体から切り離せない場合がありうる。[11] 場合によっては、差異は、共通的 *communis* あるいは固有的 *propria* と言われるだろうし、他方、差異が質料に由来しているかぎりは、その差異はつねに偶有的であろう。したがって、本質あるいは形相における反対性のみが、わたしたちに、それ自体本質的な差異〈本質的、アルイハ、モットモ固有ナル差異 *differentia essentialis aut proprissima*〉という概念を与えてくれるのである。してみると、互いに反対のものどもは、類において問題にされる基体に影響を与えるような変化なのである。事実、本質において、互いに反対のものとして組み合わされる諸差異〔種差〕によって、たとえば「歩行の」とか「有翼の」によって分割されるということが、類に固有な性格なのである⑫。要するに、完全で最大の差異は、〔アリストテレスにおいては〕類における反対性であり、類における反対性とは、結局、種的差異〔種差⑬〕のことである。そのような差異は、いたるところで、単純な異他性《ディヴェルシテ》に帰着する傾きがあり、概念の同一性をほとんど免れているのである。類的差異はと言えば、それは大きすぎる差異であり、反対性の諸関係のなかには入ってこないような、組み合わせ不可能なものどものあいだの差異である。個体的差異〔個体差〕は小さすぎる差異であり、これもまた、反対性をもっていない、分割不可能なものどものあいだの差異である[2]。

アリストテレスによる差異の論理学、および、差異の概念と概念的差異との混同

それに反してまさに、種的差異〔種差〕は、〔以下のように〕調和のとれた概念の、すなわち有機的な表象＝再現前化の諸要請に応じているように見える。種的差異は、形相的であるがゆえに、純粋である。言い換えれば、種的差異は、本質のうちで働くがゆえに本質的な差異である。また、種的差異は質的である。しかも類が本質を意味するかぎりにおいて、種的差異は、「本質《エッサンス》に即した」きわめて特別な質《キャリテ》、本質それ自身の質でさえある。種的差異は、総合的である。というのは、種別化は〔種の〕構成であり、種的差異は、その種的差異を可能態においてでしか含んでいない類に現実的《アクチュエルマン》に付け加わるからである。種的差異は媒介されたものであり、また種的差異それ自体が媒介であり、媒概念そのものである。種的差異は生産者である。というのは、類は、おのれを分割してもろもろの種的差異になるということはないが、種的差異に対応した種を類のうちに生産するその種的差異によって分割されるからである。それゆえに、種的差異は、つねに原因、それも形相因である。たとえば、最短は直線の種的差異であり、収縮は黒色の種的差異であり、分散は白色の種的差異である。(14) それゆえにまた、種的差異はきわめて特殊な型の述語である。なぜなら、種的差異は種に述語として帰属し、また同時に種に類を述語として帰属させ、そしておのれが述語として帰属する種を構成するからである。(15) そのような述語〔種的差異〕、総合的にして構成的な述語、帰属させられる以上に帰属させる述語、つまり生産の真の規則が、結局のところ、或る究極的な特性をもっているのである。すなわち、その述語が〔種に〕帰属させるもの〔類〕を、自己と共に引きずってゆくという特性である。事実、本質の質〔種的差異〕はきわめて特別な質であって、類を、たんに別の質をもつものにするだけではなく、〔端的に〕別のものにすることができるほどの質である。[3] したがって、類自身に対しては同じものであり続けながら、類自身を分割するもろもろの〔種的〕差異のなかでは別のものになる、ということがまさに類に固有なあり方なのだ。〔種的〕差異は、それ自身とともに、類および〔類と種の体系における〕すべての中間的な差異を運搬《トランスポルテ》してゆく。差異の運搬《トランスポール》、ディアフォラ〔差異〕のディアフォラ(16)〔運搬〕、すなわち種別化は、差異《ディフェランス》を差異《ディフェランス》によって、分割の相次ぐ諸水準に繋ぎとめてゆき、その結果、最後の差異、つまり最低種(17)という差異が、本質とその連続的な質〔種的差異〕との総体を〔種別化の〕一定の選択された方向で凝縮し、この総体をひとつの直観的概念にまとめあげ、その総体を定義さるべき名辞を用いて確立し、こうして最後の差異自身が不可分の唯一のもの（不可分のもの《アトモン》 ἄτομον、無差異的《アディアフォロン》エイドス ἀδιάφορον εἶδος）[18] になる。このようにして種別化は、概念の内包における一貫性と連続性を保証しているのである。

もう一度、「最大の差異」という表現を問題にしてみよう。種的差異は、まったく相対的な意味でしか最大ではない、ということが明らかになった。絶対的な意味で言うなら、矛盾は反対性より大きいのだ——とりわけ類的差異は種的差異よりも大きいのである。アリストテレスが差異を異別性《ディヴェルシテ》あるいは異他性《アルテリテ》から区別したそのやり方だけでも、すでにわたしたちの手びきになる。すなわち、種的差異が最大だと言われるのは、仮定上の概念的同一性と対比してみた場合だけである。さらに、差異が対立にまで進み、反対性にまで押しやられるのも、類概念における同一性という形式と対比される場合だけである。種的差異は、したがって、すべての特異性と、差異のすべての転回《トゥルナン》にとっての、ひとつの普遍的概念（すなわちひとつの《理念《イデア》》）を表象＝再現前化することはけっしてなく、かえって、差異が概念一般と和解しているだけのひとつの特殊な契機を示しているにすぎないのである。してみれば、アリストテレスにおいては、ディアフォラのディアフォラは偽りの運搬《トランスポール》でしかない。そんなところでは、差異が本性を変えるという事態は、けっして見てとることはできないし、また、もっとも普遍的なものと、もっとも特異なものとを、それぞれ直接的なあり方のままで〔媒介しないで〕関係させるはずのディフェランス〔差異〕というディフェランシアン〔異化させるもの〕も、けっして見いだすことはできないのである。種的差異が示しているのは、まったく相対的な最大でしかなく、ギリシア的な目にとって、それもディオニュソス的運搬および変身《メタモルフォーズ》のセンスを失ってしまった中庸の精神のギリシア的な目にとって焦点が合うところでしかないのである。あらゆる差異哲学に破滅をもたらす混同を原理的に表現するなら、それは、差異の本来的な概念〔《理念《イデア》》〕を定めるということを、概念一般のなかに差異を刻み込むということと混同するということ――差異概念を規定するということを、未規定な概念〔類〕の同一性に差異〔種差〕を刻み込むということと混同するということ、と言えるだろう。差異をそのように刻み込むなどというのは、幸福な契機における手品である（そしておそらくは、自余のすべてがそこから出て来るのだ。すなわち、差異を、対立、類比、類似に、つまり媒介のすべてのアスペクトに従属させるということだ）。そうなれば、差異はもはや、概念の内包におけるひとつの述語でしかありえない。このように、種的差異〔種差〕の本性は述語であるということを、アリストテレスは絶えず強調するのであるが、それでも彼は、たとえば述語として帰属させられるのと同程度に帰属させるという不思議な力能を、また類の質を変容させるのと同程度に類そのものを異他的なものにするという不思議な力能を、種的差異に認めざるをえないのである。種的差異が、〔差異の〕本来的な概念の諸要請（純粋性、内的性格、生産性、運搬……）を満たすようなみかけを呈するやり方は、したがってひとを欺くものであり、そして根本的な混同から出発しているがゆえに矛盾してさえいるものである。

種的差異と類的差異

したがって、種的差異は、類そのものに関わるもっと大きな差異に比べれば小さなものである。生物学上の分類においても、種的差異は大きな類《ジャンル》〔属〕に関連させて考えればまったく小さくなってしまう。そうした種的差異は、なるほど質料的差異ではないが、しかし〈より多い〉と〈より少ない〉によってことにあたるような、質料に「おける」たんなる差異である。つまり、種的差異が最大かつ完全であるにしても、それは未規定な概念（類）が同一であるという条件下でのことにすぎないということである。反対に、種的差異がささいなものになるのは、最終的な規定可能な諸概念（カテゴリー）を類とみなし、その種的差異をそうした類のあいだの差異と比べる場である。というのも、諸カテゴリーはもはや、それらがさらに〔上位概念としての〕同一的な概念を、つまり共通の類をもつという条件には従っていないからである。なぜ《存在》それ自身はひとつの類ではないのかということの理由を考えてみよう。アリストテレスによれば、その理由は、〔種的〕差異はみな存在する、ということにある[19]（したがって、〔存在がすべての差異の述語になっているのだから、存在が類であるということにでもなれば〕類は、おのれの即自的な〔種的〕差異に述語づけされざるをえない〔という不合理な帰結をもたらす〕だろう。あたかも、動物〔という類〕は、一方では、ヒトという種に述語づけされ、他方では、〔ヒトとは〕別の種を構成しつつ、理性的なという〔種的〕差異に述語づけされるかのように……[4]〕。したがって、種的差異の本性から借用された論拠によってこそ、類的差異には〔種的差異とは〕別の本性があると結論できるようになるのである。まるで本性上異なりながらも互いにもつれあっている二つの「ロゴス」が存在するかのように、すべてが進行してゆく。まず、《種》のロゴス、すなわちひとが思考するものとひとが語るものとのロゴスが存在するのであって、このロゴスは、類とみなされる概念一般の同一性あるいは一義性という条件のもとで成立しているのである。つぎに、《類》のロゴス、すなわちわたしたちを通して思考されるものと語られるものとのロゴスが存在するのであって、右の条件から解放されているこのロゴスは、もっとも一般的な諸概念〔カテゴリー〕の異別性《ディヴェルシテ》のなかで活動しているのと同じように、《存在》の多義性のなかでも活動しているのである。わたしたちは、一義的なものを語るときでもなお、わたしたちのうちで語られる多義的なものに関して語っているのではないだろうか。そしてここで、思考のなかにもたらされた一種の亀裂を、しかも別の〔非アリストテレス的な〕雰囲気のなかにたえず陥入してゆく一種の亀裂を見てとるべきではないだろうか。だが何にもまして、その亀裂はそれだけでもすでに、差異哲学にとってのひとつの新しいチャンスなのではないだろうか。差異哲学は、まったく相対的でしかない最大〔種的差異〕のなかに固定されてしまう条件からひとたび解放されるや、或る絶対的な

〔差異の〕概念に近づこうとするのではないだろうか。

四つのアスペクト、あるいは差異の従属——概念の同一性、判断の類比、諸述語の対立、知覚されたものの類似

けれどもアリストテレスにおいては、事態は以上のようになってはいないのである。実状を言うなら、類的な、つまりカテゴリー的な差異は、アリストテレス的な意味でのひとつの差異でしかなく、たんなる異別性《ディヴェルシテ》あるいは異他性《アルテリテ》になることはない。そのようなわけで、或る同一的なもしくは共通の概念が、きわめて独特のあり方をしながらも、とにかく依然として存続するということになる。その概念つまり《存在《ある》》という概念は、類がそのもろもろの種からみて集合的であるように集合的であるというのではなく、ただひたすら配分的かつヒエラルキー的であるのだ。その概念は、即自的には内容をもっていず、ただ、形相的に異なった諸項に比例した内容——その概念がそれらの項の述語となる——をもっているだけである。それらの項（カテゴリー）は、存在に対して平等な関係をもつ必要はない。存在に対してそれぞれの項のもつ関係が、それぞれの項の内部にある、ということだけで十分である。存在概念の二つの特徴、すなわち配分的なかたちでしか共通の意味《サンス・コマン》をもたないという特徴、および、ヒエラルキーにおいて第一の意味《サンス・プルミエ》をもつという特徴は、つぎのことをはっきりと示している——すなわち、存在概念は、類が一義的な種に対してもつ役割を、カテゴリーに対してもつことはないということ、これである。それら二つの特徴はしかし、存在の多義性はまったく特殊なものであって、そこでは類比が問題になる、ということをもはっきりと示しているのである。[5]ところで、概念を、その概念が述語づけされる諸項もしくは諸基体〔主語〕に比例させることが可能な審廷とは何かと言えば、それは明らかに判断である。なぜなら、判断はまさに、二つの、しかもただ二つだけの本質的な機能——すなわち、判断が、概念の分与によって保証する配分《ディストリビュシオン》、および、諸基体の限度によって保証するヒエラルキー化——をそなえているからである。配分には、共通感覚《サンス・コマン》〔常識〕と呼ばれる判断能力が対応し、ヒエラルキー化には、良識《ボン・サンス》（あるいは第一の感覚《サンス・プルミエ》）と呼ばれる判断機能が対応する。この二つがそろって、正しい限度《ジュスト・ムジュール》〔節度〕、つまり、判断の価値としての「正しさ《ジュスティス》」を構成するのである。そのような意味で、カテゴリーを問題にする哲学はみな、判断をモデルとしているのである——それは、カントにおいても、またヘーゲルにおいてさえも見られることである。[20] しかし、判断における類比は、その共通感覚と第一の感覚によって、概念の同一性を、暗黙的で混雑したかたちによってであれ、潜在的なかたちによってであれ、とにかく存続させているのである。類比《アナロジー》はそれ自体、判断における同一性に対して類比的《アナローグ》なものである。たしかに類比は、判断の本質であるが、判断における類比は、概念の同一性に対して類比的なものなのである。そのようなわけで、わたしたちは、類比が差異の本来的な概念を手渡してくれるなどということを、類的差異つまりカテゴリー的な差異に期待できないし、種的差異〔種差〕にも期待できないのである。一方で、種的差異が未規定な概念一般の同一性に差異を刻み込むだけですませているとすれば、他方では、類的（配分的かつヒエラルキー的）差異が、もっとも一般的な規定可能な諸概念の準＝同一性に、すなわち、判断そのものにおける類比に、差異を刻み込むだけで満足しているのである。アリストテレスの差異哲学の全体は、ひとつの同じ公準の上に打ち立てられ、幸福な契機の恣意的な諸境界線を引く、以上のような相補的な二重の〔差異の〕刻み込みとして要約されるのである。

差異と有機的な表象＝再現前化

類的差異と種的差異〔種差〕は、表象＝再現前化において共犯関係を結んでいる。だからといって、けっしてその二つの差異が同じ本性をもつということにはならない。類は、種的差異によって外からしか規定可能にならないのであり、そして、類が〔一定の〕もろもろの種に対して同一であるという事態とは対照的に、《存在《ある》》は、もろもろの類そのものに対してそれと同様な同一性を成立させることはできないのである。だがまさに、そうした〔存在の同一性の成立の〕不可能性を基礎づけ、類的差異が存在に対して共通の類に関わるようには関わることができないようにしているのは、種的差異の本性（種的差異は〔どれも〕存在するという事態）なのである。（もしも存在がひとつの類であるということにでもなれば、〔類としての〕存在の差異はいくつかの種的差異〔種差〕と同一視されてしまうだろうし、その場合もはや、そのような差異は〔どれも」「存在する」、とは言えなくなるだろう。なぜなら、類はおのれの即自的な〔種的〕差異には述語づけされえないからである。）そのような意味で、ひとつの共通な類におけるもろもろの種の一義性は、異別的なもろもろの類における存在の多義性を指し示しているのである。前者は後者を映し出しているのだ。以上のようなことは、分類の理想の諸要請によく見てとることができよう。すなわち、大きな単位——最後には〈門〉と呼ばれるであろう最大ノ類《ゲネ・メギスタ》 γένη μέγιστα ——は、抽象的な表象＝再現前化における判断によってなされる諸特徴の選択を前提とする類比関係に従って規定され、それと同時に、小さな単位、つまり小さな類あるいは種は、具体的な表象＝再現前化における感性的直観の連続性を前提とする類似の直接的な知覚において規定される、ということが要請されているのである。新進化論でさえも、早熟の発生学的な大きい異化＝分化と、同一種内のつまり種的な成熟した晩熟の小さな異化＝分化を区別するときには、《大》と《小》というカテゴリーに結びついた以上のような二つのアスペクト〔類比と類似〕を再び見いだすであろう。ところで、《自然》の概念とみなされるのは大きな類の方かそれとも種の方かと考える場合、それら二つのアスペクトがたがいに撞着しうるとしても、その二つのアスペクトはともに有機的《オルガニック》〔組織的〕な表象＝再現前化の二つの限界を構成しているのであり、両者とも分類にとって必要になる要件[21]なのである。すなわち、類似の知覚における方法的な連続性も、類比判断における体系的な配分も、同様に必要不可欠だということである。しかし、それら二つのアスペクトのどちらを視点にとっても、

《差異》はひとつの反省概念と[22]して現われるにすぎないのである。事実、差異は、隣接するもろもろの似通った種から、それらの種を包摂するひとつの類の同一性へ移行するということを可能にするのであり、したがって、感覚されうる連続的なセリーの流れのなかから、あれこれの類的同一性を先取りしたり切り取ったりするということを可能にするのである。他方、差異は、それぞれ同一的なもろもろの類から、それらの類が純粋に知的な次元において互いのあいだで維持している類比関係へと移行することを可能にするのである。反省概念としての差異は、おのれが表象＝再現前化のすべての要請に服従していることを証示しており、そして表象は、まさにそうした服従によって「有機的な表象＝再現前化」へと生成するのである。事実、媒介しかつ媒介される差異は、反省概念であってみれば、まったく当然のことながら、概念に関する同一性、諸述語に関する対立、判断に関する類比、知覚に関する類似に服従しているのである。またもやここで、必然的に四つの要素をもつ表象＝再現前化の特徴が見いだされる。差異は、それら〔四つの〕反省的なアスペクトのもとで、おのれの本来的な概念と実在性を共に失ってしまうのではないかという懸念が生じる。事実、差異が反省概念であることをやめ、現実的《エフェクティヴマン》に実在的な概念を取りもどすのは、その差異が、たとえば、もろもろの類似のセリーにおける連続性の断絶や、類比的な諸構造のあいだの越えがたい裂け目といった、カタストロフを指し示すかぎりでのことでしかないのである。差異は、反省的であることをやめれば、かならずカタストロフ的になる。そしてたしかに、差異が反省的であるのをやめるということと、その差異がカタストロフ的になるということは、切り離すことができない。だがまさに、カタストロフとしての差異は、有機的な表象＝再現前化のみかけの安定の下で活動し続けているひとつの不屈の反抗的な基底《フォン》を証示しているのではないだろうか。

***

一義性と差異

結局、〈《存在》は一義的《ユニヴォック》である〉という存在論的命題しかなかったのである。結局、唯一の存在論、すなわち、存在に唯一の声《ヴワ》を与えるドゥンス・スコトゥスの存在論しかなかったのである。なぜドゥンス・スコトゥスかというと、彼こそが、なるほど抽象化してしまったのかもしれないが、とにかく一義的な存在を最高度の精妙さにまで仕上げることができたからである。しかし、パルメニデスからハイデガーに至るまで、まさに同じ声が、それだけで一義的なもの〔存在〕の全展開を形成するようなひとつのエコーのなかで繰り返されるのである。唯一の声《ヴワ》が、存在のどよめきをつくりあげているというわけだ。《存在》は、絶対的に共通なものであるからといって、ひとつの類であるわけではないということ、これを理解するのに何も苦労することはない。そのためには、判断のかわりに命題をモデルにとってみるだけでよい。複雑な〈もの《アンティテ》〉として理解される命題においては、以下の三つが区別される。すなわち、〔1〕命題の〈意味《サンス》〉、あるいはその〈表現されるもの《エクスプリメ》〉、〔2〕〈指示されるもの《デジニエ》〉（命題において〈おのれを表現するもの〉）、〔3〕もろもろの〈表現するもの《エクスプリマン》〉あるいは〈指示するもの《デジニャン》〉。これら〈表現するもの《エクスプリマン》〉あるいは〈指示するもの《デジニャン》〉は、〈意味《サンス》〉と〈指示作用《デジニャシオン》〉をそなえた諸エレメントの特徴をなす差異的＝微分的なファクター、すなわち数的な様態なのである。複数の名前もしくは複数の命題が、厳密に同じ事物を指示しながらも、同じ意味はもたないということは、（明けの明星―宵の明星、イスラエル―ヤコブ、プラン―ブラン、といった有名な例によって）[23] よく理解できる。それらの（明けの明星、宵の明星などの）〈意味《サンス》〉のあいだの区別は、なるほど実在的区別（*distinctio realis*）ではあっても、けっして数的な区別ではなく、いわんや存在論的区別ではない。それはむしろ、形相的、質的、あるいは記号学的区別である。ところで、カテゴリーは、いまあげたような意味《サンス》とただちに同一視しうるものなのか、あるいはそのような〈意味《サンス》〉から派生するとした方がより真実に近いのか、という問題は、さしあたり棚上げにしておかざるをえない。重要なのは、形相的に区別される複数の〈意味《サンス》〉が、それにもかかわらず、存在論的に一なるただひとつの〈指示されるもの《デジニエ》〉としての存在《ある》に関係する、という点をわたしたちは理解しうるということである。たしかに、以上のような見地はまだ十分ではなく、わたしたちがそれらの〈意味《サンス》〉を類比的なものとみなすのを、またそうした存在の〈一性〉を類比とみなすのを禁じるほどのものではない。そのような見地に付け加えなければならないのは、〈おのれを表現するもの〉としてのそうした共通な〈指示されるもの《デジニエ》〉たる存在は、数的に区別されるすべての〈指示するもの《デジニャン》〉あるいは〈表現するもの《エクスプリマン》〉〔差異的＝微分的なファクター〕について、今度はただひとつの同じ〈意味《サンス》〉において言われるということ、これである。したがって存在論的な命題においては、〈指示されるもの《デジニエ》〔存在《ある》〕〉が、質的に区別される複数の〈意味《サンス》〉にとって存在論的に同じものであるという事態ばかりでなく、意味が、複数の個体化の様態〔差異的＝微分的ファクター〕にとって、すなわち数的に区別される複数の〈指示するもの《デジニャン》〉あるいは〈表現するもの《エクスプリマン》〉にとって、存在論的に同じものであるという事態もあるのだ――そのような事態がまさに、存在論的命題における循環〈総体としての表現《エクスプレッシオン》〉なのである。

　実際、一義性の本質的な点は、《存在《ある》》がただひとつの同じ〈意味《サンス》〉において言われるということにあるのではない。その本質的な点は、《存在《ある》》が、ただひとつの同じ〈意味《サンス》〉において、おのれの個体化の諸差異〔ファクター〕つまり本質的な諸様相〔ファクター〕について、言われるということにあるのだ。《存在《ある》》は、それらすべての様相にとって同じものであるのだが、しかし、それらの様相は同じものではない。《存在《ある》》は、それらすべての様相にとって「等しい」のであるが、しかしそれらの様相自身は等しくないのである。《存在《ある》》は、唯一の〈意味《サンス》〉において、それらすべての様相について言われるのだが、しかしそれらの様相自身は同じ〈意味《サンス》〉をもってはいないのである。あれこれの個体化の差異〔ファクター〕に関係するということは、一義的な存在の本質に属することだが、しかしそれらの差異は、同じ本質をもっているわけではないし、存在の本質を変化させるわけではない——たとえば、白色が、様々な強度〔個体化の差異、ファクター〕に関係しながらも、本質的には同じ白色のままであるといったような事態である。パルメニデスの詩[24]において信じられていたように、二つの「道《ヴワ》」があるというのではなく、この上なく雑多であり、この上なく変化に富み、この上なく異化=分化したおのれのすべての様態に関係する《存在《ある》》の唯一の「声《ヴワ》」があるのだ。《存《あ》在《る》》は、それが述語づけされる当のもの〔主語〕すべてについて、唯一同一の〈意味《サンス》〉で述語づけされるのだが、しかし《存在《ある》》が述語づけされる当のものは異なっているのである。要するに、《存在《ある》》は、差異それ自身について述語づけされるということである。

配分の二つのタイプ

なるほど、一義的な存在において、またもや個体化の諸ファクターとそれらの意味に関わるひとつのヒエラルキーとひとつの配分が見いだされる。しかし、配分、そしてヒエラルキーさえもが、それぞれ、和解させようのないまったく異なった二つの意義をもっている。さらに、ロゴス *logos*、ノモス *nomos*[25]という表現も、それら自身が配分の諸問題を指し示すかぎりにおいて、同様に二つの異なる意義をもつ。さしあたってわたしたちは、配分される当のものの〈分与《パルタージュ》〔部分に分割すること〕〉を含意しているひとつの配分を際立たせなければならない。つまり、配分されるものそのものを〈〔部分に〕割りふる《レパルティール》〉ことが問題になる。まさにその点においてこそ、判断における類比の諸規則が全能であるのだ。したがって、判断の性質としての[26]〈常識《サンス・コマン》〉あるいは〈良識《ボン・サンス》〉は、おのれ自身をもっとも良く分与されるものだと宣言するような〈割りふり《レパルティシオン》〉の原理として表象＝再現前化されるものである。そのようなタイプの配分は、〈固有性《プロプリエテ》＝所有地〉、あるいは表象＝再現前化において限界づけられる〈属領《テリトワール》〉と同一視されうる固定的かつ比例的な諸規定によって、ことにあたるのである。判断を、以上のように、（〔〈一方《デュヌ・パール》〔の部分〕では〉そして〈他方《ドートル・パール》〔の部分〕では〉〕といったかたちで）〈部分《パール》＝持ち分〉を区別する能力として組織する際に、土地に関する問いがきわめて重要であったということは、大いに考えられることである。神々においてすら、それぞれがおのれの領域、おのれのカテゴリー、おのれの属性をもっており、そして神々はみな、死すべき人間に、運命に合致したいくつかの限界といくつかの〈分け前《ロ》＝定め〉を配分するのである。けれども、ノマド的と呼ばなければならない配分、すなわち、所有地もなければ囲いも限度もない遊牧的《ノマド》なノモスについては、話はまったく違ってくる。この場合には、もはや配分されるものを分割するという事態はなく、むしろ、限界のない、少なくとも明確な限界はない開かれた空間のなかでおのれを配分するものどもを割りふるという事態があるのだ。[6] 何かがだれかに帰属したり所属したりするなどということはまったくなく、かえって、すべての人物が、可能なかぎり大きな空間を覆うように、あちこちに配置されるのである。人生の深刻さが問題になるときでさえ、定住的な空間とは対照的な遊び《ジュ》の空間、定住的なノモス〔規範〕とは対照的なゲーム《ジュ》の規則が語られるであろう。ひとつの空間を満たすということ、空間においておのれを分割するということは、空間そのものの分割とはきわめて異なるのである。前者は、彷徨《エランス》の配分であり、「譫妄《デリール》」[27]の配分でさえあって、そうした配分においては、もろもろの事物が、一義的で分割されないひとつの《存在》のまったき広がりのうえにおのれを展開してゆくのである。存在が、表象＝再現前化の諸要請に従って分割される、ということではない。むしろ、すべての事物が、単純な現前（《全体＝一》）の一義性において存在のなかで割りふられる、ということだ。彷徨の配分は、神的であるというよりはむしろ魔神〔悪魔〕的である。なぜなら、魔神の魔神たるゆえんは、神々が闘うもろもろの戦場の間隙を縫って作戦を遂行するということ、つまり、数々の柵や囲いを越えて跳躍し、もろもろの所有地をごたまぜにしてゆくということにあるからだ。『オイディプス王』の合唱隊《コロス》は、「いかなる魔神が、もっとも長き跳躍よりもさらに力強く跳躍したのか」[28]と叫ぶ。このとき、魔神の跳躍は、遊牧的《ノマド》な配分が、表象＝再現前化の定住的な諸構造のなかに忍びこませる壊乱的なトラブルを証示しているのである。そしてヒエラルキーについても、以上と同様に語らなければならない。諸存在を、それらの限界に従って測定するような、また一個の原理から見たときのそれら相互の近さと遠さの度に従って測定するような、ひとつのヒエラルキーが存在する。しかしそればかりでなく、諸事物や諸存在を、力《ピュイサンス》という観点から考察するようなヒエラルキーも存在するのである。その場合、力《ピュイサンス》のもろもろの度を他のものと関連させないで考察することが問題なのではなく、ひとつの存在が、たとえおのれの能力の度がどうであれ、おのれのなしあたうものごとを最後までやってみることによって、「跳躍する」、すなわちおのれの諸限界を越え出るという場合があるのか否か、ということだけが問題になるのだ。なるほど、「最後まで」とはやはりひとつの限界を意味していると言ってもよいだろう。しかし、限界《リミット》、限り πέρας《ペラス》 とは、ここでは、事物を法に従わせたり、それにけりをつけたり分離したりする限界を意味しているのではなく、まったく反対に、事物がおのれを展開したり、おのれの力《ピュイサンス》のすべてを展開したりする出発点となる限界を意味しているのである。ヒユブリス〔傲慢、度を越すこと〕は、たんに非難されるべきものではなくなり、最小のものは、おのれがなしうるものごとから切り離されなくなるや、最大のものと等しいものになる。〔雑多な度を〕包み込んでいるそのような限度《ムジュール》〔限界〕は、すべての事物にとって同じものであり、実体、質、量などにとってさえ同じものである。なぜなら、展開されて雑多なものになったすべての度が、それら雑多な度を包み込んでいる等しさ《エガリテ》に達するような場としての、唯一の最大を、そうした限度が形成しているからである。以上のような存在論的限度は、最初に言及した限度〔限界〕よりも、諸事物の過度《デムジュール》に近い。以上のような存在論的ヒエラルキーは、最初に言及したヒエラルキーよりも、諸存在のヒュブリスおよびアナーキーに近い。そのようなヒエラルキーは、すべての魔神のうちでも途方もない怪物である。このとき、「すべては等しくある」という言葉が、そうした等しい一義的な《存在》のなかで、等しくはないものについて言われるという条件のもとで、まさしく愉快な言葉として鳴り響くことができる。すなわち、諸事物が、等しくないまま、等しい存在のなかにとどまりながらも、等しい存在は、仲介も媒介もなく、直接すべての諸事物に現前するということだ。しかし、ヒュブリスが諸事物を担い、したがって、大きい事物も小さい事物も、優れている事物も劣っている事物も、より多いあるいはより少ないというかたちで存在に関与するということがなければ、つまり類比によって存在を受け取るということがなければ、それら事物はすべて、絶対的な近さのなかに存在するのである。存在の一義性は、したがって、存在のそのような等しさ《エガリテ》〔平等〕[29]をも意味する。一義的な《存在》は、遊牧《ノマド》的配分であると同時に、戴冠せるアナーキーであるのだ。

一義性と類比の和解不可能性

けれども、類比と一義性との和解を構想することはできないものだろうか。というのも、つぎのように問うことができるからである。すなわち、存在が、存在であるかぎりにおいて、それ自身において、一義的であるとしても、そうした存在は、その本質的な諸様態つまり個体化の諸ファクター（さきにわたしたちが、〈表現するもの《エクスプリマン》〉、

〈指示するもの《デジニャン》〉と呼んでいたもの〉と共に把握されるやいなや、「類比的」になるのではないか。存在がそれ自身において等しいとしても、その存在は、その存在のなかに位置する諸様相〔ファクター〕においては等しくないのではないか。存在が、ひとつの共通な〈もの《アンティテ》〉を指示するとしても、そうした指示は、「実在的には」共通なものを何ももたないあれこれの存在者のためになされることではないか。存在が、一方では、一義性という形而上的な状態を有するにしても、他方では、類比という形而下的な状態を有するのではないか。そしてまた、類比が、同一的な〈準‐概念〉を承認するのであれば、一義性は、たとえ存在をそのような個別的な諸存在者に関係させるためだけであろうとも、類比的な〈準‐判断〉を承認するのではないか。[7] しかし、以上のような問いかけは、その問いかけ自身が近づけようともくろむ二つのテーゼ〔一義性と類比〕を変質させてしまうおそれがある。なぜなら、類比の本質的な点は、わたしたちがすでにみたように、類的差異と種的差異との（もちろんそれらは本性上異なっているにせよ）或る種の共犯関係に基づいているからである。存在は、ひとつの共通な類として定立されると、必然的に、そのような定立の理由が、言いかえれば、もろもろの種的差異にとっての存在の可能性が、破壊されてしまう……。したがって、類比の観点からすれば、類と種の中間領域のなかでは、一切は、媒介と一般性において——概念一般の同一性、および、もっとも一般的な諸概念の類比において——生起するとしても驚くにはあたらないだろう。そうなると、類比が袋小路に迷い込んでしまうのは避けがたいことだし、また同時に、類比は、本質的に、存在を、あれこれの個別的な存在者に関係させねばならないにしても、類比は、何がそれら存在者の個体性を構成しているのかについては言うことができないのである。なぜなら、類比が個別的なもののなかで保持するものは、一般的なものに合致するもの（形相と質料）でしかなく、したがって類比は、個体化の原理を、完全に構成されてしまった個体のしかじかのエレメントのなかに探し求めるほかはないからである。反対に、わたしたちが、一義的な存在はもろもろの個体化のファクターに本質的にかつ直接的に関係すると言うとき、その個体化のファクターという言葉でわたしたちが理解しているものは、たしかに、経験において構成された個体ではなく、むしろ、個体において、先験的原理として、すなわち、個体化のプロセスと同時的な、アナーキー的で遊牧的《ノマド》な可塑的原理として、作用しているものであって、それは、一時的に、個体を構成しもすれば、それに劣らず個体を解体し破壊しもするものである。すなわちそれは、ひとつの「個体」から他の「個体」へと移り行き、形相と質料の下で循環し〔相互〕連絡している、存在の本質的な諸様相〔ファクター〕なのである。個体化を遂行するものは、たんに個体的なものではないのだ。事態がそうである以上、個体化は〔概念の〕種別化とは本性上異なると言うだけではまだ十分ではない。たとえドゥンス・スコトゥスが、構成されてしまった個体の諸エレメントを分析するだけでは満足せず、個体化を「形相の究極的な現実性」として理解するところにまで歩みを進めていたにせよ、そのドゥンス・スコトゥスにならって個体化と種別化の本性上の差異に言及したとしても、まだ十分ではないのである。ここで指摘しなければならないのは、どのようにして個体化の差異が、本性上、種的差異と異なるかという点ではなく、何よりもまず、そして何にもまして、どのようにして個体化が、形相と質料に、種と諸部分に、さらには構成されてしまった個体の他のあらゆるエレメントに、権利上先行するのかという点である。存在の一義性は、〔個体化の〕差異に直接関係するものである以上、当然以下の点を指摘しなければならないのである。すなわち、どのようにして個体化の差異は、存在において、類的差異、種的差異〔種差〕、さらには個体的差異〔個体差〕にまでも先行するのか——どのようにして存在における先行的な個体化の次元が、形相の種別化、諸部分の決定、およびそれらの個体的な変異を引き起こす条件になるのか、という点である。個体化が、形相によっても質料によっても遂行されず、質的なかたちでも延長的なかたちでも遂行されることがないのは、個体化がすでに、形相、質料、そして延長的な諸部分の前提になっているからである（個体化が本性上〔それらとは〕異なっているから、というだけではないのだ）。

したがって、類的差異と種的差異〔種差〕が、存在の類比において、個体的差異〔個体差〕に関して一般的なかたちで互いに媒介しあうということと、一義的な存在が、一義性において、直接個体化の諸差異〔ファクター〕について述語づけされるということ、つまり、普遍的なものが、いかなる媒介にも関係せずに、もっとも特異なものについて言われるということとは、けっして同じ事態ではないのである。なるほど、（種的）差異は〔どれも〕「存在する」という理由から、類比が、存在はひとつの共通な類ではないと主張するのは正しいとしても、逆に、一義的存在は、〔個体化の〕諸差異が「存在しない」うえに存在する必要もないかぎりにおいて、まさに共通なものなのである。なるほど、わたしたちはいずれ、個体化の諸差異が〈存在しない〉というのは、きわめて特殊な意味における事態なのだということ、つまり、個体化の諸差異が〈存在しない〉のは、それらの差異が、一義的存在において否定《ネガシオン》なき〈非《ノン》－存在《エートル》〉に依存しているからだ、ということを見るだろう。けれども、一義性においてはすでに、〔個体化の〕諸差異は存在し存在するべきである、というのではないということが明らかになっている。存在は差異について言われるという意味において、存在こそが、《差異》なのである。そして、わたしたちが、一義的ではない或る《存在》において一義的である、というわけではなく、反対に、わたしたちが、わたしたちの個体性が、或る《存在》において、つまり或る一義的な《存在》に対して多義的なままである、ということだ。

一義的なものの三つの契機——スコトゥス、スピノザ、ニーチェ

哲学史においては、存在の一義性の彫琢に関して三つの主要な契機が特定されている。第一の契機は、ドゥンス・スコトゥスによって代表されるものである。純粋な存在論についてのもっとも偉大な書、『オックスフォード講義録』において、存在は、一義的なものと考えられているのだが、ただしこの一義的存在は、中性的な、中立的ナ *neuter*

ものとして考えられている、すなわち、有限と無限に対して、特異なものと普遍的なものに対して、被造物と非被造物〔神〕に対して無差異的〔無差別〕なものとして考えられているのである。スコトゥスがまさしく「精妙博士」という名に値するのは、彼のまなざしが、存在を、普遍的なものと特異なものとが交差する手前で看取しているからである。彼は、判断における類比の諸威力を中和するために、機先を制して、まず存在をひとつの抽象的な概念というかたちで中性化するのだ。だからこそ彼は、一義的存在を、ただ考えただけなのである。そしてひとも知るように、彼がキリスト教の諸要請ゆえに努めて避けようとした敵は、ほかならぬ汎神論なのであって、共通な存在が中性的ではないということにでもなれば、彼はその汎神論に陥ったかもしれないのである。けれども、彼は、そうした無差異的な中性的存在を差異に関係させるような二つのタイプの区別を、すでに定義しえていたのである。まず形相的区別であるが、それはまさに実在的区別なのであって、それというのも、形相的区別は存在あるいは物において打ち立てられるからである。しかし、複数の本質や意味が帰属する主語の〈一性〉を存続せしめる複数の「形相的理由」のあいだで、あるいはそれら本質や意味のあいだで、形相的区別が確立される以上、そうした区別は必ずしも数的区別ではないのである。したがって、（神および被造物に対する）存在の一義性が「諸属性」の一義性へと引き継がれるという事態があるばかりでなく、神が、その無限性を条件にして、みずからの一性を何ら失うことなく、形相的に区別されるそれら一義的な諸属性を所有することができるという事態もあるのだ。以上とは別のタイプの区別、すなわち様態的区別は、存在あるいは諸属性と、それら存在や諸属性にとって可能なもろもろの強度的な諸変化とのあいだで確立される。このような諸変化、たとえば白色のもろもろの度は、個体化の様相〔ファクター〕なのであって、無限と有限がそれらの様相のうちでもまさしく特異な強度を構成しているのである。したがって一義的存在は、それ自身の中性的性格からすれば、複数の質的な形相、あるいは相互に区別されながらもそれぞれは一義的な複数の属性を巻き込んでいるばかりでなく、複数の強度的ファクターすなわち個体化の度にみずから関係し、かつ、それらファクターつまり度にそれらの形相や属性をも関係させるのである。もとより、それらのファクターつまり度は、存在が存在であるかぎりにおいて有している本質を変更することなく、存在の様態を変化させるものである。区別一般が存在を差異に関係させる、ということが本当だとすれば、形相的区別と様態的区別は、一義的存在が、それ自体において、それ自体によって、差異に関係する二つのタイプなのである。

第二の契機はスピノザであって、彼の進歩には著しいものがある。彼は、一義的存在を中性的なあるいは無差異的なものと考えるかわりに、一義的存在を純粋な肯定の対象に仕立てあげる。一義的存在は、唯一の普遍的なそして無限な実体と溶けあって一つになっている。すなわち、一義的存在は、《神即自然》[30]として定立される。そして、スピノザがデカルトに対して挑んだ戦いは、ドゥンス・スコトゥスが聖トマスに対して遂行した戦いと無縁ではないのだ。くまなく類比によって浸透されたデカルト的な実体理論に抗して、また、存在論的なものと形相的なものと数的なもの（実体と質と量）を入念に混ぜ合わせるデカルト的な区別の考え方に抗して、スピノザは、実体と属性と様態との驚嘆すべき割りふりをつくりあげてみせる。彼は、『エチカ』の冒頭から、つぎの点を強調している。すなわち、実在的区別はけっして数的な区別ではなく、ただ形相的、つまり、質的あるいは本質的な区別にすぎない（唯一の実体の本質的な諸属性に関して）という点、また逆に、数的区別はけっして実在的区別ではなく、ただ様態的区別にすぎない（唯一の実体とその諸属性の本質的な様態に関して）という点である。諸属性は、質的に互いに異なるもろもろの意味として実在的にふるまう。しかも、それらの意味は、ただひとつの同じ〈指示されるもの《デジニエ》〉としての実体に関係するものである。そして、この実体はといえば、それは、その実体を表現する諸様態に対して存在論的に一なるひとつの意味としてふるまい、それらの様態は、個体化のファクターあるいは強度的で本質的な度として、その実体のうちに存在するのである。そのようなわけで、様態は力《ピュイサンス》の度として規定されてよいのであり、また、様態にとって、おのれのありったけの力《ピュイサンス》とおのれの存在とを限界そのもののなかで展開するという「義務」が生じるのである。したがって、諸属性は、実体と諸様態が同じ本質をもたないにもかかわらず、その実体と諸様態に対して絶対的に共通である。他方、存在それ自体は、実体と諸様態が同じ意味をもたず、同じ仕方では（〈ソレ自身ノウチニ *in se*〉かつ〈他ノモノノウチニ *in alio*〉）[31] その存在をもたないにもかかわらず、実体と諸様態について唯一同一の意味で言われるのである。実体が、もろもろの属性の本質に即して、それら属性のすべてによって等しく指示されるかぎり、また、実体が、もろもろの様態の力《ピュイサンス》の度に即して、それら様態のすべてによって等しく表現されるかぎり、あらゆるヒエラルキー、あらゆる卓越性は否定されるのだ。一義的存在が中性化されなくなり、そして表現的になり、ひとつの真の肯定的な表現的命題へと生成するのは、まさにスピノザによってである。

永遠回帰における反復は存在の一義性の定義である

けれども、実体と諸様態とのあいだには、それでもなお或る無差異が存続している。すなわち、スピノザ的な実体は明らかに諸様態に依存してはいないのだが、しかし諸様態は実体に依存しており、しかも、他のものとしての実体に依存しているのである。実体は、それ自体、諸様態について言われ、しかも諸様態についてのみ言われるという条件が必要になるだろう。そのような条件が満たされうるのは、存在は生成について言われ、同一性は異なるものについて言われ、一は多について言われる等々となるような、より一般的なカテゴリー上の逆転という代償を支払う場合だけである。同一性は最初のものではないということ、同一性はなるほど原理として存在するが、ただし二次的な原理として、生成した原理として存在するということ、要するに同一性は《異なるもの》の回りをまわっているということ、これこそが、差異にそれ本来の概念の可能性を開いてやるコペルニクス的転回の本性なのであって、この転回からすれば、差異は、あらかじめ同一的なものとして定立された概念一般の支配下にとどまっているわけがないのである。ニーチェが永遠回帰ということで言わんとしたことは、まさに以上のことに他ならない。永遠回帰は、《同一的な》ものの回帰を意味しえないのだ。なぜなら、永遠回帰は、同一的なものとは反対に、すべての先行的な同一性が廃止され解消されるような世界（力《ピュイサンス》の意志の世界）[32]を前提にしているからである。還帰するということは、存在するということであるが、しかしもっぱら生成《なる》について言われる存在《ある》なのである。永遠回帰は、「同じもの（自体）」を還帰させるわけではない。そうではなく、還帰するということは、生成するものについて言われる唯一の《同じ》ものを構成するということである。還帰するということ、それは、生成それ自身について言われる〈同一的に－なる〉ことなのである。還帰するということは、したがって、唯一の同一性ではあるが、二次的な力《ピュイサンス》として言われる同一性、差異について言われる同一性であり、異なるものについて言われる同一的なもの、異なるものの回りをまわる同一的なものなのである。差異によって生産されたそのような同一性こそが、「反復」として規定されるのである。したがってまさに、永遠回帰における反復の本質は、同一なものを差異から出発して考えるところにある。しかしそのように考えることは、もはやけっして、理論的な表象＝再現前化ではない。そのような思考は、諸差異の生産のキャパシティーに即して、すなわち、それらの還帰のキャパシティーあるいは永遠回帰のテストに耐えるキャパシティーに即して、実践的にそれら諸差異の選別を遂行するのである。永遠回帰のもつ選別という特徴は、ニーチェの思想のなかに明瞭に現われている。すなわち、還帰するものは、《全体》でもなく、《同じ》ものあるいは先行的な同一性一般でもないという思想である。還帰するものは、全体の部分としての大や小でもないし、同じもののエレメントとしての大や小でもない。ただもろもろの極限形式だけが還帰するのだ——大きかろうと小さかろうと、限界へとおのれを展開して力《ピュイサンス》の果てにまで赴き、変化しながら互いのなかへと移行する諸形式だけが還帰するのだ。ただ極限的な、過度なものだけが、あるいは他のもののなかへ移行して同一的なものへと生成するものだけが還帰するのだ。だからこそ、力《ピュイサンス》の《意志》のいくつもの変身と数々の仮面の演劇的世界について のみ、換言すれば、しかじかの個体とか、しかじかの《自我》とかいったものの作為的な諸限界のなかにはもはや引きとどめられえない可動的な個体化のファクターであるような、力《ピュイサンス》の《意志》の純粋な諸強度からなる、演劇的世界についてのみ、永遠回帰が言われるのである。永遠回帰、つまり還帰が表現しているのは、すべての変身の共通な存在であり、また、すべての極限的なものの、あるいは実在化された度であるかぎりでの力《ピュイサンス》のすべての度の、限度および共通な存在である。共通な存在とは、不等なもののすべてについて言われるような、また、おのれの不等性を十全に実在化しえたもののすべてについて言われるような〈等しく－ある〉ということだ。同じものへと生成する極限的なもののすべては、その極限的なものの回帰を規定する等しくかつ共通な《存在》

のなかで、〔相互〕連絡するのである。超人が、一切の「存在する」ものの最高の形相㉝として定義される理由もそこにある。ニーチェによって高貴なものと呼ばれるものが何かを見抜かなければならない。すなわち彼は、そのような言葉遣いを、エネルギーを扱う物理学者から借りているのであって、変化可能なエネルギーを高貴なものと呼んでいるのである。㉞ニーチェが、ヒュブリス〔傲慢、度を越すこと〕はあらゆるヘラクレイトス学徒にとっての真の問題である、あるいはヒエラルキーは自由な精神にとっての問題であると語るとき、㉟彼はただひとつの同じことを言わんとしているのである。すなわち、だれもが、まさしくヒュブリスにおいてこそ、そのヒュブリスを還帰させる存在を見いだすのだということ、またそればかりでなく、差異の選別を保証するため、同一的なものを異なるものに従属させることから始めるといった、そのような戴冠せるアナーキー、そのような転倒したヒエラルキーをも見いだすのだ、ということをである。[8] 以上のすべてのアスペクトからして、永遠回帰とは、存在の一義性のことであり、この一義性の現実的《エフエクテイヴ》な実在化なのである。永遠回帰において、一義的存在はたんに考えられるだけではないし、肯定されるだけでさえなく、さらに現実的に実在化されるのである。《存《あ》在《る》》は、ただひとつの同じ意味において言われるのであるが、この意味は、存在がそれについて言われる当のもの〔差異〕の回帰、すなわちその反復としての永遠回帰という意味なのである。永遠回帰における車輪㊱は、差異から出発しての反復の生産であると同時に、反復から出発しての差異の選別なのである。

＊＊＊

差異とオルジックな表象＝再現前化（無限大と無限小）

《大》と《小》によるテストは、概念一般の同一性の諸要請を利するために差異の本来的な概念を放棄してしまうので、わたしたちには選別を歪曲するもののように思われた。〔概念の〕規定は、差異〔種差〕となって、同一的な概念のなかに、あるいは類比的に考えられる諸概念（最小と最大）のなかに刻み込まれるのだが、もちろんそれは、もろもろの限界のあいだで遂行されるのであって、大と小のテストは、まさにこれらの限界を固定していただけなのである。そのようなわけで、「差異をつくる〔差をつける〕」ということを本領とする選別は、わたしたちにはもうひとつ別の意味をもつように思われたのである。すなわち、有機的な表象＝再現前化の諸要請に従って中間的な諸形式の真価を測り、それらを割りふるというよりはむしろ――或る一義的な《存在》の単純な現前のなかでもろもろの極限形式を出現させ展開させる、という意味である。けれども、《大》と《小》が差異に適用されるかぎりにおいて、わたしたちは、《大》と《小》の可能性をすべて汲み尽してしまったのだと言えるだろうか。むしろ、《大》と《小》を、極限形式そのものに特徴的な或る二者択一として再発見することになるのではなかろうか。というのも、極限的なものは、大であれ小であれ、無限によって定義されるように思われるからである。そのような観点からすれば、無限は、大と小が同一であるということを、そして極限的なものたちは同一であるということをも意味している。表象＝再現前化がおのれ自身のうちに無限を発見するとき、その表象＝再現前化は、もはやオルガニックな〔有機的な、組織的な〕ものとしてではなく、オルジック(37)な表象＝再現前化として現われる。そのような表象＝再現前化は、おのれ自身のうちに、みかけの平穏の下にひそむ、あるいは有機化されたものの諸限界の下にひそむ、喧騒、不安、そして情念を再発見する。そのような〔オルジックな〕表象＝再現前化は怪物を再発見するのだ。こうなったとき、概念一般における、規定〔種差〕のインプットとアウトプット、相対的な最小と最大〔極小と極大〕、〔明視できる〕近点と遠点を示しているあの幸福な契機などはもはや問題にならない。反対に、概念がすべての契機をおのれ自身において引き受けるためには、近視眼と遠視眼が必要になるのだ。全体がその恩恵をすべての部分に広げようと、あるいは諸部分の分裂と不幸が一種の赦免を受けるために全体のなかに反映しようと、いまや概念は《全体》になる。したがって概念は、規定のすべての変身において、その規定全体に付き従い結びついてゆき、規定をひとつの根拠に委ねることによって、その規定を純粋な差異として表象＝再現前化するのであって、そうした根拠から見れば、わたしたちが直面しているのは相対的な最小か最大か〔極小か極大か〕、大か小か、初めか終りかなどという問いは、もはや重要ではなくなってしまうのだ。なぜなら、差異の消去と生産の根拠でもあり、差異の消滅と出現の根拠でもあるような、ただひとつの同じ「全体的な」契機としての根拠において、それら二つのものは合致するからである。

理由としての根拠

ライプニッツに劣らずヘーゲルも、消去そのものの無限な運動を、すなわち、差異が消去されもすればまた生産されもする契機を重要視しているのだが、それがどの点で重要視されるのかは、以上のように考えてみれば明らかになるだろう。まさに限界《リミット》〔極限〕という基礎概念そのものが、まったく意味を変えるのである。つまり、その基礎概念は、もはや有限な表象＝再現前化の境界を指し示しているのではない。それは、まったく反対に、有限な規定が、オルジックな表象＝再現前化のなかで、絶えず消滅したり生まれたり、おのれを包み込んだりおのれを展開したりする場としての母胎なのである。その基礎概念が指し示しているのは、もはやひとつの形式の限定《リミタシオン》ではなく、ひとつの根拠へ向かっての収束であり、もはや諸形式の区別ではなく、根拠づけられるものと根拠との相関関係である。その基礎概念が指し示しているのは、もはや力《ピュイサンス》＝累乗の停止ではなく、力《ピュイサンス》＝累乗が実現され根拠づけられるエレメントである。事実、微分法《カルキュル・デイフエランシエル》〔差異的計算〕は、弁証法におとらず、「力《ピュイサンス》＝累乗」に携わっているのであり、しかも限界《リミット》〔極限〕の力《ピュイサンス》＝累乗に携わっているのである。有限な表象＝再現前化の諸境界を、《大》と《小》という規定でもあろうような二つの抽象的な数学的規定のようにみなしたところで、(ヘーゲルの場合と同じく) ライプニッツにとってもやはり、規定されるものは小さいのか大きいのか、最大か最小かなどといった問題はまったくどうでもよいということが明らかになるのだ。無限に関する〔両者の〕考察においては、規定されるものはそのような問題からは独立しているのであって、それというのも、その規定されるものが、もっとも完全なもの、あるいはもっともよく根拠づけられたものをすべての事例において発見するような建築術的なエレメントに服従しているからである。[9] まさにそのような意味で、オルジックな表象=再現前化は、差異をつくること〔差をつけること〕であると言わなければならない。なぜなら、オルジックな表象=再現前化が差異を選別する際には、差異を根拠に関係させるようなそうした無限というものを導入するからである（この場合、根拠というのは、選択と遊び《ジュ》の原理として作用する《善》による根拠、あるいは、苦痛と労働《トラヴァーユ》として作用する否定性による根拠のことである）。類と種が、有限な表象=再現前化の諸境界としての《大》と《小》そのものに与える具体的な特徴あるいは内容に即して、わたしたちがそのような《大》と《小》を論じる場合には、またもや、無限が表象=再現前化のなかに導入されることになり、類から逃れる真の普遍性〔全称性〕ならびに種から逃れる真正な特異性〔単称性〕が媒概念のなかにとどめおかれることによって、規定されるものは、規定されうるものとしての類、および規定としての種から独立することになるのである。要するに、オルジックな表象=再現前化は、原理として根拠をもち、無限をエレメントとしてもつのであり――それに対してオルガニック〔有機的、組織的〕な表象＝再現前化は、原理として形式を保持し、有限をエレメントとして保持するのだ。規定を、考えられうるものに、また選別されうるものにするのは、まさに無限である。したがって差異は、規定のオルジックな表象＝再現前化として現われるのであって、もはや、規定のオルガニックな表象＝再現前化としては現われないのである。

オルジックな表象＝再現前化は、諸事物についての判断を活気づけるかわりに、諸事物そのものを、ことごとく表現に仕立てあげる、すなわち、無限な分析的もしくは総合的命題としての命題に仕立てあげる。しかし、大と小、最大と最小、といった二つのものが、無限においては無差異的あるいは同一的になっているのに、また、差異が、根拠においては、その二つのものからまったく独立しているのに、なぜ、オルジックな表象＝再現前化においては、或る種の二者択一が存在するのだろうか。なぜなら、無限は、有限な規定が消失する場ではないからである（もしそうであるとしたら、無限というものに、限界についての誤った考え方を投影してしまうことになるだろう）。オルジックな表象＝再現前化がそれ自身において無限を発見できるのは、ひたすら、有限な規定を存続させる場合だけであり、それどころか、この有限な規定そのものについて無限ということを言い、その有限な規定を、消去されたものつまり消失したものとしてではなく、かえって消去されつつあるものつまりまさに消失しようとしているものとして、したがってまた、無限において生まれいずるものとして、表象＝再現前化する場合だけである。

このようなオルジックな表象＝再現前化は、そこにおいて無限と有限が同じ「不安」を有しているような表象＝再現前化であって、この不安ゆえにこそ、無限と有限が互いのなかで表象＝再現前化されあうことが可能になるのである。ところで、無限が〔オルジックな〕表象＝再現前化の諸条件のもとで、有限それ自身について言われるとき、無限は、無限小として言われるか、あるいは無限大として言われるかの、二つの言われ方を有している。この二つの言われ方、この二つの「差異」は、けっして対称的な対《つい》をなしてはいない。このようにして、オルジックな表象＝再現前化のなかに、二元性が再導入されるのであるが、再導入されるといっても、(たとえば種的差異と類的差異の場合のような) それとして確定できる二つの有限な契機の相補性あるいは相互反映といったかたちではもはやなく、反対に、確定できない二つの無限なプロセスの二者択一というかたちで——ライプニッツとヘーゲルのあいだの二者択一というかたちで——再導入されるのである。なるほど大と小とが無限において同一視されるにしても、無限が有限について言われるかぎりにおいて、今度は無限小と無限大が、新たに、そしていっそう厳格に分離されるのである。ライプニッツとヘーゲルは、別々のかたちではあれ二人とも、《大》と《小》の二者択一から逃れてはいるが、しかし二人そろって、無限小と無限大の二者択一に立ち戻っているのである。このようなわけで、オルジックな表象＝再現前化は、それの不安を二重化している二元性へと、あるいはさらに、その不安の真の理由でありしかもその不安を二つのタイプへと分割している二元性へと開かれているのである。

ヘーゲルによる差異の論理学と存在論——矛盾

明らかにヘーゲルにおいては、「矛盾」はきわめてささいな問題でしかない。矛盾は、或るまったく別の機能をもっているのだ。すなわち、矛盾は、なるほど解消されるのだが、しかし解消されつつ、差異を根拠に関係させることによって、その差異を解消するのである。差異が唯一の問題なのである。ヘーゲルが彼の先人たちを非難する点は、彼らが差異の相対的でしかない最大にとどまっていて、差異の絶対的な最大にまでは達していない、つまり矛盾にまでは、すなわち矛盾という（無限大としての）無限にまでは達していないということにある。彼らは、末端にまで行き着こうとはしなかった〔徹底しなかった〕というわけだ。「差異一般は、すでに、即自的な矛盾である。……多様なものは、矛盾という尖端にまで追い詰められてはじめて、覚醒し活気づくのであり、そのような多様な状態をなしている諸事物は、自律的、自発的、かつ生動的な運動の内に宿る脈動としての否定性を受けとるのである。……諸実在性間の差異を十分先まで追い詰めてみれば、異別性は、対立になり、ひいては矛盾になるということがわかり、したがって、すべての実在性の総体について言うなら、それは、即自的な絶対的矛盾になるということがわかるのである」[10][38]。アリストテレスと同様、ヘーゲルも、差異を、極限的なものどうしの、あるいは反対なものどうしの対立として定義している。ところが、そうした対立は、無限〔矛盾〕にまで行き着かないかぎり、抽象的なものにとどまり、そして無限は、有限な諸対立の外で定立されれば、必然的に抽象的なものにとどまるのである。その場合、無限〔矛盾〕が導入されると、反対なものどうしが同一になる、つまり、《他なるもの》の反対のものが、《自己》という反対のものになるのである。たしかに、反対性は、無限においてのみ、内的性格の運動を表象＝再現前化している。ところが、この内的性格の運動は、或る種の無差異を存続させている。なぜなら、どの規定においても、他なるものが含まれているのだが、そのかぎりにおいて規定は、外的なものとの関係に依存しないという意味において、他なるものに依存していないからである。それでもなお、反対のものはいずれも、おのれの他なるものを排除し、したがっておのれ自身を排除し、かくしておのれが排除する他なるものになる、ということでなければならない[39]。これが、矛盾ということであり、すなわち、無限なるものの真の脈動をなしている、外的性格のあるいは実在的な対象化の、運動である。したがって矛盾においては、定立的なもの〔～であるもの〕と否定的なもの〔～でないもの〕の同一性といった反対なものどうしのたんなる同一性は越えられている。というのは、定立的なものと否定的なものは、同じ仕方で、《同じ》ものになる、というわけではないからである。今や否定的なものというのは、定立的なものが否定される場合のその定立的なものの生成のことであると同時に、定立的なものがおのれを否定する、つまりおのれを〔定立的ではないものから〕排斥する場合のその定立的なものの還帰のことである。なるほど、定立的なものおよび否定的なものとして規定される反対なものどうしのいずれもが、それだけですでに矛盾であったが、「しかし、定立的なものは、即自的にのみ、そうした矛盾であり、これに対して、否定〔否定的なもの〕は、定立された矛盾である。[40]」まさにこの定立された矛盾においてこそ、差異はそれ本来の概念を見いだし、差異は否定性として規定され、差異は純粋に、内在的に、本質的に、質的に、総合的に、生産的になり、もはや無差異を存続させなくなるのである。矛盾を担うこと、矛盾を止揚すること、これは、〔現実的に実在的なものと、一時的で偶然的な現象とのあいだに〕差異を「つくる〔差をつける〕」選別テストなのである。以上のようにして、差異は、末端にまで追い詰められる、すなわち、差異の消滅であるばかりでなく差異の還帰あるいはその再生産でもあるような根拠にまで追い詰められるのである。

　そのようなヘーゲル的無限〔矛盾〕は、なるほど対立あるいは有限な規定について言われるものであるが、それはかりでなく神学的な無限大、つまり〈ソレヨリモ大キイモノガ〔考エラレナイ〕存在者[41] *Ens quo nihil majus*……〉という無限大でもある。また、事物を、その事物がそれでないところのすべての事物から区別するかぎりでの実在的矛盾の本性は、カントによってはじめてはっきりと述べられたのだが、そのカントは、そうした矛盾を、「十分な規定[42]」という名のもとに、《最高存在者 *Ens summum*[43]》としての実在性の全体の定立に依存させている、ということまでも考え合わせてみるべきである。したがって、そのような神学的な無限大、つまり無限大という崇高なものについては、数学的な取り扱いを期待する必要はない。ところが、ライプニッツにおいては、事情は同様ではない。というのも、ライプニッツは、被造物の慎ましさのゆえに、つまり神と被造物をあらゆる点で混じり合わせないために、有限のなかに、無限を、無限小というかたちでしか導入することができないからである。この点では、しかし、ライプニッツはヘーゲル「ほど先へ進んでいない」と言い切るのは難しいだろう。たとえヘーゲルとは別の道をたどるにせよ、ライプニッツもまた、オルガニックな表象＝再現前化を越えて、オルジックな表象＝再現前化へと向かっているからである。ヘーゲルが、静謐な表象＝再現前化のなかに、無限大の酩酊と不安を見いだしているとすれば、ライプニッツは、有限で明晰な観念のなかに、無限小の不安を見いだしているのであって、この不安たるや、酩酊、眩暈《めまい》、失神、さらには死からさえもつくられているのである[44]。してみれば、ヘーゲルとライプニッツの差異は、オルガニック〔有機的、組織的〕なものを越える二つの仕方に由来していると思われる。なるほど、本質的なものと非本質的なものは、ちょうど一と多、等と不等、同と異のように、切り離しえないものである。しかし、ヘーゲルは、類という本質的なものから出発し、そして、無限〔矛盾〕が、類に分裂をもたらし種にはその分裂の除去をもたらすものである〔と主張する〕。したがって、類はそれ自身であると同時に種であるし、全体はそれ自身であると同時に部分である。それゆえ、類という本質的なものは、他なるもの〔本質的ではないもの〕を本質において含む、つまりそれを本質的に含むのである。[11] 反対にライプニッツは、現象に関しては、非本質的なものから——運動から、不等なものから、異なるものから、出発する。まさに非本質的なものこそが、無限小のおかげで、いまや種として定立されると同時に類として定立されるのであり、そのようなものであるかぎり、結局は「対立した〈準‐種〉」に帰着するのである。このことが意味しているのは、非本質的なものは、他なるもの〔本質的なもの〕を、本質においては含まず、ただ〔事物の〕固有性においてのみ、事例においてのみ含む、ということである。無限小の分析〔微積分学〕に対して、それは、諸本質を語る語法なのか、あるいは都合のよいフィクションなのか、といった二者択一的な問いを強いるのは間違っている。なぜなら、「事例」への包摂、あるいはもろもろの固有性を語る語法は、それ本来の独自性をもっているからである。無限小の方法は、〔一方の本質が、他方の本質に対して、非本質的なものの役割を演じるかぎりにおいて〕諸本質間の区別を維持している以上、矛盾とはまったく異なっているのである。したがって、そうした無限小の方法には、「副次的矛盾《ヴィス・ディクシオン》 vice-diction」(45)という特殊な名前を与えねばなるまい。〔ヘーゲルの〕無限大においては、等しいものは、等しくないものを本質において所有するかぎり、その等しくないものに矛盾し、また、等しくないものを否定することによっておのれ自身を否定するかぎり、おのれ自身に矛盾する。ところが〔ライプニッツ〕の無限小においては、等しくないものは、その等しくないものを本質において排斥するもの〔等しいもの〕を、事例において含むかぎり、等しいものに対して副次的矛盾を起し、おのれ自身に対して副次的矛盾を起すのである。〔ライプニッツにおいては〕非本質的なものは、本質的なものを、事例において包含するのだが、〔ヘーゲルにおいては〕本質的なものは、非本質的なものを、本質において包含するのである。

ライプニッツによる差異の論理学と存在論――副次的矛盾（連続性と不可識別者）

副次的矛盾は〔事物の〕固有性にしか関わらないということを口実にして、副次的矛盾は矛盾ほど先へ進んでいないと言うべきだろうか。実際、「無限に小さい差異」という表現は、なるほど、そうした差異が直観に対して消え去るということを示しているのだが、しかし、〔そのような表現においてこそ〕差異は、おのれの〔本来的な〕概念を見いだすのであり、むしろ直観こそが、差異的＝微分的な関係＝比〔$\frac{dy}{dx}$〕のために、自分から消え去るのである。この意味は、以下のように言えば明らかになる。すなわち、dx〔無限に小さい差異〕はxに対して何ものでもなく、dy〔無限に小さい差異〕もyに対して何ものでもないのだが、$\frac{dy}{dx}$は内的で質的な関係＝比であって、特定の数値から切り離された〈関数の普遍〉を表現しているのである[46]。しかし、そのような関係＝比は、数的な規定をもたないにせよ、それでもなお、様々な形や方程式に対応したもろもろの〈変化の度〉をもっている。それらの度自体が、言わば普遍としての関係＝比なのである。以上のような意味で、差異的＝微分的な関係＝比は、もろもろの可変的な係数の相互依存を表わしている或る相互規定のプロセスにおいて理解される。[12] しかしそれでもなお、相互規定は、真の充足理由律の最初のアスペクトしか表現していない。第二のアスペクトは、十分な規定である。というのも、度あるいは関係＝比はどれも、関数の普遍として理解されるかぎり、その度あるいは関係＝比に対応した〔ベクトル場における〕曲線のもろもろの特別な点〔特異点〕の存在とそれらの割りふりを規定しているからである。この場合、わたしたちは、「十分な」ものと「完璧な」ものとを混同しないよう十分に注意しなければならない。なぜなら、たとえば曲線の方程式に関して、差異的＝微分的な関係＝比〔dy/dx〕は、その曲線の本性によって規定される直線〔接線つまり接ベクトル〕しか指し示していないのであって、なるほどそうした〈関係＝比〉は、それだけですでに、対象〔曲線〕の十分な規定ではあるが、しかし完璧な対象の一部分しか、すなわち、「〔導関数の意味で〕導きだされたもの」とみなされる部分しか表現していないからである（いわゆる原始関数によって表現されるような他の部分は、差異化《ディフェランシアシオン》＝微分化のたんなる逆ではありえない積分法によってでしか見いだされえず、同様に、〔そうした関係＝比によって〕あらかじめ規定されたもろもろの特別な点〔特異点〕の本性は、積分法によってでしか定義されえないのである）。したがって、ひとつの対象が十分に規定されうる――スベテノ仕方デ規定サレタ存在者 *ens omni modo determinatum* ――というわけだが、それだからといって、対象の現実的《アクチュエル》な存在をそれだけで構成しているその統合された状態までもが左右されるわけではないのだ。ところで、相互規定と十分な規定という二重のアスペクトのもとではすでに、限界《リミット》＝極限が力《ピュイサンス》＝累乗そのものと合致していることが明らかになる。限界＝極限は収束によって定義されるものである。関数のもろもろの数値は、おのれの限界＝極限を、差異的＝微分的な関係＝比に見いだし、もろもろの差異的＝微分的な関係＝比は、おのれの限界＝極限をもろもろの〈変化の度〉に見いだす。そして、それら〈変化の度〉のそれぞれにおいて、特別な点〔特異点〕が、解析的に互いに接続しあっているもろもろの級数《セリー》の限界＝極限をなしているのである。差異的＝微分的な関係＝比は、累乗的潜在力《ポテンシャリティ》の純粋なエレメントであるのだが、そればかりでなく、限界＝極限も、連続性としての、それも、もろもろの限界＝極限の連続性としての、連続体の力《ピュイサンス》＝累乗なのである。このようにして差異は、おのれの概念〔*dx*という無限に小さい差異の概念〕をひとつの否定的なものに見いだすわけだが、この場合否定的なものというのは、純粋な限定《リミタシオン》という意味での否定的なもの、つまり相対的無 *nihil respectivum*（*dx*は*x*に対して何ものでもない）である。以上のすべての観点からして、特別なものと通常なものとの区別、換言すれば特異なものと正則なものとの区別が、連続体において、非本質的なものに固有な二つのカテゴリーを形成しているのである。その二つのカテゴリーが、限界《リミット》＝極限および固有性を語る語法を活気づけるのであり、その二つのカテゴリーが、現象であるかぎりでの現象の構造を構成しているのである。やがてわたしたちは、哲学が、経験を記述するために、特別な点〔特異点〕と通常の点〔正則点〕の配分に期待すべき一切を、以上のような意味で理解することになるだろう。けれども、それら二種類の点がすでに、非本質的なものにおいて、諸本質そのものの構成を準備し規定しているのである。この場合、非本質的なものは、重要性のないものを意味してはいず、かえって、もっとも深いものを、つまり普遍的な生地あるいは連続体を、すなわち、諸本質そのものがそこから結果としてつくられてくる当のものを意味しているのである。

　事実、ライプニッツは、彼自身、連続律と不可識別者同一の原理[47]とのあいだに矛盾があるとはまったく考えていなかった。前者は、固有性《プロプリエテ》、変状《アフエクシオン》、あるいは十分な事例を支配しており、後者は、完璧な個体的基礎概念として理解される本質を支配している。周知のように、そうした完璧な基礎概念（モナド）のいずれもが、世界全体を表現《エクスプリメ》している〔表出している〕のだが、ただしその表現《エクスプレッシオン》〔表出〕は、まさに或る一定の差異的＝微分的な関係＝比のもとで、かつその関係＝比に対応した特別な点〔特異点〕の周囲で実現されるのである。[13] こうした意味でこそ、差異的＝微分的な関係＝比と特別な点とが、可能な包み込み《アンヴロプマン》の中心を、つまり可能な巻き込み《アンプリカシオン》あるいは内巻き《アンプオルユシオン》の中心を、すでにそうした連続体において指示しているのであり、そのような中心が、個体的な諸本質〔モナド〕において現実化されるのである。いまのところ、変状と固有性からなる連続体は、或る意味で、権利上、そうした個体的な本質の構成に先行するということを指摘するだけで十分である（これは要するに、もろもろの特別な点〔特異点〕は、それら自体、前個体的な特異性であるということであり、またそのことは、個体化が、差異的＝微分的な連続体のすべてによって先行されているにもかかわらず、現実的な種別化に対しては先行しているという考え方と、何ら矛盾してはいないのである)。以上のような条件は、ライプニッツ哲学において、次のように満たされる。すなわち、すべてのモナドによって表現〔表出〕される共通のものとしての世界は、その世界についての表現〔表出〕に先立って存在する。けれども、世界は、その世界を表現〔表出〕するものの外では、つまりモナド自身の外では、現実存在しないということも真実である。しかしながら、世界についての表現〔表出〕は、世界という表現〔表出〕されるものを、モナドの構成の要件として遡行的に指し示しているのである。まさに以上のような意味で、それぞれの主語への述語の内属は、それらの主語のすべてによって表現〔表出〕される世界の共可能性《コンポッシビリテ》(48)を前提しているのである(その点については、ライプニッツがアルノー宛のいくつかの書簡のなかで絶えず注意を促している)。たとえば、神は罪人アダムを創造したのではなく、アダムがそこで罪を犯す世界をまず創造したということである。それぞれの世界の共可能性を定義するのは、なるほど連続性である。ただし、現実的な世界が最善の世界であるのは、その世界が、事例の最大において、すなわちもろもろの差異的＝微分的な関係＝比(49)ともろもろの特別な点の最大において、連続性の最大を現前《プレザンテ》させるかぎりのことである。すなわち、それぞれの世界にとって、ひとつの特別な点〔特異点〕の周囲に収束するひとつのセリーは、他のもろもろの特別な点の周囲に収束する他のもろもろのセリーに向かって、四方八方に接続してゆくことができ、反対に、諸世界の非共可能性《アンコンポッシビリテ》は、すでに得られた諸セリーを発散させるようなもろもろの特別な点の近傍で確定される、ということである。なぜ非共可能性という基礎概念が、けっして矛盾に帰着せず、実在的な対立すらも含意しないかは、すでに明らかである。つまり、その基礎概念は、〔セリーの〕発散しか含意していないからであり、そして共可能性は、〔セリーの〕解析接続[50]としての副次的矛盾《ヴィス・ディクシオン》のプロセスの独自性しか表わしていないからである。したがって、共可能的な世界という連続体においては、差異的＝微分的な関係＝比と特別な点が、もろもろの表現的な中心（個体的な本質つまり実体）を規定しているのであって、それらの中心のなかにこそ、そのつど或るひとつの観点から、その世界全体が包み込まれているのである。逆に言うなら、それらの中心が、おのれを繰り広げ展開しつつ、その世界を再現し、また再現する際に、表現〔表出〕される連続体〔世界〕のなかで単純な特別な点と「事例」との役割をみずから演じるのである。連続律は、この場合、世界の固有性あるいは世界の事例に関する法則として、すなわち、表現〔表出〕される世界ばかりでなくその世界のなかにあるモナド自身にも適用される展開の法則として現われる。他方、不可識別者同一の原理は、本質に関する原理、つまり包み込みの原理であって、この原理は、表現〔表出〕に、すなわちモナドと、モナドのなかにある世界とに適用されるのである。世界とモナドという二つの語法は、絶えず相互に翻訳しあうのだ。それら二つは手を携えて、無限に小さい差異であると同時に有限な差異でもあるような差異を、選別の根拠としての、すなわち最善の世界を選ぶ根拠としての充足理由に関係させるのである——諸世界のうちで最善の世界は、以上のような意味で、なるほど或る種の比較を含意しているのだが、だからといってそれ自体がひとつの比較級的なものであるわけではない。それぞれが無限である世界はみな、無限小のテストそのものにおいて、差異を或る絶対的な最大へもたらす最上級的なものである。有限な差異は、世界という明晰に表現〔表出〕される領域として、モナドにおいて規定され、無限に小さい差異は、そうした明晰さの条件となる混雑した[51]基底《フォン》〔背景〕として規定されるのである。オルジックな表象＝再現前化はそのような二つの仕方でその規定を媒介しているのであり、その規定に「理由」をあてがうことによって、その規定を差異の概念としているのである。

差異のオルジックなあるいは無限な表象＝再現前化は、前述の四つのアスペクトから、どうして免れていないのか

有限な〔オルガニックな〕表象＝再現前化は、質料〔知覚の材料〕を含む形相についての表象＝再現前化であるのだが、ただし質料といってもそれは、反対なものどもによって形相が付与されるかぎりでの二次的な質料である。すでに見たように、有限な表象＝再現前化は、差異を類概念としての同一性に従属させ、さらに、類そのものに関する類比において、また規定に関する論理的対立において、そればかりでなく、もともと質料的な内容に関する類似において、そうした従属を保証し、要するに差異を媒介し、こうすることによって当の差異をまさに表象＝再現前化するのである。ところが、無限な

〔オルジックな〕表象＝再現前化に関しては、事態は同様ではない。なぜなら、無限な表象＝再現前化は、《全体》を含んでいるからである。すなわち、第一質料としての基底《フォン》と、主体としての、あるいは《自我》すなわち絶対的な形相としての本質との両者を含んでいるからである。無限な表象＝再現前化は、本質と基底《フォン》、およびそれら二つのあいだの差異を、同時に、根拠すなわち充足理由に関係させるのである。媒介そのものが根拠へと生成したのだ。ところで、一方において、本質とみなされる有限で個別的な《自我》のなかに普遍的なものそれ自体が包み込まれている場合、その普遍的なものがもつ諸固有性の無限な連続性を、基底《フォン》と言う。他方において、個別的な自我とは、無限で普遍的な基底のなかで展開される固有性つまり形態にすぎないのであるが、この固有性つまり形態は、ひとつの純粋な《自我》の真の規定としての、あるいはむしろ、そうした背景のなかに包み込まれているひとつの《自己《ソワ》》の真の規定としての本質を指し示している。一方においても、他方においても、無限な表象＝再現前化は、固有性に関する言説と、本質に関する言説という、二重の言説の対象なのである――すなわち、ライプニッツにおいては、物理学的な点に関する言説と、形而上学的な点つまり視点《ポワン・ド・ヴュ》[52]に関する言説であり、ヘーゲルにおいては、形態《フィギュール》に関する言説と、契機《モマン》あるいはカテゴリーに関する言説である。ライプニッツはヘーゲルほど先へ進んでいない、などと言うべきではないだろう。ライプニッツにおいては、〔ヘーゲルにおけるよりも〕基底《フォン》がいっそう大きな主導権を享受しているという意味で、いっそう大きな深さ《プロフォンドゥール》〔奥ゆき〕、いっそう大きなオルジスム[53]すなわちバッカス的狂気が存在するとさえ言えるのである。しかし、一方においても他方においても同様に、諸本質のたんなる類比から、あるいは諸固有性のたんなる相似から差異に関する思考を独立させるためには、無限な表象＝再現前化だけでは不十分であるように思われる。なぜなら、結局のところ、無限な表象＝再現前化といえども、その表象＝再現前化の前提としての同一性の原理から、解放されてはいないからである。だからこそ、無限な表象＝再現前化は、ライプニッツにおいては、もろもろのセリーの収束という条件に従っているのであり、ヘーゲルにおいては、もろもろの円環の同心円化という条件に従っているのである。無限な表象＝再現前化というものは、根拠を援用するものである。たとえ根拠が同一的なものそのものではないにしても、やはり根拠は、同一性の原理をことさらに重要視し、その原理に無限な価値を与え、その原理を全体の原理たらしめ、したがってその原理をして現実的存在そのものの支配者たらしめるような、そうしたひとつの仕方なのである。（世界の同一性および自我の同一性としての）同一性が、無限小に関しては分析的〔解析的〕とみなされ、無限大に関しては総合的とみなされるなどといったことは、どうでもよいことだ。なるほど無限小の場合には、充足理由つまり根拠は同一性に〈副次的に矛盾する《ヴィス・ディール》〉ものであり、無限大の場合には、それは同一性に〈矛盾する《コントゥルディール》〉ものである。しかし、いずれの場合でも、充足理由つまり根拠が無限を通じて遂行するのは、同一的なものをその同一性において現実存在するように仕向けることだけである。それは、ライプニッツに関しても、ヘーゲルに関しても、同様に明白なことである。ヘーゲル的矛盾は、同一性あるいは無矛盾を否認することがない。それどころか、ヘーゲル的矛盾の本領は、無矛盾という二つの《否《ノン》》を現実存在するものに刻み込むということにあり、結果的に、無矛盾という条件あるいは無矛盾という土台のもとで成立する同一性さえあれば、十分、現実存在するものをあるがままに考えることができるとみなされているのである。「事物は、その事物がそれでないところの当のそれではない」あるいは「事物は、その事物がそれではないところの当のそれのすべて（事物がそれではないところの当のそれの《全体》）から区別される」とするような定式は、同一性に仕える論理的なモンスターである。〔ヘーゲルにおいては〕差異は否定性であると言われ、また、差異は、末端にまで追い詰められるや、矛盾へ行き着く、あるいは行き着かなければならないと言われている。しかしそのようなことは、差異がすでに、或る一本の道に、あるいは同一性によって張られた一本の糸の上に置かれているかぎりでしか真実ではないのである。そのようなことは、ほかならぬ同一性が差異を矛盾にまで追い詰めるかぎりでしか、真実ではないのだ。なるほど差異は基底《フォン》であるが、ただし、同一的なものの顕在化のための基底《フォン》でしかないのである。ヘーゲルの円環は永遠回帰ではなく、否定性を通じての同一的なものの無限な循環でしかない。そのようなヘーゲルの不敵な試みは、古い原理に捧げられた、最後の、しかも最高に力強い賛辞なのである。ライプニッツとヘーゲルにあっては、恣意的に否定的なものとみなされた差異が、一方では副次的矛盾をなしている限定として考えられ、他方では矛盾をなしている対立として考えられているのだが、そのようなことは、実はそれほど重要ではないし、また同様に、無限な同一性が、それ自体、一方では分析的なものとして定立され、他方では総合的なものとして定立されるということも、実は大したことではないのである。どちらの場合でも、差異は、同一性に従属したままであり、否定的なものに切り縮められたままであり、相似のなかにそして類比のなかに投獄されたままなのである。このようなわけで、無限な表象＝再現前化のなかには、なるほど狂気〔錯乱〕があるにせよ、それは前もって計画された贋の狂気でしかなく、こんなものは、同一性の休息あるいは静謐をいかなる点においても乱すことがないのである。したがって、無限な表象＝再現前化は、有限な表象＝再現前化と同じ欠陥を有している。（たとえ、無限な表象＝再現前化が、同一性を、類概念とみなさずにかえって純粋で無限な原理とみなすにせよ、そしてまた、概念一般の諸権利の境界を固定するかわりに、そうした諸権利を一切のものに拡張するにせよ）とにかく無限な表象＝再現前化は、差異の本来的な概念を、誤って、概念一般の同一性に刻み込まれた差異の碑銘と思い込むという欠陥を有しているのである。

***

差異、肯定と否定

差異には、決裁的実験(54)がある。言い換えるなら、わたしたちが、限定《リミタシオン》に直面したりあるいはそれに陥ったりするたびごとに、また、対立《オポジシオン》に直面したりあるいはそれに陥ったりするたびごとに、そのような状況にはいったいどのような前提があるのかと問わなければならないのである。そのような状況の前提として、差異のひしめき、野生的なあるいは飼い馴らされていない自由な差異の多元性、限界と対立という単純化にあっても執拗に存続するような本源的でしんそこ差異的＝微分的な時間と空間、といったものが存在するのである。諸威力の対立、あるいは様々な形の限定がはっきりと現われるためには、まず初めに、非定形で潜勢的な多様体として定義され規定されるようないっそう深い実在的なエレメントがなければならない。重なり合ったパースペクティヴ、〔相互〕連絡している距離と発散と齟齬《ディスパリテ》、異質的なポテンシャルと強度といったものからなる繊細な媒体のなかで、諸対立は大雑把なかたちで裁断されるのである。まず初めに問題となるのは、もろもろの緊張を同一なもののなかで解消することではなく、むしろ、齟齬《ディスパラット》(55)するものどもを或るひとつの多様体のなかへと配分してゆくことである。諸限定は、第一の次元の単純な力《ピュイサンス》に対応している――ちょうど、流れによって運び去られる舟というライプニッツが引き合いに出している例のように(56)、単一の〔直線的な〕次元と単一の方向だけをもった空間においては、衝撃は存在しえても、しかしこの衝撃は、必然的に限定と等化という価値をもってしまうのであって、中性化と対立という価値はもたないのである。対立について言うなら、それはそれでまた、平面的な空間のなかでの諸事物の陳列としての、また、ただひとつの平面に帰せられる対極化としての、第二の次元の力《ピュイサンス》を表象＝再現前化しているのである。さらに、総合それ自身は、贋の深さ〔奥ゆき〕のなかでのみ、すなわち、以上の二つの次元に付け加わって二重化するだけの架空の次元においてのみ、遂行されるのである。しかし以上のいずれの場合においても、結局わたしたちの手から逃れてしまうものが存在するのであって、それがまさしく、空間全体の母胎でもあれば差異の最初の肯定でもあるような、強度的な、根源的な深さなのである。線型の限定および平面的な対立として派生的にしか現われないものが、まさにそうした深さにおいては、もろもろの自由な差異の状態で生を営み、沸き立っているのである。いたるところで、対《つい》が、対極的なものが、束と網を前提にしており、有機的な対立が、あらゆる方向へ向かう放射を前提にしているのである。立体鏡によるイメージが形成する対立は、平面的で平板なものでしかない。ところが、そうしたイメージは、以上とはまったく別に、或る可動的な共存的諸平面の段状の構造を、つまり、根源的な深さにおける「齟齬の働き《ディスパラシオン》」(57)を指し示しているのである。いたるところで、差異の深さが第一のものである。第一と第二の次元を包み込んでいるものとして、しかも、おのれを第三の次元としても包み込んでいるものとして、そうした深さを端緒に置いたのでなければ、その深さをたんに第三の次元として再発見したところで何の役にも立たないのである。空間と時間は、表面でしか、諸対立（および諸限定）を顕在化させないのであり、他方、それら時空の実在的な深さにおいては、肯定されかつ配分された、格別にポリュームのある諸差異を、すなわち否定的なものの平板さに帰せられるわけがない諸差異を前提にしているのである。そのような深さは、まるでルイス・キャロルの鏡のようだ。というのも、この鏡においては、一切のことがらは、表面では反対であり逆であるが、しかし深さにおいては「異なっている」からである。わたしたちはやがて、幾何学的、物理学的、生物心理学的、社会的、および言語学的な空間のいずれにおいても同じような事情にある、ということを見るであろう（言語学に関してそのような観点に立てば、トゥルベツコイの、「差異の概念は、対立の概念を前提にしている……(58)」という原理的宣言は、どれほど不確実なものであるかがわかる）。闘争という贋の深さが存在するにしても、闘争の下には、諸差異の遊び《ジュ》の空間が存在しているのである。否定的なものは、差異のイマージュであるが、しかしそのイマージュは、ちょうど牛の眼(59)――空しい闘争を夢みる弁証家の眼――のなかの蠟燭のような、平板化され転倒したイマージュなのである。

以上の文脈からしてもまた、ライプニッツが、或るひとつの多様体のもろもろの特別な点〔特異点〕と差異的＝微分的な諸エレメントを基底《フォン》のなかに配分するときには、そして世界の創造において或る遊び《ジュ》を見いだすときには、彼は、ヘーゲルより先に進んでいる、すなわちいっそう深く進んでいるのである。したがって、第一の次元、つまり限界《リミット》＝極限という次元は、まったく不完全なものではあってもなお、本源的な深さにいっそう近づいていると言えるかもしれない。だが、ライプニッツは、依然として古い原理によって支配され続けていたために、そして、もろもろのセリーを収束という条件に結びつけて、発散それ自身が肯定の対象であるということを理解しなかったために、さらにもろもろの共可能的ではないものが、永遠回帰の同じ世界に属し、なおかつ永遠回帰のただひとつの同じ世界に関して、最大の罪でもあれば最大の徳でもあるものとして肯定されるということを理解しなかったために、差異を、限定という否定的なものに結びつけてしまったのであり、ライプニッツに誤りがあるとすれば、まさにそれこそが唯一の誤りであると言えるだろう。

差異が対立を前提とするというわけではなく、かえって、対立こそが差異を前提とするのだ。しかも対立は、差異を解消するどころか、つまり差異を根拠に導くどころか、差異を裏切り、歪曲してしまうのである。わたしたちが主張しているのは、即自的な差異は「すでに」矛盾であるのではない、ということばかりでなく、さらに、矛盾はそれほど深くはなく、したがって差異よりも深くはないがゆえに、差異は矛盾に帰せられたり矛盾に導かれたりするものではない、ということでもある。なぜなら、差異がいったいどのような状況のもとで、矛盾に導かれたり、平面的な空間に投影されたりするのかは、自明だからである。それはまさに、差異を、前もって与えられた同一性のなかに力ずくで押し込めたときであり、差異を、同一的なものの性向に従わせ、同一的なものによって有無を言わせず同一性の欲するところへ運び、こうして同一性の欲するところで、すなわち否定的なもののなかで反映させたときである。[14]『精神現象学』の冒頭で行われていること、つまりヘーゲル的弁証法の小手先の仕事は、それとしてしばしば指摘されてきたが、それは次のようなことである。すなわち、〈ここ〉と〈いま〉は、空虚な同一性として、言い換えるなら、差異をおのれとともに引きずり回しているつもりの抽象的な普遍性として定立される、ということだ[60]。けれどもまさしく差異は、けっして唯々諾々と後からついてゆくようなものではなく、おのれに固有な空間の深さのなかに、あるいはつねにもろもろの特異性でつくられた或る差異的＝微分的な現実の〈ここ－いま〉のなかに、へばりついたままなのである。或る何人かの思想家が、運動というものは不可能だということを説明したそうだが[61]、だからといって運動がなされなかったわけではない。ヘーゲルに関して言えば、事態は逆になる。すなわち、彼は運動を行うし〔つくるし〕、無限に関する運動さえ行うが、しかし彼は、言葉と表象＝再現前化で運動を行うのであるから、こんな運動は贋の運動でしかなく、その後に続くものは何もないのだ。媒介、あるいは表象＝再現前化《ルプレザンタシオン》が存在するときはいつでも、事態は以上のようになっているのである。表象＝再現前化《ルプレザンタン》するもの〔代表する者〕は、「すべてのひとが～を承認する」という言い方をするが、しかし、けっして表象＝再現前化〔代表〕されえない或る特異性がつねに存在するのであり、こうした特異性は、まさに「すべてのひと」もしくは普遍的なものではないがゆえに、承認することもしないのである。「すべてのひと」は、それ自身普遍的なものであるがゆえに、普遍的なものを承認するが、しかし特異なもの〔単独なもの〕、すなわち、深い感性的な意識は、普遍的なものの犠牲になるとみなされているにもかかわらず、普遍的なものを承認しないのである。語ることの不幸は、ただ語ることにあるのではなく、他のものたちのために〔代表して〕語ることに、あるいは、何かを表象＝再現前化する〔代表する〕ことにある。感性的意識（すなわち、〈何か〉、〈差異〉あるいは〈他のものども τὰ ἄλλα《タ・アラ》〉）は、執拗なものである。なるほどひとは、媒介すること、アンチテーゼに移行すること、ジンテーゼをたくらむことはいつでもできるが、しかしテーゼ〔肯定〕というものはつき従うものではなく、おのれの直接性のなかに、あるいは、それ自体において真の運動をなすおのれの差異のなかに、居すわったままなのである。差異とは、テーゼの真の内容であり、テーゼの執着である。否定的なもの、つまり否定性は、差異の現象すら捕えることができず、ただ差異の幻、あるいはその随伴現象を受け取るのみであり、したがって『精神現象学』は、とりもなおさず、ひとつの〈随伴現象学〉なのである。

否定的なものの錯覚

差異哲学が拒絶するのは、「スベテノ規定ハ否定デアル」(62)ということだ。無限な表象・＝再現前化に関する一般的な二者択一、すなわち、未規定なもの、無差異的なもの、未異化＝未分化のものか、あるいは、すでに否定として規定され、否定的なものを巻き込み包み込んでいるものとしての差異か、といった二者択一が拒絶されるのである（まさにそうした拒絶からして、〔ライプニッツにおける〕限定という否定的なものか、あるいは、〔ヘーゲルにおける〕対立という否定的なものか、といった特殊な二者択一も拒絶されることになる〕。差異それ自身は、その本質において、肯定の対象であり、肯定そのものである。肯定は、その本質において、それ自体差異なのである。しかしこの場合、差異哲学は、美しき魂の新たな形態として現われてしまうという危険があるのではないだろうか。というのも、まさに美しき魂こそが、いたるところに諸差異を見てとり、歴史が血腥い矛盾によってつくり続けられるまさにその場面において、連繫可能で、和解可能な、尊敬すべき諸差異に訴えかけるからである。美しき魂は、あたかも、鎮圧し難い闘争が発生している戦場に投じられながらも、そこに、たんなる「抗争《ディフェラン》」しか、おそらくは誤解に基づく食い違いしか見ないような治安判事のようにふるまうのである。けれども、逆に、純粋な諸差異の嗜好を美しき魂に帰そうとして、また、実在的な諸差異の運命を否定的なものと矛盾との運命に溶接しようとして、大した負担もせずにただ態度を硬化させてみても十分であるわけがなく、また、肯定と否定、生と死、創造と破壊との周知の相補性を――あたかもそれだけで、否定性の弁証法を根拠づけるには十分であるとでも言いたげに――援用したところでやはり十分ではないのである。なぜなら、そのような相補性は、一方の項と他方の項との関係については（すなわち、一定の肯定は、すでに否定的かつ否定遂行的な差異から帰結するのか、あるいはまた、否定的なものは、すでに差異的な肯定から帰結するのかについては）、まだ何もわたしたちに認識させてはくれないからである。きわめて一般的なかたちにはなるが、わたしたちに言わせるなら、「必然的な破壊」に訴えかけるには二通りのやり方が存在するのである。それはまず、詩人のやり方であって、彼は、永遠回帰の永久革命的な状態において《差異》を肯定するために、すべての秩序とすべての表象＝再現前化を覆すことが可能な、創造的な力《ピュイサンス》の名において語る者である。つぎは、政治家のやり方であって、彼は、歴史のなかで確立された秩序を保存し、継続するために、あるいはまた、世界のなかですでにおのれの表象＝再現前化〔代表〕の諸形式を必要としているような秩序を確立するために、まず、「異なる」ものを否定しようと配慮する者である。詩人と政治家は、激しい動乱の時代には、一人の人間において両立することがあるかもしれないが、しかし彼らは、けっして同じ者ではないのである。美しき魂とみなされる点において、だれもニーチェに劣りはしない。ニーチェの魂も極度に美しいことは美しいのだが、しかし美しき魂という意味で美しいわけではないのだ。残酷のセンス、破壊の嗜好をもつという点で、だれもニーチェに優りはしない。しかし、正確に言うなら、ニーチェは、彼の著作のいたるところで、〈肯定－否定〉の関係についての二つの考え方を対立させては倦むことがないのである。

一方の〔考え方の〕場合には、否定は、まさに原動力でありしかも力《ピュイサンス》である。肯定は、否定から帰結することになる——言わば代理《エアザッツ》(63)として。してみると、幽霊としての肯定、代理としての肯定をつくるために、否定が二つ必要だとしても、おそらく多すぎるということはないだろう。けれども、肯定が、否定される当のものを保存するということがなかったら、どうして肯定は、否定から帰結することがあろうか。だからこそニーチェは、以上のような考え方に潜むぞっとするような保守主義を指摘しているのである。このような肯定はなるほど生産されているが、しかし、あらゆる否定的で否定遂行的なものに対して、またあらゆる否定されうるものに対して、〈然り〉を言うために生産されているというわけだ。こうしてツァラトゥストラの驢馬は「然り《イ・アー》」を言うのだが、(64)しかしこの驢馬にとって、肯定するということは、担うこと、引き受けること、背負うことなのである。この驢馬はすべてを担う。背負わされる重荷（神的な諸価値）であろうと、自分から背負う重荷（人間的な諸価値）であろうと、もはや何も担わずともよくなったときの疲れた自分の筋肉の重み（価値の不在）であろうと。(15)この驢馬つまり弁証家的な牛は、責任への恐るべき嗜好をもち、道徳的な臭みを放っている。まるで、贖罪によってでしか肯定することができないとでも言わんばかりに、あるいは、「然り」を言えるためには、引き裂きや分裂の不幸を通り抜けなければならないとでも言わんばかりに。まるで《差異》は悪であり、すでに否定的なものであるとでも——すなわち、贖罪することによってはじめて、換言すれば、否定されるものと否定そのものとを同時に背負うことによってはじめて、肯定を生産することができるような否定的なものであるとでも——言わんばかりに。あの〔ヘーゲルの〕古い呪いの言葉が、すなわち、救われるのは、単純に表象＝再現前化されるものではなく、かえって、否定的なものの全体を保存して結局は差異を同一的なものに帰着させるような無限な表象＝再現前化（概念なるもの〉であるという古い呪いの言葉が、同一律の高みからいつでも鳴り響いてくる。〈止揚《アウフヘーベン》〉という語のすべての意味のなかで、〈〔高みへ〕持ち上げる〉という意味ほど重要なものはない。なるほど、弁証法はひとつの円環として存在するのだが、この無限な円環は、どのような場合でも、唯一の中心しかもっていず、この中心によってはじめて、はかない他のすべての円環と他のすべての中心が、その無限な円環のなかにとどめ置かれるのである。弁証法における繰り返しあるいは反復が表現しているのは、巨大な《記憶》(65)のなかで一切を保存すること、すなわちすべての形態とすべての契機を保存することでしかない。無限な表象＝再現前化は、保存〔保守〕を遂行する記憶なのだ。その場合、反復はもはや、保存〔保守〕を目的とするものでしかなく、記憶それ自体のひとつの力《ピュイサンス》でしかない。なるほど、弁証法的な循環的選別は存在するけれども、それはつねに、無限な表象＝再現前化において保存されるものに有利なように、すなわち担いかつ担われるものに有利なように働くのである。そうした選別は、〔本来の反復とは〕逆に機能するものであって、〔弁証法的な〕円環を振れさせるようなものは、つまり追想の透明さを打ち砕くようなものは容赦なく排除してゆくのである。担うもの〔驢馬〕と担われるもの〔価値〕は、まるで洞窟のなかの影のように、無限な表象＝再現前化のなかに、絶えず入り込んでは出てゆきまた舞い戻るのであり——そしていまや、担うものと担われるものが、厳密な意味で弁証法的な力《ピュイサンス》を身に引き受けているなどと主張するしまつである。

否定的なものの排除と永遠回帰

しかし、〔肯定‐否定の関係についての〕別の考え方に従えば、肯定が最初のものである。つまり、そうした肯定においては、差異、距離が肯定されるのである。差異は、軽やかなもの、空気のようなもの、肯定的なものである。肯定するということは、担うことではない。まったく反対に、それは、荷を降ろすこと、軽くすることなのである。荷を降ろす、軽くするといっても、それはもはや、肯定の幽霊をひとつの代理として生産するような否定的なものであるわけではない。《否》こそが〔本来の〕肯定から帰結するものなのである。こうした〈否〉は、それはそれでまた影なのであるが、しかし、帰結という意味からすれば、むしろ〈追うもの《ナーハフォルゲ》 *Nachfolge*〉[66]だと言えよう。否定的なもの、それは随伴現象である。否定、たとえば沼における否定[67]は、あまりにも強力で、あまりにも異なっている肯定の効果なのである。そしておそらく、〈追うもの《ナーハフォルゲ》〉としての否定という影を産み出すためには、肯定〔差異〕が二つ必要になるだろう。そしておそらく、そこでは影そのものが消えてしまうような真夜中と正午[68]といった《差異》であるような二つの契機が必要になるだろう。これまで述べてきたように、ニーチェが対立させるもの〔〈肯定‐否定〉の関係についての二つの考え方〕は、驢馬の《然り》と《否》〔という考え方〕と、ディオニュソス‐ツァラトゥストラの《然り》と《否》〔という考え方〕であり――〈否〉から、幽霊としての肯定を引き出す「奴隷」の観点と、〈然り〉から、否定、破壊という帰結を引き出す「主人」の観点であり(69)――古い諸価値を守る保守主義者の観点と、新しい諸価値の創造者の観点である。[16] ニーチェによって主人と呼ばれる者は、確かに力《ピュイサンス》の人であるが、しかし権力者ではない。なぜなら、権力《プヴワール》とは、いますでに流通している諸価値をどこに割り当てるかでその真価が問われるものであるからだ。奴隷にとって、奴隷であることをやめるためには、権力を奪取するだけでは十分ではない。奴隷によって率いられるということは、まさに世間で流通している皮相な法則なのである。既成の価値と創造との区別はもはや、あたかも既成の価値はそれが打ち立てられたときは新しかったとか、新しい価値はいずれそのときが来れば打ち立てられるべきものであるといった、一種の歴史的相対主義の意味で理解するべきではないのである。そうではなく、言ってみれば、歴史の一時期と混じり合わないままに合致する、ということしかできない創造的な無秩序、霊妙なるカオスと、表象=再現前化の保守的な秩序とのあいだに、本性上の差異が存在しているのである。中間的な形式と極限形式(新しい諸価値)とのあいだに、もっとも深い本性上の差異が存在しているのである。中間的な諸形式を無限なものに運んでみても、つまり、有限なものにおいてはそれらの対立を利用しておきながら無限なものにおいてはそれらの同一性を肯定してみても、極限的なものに手が届くわけではない。無限な表象=再現前化のなかで、偽りの肯定をしてみたところで、わたしたちは中間的な諸形式の外に出られるはずもない。したがってまさに、ニーチェは、対立または闘争に基づく選別〔淘汰〕というやり方に対して、それは中間的なものを利するために駆けずり回っているだけだ、「大多数」の利益のために[70]駆け引きしているだけだ、と言って非難するのである。真の選別を行うことが永遠回帰の役割であると言えるのは、永遠回帰が〔弁証法における反復、選別とは〕反対に、中間的な諸形式を排除し、「存在するものすべての最高の形相」[71]を取り出してみせるからである。極限的《エクストレム》ということは、反対なものどうしの同一性のことではなく、むしろ、異なるものの一義性のことである。高次の形式とは、無限な形式のことではなく、むしろ変身と変態を貫通する永遠回帰それ自身の非定形の永遠性のことである。永遠回帰が差異を「つくる」〔差をつける〕と言われるのは、それが高次の形式を創造するからである。永遠回帰は〈追うもの《ナーハフォルゲ》〉としての否定を利用し、「否定されうるものはすべて否定され、否定されなければならない」という、否定の否定についての新しい定式を考案する。永遠回帰の霊妙なところは、記憶にあるのではなく、かえって浪費に、能動的になった忘却にある。否定的であるものすべて、および否定を行うものすべて、否定的なものを担う中間的な諸肯定のすべて、「否」から出てくる青ざめた出来損ないの「然り」のすべて、永遠回帰のテスト〔試練〕に耐えぬものすべて、これらこそが否定されなければならないのである。永遠回帰がひとつの車輪であるならば、この車輪はさらに、否定されることが「できる」ものをすべて追放するような、つまりそうしたテストに耐えないものをすべて追放するような、暴力的な遠心性の運動を授けてやらねばなるまい。ニーチェは、永遠回帰を「信じよう」としない者たちに対して、軽い罰しか告知しない——君たちは、束の間の生しか感じないだろうし、それしかもたないだろう！　彼らは、おのれがそれであるところのもの〔本質〕がほかならぬ随伴現象である、ということを感じ、そしてそれを知るだろう。以上が、彼らの絶対《知》になるだろう。このようにして、帰結としての否定は、十全な肯定から生じて、否定的であるものすべてを焼き尽し、永遠回帰の可動的な中心においておのれ自身をも焼き尽すのである。というのも、永遠回帰がひとつの円環であるならば――すなわち、絶えず脱中心化され、つねに捩れていて、〈不等なもの〉のまわりしか回らないような円環であるならば、その中心に存在するのはまさに《差異》であって、《同じ》ものはその周辺にしか存在しないからである。

否定、それはなるほど差異であるが、ただしそれは、小さい側〔倒立像が映る側〕で見られた差異、下を上にして見られた差異である。反対に、上下を元の状態にして立てられた差異、それが肯定である。しかし、そのような命題は、つぎのような多くの意味をもっている――すなわち、〈差異は肯定の対象である〉、〈肯定そのものは多様である〉、〈肯定は創造であるが、そればかりでなく、差異を肯定するものとして、また〔表象＝再現前化によって媒介されていない〕それ自身における差異として、創造されなければならないものでもある〉という意味である。否定的なものが原動力だ、というわけではない。むしろ、定立的な差異的＝微分的諸エレメントが存在するのであって、これらのエレメントにおいてこそ、肯定の発生と肯定される差異の発生とが同時に規定されるのである。わたしたちが、肯定を未規定なもののなかに放置してしまえば、あるいは、規定を否定的なもののなかに置いてしまえば、わたしたちは、肯定そのものの発生が存在するという事態をそのたびごとに見逃してしまうのである。〈否定は肯定から帰結する〉ということが言わんとしているのは、〈否定は、肯定に引き続いて出現する、あるいは、肯定の傍らで出現する〉ということ、〈ただし、いっそう深い発生的なエレメントの影としてのみ出現する〉ということ、言い換えるなら〈肯定と肯定における差異とを産出する力《ピュイサンス》の、あるいはそれらを産出する「意志」の影として出現する〉ということである。否定的なものを担う者たちは、自分がいったい何をしているのかわかっていないのだ。彼らは、そのような影を実在と思い込み、そのような幽霊を糧とし、帰結〔否定〕をその前提〔肯定〕から切り離し、現象と本質との価値を随伴現象に付与しているのである。

差異が肯定される世界は、表象＝再現前化から、ひたすら逃げてゆくばかりである。表象＝再現前化が保持しているのは、ただひとつの中心、消失点に向かう唯一のパースペクティヴでしかなく、したがって、贋の深さでしかないのである。表象＝再現前化は、すべてを媒介するが、しかし何も運動可能にしないし、何も動かさない。これに対して運動の方は、多数の中心、重なり合ったパースペクティヴ、もつれあった観点を巻き込んでおり、表象＝再現前化を本質的にデフォルメする諸契機の共存を巻き込んでいる。すでに或る種の絵画もしくは或る種の彫刻が、わたしたちに運動を強いる「デフォルメするもの」として存在している。この場合、運動とは、地表すれすれの位置から見わたした眺めと、俯瞰的な眺めとを組み合わせる、あるいは前進するにつれて空間のなかを上昇したり下降したりする、という運動である。そのような「効果」を得るためには、もろもろの表象＝再現前化を増やすだけで十分であろうか。なるほど無限な表象＝再現前化は、ひとつの同じ対象あるいはひとつの同じ世界へのすべての視点の収束を保証する場合にも、またすべての契機をひとつの同じ《自我》の固有性に仕立てあげる場合にも、まさに無限な数の表象＝再現前化を含んでいる。しかし、そうした表象＝再現前化が保持しているのは、後者の場合には、他のすべての中心を取り込みそして表象＝再現前化する唯一の中心であり、また前者の場合には、すべての項とそれらの項の関係とを決定的に秩序づけ組織するセリー的統一である。なぜなら、無限な表象＝再現前化は、おのれを可能にしてくれるひとつの法則と手を切ることができないからである。それは概念の形式すなわち同一性という形式であって、これは、一方では、表象＝再現前化されるものの即自態（AはAである）を構成し、他方では、表象＝再現前化するものの対自（《自我》＝《自我》）を構成しているのである。表象＝再現前化《ルプレザンタシオン》（repr é sentation）という言葉の接頭辞 RE〔すなわち〈再〉《ル》〕は、諸差異をおのれに従属させる同一的なもののそのような概念的形式を意味しているのである。したがって、もろもろの表象＝再現前化やもろもろの視点を増やしたところで、「下－表象的」《スュブールプレザンタティフ》なものとして定義されるような直接的なものに到達できるわけではない。反対に、個々の要素的な表象＝再現前化がすでに、デフォルメされ、そらされ、その中心から抜き取られているのでなければならない。視点のそれぞれが、それ自体、事物でなければならないし、あるいはまた、事物はそのような視点に属しているのでなければならない。したがって、事物はけっして同一的なものであることができず、見られる対象の同一性も見る主体の同一性も同様にそこで消失するような当の差異のなかで、事物は八ツ裂キにされているのでなければならない。差異は、エレメントへと、つまり究極の統一性へと生成するのでなければならないし、それゆえ差異は、その差異をけっして同一化せずにかえって異化＝分化させるような、他の諸差異を指し示しているのでなければならない。ひとつのセリーの各項は、それだけですでに差異であるのだから、他の諸項との可変的な関係のなかに置かれるのでなければならないし、そうである以上、その各項は、中心も収束も欠けている他の様々なセリーを構成するのでなければならない。セリーそのものにおいて、発散と脱中心化を肯定するということがなければならない。それぞれの事物、それぞれの存在は、もはや様々な差異とならぶひとつの差異でしかないのだから、どの事物、どの存在においても、それ自身の同一性が差異そのもののなかに呑み込まれるのでなければならない。差異とは異なるようになってゆくものだ[72]、ということを指摘しなければならないのだ。周知のように、現代の芸術作品は、以上のような諸条件を実現しようとしている。そうした方向で、現代の芸術作品は、変身と置換[73]からなる真の演劇へと生成するのである。何も固定したものがない演劇、あるいは糸のないラビュリントス（アリアドネは首を吊ってしまった）。そのような芸術作品は、「経験」へと、すなわち先験的経験論[74]

あるいは感覚されうるものの学へと生成するために、表象＝再現前化〔上演〕の領域を去るのである。

ひと〔カント〕が感覚されうるもの〔直観されうるもの〕のなかで表象＝再現前化されることのできるものに基づいて、（感覚されうるものの学としての）感性論《エステティック》(75)を打ち立てることができたというのは、思えば奇妙なことである。けれども確かに、表象＝再現前化から、たんに感覚されうるものを抜き取り、さらに、そのたんに感覚されうるものを、いったん表象＝再現前化が除かれた後に残るもの（たとえば、矛盾した流れ、諸感覚〔知覚〕の狂詩曲《ラプソディー》(76)）として規定しようとするような、逆転した手続きの方がましだというわけでもない。感覚されることしか可能でないもの(77)、感覚されうるものの存在そのもの、すなわち、差異、ポテンシャルという差異、質的に雑多なものの理由としての強度という差異、これらを、わたしたちが、感覚されうるもののなかで直接に把握するとき、まことに経験論は、先験的になり、感性論は、必当然的《アポディクティック》な学問の分野になる。現象が閃き、しるし《シーニュ》として繰り広げられるのは、また、運動が「効果」として産み出されるのは、まさしく差異においてである。諸差異の強度的な世界のなかでこそ、もろもろの質はおのれの理由を見いだし、感覚されうるものはおのれの存在を見いだすのであって、こうした諸差異の世界が、まさに高次の〔先験的〕経験論の対象なのである。このような経験論は、或る奇妙な「理由」、すなわち差異という多様なものおよび差異というカオスをわたしたちに教えてくれる（遊牧的《ノマド》配分、戴冠せるアナーキー）。〔後になってから〕互いに類似することになるのは、また類比的なものになり、対立的あるいは同一的になるのは、つねに〔先行する〕諸差異である。差異が、あらゆる事物の背後に存在しているのだが、しかし差異の背後には、何も存在していない。おのれ以外のすべての差異を横断してゆくこと、おのれ以外のすべての差異を横断しておのれを「欲する《ヴルワール》」こと、あるいはおのれ自身に再会すること、これこそが、それぞれの差異の仕事である。だからこそ、永遠回帰の出現は二次的ではなく、その到来は事後的でないのであって、永遠回帰は、あらゆる変身においてすでに現前しており、おのれが回帰させようとするものとすでに同時的なのである。永遠回帰が関係している世界は、互いに巻き込みあっている諸差異の世界であり、同一性のない、本来カオス的な、複雑な世界である。ジョイスは、循環通り *vicus of recirculation* を、カオスモス *chaosmos* を回転させるものとして提示していた[78]。そしてニーチェはすでに、カオスと永遠回帰は、二つの区別されたものではなく、ただひとつの同じ肯定であると語っていた。そのような〔差異の〕世界は、表象＝再現前化〔の世界〕におけるように有限であったり無限であったりすることがない。その世界は、完成していないながらも無限定である。永遠回帰とは、完成されたものそれ自身の無限定な回帰であり、差異について言われる一義的存在である。永遠回帰においては、混沌《カオエランス》－彷徨 chao-errance は、表象＝再現前化の一貫性《コエランス》と対立する。混沌－彷徨は、表象＝再現前化する主体の一貫性も、表象＝再現前化される対象の一貫性も、ともに排除するのだ。反復 *répétition* は、表象＝再現前化 *représentation* と対立し、〔「再」を意味

する *ré* および *re* という〕接頭辞は、意味が違ってしまったのである。なぜなら、一方〔表象＝再現前化〕においては、〔先行的な〕同一的なものに関してのみ、差異ということが言われ、他方〔反復〕においては、〔先行的な〕異なるものに関してはじめて同一的ということが言われるからである。反復とは、すべての差異の非定形な存在であり、また、表象＝再現前化が壊されてしまうような極限「形式」にあらゆる事物をもたらす基底《フォン》〔背景〕のもつ、非定形な力《ピュイサンス》のことである。齟齬《ディスパール》をきたすもの[79]〔差異〕とは、表象＝再現前化の同一性と対立する反復の究極のエレメントである。それゆえ、〔同一的なものと、矛盾するものとの円環を壊す〕永遠回帰の円環、すなわち差異と反復の円環は、捩れた円環なのであって、それは、〔先行的な〕異なっているものについてしか《同じ》を言わないのである。ブラッドの詩は、真の感性論としての先験的経験論への信仰告白を表現している。「自然は、本質的に、偶然で、過剰で、神秘なもの……。諸事物は、奇妙なもの……。宇宙は野生的なもの……。同じものの還帰は、異なるものをもたらすのみ。彫刻家のろくろの緩慢な回転は、髪の毛一本の太さほどしか進まない。けれども差異は、厳密にはけっして十全であることのない曲線全体に配分されるのだ[17]」。

カント以前の哲学とカント以後の哲学によって代表される二つの契機のあいだに、哲学上の著しい変化が指摘されることがある。前者の本質は、〔ライプニッツ的な〕限定という否定的なものによって、後者の本質は、〔ヘーゲル的な〕対立という否定的なものによって明示されるだろう。前者は、分析的な同一性によって、後者は、総合的同一性によって、前者は、無限な実体という観点から、後者は、有限な《自我》の観点から、明確にされるだろう。ライプニッツの偉大な分析においては、すでに有限な《自我》が、無限なものの展開のなかに導入されており、ヘーゲルの偉大な総合においては、無限なものが、有限な《自我》の活動のなかに再導入されている。けれども、そのような変化の重要性は、疑われてしかるべきであろう。差異が、いずれにせよ否定的なものに還元され、同一的なものに従属させられている以上、差異哲学にとっては、否定的なものが限定という否定的なものとして理解されるのか、あるいは対立という否定的なものとして理解されるのかなどということは、さして重要ではないし、同一性が分析的なものであるのか、あるいは総合的なものであるのかといったことも、たいして重要ではないのだ。神的実体の唯一性と同一性は、まことに、ひとつの同一な《自我》を保証するただひとつのものであり、そして《神》は、《自我》が保持されるかぎりにおいて、保存されているのである。したがって、総合的な有限な《自我》を言ってみても、分析的な神的実体を言ってみても、結局同じことなのである。だからこそ、《人間－神》〔の二つの項〕をどう置換したところで、それはまったく欺瞞的なものであり、わたしたちをして一歩も踏み出させることがないのである。《神》の死は《自我》の崩潰によってでなければ現実的なものにならないということを最初に見てとったのは、ほかならぬニーチェであるように思われる。そのとき開示されるものは、まさに存在である。ただしこの存在は、実体のなかにも主観のなかにも存在しないもろもろの差異について、すなわち、地下にひそむもろもろの肯定について言われる存在なのである。永遠回帰が最高度の思想であるのは、換言すれば、もっとも強度の高い思想であるのは、永遠回帰の極限的な一貫性が、最高度の点において、思考する主体〔主観〕、思考される世界、さらに保証する《神》のそれぞれの一貫性を排除するからである。[18] カント哲学には、或る明確な契機、人知れず閃光を放った契機があり、それはカントにおいてすら継続せず、カント以後の哲学にはなおのこと引き継がれていない——ヘルダーリンにおける「定言的転回[80]〔逸脱〕」という経験と理念にはおそらく引き継がれている——のだが、わたしたちは、カント以前とカント以後の出来事（結局は同じ事態に帰着する出来事）にというよりも、むしろ、そうしたカント哲学そのものの契機にこそ関心を寄せなければならないのである。というのも、カントが理性的神学を批判するとき、同時に彼は、一種のアンバランス、裂け目、あるいは亀裂を、つまり権利上克服できない正当な疎外《アリエナシオン》〔精神異常〕を、《私は考える《イッヒ・デンケ》》の純粋な《自我》のなかに導き入れるからである。すなわち、主観は、自分自身の自発性を、もはや或る《他》なるものの自発性としてしか表象＝再現前化することができず、したがって結局のところ、主観自身の一貫性、世界の一貫性、および神の一貫性とあい容れることのない神秘的な一貫性を援用するのである。崩潰した自我として《私ハ思考スル《コギト》》[81]。換言すれば、「私は考える」の《自我《モワ》》は、その本質において、或る種の直観的受容性を、すなわち、《私《ジュ》》がそれと比較すればすでにひとつの他なるものであるといった当のそれである受容性を含んでいる。総合的同一性が、さらには実践理性の道徳性が、自我、世界、および神のそれぞれの完全さを回復し、カント以後の哲学の諸総合を準備するなどということは、どうでもよいことだ。以上のように、わたしたちがほんの少し立ち入って考えてみたのは、思考の最高度の力《ピュイサンス》の特徴たる正当な精神分裂病である。これは、概念によるすべての媒介やすべての和解を一顧だにすることなく、《存在》をダイレクトに差異へと開かせるものである。

＊＊＊

プラトンによる差異の論理学と存在論

現代哲学の責務は、「プラトン哲学の転倒」として定義された(82)。ところが、プラトン哲学の転倒には、数多くのプラトン哲学の特徴が保存されているのであって、これは、たんに避けることができないというだけでなく、望ましい事態でもある。たしかに、《一》、《類比的な》もの、《類似した》もの、さらには《否定的な》ものまでもが有する力《ピュイサンス》に差異が従属しているということを、プラトン哲学はすでに、表象＝再現前化しているのである。飼い馴らしの途上にある動物は、自由な状態にあるときの動きよりも、最後の〔躾の〕山場を迎えたときの動きの方が、間もなく失われてしまう本性をいっそうよく証示するものであって、それ〔従属させられる差異〕は、言わばそのような飼い馴らしの途上にある動物なのである。要するに、〔プラトン以前の〕ヘラクレイトス的世界が、プラトン哲学のなかで、うなり声を立てるのである。プラトンに関しては、結末は、依然として曖昧なままである。というのも、〔プラトン哲学においては〕媒介は、おのれの運動の完了を見いださなかったからである。《イデア》はまだ、世界を表象＝再現前化の諸要請に服従させるようなひとつの対象概念ではなく、むしろ、或る野生の現前なのであって、それは、諸事物のうちにある「表象＝再現前化されうる」ことのないものに応じてしか、世界のなかに呼び出されえないものなのである。したがって、《イデア》においてはまだ、差異を概念一般の同一性に関係させるという決定が下されてしまったわけではない。《イデア》は、差異であるかぎりでの差異の純粋な概念、その本来的な概念に出会うことを諦めてはいないのである。ラビュリントスあるいはカオスは、まさに〔アリアドネの〕糸なしに、糸の助けなしに、切り抜けられるものだ。アリストテレスは、プラトン哲学におけるかけがえのないもの〔分割という方法〕を、当のプラトンに対する批判として用いながらもたしかに見てとってはいた。すなわち差異の弁証法《デイアレクテイク》〔問答法〕には、それ固有の方法——分割——がそなわっているのだが、この分割は、媒介なしに、媒概念あるいは理由なしに働き、直接的なもののなかで活動し、こうして、概念一般の諸要請というよりはむしろ、《イデア》の霊感を頼みにしているということである。なるほど分割は、概念の仮定上の同一性から見れば、気まぐれで、一貫していず、特異性から特異性へと跳び移る方法ではある。けれどもその〔分割という〕方法は、《イデア》の観点からすれば、まさにそのイデアの威力ではないだろうか。

他のいくつかの弁証法的な方法とならび、それらによって補完されあるいは交代されるような、ひとつの弁証法的な方法であるどころか、その方法は、それが出現するその契機においては、他の弁証法的な諸方法にとってかわり、真の差異哲学のために弁証法的な力《ピュイサンス》のすべてをとり集め、さらにはプラトン哲学の真価とプラトン哲学の転倒の可能性の真価とを同時に測るような、まさにそうした分割ではないだろうか。

分割の方法の諸形態——要求者たち、テスト‐根拠、問い‐問題、（非）‐存在、および否定的なものの身分

わたしたちが、プラトン哲学における分割〔という方法〕をアリストテレスの諸要請から出発して理解しようとするならば、それは間違いというものである。アリストテレスに従えば、ひとつの類を、対立するもろもろの種に分割することが重要になるのだが、その方法には、それ自体からして「理由」が欠けているばかりでなく、さらに、しかじかのものが、あのような種の側にというよりはむしろこのような種の側にある、ということを決定するための理由も欠けているのである。たとえば〔『ソピステス』において〕技術《テクネー》が、作る《ポイエティケー》という技術と獲得《クテティケー》という技術に分割される。しかしなぜ魚釣り〔の技術〕が、獲得《クテティケー》の側に配置されるのだろうか[83]。この場合に欠けているものは、媒介である。すなわち、媒概念として役立ちうるひとつの概念の同一性である。だがプラトン的分割が、ひとつの類に属するもろもろの種を規定しようとするもくろみをまったくもっていないとすれば、〔プラトンに対する〕そのような反論が成立しないということは確かである。あるいはむしろ、プラトン的分割は、そのようなもくろみを仮面にしておのれの真の秘密をいっそううまく隠すために、表面的に、そしてまさにイロニー〔皮肉〕を用いて、そうしたもくろみをもつ、と言ったほうがよいだろう。[19]〔プラトン的〕分割は、「一般化」の逆ではない。つまりそれは種別化ではないのだ。種別化の方法はまったく問題にならず、〔それとは異なる〕選別の方法が問題になる。一定の類をもろもろの一定の種に分割することが問題になるのではなく、ひとつの混雑した種をもろもろの純粋な系統に分割すること、すなわち純粋ではない材料からひとつの純粋な系統を選別することが問題になるのである。ちょうど生物学者たちにおいては、「ジョルダン種《ジョルダノン》」が「リンネ種《リネオン》」に対立するように、[84]「プラトン種《プラトノン》」が「アリストテレス種《アリストテレオン》」に対立するという言い方をしてもよいだろう。なぜなら、アリストテレスの種は、たとえ分割不可能な種であろうと、最低種であろうと、[85]やはり大きな種であることに変わりはなく、他方、プラトン的分割は、まったく別の領域で、すなわち小さい種あるいは系統の領域でことにあたるからである。したがって、プラトン的分割の出発点が、類に置かれようと、種に置かれようと、どちらでもかまわないのである。ただし、この類、この大きな種は、未異化＝未分化の論理的質料として、無差別の資材として、混合物として定立されている。すなわち、その類、その種は、純粋な系統としての《イデア》を明るみに出すためには当然除去しなければならないものを表象＝再現前化するような、不定の多様体として定立されているのである。あの〔『ポリティコス』における〕黄金の精錬にこそ、分割のモデルがある(86)。差異は、類に属する二つの規定のあいだに、種的差異〔種差〕として存在するのではなく、かえって、一方の側に、つまり選別される系統のなかに、そのまま存在するのである。言い換えるなら、もはやひとつの同じ類に属する反対なものどもが問題になるのではなく、むしろ大きな種を構成しているひとつの混合物のなかの、純粋なものと不純なもの、良いものと悪いもの、真正なものと真正でないものが問題になる。問題になるのは、純粋な差異、差異の純粋な概念であって、概念一般においてつまり類と種において、媒介されてしまった差異ではないのである。分割という方法の意味と目的は、あの競合する者たちの選別であり、あの要求者(87)たちに対するテスト〔試練〕である——〔アリストテレス的な〕矛盾（ἀντίφασις）〔反駁〕ではなく、〔プラトン的な〕論争（ἀμφισβήτησις）(88)が問題なのだ（以上の点は、プラトンの二つの主要な例によく見ることができる。すなわち、まず『ポリティコス』において(89)、政治家は、「人間たちを牧養〔飼育〕する」すべを知っている者として定義されるのだが、商人、農耕者、パン屋、体育の教師、医者などの数多くの人々が登場し、彼らも〈人間の真の牧養者、それは私だ〉と主張する。つぎに『パイドロス』において(90)立派な狂気と真に恋する者を定義することが問題になり、数多くの要求者〔候補者〕たちが居合わせて、〈恋する者、恋、それは私だ！〉と主張する）。以上のすべてにおいて、イロニー〔皮肉〕を用いる場合を除いては、種というものはまったく問題になっていない。アリストテレスが心配するようなことは何もないのだ。そこで追究されているのは、同一性に基づかせることではなく、真正さを確認することである。プラトン哲学の全体を貫通し、諸学問や諸技術のプラトン的分類を支配する唯一の問題は、つねに、競合する者たちの真価を測ること、要求者たちを選別すること、〈擬似－類〉と〈大きな種〉のただなかにおいて実物とその見せかけ《シミュラクル》を区別することにあるのだ。追究されているのは、差異をつくる〔差をつける〕ことであり、したがって、〔アリアドネの〕糸なしに、〔『ソピステス』における〕網なしに、直接的なものの弁証法〔問答法〕を、危険なテスト〔試練〕を、直接的なものの数々の深さのなかで遂行することである。というのも、古代のしきたりからすれば、すなわち神話《ミュートス》と叙事詩のしきたりからすれば、贋の要求者たちは死なねばならぬからだ。

わたしたちの問いはまだ、選別的な差異が、プラトンの言うような意味で、まさしく真の要求者と贋の要求者たちのあいだにあるのかどうかということにはなく、むしろ、どのようにしてプラトンが、分割という方法によって、その選別的な差異をつくるのか〔選別的に差をつけるのか〕ということにある。〔『ポリティコス』を読み進めている〕読者は、ここで、強い驚きの念をもつだろう。なぜなら、プラトンは、ひとつの「神話《ミュートス》」を介入させるからである。つまり、分割が、種別化という仮面を捨て、おのれの真の目的を発見しておきながら、その発見と同時に、この目的の実現をあきらめ、神話に関するたんなる「遊び」に仕事を引き継がせようとする様子が見られるからである。[91]

事実、〔政治家たることを主張する〕要求者たちが問題になるや、『ポリティコス』は、太古において世界と人間たちを支配していた或る神のイメージを援用するのである。厳密に言えば、この神だけが、人間たちの〈王－飼育者〉という名に値するのである。しかしまさに、この神を基準とすれば、かならずしもすべての要求者たちが、等しい資格をもつということにはならない。政治的人間が太古の〈神－牧養者〉というモデルにもっとも近いということを理由にして、まず何よりもその政治的人間を指し示しているような、人間的共同体に対する或る種の「世話」というものが存在するのである(92)。要求者たちは、言わば、或る選択的な《エレクテイヴ》分有《パルテイシパシオン》〔関与、メテクシス〕というレヴェルに即して、その真価が測られる。そして、政治家と競合する者たち〔要求者たち〕は、〈神話によって提供されるそのような存在論的測定にしたがえば〉、育ての親、召使い、補助的な者、ついにはいかさま師、偽造物、に区別されることができるだろう[20]。『パイドロス』における話の進め方も同様である。すなわち、プラトンが、もろもろの「狂気《マニアー》」を区別するときに、彼は突然、神話《ミユートス》を援用するのである(93)。彼が描くのは、肉体に宿る以前の「魂《プシユーケー》」の遍歴であり、魂がかつて観照することができ、いまは地上に持ち帰っているもろもろのイデアについての記憶である。そうした神話的観照、その観照の本性と度、回想に必要不可欠な種類の諸機会、そうしたものこそが、地上的な狂気の様々なタイプの価値と秩序を規定するのである。こうして〔恋という良い狂気によって〕、わたしたちは、だれが贋の恋する者であり、だれが真の恋する者であるかを決定することができるのだ。[94] わたしたちは、恋する者、詩人、神官、占い師、哲学者のうち、だれが、選択的に、想起《アナムネーシス》と観照を分有している〔想起と観照に関与している〕のかということを――さらにはだれが真の要求者、真の分有する者であるのか、他方、それ以外の者たちは、どのような秩序にあるのかということさえ――決定することができるだろう。[95]（なるほど、分割に関する第三の大きなテクスト、すなわち『ソピステス』には、神話《ミュートス》がまったく現われていないという反論もあるだろう。しかし、なぜそうなっているのかというなら、それは、プラトンが、分割という方法のパラドクシカルな使用によって、つまり反-使用によって、とりわけ贋の要求者を、すなわち、いかなる権利もなしに一切を要求する者を、つまり「ソフィスト」を、このテクストのなかで浮き彫りにしようとしているからである。）

しかし、〔プラトンが『ポリティコス』や『パイドロス』において〕そのように神話を持ち込んでいるということは、アリストテレスのすべての反論を確証しているようにも見える。たとえば、分割は、媒介を欠いているので、いかなる証明力もないだろうし、また、想像的な形式のもとで媒介との等価物をその分割に提供するような神話によって、仕事を引き継がせざるをえないだろう〔といった反論である〕。けれども、そのように考えてしまえば、またもやわたしたちは、かくも神秘的なその方法の意味を歪曲することになる。なぜなら、神話と弁証法〔問答法〕がプラトン哲学一般における二つの区別された威力である、ということが本当であるとしても、そのような区別は、弁証法〔問答法〕が分割をおのれの真の方法とみなすときには、妥当しなくなるからである。分割こそが、そのような二元性を克服するのであり、神話を弁証法〔問答法〕に統合し、神話を弁証法〔問答法〕そのもののひとつのエレメントにするのである。そうした神話の構造は、プラトンにおいて明瞭に現われている。その構造とは、二つの動的な機能、すなわち、〈回転し、還帰すること〉、および〈配分すること、つまり割りふること〉という二つの機能をもった円環である――分け前〔運命〕[96]の割りふりは、永遠回帰の輪廻として回転する車輪に属しているのだ。もとよりプラトンは、永遠回帰の主役ではないのだが、その理由については、ここでは言及しないでおこう。それでもなお、『パイドロス』においても『ポリティコス』においても、また他のテクストにおいても、神話によってひとつの部分的循環のモデルが確立されているということに変わりはない。そうした循環のモデルにおいては、差異をつくる〔差をつける〕ことに、言い換えるなら、もろもろの役割ともろもろの要求〔主張〕の真価を測ることに適した、ひとつの根拠《フォンドマン》が現われているのである。そうした根拠は、『パイドロス』においては、もろもろの《イデア》というかたちで規定されている。すなわち、天球の外側に乗って循環する魂《プシューケー》たちによって観照されるイデアたち[97]、『ポリティコス』においては、宇宙の循環的運動をみずから司る《神 - 牧養者[98]》というかたちで、そうした根拠が規定されている。円環の中心あるいはその原動力、つまり根拠が、神話において、テスト〔試練〕あるいは選別の原理として設定されており、この原理こそが、選択的《エレクティヴ》な分有《パルティシパシオン》のもろもろの度を固定することによって、分割という方法にそのまったき意味を与えているのである。もっとも古い伝統に従っている循環の神話《ミュートス》は、それゆえ、土台《フォンダシオン》の〈物語《レシ》－反復《レペティシオン》〉である。分割は、差異をつくる〔差をつける〕ことが可能な根拠としての神話を要請し、逆に、神話《ミュートス》は、根拠づけられるべきものにおける差異の状態としての分割を要請するのである。分割は、弁証法〔問答法〕と神話体系との、すなわち、土台としての神話《ミュートス》と分割の理法 λόγος τομεύς[99] としてのロゴスとの真の統一である。

根拠のそのような役割〔差異をつくること、差をつけること〕がまったき明瞭さをもって現われてくるのは、分有《パルティシパシオン》〔関与〕についてのプラトン的な考え方においてである。（なるほど、この根拠こそが、分割には欠けているように見えた媒介を、当の分割に提供し、そして同時に、差異を《一》に関係させるのではあるが、しかし、それはきわめて特殊な仕方でなされるのである……。）〈分有する《パルティシペ》〔関与する〕〉ということの意味は、〈部分を持つ《アヴワール・パール》〔関与する〕〉、〈後で持つ〉、〈二番目に持つ〉ということである。最初に所有するということを行うものは、根拠そのものである。ひとり《正義〔というイデア、つまり根拠〕》のみが正しい、とプラトンは言う。正しい人と呼ばれるような者たちについて言うなら、彼らは、正しくあるという質を、二番手としてあるいは三番手として、あるいは四番手として、……あるいは見せかけ《シミュラクル》として所有するのである。「正義だけが正しい」というのは、たんなる分析的命題ではないのだ。それは、一番目に〔正しさを〕所有する根拠としての《イデア》を指示する命題なのである。根拠〔正義というイデア〕の本来的な役割は、分有の可能性を与えること、二番目に与えることである。こうして、〔正しさを〕分有する者、しかも、より多くあるいはより少なく、つまり様々な度で〔正しさを〕分有する者、それが必然的に、要求者なのである。そのような要求者こそが、根拠に訴えかけるものであり、そのような要求こそが、根拠づけられなければならないもの（あるいは、根拠のないものとして告発されなければならないもの）である。そうした要求は、他の諸現象とならぶひとつの現象なのではなく、あらゆる現象の本性なのである。根拠〔正義というイデア〕とは、要求の対象〔正しさ〕を分有する可能性を、より多くあるいはより少なく、要求者たちに与えるひとつのテスト〔試練〕である。まさにこうした意味で、根拠は、真価の測定を行い、差異をつくる〔差をつける〕のである。したがって、以下の三つの次元を区別しなければならない――まず、《正義〔イデア〕》は根拠であるということ――つぎに、正しいという質は、根拠づけるもの〔イデア〕によってすでに所有されているものであり、かつ〔要求者によって〕要求される対象であるということ――さらに、正しい者たちは、より多くあるいはより少なくその対象を分有する〔その対象に関与する〕要求者であるということ。だからこそわたしたちは、新プラトン主義者たちが、《分有されないもの〔イデア〕》、《分有されるもの〔正しいという質〕》、《要求者たち》という聖なる三幅対を繰り広げてみせるとき[100]、彼らから、プラトン哲学に対するきわめて深い理解を受けとることができるのである。根拠づける原理〔イデア〕は、分有されえないものとして存在するのだが、しかしその原理は、分有されうるもの〔正しさ〕を与えるのであり、しかも、それを与える相手は、二番目に所有する者としての分有者であって、この分有者が、根拠というテスト〔試練〕を突破することのできた要求者なのである。それを、父、娘、求婚者〔要求者〕と言い換えてもよいだろう。そして、この三幅対は、分有のセリーに沿って再生産されるがゆえに、また、要求者たちによる分有は、差異を現実態〔行為〕において表象＝再現前化しているいくつかの度とひとつの順序において遂行されるがゆえに、新プラトン主義者たちは、まさにつぎのような本質的な事態を見てとったのである。すなわち、〔プラトン的〕分割の目的は、〔ひとつの同一的な類に帰属する〕もろもろの種を横に〔並列的に〕区別してゆくことにあるのではなく、かえって、セリー状のひとつの弁証法〔問答法〕を打ち立てることにある、ということだ。セリー状の弁証法とは、深さのなかでの諸セリーあるいは諸系統（ゼウスI、ゼウスII、等々）[101]からなる弁証法であって、それは、選別的《セレクティフ》な根拠ならびに選択的《エレクティフ》な分有のもろもろの働きを示しているのである。ここから明らかになるのは、〈矛　盾《コントラディクシオン》〔反論〕〉は、根拠そのものによるテストを意味するどころか、反対に、分有の限界において、根拠づけられることのない要求の状態を表象＝再現前化しているということである。正しい要求者（最初に根拠づけられる者、よく根拠づけられる者、真正な者）が、それぞれの要求の様々な立場に即して分有を実現している競合者をもつとするなら、たとえば彼の育ての親とか、彼の補助者とか、彼の召使いとかいった競合者をもつとするなら、その正しい要求者はさらに、そのようなテストによって告発される彼の見せかけ《シミュラクル》、つまり彼の偽造物をもっているのである。プラトンによれば、まさにこうした見せかけ《シミュラクル》が、道化、ケンタウロスあるいはサテュロス[102]と呼ばれるような「ソフィスト」なのであって、このソフィストは、すべてを要求し、すべてを要求しながらけっして根拠づけられず、すべてに〈反論〔矛盾《コントルディール》〕〉することによっておのれ自身にも反論〔矛盾〕してしまうのである……。

ところで、根拠によるテストの本質的な内容は、正確には、どのようなものであろうか。神話《ミュートス》が、その答えをわたしたちに教えてくれる。すなわち、それはつねに、果たさなければならぬ責務、解かねばならぬ謎である、と。神託にたずねてみても、神託の答えは、それ自体、ひとつの問題なのである。〔プラトンにおける〕弁証法〔問答法〕はイロニーであるのだが、ただしこのイロニーは、問題および問いに関する技術である。イロニーの本領は、諸事物や諸存在を、残らず、隠されたいくつかの問いに対する答えとして、また、解かねばならぬいくつかの問題のための〔解の〕事例として取り扱うことにある。プラトンが、弁証法〔問答法〕を、「問題」によってことにあたる技術として定義していたのを思い起してみよう。わたしたちが、根拠づけの純粋な原理にまで至りつけるのは、すなわち、問題であるかぎりでの問題の真価を測り、問題に対応したもろもろの解を配分する原理にまで至りつけるのは、まさにそうした問題を通過することによってである。事実、『メノン』においては、解く前に理解しなければならない幾何学の問題が、しかも、その問題に対する想起者の理解の仕方にふさわしい解だけをもたなければならない幾何学の問題が提示され、さらに、そうした問題との連関においてのみ想起《アナムネーシス》が説明されるのである。[103] わたしたちは、今のところ、〈問題〉と〈問い〉という二つの審廷のあいだに設定すべき区別[104]を気にする必要はない。むしろ、プラトン的な弁証法〈問答法〉において、問題と問いの複合が、どのようにして或る本質的な役割を演じるのかということを考察すべきである——その本質的な役割は、のちに、たとえばヘーゲル的弁証法において否定的なものがもつことになるような役割に、重要性において比肩しうるものである。しかし、プラトンにおいてそうした役割を演じるのは、正確に言えば、否定的なものであるのではない。したがって、『ソピステス』の或る有名なテーゼ[105]は、或る種の曖昧さにつきまとわれているとはいえ、こんなふうに——すなわち、「非《ノン》-存在《エートル》〔～であるではない〕」という表現の「非《ノン》〔ではない〕」は、〈何か否定的なものとは別のもの〉を表現しているのだと——理解するべきではないかと、わたしたちは自問せざるをえないのである。この点に関して、伝統的な諸理論が犯している誤りは、つぎのようないかがわしい二者択一をわたしたちに押しつけてくるものである。すなわち、一方において、否定的なものを祓いのけようとするとき、存在は十全な定立的実在であると指摘できれば、わたしたちは満足を表明する、あるいは他方において逆に、否定を根拠づけようとするとき、存在のなかにあるいは存在との連関において、何らかの否《ノン》-存在《エートル》を定立できれば、わたしたちは満足する、のいずれかである〔わたしたちには、そのような否-存在は、必然的に、否定的なものの存在、あるいは否定の根拠であると思われる）。そのような二者択一は、したがってつぎのようにも言うことができる。つまり、否-存在は存在せず、否定はひとを錯覚させるものであり、根拠づけられていないものである、あるいは、或る種の否-存在が存在し、それが、否定的なものを存在のなかに据えて、否定を根拠づける、のいずれかである。けれどもおそらく、わたしたちは、〈或る種の非-存在が存在する〉と言うと同時に〈否定的なものはひとを錯覚させるものである〉と言えるだけのいくつかの理由をもっているのである。

問題と問いは、認識における不十分さの契機を示すような、欠如的、主観的な規定ではない。問題的な構造は諸対象の側に属しており、その構造のおかげで諸対象をしるし《シーニュ》として捉えることができる。まったく同様に、問いあるいは問題が実現される審廷は認識の側に属しており、その審廷のおかげで、認識の定立性、特殊性を、学ぶという行為のなかで捉えることができるのである。さらに掘り下げて言うなら、問題あるいは問いそのものの本質に「照応している《コレスポン》」のは、まさに《存在》である（プラトンは《イデア》と言っていた）。言わば、「開在性《ウヴエルチユール》」、「開口《ベアンス》」、存在論的な「襞《プリ》[106]〔凹部〕」があり、これが存在と問いを相互に関係させている。こうした関係においては、存在は、《差異》それ自身である。存在は、なるほど非-存在でもあるが、しかし非-存在は否定的なものの存在ではないのであって、むしろ、問題的なものの存在、問題と問いとの存在なのである。《差異》は、否定的なものではなく、反対に、非-存在[107]こそが、《差異》すなわち〈異《ヘテロン》 ἕτερον〉であって、〈反対《エナンティオン》 ἐναντίον〉ではないのである。そのようなわけで、〈非-存在〉はむしろ、〈(非)-存在〉と書きなおすべきであろうし、あるいはもっと適切なかたちでは、〈?-存在〉と書かれるべきだろう。このような意味において、esse《エッセ》〔～である、～がある、存在する〕という〔ラテン語の〕不定詞は、命題というよりは、命題がその答えになるとみなされるような問いかけ〔疑問文〕を示すことがある。そのような(非)-存在は、差異的＝微分的な《エレメント》であり、そこにこそ、多様な肯定としての肯定の発生の原理が見いだされるのである。否定について言うなら、それは、そうした高次の原理の影、すなわち、産出された肯定のかたわらにある差異の影法師でしかないのだ。わたしたちが(非)-存在と否定的なものとを混同するような場合には、矛盾が存在のなかに宿ることは避け難いのである。だが矛盾は、なんと言っても、みかけあるいは随伴現象であり、問題によって投影された錯覚であって、さらには、開かれたままの問いの影であり、あるがままに(つまりその問いに答えを与える前に)その問いに照応している存在の影である。矛盾はそうした意味ではすでに、プラトンにおけるいわゆる困難な問答《アポレティック》[108]の状態の一特徴にすぎないのではないだろうか。矛盾の彼岸に、差異が——否-存在の彼岸に、(非)-存在が、否定的なものの彼岸に、問題と問いがある。*

＊《ハイデガーにおける差異哲学への注》——『存在と時間』と『形而上学とは何か』の出版後に、ハイデガー哲学に対する誤読だとして、ハイデガー自身によって告発された主な誤解は、まさ

につぎの点に関わっていたように思われる。すなわち、ハイデガーの《非《ニヒト》〔ない〕》[109]は、存在における否定的なものを指し示しているのではなく、かえって、差異としての存在を指し示しているのであり、また、否定を指し示しているのではなく、むしろ問いを指し示しているのだという点である。サルトルが、『存在と無』の冒頭において〈問いかけ〉を分析したとき[110]、彼は、その分析を、否定的なものと否定性の発見のための予備作業として遂行したのである。これは、或る意味で、ハイデガーとは逆のやり方であった。しかしサルトルには、ハイデガーを注釈するつもりはなかったのだから、そうしたサルトルのやり方には、たしかに、いかなる誤解も存在していなかったのである。他方、メルロ゠ポンティは、『知覚の現象学』以来、〈サルトルにおける「孔」や「非存在の湖」[111]と対照させて〉、「襞」あるいは「褶曲」という言い方をしたとき——そして彼が、遺稿集『見えるものと見えないもの』のなかで、差異と問いとの存在論に回帰したとき——メルロ゠ポンティはおそらく、ハイデガー的着想に関してはサルトルよりも本物に近いものをもっていたのである。

ハイデガーにおける諸テーゼは、わたしたちには、以下のように要約してよいと思われる。1.〈非〔ない〕〉が表現しているのは、否定的なものではなく、存在と存在者のあいだの差異である。『根拠の本質について』、一九四九年、第三版に寄せた序文を参照。そこでは、「存在論的差異は、存在者と存在のあいだの〈非《ニヒト》〔ない〕〉である」と言われている[112]。〈さらに、『形而上学とは何か』、一九四三年、第四版における後書きを参照。「いかなる場合にもけっして存在者ではないもの〈存在〉が、あらゆる存在者から《おのれ》を異化させる《ディフェランシアン》ものとして露呈されるのではないか」〈『道標』辻村、ブッナー訳、創文社、三八六頁〉[113]。2.そのような差異は、語の通常の意味において、

「〜のあいだに」あるのではない。その差異は、《襞《プリ》》、つまり〈二つの側面からなる折り目 *Zwiefalt*〉である。[114] その差異は、存在の構成要因であり、また、「明るみ」と「隠蔽」の二重の運動において、存在が存在者を構成する様式の構成要因でもある。存在は、まことに、差異《ディフェランス》という異化させるもの《ディフェランシアン》〔(存在論的) 差異において (存在者から) 異なるもの〕である。そこにこそ、〈存在論的差異〉という表現が由来しているのである。『講演と論文』所収の『形而上学の超克』、仏訳、八九頁以下を参照。[115] 3. 存在論的差異は、問いに照応している。存在論的差異は、問いの存在であり、この問いが、存在者に関して規定されるいくつかの領域を画定しながら、もろもろの問題として展開されるのである。『道標』、一六五―一六七頁参照。4. 以上のように理解された差異は、表象＝再現前化の対象ではない。形而上学のエレメントとしての表象＝再現前化は、たとえ差異を、異なっているとみなされる二つの項 (存在と存在者) のあいだにある比較の中心としての第三項に帰着させるにすぎないとしても、やはり差異を同一性に従属させてしまうのである。ハイデガーは、形而上学的な表象＝再現前化に関するそのような観点が、『根拠の本質について』においてもなお現前していることを認めている (『道標』一六七―一六八頁を参照。そこでは、そうした第三項が、「現存在の超越」に見いだされている)。けれども形而上学には、それ自身における差異を考える力はないし、また、結び付けるのと同じ程度に切り離すもの (異化させるもの) の重要性を考える力もない。差異《ディフェランス》においては、総合も、媒介も、和解も存在せず、反対に異化《ディフェランシアシオン》への執着が存在する。形而上学の彼岸における「転回」[116]とは、そのようなことなのである。「存在それ自身が、おのれのうちに保持する存在と存在者の差異を、その真理において、明るくすることができるのは、そうした差異がおのれ自身を顕示するときだけである……」（『形而上学の超克』〔仏訳〕八九頁）[117]。この点に関しては、ベダ・アレマン『ヘルダーリンとハイデガー』（小磯仁訳、国文社）、二〇五―二一二頁、二一九―二二四頁、およびJean Beaufret, Introduction au *Poème de Parménide*, Presses Universitaires de France, pp. 45–55, 69–72を参照。5. したがって、差異は、《同一的《イダンティック》》なものあるいは《等しい《エガル》》ものに唯々諾々として従属することはなく、かえって、《同じ《メム》》もの〔自体〕のなかで、そして《同じ《メム》》ものとして考えられなければならない。〔ハイデガー〕『同一性と差異性』（大江精志郎訳、理想社）参照。さらに、『講演と論文』所収の『……詩人のごとく人間は住まう……』、仏訳、二三一頁、「同じもの〔自体〕le même, das selbe と等しいもの l'égal, das gleiche は、ぴったりと重なり合うわけではなく、それはちょうど、同じものと、たんに同一的であるもの le pur identique, das bloß Identische という空虚な一様性とが重なり合わないのと同様である。一切が等しいものにおいて互いに一致するために、その等しいものはつねに差異なきものに結びついている。反対に、同じものは、差異によって遂行された寄せ集め rassemblement, Versammlung から出発する異なるものの相互帰属なのである。同じものを語ることができるのは、差異が思考されるときだけである。……同じものは、諸差異を等しいもののなかへ解消してゆこうとする熱意を、つまり、つねに等しくするだけで他には何もしないような熱意を遠ざけるのである。同じものは、本来的な結合のなかへと異なるものを寄せ集める。反対に、等しいものは、たんに一様的な一《いち》なるものの色褪せた統一のなかへ追い散らすのである[118]。」

わたしたちは、差異と問いとの、すなわち存在論的差異と問いの存在との、以上のような「照応」を、根本的なものとみなしている。けれどもハイデガーは、彼の「無《ニヒツ》」という考え方によって、さらには、〈非－存在〉の〈非〉を括弧に入れる〔(非)とする〕かわりに存在に「×印をつける」ことによって、(119)彼自身もろもろの誤解を助長したのではないか、という疑問が提出されるだろう。それればかりでなく、本来的な差異を考え、その差異を媒介から奪い取るためには、《同じ》ものを《同一的》なものに対立させるだけで十分だろうか。何人かの注釈者たちが、フッサールにおいて、トマス・アクィナスのこだまを再び聞くことができたというのが本当であるとすれば、ハイデガーは、反対にドゥンス・スコトゥスの側に立っており、存在の《一義性》に新たなる光輝を与えているのである。しかし、一義的存在が差異についてのみ言われなければならず、そうした意味で、存在者にまといつかなければならないという事態をしつらえるような転換を、ハイデガーは遂行しているのだろうか。彼は、存在者が、表象＝再現前化の同一性に対するあらゆる従属を本当に免れるといったかたちで、存在者を構想しているのだろうか。ニーチェの永遠回帰に関するハイデガーの批判を検討してみると、どうもそのようには思えない。

***

差異の問題において決め手となるもの——見せかけ《シミュラクル》、見せかけ《シミュラクル》の抵抗

プラトン的弁証法〔問答法〕の四つの形態は、したがって、差異の選別、円環的神話の創設、土台の設定、《問い－問題》という複合体の定立、ということになる。しかし、差異は、それらの形態を通じて、またもや《同じ《メム》》ものあるいは《一》に帰着させられてしまう。なるほど、〈同じ《メム》 même〉ということは、概念一般の同一性と混同されてはならないだろう。同じ《メム》というのは、むしろ、〈ものそのもの《ショーズ・メム》〉であるもの《エタン》〔存在者〕としてのイデアの特徴を示しているからである。しかし、〈同じ《メム》〉ものが或る本当の根拠〔イデア〕の役割を演じるかぎり、その同じものがもたらす効果は、根拠づけられる者〔イデアを分有する者〕において同一的《イダンティック》なものを存在させることでしかなく、同一的なものを存在させるために差異を利用することでしかないのであって、それ以外にどのような効果があるのかは皆目わからないのである。実際のところ、同じものと同一的なものとの区別が成果を挙げるのは、《同じ》ものが、その同じものを異なるものに帰着させるような転換をこうむる場合だけであり、それと同時に、異なるものにおいて互いに区別される諸事物や諸存在が、以上に対応した仕方で、おのれの同一性の徹底的な破壊をこうむる場合だけである。このような条件のもとではじめて、差異はそれ自身において考えられるのであるが、表象＝再現前化はされず、媒介もされないのである。ところがプラトン哲学は、すみずみまで、「ものそのもの《ショーズ・メム》〔本物〕」ともろもろの見せかけ《シミュラクル》を区別しなければならないという考えによって支配されているのだ。プラトン哲学は、それ自身における差異を考えるかわりに、差異をすでに、根拠〔イデア〕に帰着させ、差異を同じものに従属させ、媒介を神話《ミュートス》のかたちで導き入れているのである。プラトン哲学の転倒の意味は、コピーに対するオリジナルの優位を否認すること、影像《イマージュ》に対する範型《モデル》の優位を否認することである。要するに、見せかけ《シミュラクル》と反映の君臨を賛美するということなのだ。ピエール・クロソウスキーは、先ほどわたしたちが引用した諸論文において〔第一章、原注18〕、まさしく以上の点をみごとに指摘している。すなわち、永遠回帰を厳密に理解するなら、永遠回帰は、〈もの〉はいずれも還帰することによってでしか存在しないということを意味し、〈もの〉はそれぞれ、背後にオリジナルも起源さえも控えていない無数のコピーをコピーしているものであるということを意味するのである。だからこそ、永遠回帰は、「パロディー的」だと言われるのだ。[120] 永遠回帰は、それが存在させ（そして還帰させる）ものを、見せかけ《シミュラクル》であるもの〔存在者《エタン》〕として性質づける。[21] 永遠回帰が《存在》（非定形なもの）の力《ピュイサンス》であるとき、見せかけ《シミュラクル》は、存在するもの――「存在者《エタン》」――の真の特徴あるいは形式になる。諸事物の同一性が崩潰するとき、存在は逃げだして一義性へと至りつき、異なるもののまわりを回り始める。存在するつまり還帰するものは、先行的な既成の同一性をまったくもっていない。〈もの〉は、その〈もの〉を八ツ裂キにする差異へ追いやられ、さらにはこの差異のなかに巻き込まれているすべての差異へと追いやられて、それらの差異を通過してゆくのである。まさしくそうした意味において、見せかけ《シミュラクル》は、象徴そのもの、すなわち、おのれ自身の反復の諸条件を内に秘めているかぎりでのしるし《シーニュ》である。見せかけ《シミュラクル》は、その見せかけ《シミュラクル》によって範型《モデル》の地位から引きずり降ろされる〈もの〉〔本物〕のなかに、構成を遂行する齟齬を捉えてしまったのだ。わたしたちがすでに見たように、永遠回帰の責務が、中間的な諸形式と最高の諸形式〔形相〕のあいだの本性上の差異を確立することだとすれば、さらに、永遠回帰の中間的なあるいは穏健な定立（部分的な諸循環、または、種ニオイテ、近似的な全体的回帰）と、永遠回帰の厳密なあるいは定言的な定立とのあいだには、やはり本性上の差異が存在するのである。なぜなら、永遠回帰は、そのすべての力《ピュイサンス》において肯定されるとき、〈土台－根拠〉のいかなる創設も許しはせず、反対に、本源的なものと派生的なものとのあいだに、つまり〈もの〉〔本物〕と見せかけ《シミュラクル》とのあいだに差異を置くような審廷としてのあらゆる根拠を、破壊し、呑み込んでしまうからである。永遠回帰は、わたしたちを、普遍的な脱根拠化[121]に直面させるのだ。「脱根拠化《エフォンドマン》」という言葉によって理解しなければならないのは、まさに永遠回帰を構成する媒介されていない基底《フォン》の自由であり、他のあらゆる基底《フォン》の背後に控える或るひとつの基底《フォン》の発見であり、無底《サン・フォン》と根拠づけられていない《ノン・フォンデ》ものとの関係であり、非定形なものおよび最高の形相に関する直接的な反省である。あらゆる〈もの〉は、動物であろうと存在であろうと、〔永遠回帰においては〕見せかけ《シミュラクル》の状態にもたらされる。してみると、洞窟の外に出たままになってはいず、むしろ彼方にある別の洞窟を、つまりおのれの姿を隠すべき洞窟を必ずや見いだすはずの永遠回帰の思索者は、当然のことながら、存在するすべてのものの最高の形相をみずから背負っていると語ることができるのであって、それはちょうど、かの詩人〔ランボー〕が、「人間性を、もろもろの動物そのものを背負って[122]」いるのと同様な事態なのである。それらの言葉そのものが、幾重にも重なりあった洞窟のなかでこだましているのだ。そして、当初わたしたちには怪物を構成するように見えていた残酷はまた、贖罪しなければならないようにも見えていたし、表象＝再現前化の媒介によってでしか鎮められえないようにも見えていたのだが、いまやわたしたちには、その残酷は、《イデア》を、すなわち、転倒したプラトン哲学における差異の純粋な概念を、つまり、この上なく無辜なるものを、無辜の状態とそのこだまを形成しているように思われるのである。

プラトンこそ、弁証法〔問答法〕の至高の目的を定めたのである——すなわち、差異をつくる〔差をつける〕こと。ただしこの差異は、〈もの〉〔本物〕ともろもろの見せかけ《シミュラクル》とのあいだに、範型《モデル》ともろもろの似像《コピー》とのあいだにあるわけではない。〈もの〉は見せかけ《シミュラクル》そのものであり、見せかけ《シミュラクル》は、最高の形相である。だが、永遠回帰の一貫性においておのれ自身の見せかけ《シミュラクル》に達することが、そしておのれのしるし《シーニュ》の状態に達することが、いずれの〈もの〉にとってもまさに難しいのである。プラトンは、永遠回帰をカオスに対置していたとき、たとえば、扱いにくい材料を曲げる仕事に携わっているデミウルゴス〔宇宙製作者〕の活動において見うけられるように[123]、あたかもカオスが、ひとつの秩序あるいはひとつの法則を外部から受けとらざるをえないような矛盾した状態であるかのように考えていた。プラトンは、ソフィストを、矛盾に、恣意的に考えられたそのようなカオスの状態に、すなわち、分有の最低の力＝累乗《ピュイサンス》に、つまり一番あとに位置する分有の度に追い返していた。けれども実際、n乗は、2乗や3乗や4乗を通過することなく、最高度のものを構成するために直接肯定されるのである。n乗は、カオスそのものについて肯定されるのだ。そしてニーチェの言うように、カオスと永遠回帰は、二つの異なるものなのではない。ソフィストなる者は、矛盾の存在（あるいは否‐存在）ではなく、一切のものを見せかけ《シミュラクル》の状態にもたらし、そして一切のものをその状態のなかで担うのである。プラトンは、イロニーを、そうしたところにまで——そのようなパロディーにまで——追い詰めるべきではなかったのか。プラトンは、最初にプラトン哲学を転倒させる者、少なくとも最初にそのような転倒の方向を示す者であるべきではなかったのか。『ソピステス』のあの壮麗な結末を思い起してみよう。差異は置き換えられ、分割はおのれ自身に敵対し、逆に機能し、そして、（空想、影、反映、絵画といった）見せかけ《シミュラクル》を深く究めることによって、その見せかけ《シミュラクル》がオリジナルあるいは範型《モデル》から区別できないということを証明しているのである。エレアからの客人は、ソクラテス自身から自分を区別することのもはやできないソフィストに関するひとつの定義を提出している——すなわち、短い議論（問いと問題）によってことにあたる皮肉屋《イロニック》の物真似師という定義である。[124]さてこうなると、差異のそれぞれの契機は、おのれの真の形態、すなわち選別、反復、脱根拠化、〈問い‐問題〉という複合を発見しなければならない。

　わたしたちは、表象＝再現前化を、それとは別の本性をもつ形成作用に対置してきた。表象＝再現前化の基本的な諸概念は、可能な経験の諸条件として定義されるもろもろのカテゴリーである。しかし、このようなカテゴリーは、現実的《レエル》なものに対しては、あまりにも一般的であり、ゆるすぎるのである。網の目は粗すぎて、どれほど大きな魚でも通り抜けてしまう。だから、エステティック esthétique が、もはや他へは還元できない二つの領域に分裂するのも、何ら驚くべきことではない。すなわち、その一方は、現実的なものに関して可能な経験に合致するものしか保持しえないような、感覚されうるものについての理論としての感性論《エステティック》であり、他方は、現実的なものの現実性《レアリテ》を、それが反映する〔映り出る〕かぎりにおいて取り込むような、美についての理論としての美学《エステティック》である。[25]だが、条件づけられるものよりもゆるくはなく、そしてそれらのカテゴリーとは本性上異なっている、現実的な経験の諸条件をわたしたちが規定するとき、事態はすべて変わるのだ。エステティックの二つの意味は混じり合い、ついには感覚されうるものの存在が芸術作品のなかで開示され、同時に芸術作品が実験として現われるようになる。なぜ表象＝再現前化が非難されるのかと言うなら、それは、見られる〈もの〉と見る〈主体〉との二重の関係のもとで、同一性の形式を保ち続けているからである。同一性は、構成要素的なひとつひとつの表象＝再現前化においても、無限な表象＝再現前化そのものの全体においても、等しく保存されているのである。〔ライプニッツにおけるように〕無限な表象は、いくら視点を増やし、それらの視点をいくつものセリーとして組織したところで、それらセリーはやはり、ひとつの同じ対象に、ひとつの同じ世界に収束するという条件に従っている。〔ヘーゲルにおけるように〕無限な表象は、いくら

〔意識の〕形態と契機を増やし、それらをいくつもの自己運動する円環として組織したところで、それらの円環は、意識という大きな円環の中心たるただひとつの中心しかもっていない。反対に、現代の芸術作品が、置換を遂行してゆくそのセリーと循環的なその構造を展開している今、まさに表象＝再現前化の放棄に至るひとつの道が、その芸術作品によって哲学に指し示されているのだ。遠近法主義を遂行するために、パースペクティヴをいくら増やしたところで十分ではない。十分な意味をそなえた自律的なひとつの作品が、パースペクティヴのそれぞれにあるいは視点のそれぞれに対応するということが必要なのである。重要なことは、諸セリーの発散、諸円環の脱中心化であり、「怪物」なのである。そうであればこそ、諸円環の総体および諸セリーの総体は、脱根拠化された非定形のカオスであって、このカオスの「法則」は、発散し脱中心化するものの展開におけるおのれ自身の反復、おのれ自身の再生産にほかならないのである。そうした〔現実的な経験の〕諸条件が、すでにマラルメの《書物》あるいはジョイスの『フィネガンズ・ウェイク』という作品のなかで――つまり、本性上問題的《プロブレマティック》な作品のなかで――どのように実現されていたのかは周知のところである。[22] そこでは、読まれる〈もの〉の同一性が、秘教的な言葉によって定義された発散するセリーのなかで現実的《レエルマン》に崩潰しているとすれば、読む〈主体〉は、可能なマルチ読解の脱中心化された諸円環のなかでやはり崩潰しているのである。だからといって、どのセリーも他のセリーの回帰によってのみ存在する以上、何も失われはしないのである。すべては見せかけ《シミュラクル》へと生成したのだ。それというのも、わたしたちは、見せかけ《シミュラクル》という言葉によって、たんなるイミテーションではなく、むしろ範型《モデル》つまり特権的な地位という考えそのものが或る行為によって異議を唱えられ、転倒されるようなまさにその行為《アクト》〔現実態〕を理解しなければならないからである。見せかけ《シミュラクル》とは、即自的な差異を含む審廷である。それはたとえば、（少なくとも）二つの発散するセリーであり、そこでは当の見せかけ《シミュラクル》が遊び戯れ、あらゆる類似は廃止され、したがってオリジナルとコピーの存在をそれとして示すことができなくなるのである。さて、以上のような方向でこそ、もはや可能な経験の諸条件ではなく、現実的な経験（選別、反復、等々……）の諸条件を探究しなければならない。そこにおいてこそ、わたしたちは、下《スユブ》－表象《ルプレザンタティフ》的な領域が有する生きられた現実性《レアリテ》を見いだすからである。表象《ルプレザンタシオン》＝再現前化が同一性をエレメントとし、似ているものを測定単位としているということが真実であるとすれば、見せかけ《シミュラクル》のなかに現われるような純然たる現前《プレザンス》は、「齟齬をきたす」ものを測定単位とし、したがって必然的に、差異の差異を直接的なエレメントとしているのである。

第二章　それ自身へ向かう反復

反復、それは、何かが変えられること

反復は、反復する対象に、何の変化ももたらさないが、その反復を観照する精神には、何らかの変化をもたらす。①ヒュームのこの有名なテーゼは、わたしたちを問題の核心に連れてゆく。反復には、権利上、提示〔現前化〕される個々のものはそれぞれ完全に独立しているという意味が含まれている以上、どうして反復は、反復する事例や要素に何らかの変化をもたらすことがあろうか。反復における不連続性と瞬間性の規則を定式化するなら、それは、〈一方が消えてしまわなければ、他方は現われない〉と表現することができる。瞬間的精神としての物質の状態がその一例である。他方、反復はできあがるそばから壊れてゆくものである以上、どうして「二番目のもの」、「三番目のもの」、また「それは同じものだ」という言い方ができようか。反復は、即自を有していない。そのかわり、反復は、その反復を観照する精神になんらかの変化をもたらすのである。そのようなところにこそ、変化の本質がある。ヒュームは、たとえとして、〈AB、

ＡＢ、ＡＢ、Ａ……〉というタイプの事例の反復をとりあげている。どの事例も、つまりどの客観的なシークエンス〈ＡＢ〉も、ほかの〈ＡＢ〉から独立している。反復は、（ただし正確には、ここではまだ反復とは言えないのだが）、対象すなわち〈ＡＢ〉という事態に、何の変化ももたらさない。そのかわり、観照する精神のなかに、ひとつの変化が生じる。つまり、ひとつの差異が、つまり何か新しいものが、精神のなかに生じるのである。Ａが現われると、いまや私はＢの出現を期待する。こうした私の期待は、反復の構成に必ずや関与せざるをえない或る根源的な主観性としての、反復の対自なのであろうか。反復のパラドックスとは、反復を語るためには、反復を観照する精神のなかにその反復が導き入れる差異つまり変化によるほかはない、すなわち、精神が反復から抜き取る差異によるほかはない、ということではないだろうか。

時間の第一の総合——生ける現在

　そのような変化の本質は、どこにあるのだろうか。ヒュームは、互いに独立した同じ諸事例あるいは似ている諸事例は、想像力のなかで融合される、と説明している。この場合、想像力はひとつの縮約[3]の能力として、言わば感光板として定義される。想像力は、新しいものが現われてきても、以前のものを保持している。想像力は、諸事例や、諸要素や、もろもろの振動や、いくつもの等質な瞬間を縮約し、それらを融合して、或る種の重みをもった内的な質的印象をつくるのである。〈Ａ〉が現われると、わたしたちは、縮約されたすべての〈ＡＢ〉の質的印象に応じた力で、Ｂを期待するのである。こうした縮約は、絶対に、記憶ではないし、また知性の働きでもない。つまりこの縮約は、反省ではないのだ。この縮約は、厳密に言えば、時間の総合を形成するものである。瞬間の継起は、時間をつくりあげはしない。それどころか、時間を壊してしまう。瞬間の継起は、時間が生まれようとしてはつねに流産してしまう点を示しているだけである。時間は、瞬間の反復に関わる根源的総合のうちでしか、構成されない。根源的総合は、互いに独立した継起的な諸瞬間を累積的に縮約してゆくのである。このようにして、根源的総合は、生きられた〔体験された〕現在を、あるいは生ける現在を構成する。そして時間が展開されるのは、まさにその現在においてである。過去も未来も、まさしくその現在に属している。すなわち、過去は、先行する諸瞬間がそうした縮約のなかで把持されるかぎりにおいて、現在に属し、未来は、期待がその同じ縮約のなかで先取りを遂行するがゆえに、現在に属しているのである。過去と未来は、現在として前提された瞬間から区別された〔二つの〕瞬間を意味しているのではなく、もろもろの瞬間を縮約しているかぎりでの現在そのものに属する〔二つの〕次元を意味しているのである。こうした現在は、過去から未来へ進むために、おのれ自身から抜け出る必要はない。したがって生ける現在は、おのれが時間において構成する過去から未来へ、それゆえにまさしく、個別的なものから、一般的なものへ進むのである。換言すれば、生ける現在が縮約のなかに包み込んでいるもろもろの個別的なものから、その同じ現在がおのれの期待という場のなかで展開する一般的なものへ進むのである〈精神のなかに産みだされた差異〔変化、新しいもの〕は、未来に関する生ける規則を形成するかぎりにおいて、一般性そのものである〉。こうした総合は、どこから見ても、受動的総合と名付けるほかはないものである。この総合は、構成を遂行するからといって、能動的であるわけではない。この総合は、精神によってつくりだされるのではない。それは、観照する精神のなかで、どのような記憶にもどのような反復にも先立って、できあがってくるのだ。なるほど時間は主観的なものであるが、しかしそれは、或る受動的主観の主観性なのである。この受動的総合、つまり縮約は、その本質からして非対称的である。すなわち、この総合は、現在のなかで過去から未来へ進み、したがって個別的なものから一般的なものへ進むのであり、そのことによって、時間の矢を方向づけるのである。(4)

わたしたちは、対象における反復を考察する場合には、反復の理念を可能にする諸条件のはるか手前にとどまることになるだろう。しかし、主観における変化を考察する場合には、わたしたちは、すでにそれらの条件を通り越してしまい、差異の一般的な形式に直面するのである。それゆえ、反復の理念的構成は、それら二つの限界のあいだでの、一種の相互遡及的な運動を巻き込んでいるのである。そのような構成は、それら二つの限界のあいだで織りあげられるのだ。想像力のなかで縮約されたつまり融合された諸事例は、記憶もしくは知性においてはそれでもなお区別されている、ということをヒュームが指摘するとき、彼が深く分析しているのは、まさにそうした運動なのである。だからといって、一方の事例が消えなければ他方の事例を産み出さないといった物質の状態に立ち返っているわけではない。そうではなく、記憶は、想像力における質的印象から出発して、個別的な諸事例を、記憶に固有の「時間の空間」のなかで保存しつつ、それらの事例を相互に区別されるものとして再構成するということなのである。そうなると、過去はもはや、〔根源的総合における〕過去把持による直接的な過去ではなくなり、表象＝再現前化における反省的過去、言い換えれば、反省され再生産された個別性になる。これと相関して、未来も先取りによる直接的な未来ではなくなり、予想における反省的未来、換言すれば、知性における反省された一般性になる（知性は、想像力における期待を、観察または想起された相互に区別のある類似した諸事例の数と釣り合わせるのである）。すなわち、記憶と知性の能動的総合は、想像力の受動的総合に重なって、それに依拠するということである。反復の構成は、すでに三つの審廷を含意している。まず、それ反復を思考されえないままにしておく即自、つまり反復ができあがるそばからそれを壊してゆく即自。つぎに、受動的総合における対自。さらに、この受動的総合に基づきながらも、能動的総合において反省された、「対われわれ」の表象＝再現前化。連合主義は、無二の繊細さをもっている。ベルクソンが、連合主義の場合と似たような問題にぶつかったとき、いちはやくヒュームの諸分析を取り戻しているのは、なんら驚くべきことではない。すなわち、四時の鐘が鳴っている[5]。……まず、どの一打も、どの振動あるいは刺激も、論理的には互いに独立であり、瞬間的精神である。しかし、〈われわれ〉

は、いかなる記憶内容あるいは判明な計算にも関わりなく、持続の本質としての生ける現在つまり受動的総合において、それら四つの音を縮約してひとつの内的な質的印象に仕立てあげる。さらに〈われわれ〉は、それら四つの音を、或る補助的な空間のなかに、すなわち或る派生的な時間のなかに置き直す。そしてこのなかで、〈われわれ〉は、それらを再生したり、反省したり、それらをことごとく量化可能な〈外的－印象〉とみなして数えあげたりすることができるのである。[1]

なるほどベルクソンのたとえは、ヒュームのそれと同じではない。ベルクソンのたとえが指し示しているのは、閉じられた反復であり、ヒュームのたとえが指し示しているのは、開かれた反復である。さらに、前者が指し示しているのは、A、A、A、A、（チック、チック、チック、チック）というタイプの要素の反復であり、後者が指し示しているのは、AB、AB、AB、A……（チックタック、チックタック、チックタック、チック……）というタイプの事例の反復である。後者の形式は、前者の形式から、おもに以下の点で区別される。すなわち、後者の形式に関しては、差異は、〔未来として〕諸要素の縮約一般のなかに現われるだけでなく、さらに、〔チックとタックの差異として〕それぞれの個別的な事例のなかにも、すなわち、対立関係によって規定され結び付けられた二つの要素のあいだにも存在しているという点である。この場合、対立の機能は、要素的な反復を権利上限定するということ、要素的な反復をもっとも単純なグループに即して閉じるということ、要素的な反復を二者からなる最小のものへと還元する

〈タックはチックの裏返しになる〉ということにある。したがって、差異は、一般性の最初の形態を捨てるように見え、反復する個別的なもののなかに〔チックとタックの差異として〕配分されるのだが、しかしそれは、新たな生ける一般性を惹起するためなのである。反復は、「事例」〔チックタック〕のなかに閉じ込められ、二つ一組のものへと還元されてはいるが、しかし、事例そのものの反復にほかならぬひとつの新たな無限が開かれるのである。それゆえ、事例〔チックタック〕のあらゆる反復は本性上開いており、要素〔チック〕のあらゆる反復は本性上閉じている、と考えるのは誤りであろう。〔ヒュームにおける〕事例の反復は、諸要素〔チックとタック〕間の二項対立が閉じられないことには開かれないし、逆に、〔ベルクソンにおける〕要素の反復は、その反復自身が全体として、〈新たに〉対立する二つの要素のうちの一方の役割をそこで果たすようになる当の事例的構造を指し示すことによってでなければ閉じられないのである。たとえば、四が四つの打つ音に対するひとつの一般性であるだけでなく、「四時」が、〈四時三十分前〉あるいは〈四時三十分過ぎ〉というかたちで二元的になり、さらに、知覚的世界の地平においては、夕方の四時が朝の四時の裏返しになるというかたちで二元的になる。〔ヒュームとベルクソンにおける〕二つの形式の反復は、つねに、受動的総合のなかで相互に指し示しあう。すなわち、事例の反復は、要素の反復を前提にしており、要素の反復は、必然的におのれを越え出て事例の反復へ向かってゆくのである〈そうしたところに、チックチックを、チックタックのように感じるという受動的総合の自然的傾向が由来している)。

ハビトゥス、受動的総合、縮約、観照

そのようなわけで、二つの形式〔の反復〕の区別よりも、一方の形式と他方の形式が互いに影響しあい組み合わされている諸水準の区別の方が、はるかに重要になる。ヒュームの例においてもベルクソンの例においても、わたしたちは、感性的な総合および知覚的な総合の水準に身を置くことになる。感覚された質は、要素的な刺激の縮約と混じり合っているが、他方、知覚された対象はそれ自身、ひとつの質〔要素〕が他の質から読み取られるといった事例の縮約を巻き込んでおり、また、少なくとも志向的部分である質と対象形式とが対をなしているような構造を巻き込んでいる。さらに、知覚的総合はそれぞれ、構成する受動性のレヴェルにおいて有機的な総合を指し示しており、同様に、諸感官の感性は、わたしたちがそれであるところの原初的な感性を指し示している。わたしたちは、水、土、光、空気を再認し表象＝再現前化する前に、しかも、それらを感覚する前にさえ、縮約された水であり、土であり、光であり、空気である。あらゆる有機体は、その受容的なエレメントにおいても知覚的なエレメントにおいても、またそればかりでなく、その内臓においても、縮約の、過去把持の、そして期待の総和なのである。まさにこうした生命の原初的感性の水準でこそ、生きられた現在が、時間においてすでにひとつの過去とひとつの未来を構成しているのである。そのような未来は、期

待の有機的な形式としての欲求のなかに現われ、過去把持によるそのような過去は、細胞レヴェルでの遺伝のなかに現われる。しかも、それらの有機的な〔時間の〕総合は、その上に築き上げられた知覚の総合と組み合わせられることによって、〈精神－有機的〉な記憶と知能（本能と学習）における能動的な総合のなかで再び展開されるのである。したがってわたしたちは、受動的総合に関連してもろもろの反復形式を区別する必要があるばかりでなく、さらに受動的総合の諸水準を区別し、それら水準相互のもろもろの組み合わせを区別し、それらの水準と能動的総合とのもろもろの組み合わせを区別する必要がある。それら一切が、しるし《シーニュ》の豊饒な領域を形成しているのであり、この領域こそが、異質なものをそのつど包み込みながら行動を活気づけているのである。というのも、それぞれの縮約、それぞれの受動的総合が、ひとつのしるし《シーニュ》を構成しており、そしてこのしるし《シーニュ》が、もろもろの能動的総合のなかで解釈あるいは開示されるからである。動物が水の現前をいくつかのしるし《シーニュ》によって「感覚する」とき、それらのしるし《シーニュ》は、のどが渇いたその動物の有機的組織に欠けているエレメントとは似ても似つかぬものである。感覚、知覚、さらにまた欲求と遺伝、学習と本能、知能と記憶といったものが反復を分有する仕方の本領は、それらのケースごとに、もろもろの反復形式の組み合わせによって、またそれらの組み合わせがそこで仕上げられるその諸水準によって、またそれらの水準の相関関係によって、さらに能動的総合と受動的総合の相互干渉によって、測定されるのである。

わたしたちが有機的なものにまで拡張しなければならなかったそのような領域の全体において、重要な点はどこにあるのだろうか。ヒュームはそれに答えて、まさに習慣の問題が重要であると述べている。けれども、ベルクソンにおける時計の〔四つの〕音の場合でも、ヒュームの因果的な〔チックタックという〕シークエンスの場合でも、わたしたちは、事実、習慣の神秘にきわめて近づいていると感じているにもかかわらず、「習慣的に」習慣と呼ばれているものについては、何も認識していないのである。これはいったい、どのように説明すればよいのだろうか。その〔何も認識していないことの〕理由は、おそらく、心理学にひそむ錯覚に求めなければなるまい。能動性〔行動〕が、心理学の物神《フエティッシユ》になってしまっているのだ。〔行動主義的〕心理学は、内観に対して度をこした恐怖を抱いているため、動くものしか観察しようとしないのである。心理学は、ひとは習慣をどのようにして身につけるのかと問う。しかし、そうであればこそ、ひとが習慣を身につけるのは、行動することによってであるのか……あるいは反対に観照することによってであるのか、と前もって問わないかぎり、学習《ラーニング》に関する研究は、歪められてしまうおそれがある。心理学は、自我というものはおのれ自身を観照することができないということを、既得の真理とみなしている。しかし、そのようなことが、問いの対象になるのではない。むしろ、自我は〈それ自身が〉ひとつの観照の働きではないのか、自我は〈それ自身において〉ひとつの観照の働きではないのか——そして、ひとは、観照以外の仕方で、学習したり、行動を形成したり、自己自身を形成したりすることができるのか、と問わなければならないのである。

　習慣は、反復から、何か新しいもの、すなわち（最初は一般性として定立される）差異を抜き取る。習慣は、その本質においてcontraction《コントラクシオン》〔コントラクテすること〕である。習慣をつける《コントラクテ》という〔慣用的な〕言葉遣いがなされたり、ハビトゥス[6]〔習性〕を構成しうる目的語とだけ「contracter《コントラクテ》」という動詞が用いられたりする場合に、そうしたことがよく示されている。だが、心臓は、拡張するときはもとより、収縮する《コントラクテ》ときにも、習慣をもっていない（あるいは習慣ではない）、という反論があるだろう。けれども、そのような反論があるのは、まったく異なった二つの種類のコントラクシオンを混同しているからである。まず、コントラクシオン〔収縮〕は、二つの作用的な諸要素の一方、すなわち、〈チックタック……〉というタイプのセリーにおける対立した二つの拍子の一方〔チック〕を指しており、他方の要素〔タック〕は、弛緩あるいは拡張になっている。しかしさらに、コントラクシオン〔縮約〕は、或る観照的な心における継起的なもろもろの〈チックタック〉の融合をも指している。そのような融合が受動的総合なのであって、これは、生きるというわたしたちの習慣を、すなわち、「それ」が続いてゆくというわたしたちの期待を、あるいは、二つの要素の一方が他方に続いて生じるというわたしたちの期待を構成し、そのようにして、わたしたちの事例の永続を保証するものである。したがって、わたしたちが習慣とはコントラクシオンであると語るとき、わたしたちが言わんとしているのは、反復の要素を形成するためにひとつの瞬間的作用〔弛緩）と組み合わせになるもうひとつの瞬間的作用〔収縮〕のことではなく、観照する精神におけるそのような反復の融合のことなのである。心を、心臓に、筋肉に、神経に、細胞に帰さなければならないのである。がしかし、この場合の心とは、その役割がひたすら習慣をつける《コントラクテ》ということにあるような観照的な心である。そこには、野蛮な、あるいは神秘的な仮説はまったく存在しない。それどころか反対に、習慣が、そこでおのれのまったき一般性を顕示するのであって、その一般性は、たんに、わたしたちが（心理的に）有している感覚運動的な習慣に関わっているだけでなく、むしろまっさきに、わたしたちがそれであるような原初的な習慣に、すなわち、わたしたちを有機的に構成している幾多の受動的総合に関わっているのである。〔反復する事例を〕縮約《コントラクテ》することによってこそ、わたしたちは習慣であるのだが、しかしそれと同時にまた、観照することによってこそ、わたしたちは縮約《コントラクテ》するのである。わたしたちは観照であり、わたしたちは想像力であり、わたしたちは一般性であり、わたしたちは要求であり、わたしたちは満足であるのだ。なぜなら、要求という現象は、それもまた縮 約《コントラクシオン》を遂行する観照にほかならないのであって、この観照を通じてはじめて、わたしたちは、自分が縮約《コントラクテ》するものに基づく自分の権利と期待を肯定するのであり、また、観照する者であるかぎりでの自分自身に対する満足を肯定するのである。なるほどわたしたちは、自分自身を観照するのではないが、しかしわたしたちは、わたしたちがそこから生まれてくる当のものを縮約《コントラクテ》することによってでしか、存在しないのである。快感《プレジール》はそれ自体、ひとつの縮 約《コントラクシオン》、ひとつの緊張であるのか、あるいは、快楽は、つねにひとつの弛緩のプロセスに結びつけられているのか、という問いの立て方は、正しくない。たしかに快感のエレメントとして、刺激の弛緩と縮約《コントラクシオン》との作用的な継起が挙げられるだろう。けれども、そうした問いは、つぎのような問いとはまったく異なっているのである——すなわち、なぜ快感は、たんにわたしたちの心的生活における一要素あるいは一事例であるのではなく、すべての事例にわたってわたしたちの心的生活を絶対的に支配しているひとつの原則なのだろうか、という問いである。快感とは、〔おのれをイマージュで〕満たすひとつの観照によってもたらされる感動であり、この観照それ自身のうちに、弛緩と縮約《コントラクシオン》の事例が縮約《コントラクテ》されているのである。受動的総合という至福が存在するのだ。わたしたちは、自分自身とはまったく別のものを観照するにせよ、とにかく観照を遂行することで快感を覚え（自己満足）、そしてこの快感のゆえにこそわたしたちはみな、ナルシスなのである。観照の対象から引き出す《ティレ》快感のゆえにわたしたちはナルシスであるにせよ、わたしたちが観照するその対象からすれば、わたしたちはつねにアクタイオンなのである。観照するということ、それは抜き取る《スティレ》ことである。おのれを自己自身のイマージュで満たすために、まずはじめに観照しなければならないものは、つねに自己とは別のもの、すなわち、水、ディアナ、あるいは森である。[7]

　習慣の連続性以外の連続性は存在しないということ、そしてわたしたちは、わたしたちの構成要素的な無数の習慣の連続性よりほかにいかなる連続性も有していず、こうした無数の習慣がことごとく、わたしたちにおいて、盲信的な自我や観照的な自我とか、要求者や満足といったものを形成するということ、このようなことを、サミュエル・バトラーより巧みに述べることができた者はだれもいない。「というのも、野の麦それ自身が、自分の生存に関するかぎり、盲信を基盤として自分を成長させ、そして、自分自身の遂行能力に対して〈傲慢な《プレゾンプテュウ》〉自信をもつことによって、はじめて土と湿り気を小麦に変えてしまうからであって、そのような自信あるいは自己自身への信仰ときたら、それがなければおのれが無力になってしまうほどのものなのである。」[2] 経験論者のみが、幸いにも、敢えてそうした言い方をしてみせることができる。小麦と呼ばれる土と湿り気の縮約《コントラクシオン》が存在するのであって、この縮約がひとつの観照なのであり、この観照が自己満足なのである。野の百合は、それがただ存在するというだけで、天、女神たち、そして神々の、すなわちみずからが縮約しつつ観照する諸要素の栄光を歌いあげるのだ。反復の諸要素と諸事例から、また観照され縮約された水、窒素、炭素、塩化物、硫酸塩からできていないような、したがっておのれを構成しているすべての習慣を絡み合わせていないような、そのような有機体が何か存在するだろうか。有機体は、〈一切は観照である！〉という『エネアデス』第三論集における崇高な言葉のもとで目覚めるのである。なるほど、岩山と森、そして、獣と人間でさえも、アクタイオンと鹿、そしてナルシスと花でさえも、さらにわたしたちの行動と欲求でさえも、それらすべては観照であると語ることは、おそらくひとつの「イロニー」であろう。だがイロニーは、それはそれでまたひとつの観照であり、観照以外の何ものでもないのだ……。プロティノスはこう語っている——わたしたちは、わたしたちがそこから生まれてくる当のものを観照するために、それへ向かって振り向くことによって、はじめて自分自身のイマージュを規定し、そのイマージュを享受するのである(8)。

習慣の問題

習慣が反復から独立しているということの理由を数多く挙げるのは容易である。行動するということは、組み立てられつつある行動においても、組み立てられ終えた行動においても、けっして反復することではないからである。行動はむしろ、いかにして個別的なものを変項としてもち、一般性をエレメントとしてもつのかということは、すでにわたしたちの見たところである。しかし、たしかに一般性は反復とはまったく別のことであるにせよ、それでもなお一般性は、反復を、その一般性がそこで構築される隠れた基盤として指し示しているのである。行動の構成は、一般性のレヴェルにおいても、それに対応した諸変項の場においても、反復の諸要素の縮約によって実現されるほかはないのである。ただし、この縮約は、それ自体において遂行されるのではなく、観照し、そして行動者を裏打ちしている自我のなかで遂行されるのである。しかも、もろもろの行動を統合してより複雑なひとつの行動にまとめあげるためには、それら原初的な諸行動の方が、ひとつの「事例」において、反復の諸要素の役割を演じなければならず、それも必ず、構成された行動の主体の根底にひそむ観照的な魂に対してそうした役割を演じなければならないのである。行動する自我の下に、観照し、しかも行動と行動的主体とを可能にするいくつもの微小な自我が存在する。わたしたちは、わたしたちのうちで観照を行う数多くの目撃者を通じてのみ、「自我」と言うのであって、自我を口にするのは、つねに第三者なのである。迷路を走るネズミのなかにも、そのネズミの筋肉のひとつひとつのなかにも、そのようないくつもの観照的な心が置かれているのでなければならない。ところが、観照は行動のいかなる瞬間にも現われることはないので、また観照はいつでも奥に引っ込んでいるので、しかも(たとえ何かが、それもまったく新しい何かが、観照においてつくられるにせよ)観照が何かを「つくる」わけではないので、観照を忘れることは容易であり、また、反復への準拠は、観照的な魂に対する刺激ならびに反応の関係のなかにしか現われないので、反復への準拠を直接考慮せずに刺激と反応の完全なプロセスを解釈することも容易なのである。

反復から何か新しいものを抽出すること、反復から差異を抜き取ることは、多様で細分化された状態において観照をなす精神たる想像力の役割である。そればかりでなく、反復はその本質からして想像的なものなのであって、それというのも、ひとり想像力のみが、この場合、〔行動の〕構成の観点から反復力 *vis repetitiva* という「契機」を形成し、おのれが縮約するものを、反復の要素あるいは事例として存在させるからである。想像的な反復は、真の反復の不在を補うことになるような贋の反復なのではない。真の反復とは、想像力に属する反復である。〔対象において〕〈即自的に〉絶えず壊れてゆく反復と、表象＝再現前化の空間のなかで〈われわれに対して〉おのれを展開し保存する〔反省的〕反復とのあいだには、すでに差異が存在しているのであり、その差異こそが、反復の〈対自〉すなわち、想像的な反復なのである。差異が反復に住みついているのだ。一方では、長さ〔深さのない次元〕における場合のように、差異はわたしたちを、受動的総合を介して、或るレヴェルの反復から他のレヴェルの反復へ、すなわち、即自的に壊れる瞬間的な反復から、能動的に表象＝再現前化された反復へ移行させる。他方では、深さ〔奥ゆき〕において、差異はわたしたちを、もろもろの受動的総合それ自身のうちで、或るレヴェルの反復から他のレヴェルの反復へ、そして或る一般性から他の一般性へ移行させる。鶏の頭が前後にピコピコ動く運動は、知覚的総合において穀物をついばむ《ピコレ》のに役立つ前に、有機的総合における心臓の拍動に伴って生じているのである。そしてもろもろの「チック」の縮約によって形成された一般性は、根源的にはすでに、受動的総合のセリーにおいてこれまた縮約されたもろもろの「チックタック」のいっそう複雑な反復におけるもろもろの個別性へと再配分されるのである。いずれにしても、物質的で裸の反復、つまり同じものについて語られる反復は、差異とより複雑な内的反復という核にとっての、外被であり、言わば破れてしまう皮である。差異は二つの反復のあいだにある。それを逆に言うなら、反復もまた二つの差異のあいだにある、つまり反復が、わたしたちを、或るレヴェルの差異から他のレヴェルの差異へ移行させる、ということではないだろうか。ガブリエル・タルドは、弁証法的展開を、つぎのように定めていた。すなわち、弁証法的展開とは、一般的な諸差異の状態から特異な差異への、つまり外的な諸差異《ディフェランシアン》から内的な差異への移行としての反復である——要するに、差異《ディフェランス》という異化させるものとしての反復である[3]。

時間の総合は、時間のなかで現在を構成する。だからといって、現在が時間のひとつの次元であるというわけではない。存在するのはひとり現在のみである。時間の総合は、時間を生ける現在として、過去と未来をその現在の二つの次元として構成するのである。にもかかわらず、その総合は時間内部的であって、これが意味しているのは、その生ける現在は過ぎ去る、ということなのである。なるほど、永続的な現在というものを、つまり時間と同じ広がりをもつ現在というものを構想することはできる。そのためには、観照のまなざしを瞬間の無限なる継起に向けるだけでことたりるからである。ただし、そのような永続的な現在は、物理的には不可能である。観照における縮約が遂行するのは、つねに、しかじかのレヴェルの反復に、〔その反復の〕諸要素あるいは諸事例に即して質を付与するということである。縮約は、必然的に、或る一定の持続という現在を形成する、すなわち、もろもろの種、個体、有機体、および有機体のしかるべき諸部分に応じて様々に変わりうるような、尽き果て過ぎ去る現在を形成する。継起する二つの現在は、ひとつの同じ第三者的な現在と同時的であることが可能であり、この第三者的な現在は、そこに縮約されている瞬間の数が多ければ多いほど広がるものなのである。

ひとつの有機体は、ひとつの現在的持続を所有しており、さらには、有機体内部の観照的なもろもろの魂における縮約の自然な射程に応じて、様々に異なる現在的持続を所有している。このことによって、疲労は観照に実在的に属しているということが示される。いみじくも、疲労するのは何もしない者だと言われることがある。疲労は、心がみずから観照するものをもはや縮約できないという契機を、つまり、観照と縮約が壊れるという契機を示している。わたしたちは、もろもろの観照から構成されているのと同程度に、もろもろの疲労からも構成されているのである。だからこそ、欲求という現象は、行動の観点からは、また欲求によって規定されるもろもろの能動的総合の観点からは、「欠乏」というかたちで理解されうるのだが、反対に、欲求の前提条件である受動的総合の観点からは、或る極度の「飽満」、或る「疲労」として理解されうるのである。まさに欲求は、様々に変わりうる現在の諸限界を示している。そうした現在は、欲求の二つの出現のあいだに広がっており、ひとつの観照が持続する時間と混じり合っている。欲求の反復と、欲求に依存しているすべてのものの反復は、時間の総合の本来的な時間を、したがってこの総合の時間内部的な特徴を表現しているのである。反復は、本質的に欲求のなかに刻み込まれているのだ。なぜなら、欲求が成立する審廷は、本質的に反復に関わっており、反復の対自を、つまり或る一定の持続の対自を形成しているからである。わたしたちのすべてのリズム、わたしたちの抑制、わたしたちの反応時間、わたしたちを構成している数限りない〔習慣の〕絡み合いと現在と疲労、これらはまさに、わたしたちの観照から出発して定義されるものである。おのれ自身の現在よりも、あるいはむしろおのれの諸現在よりも、いっそう速くは進めないという掟が存在するのである。ハビトゥス〔習性〕として、あるいは互いに指し示しあう縮約として、わたしたちが定義したようなもろもろのしるし《シーニュ》は、つねにそうした現在に属しているのである。受動的総合においては、過去と未来はまさに現在そのものの諸次元でしかないのだが、このような観点から、ストア派があらゆるしるし《シーニュ》はひとつの現在のしるし《シーニュ》であるということを指摘したのであり、これがストア派の偉大な成果のひとつなのである（傷跡はしるし《シーニュ》であるが、過去の傷のしるし《シーニュ》ではなく、「傷を負ったという現在的な事実」のしるし《シーニュ》である。言うならば、傷跡は傷についての観照なのであって、その傷跡は、生ける現在において私を〔過去の〕傷から隔てているすべての瞬間を縮約しているのである）。あるいはむしろ、そこには、〈自然的なということ〉と〈人為的なということ〉とのあいだの区別の真の意味が存在している。現在に関するしるし《シーニュ》、すなわち、受動的総合に基づくしるし《シーニュ》は、それが意味《シニフィエ》しているものにおいて現在を指し示しており、これがすなわち、自然的なしるし《シーニュ》〔記号〕である。反対に、現在に属する異なった〔二つの〕次元でありながら、おそらくは当の現在が依存しているような〔二つの〕次元としての過去と未来を指し示すしるし《シーニュ》が、人為的なしるし《シーニュ》〔記号〕である。このようなしるし《シーニュ》は、能動的総合を含意している。すなわち、おのずと働く想像力から、能動的な能力としての反省された表象＝再現前化、記憶、知能への移行を含意しているのである。

欲求を能動性〔行動〕に関係づけている否定的な諸構造に即して、欲求そのものを〔欠乏として〕理解する場合、そうした理解は、したがって、きわめて不完全なものである。能動性〔行動〕がその上で組み立てられる観照的な土地を規定しなければ、なされつつある、そして組み立てられつつある能動性〔行動〕を引き合いにだしたところでなお不十分である。だがその場合でも、その土地に立てば、ひとは導かれて、否定的なもの（欠乏としての欲求）のなかにひとつのより高い審廷の影を見ることになる。欲求は、答えの〈否－存在〉あるいは不在を表現する前に、問いの開口《ベアンス》を表現しているのである。観照するということ、それは問うことなのである。答えを「抜き取る」ということが、問いの特性ではないだろうか。まさに問いこそが、欲求に対応した執着あるいは執拗さを提示すると同時に、やはり欲求に対応した倦怠、疲労を提示するのである。観照的な心が反復に対して問いを提起し、その反復から答えを抜き取るとき、その問いは、「どのような差異が存在するのか……？」というかたちで立てられる。観照はどれも問いである。そして、観照的な心のなかでつくられて、観照を〔イマージュで〕満たすようになる縮約は、いずれもが有限な肯定であって、そうした肯定は、ちょうど、諸現在が時間の受動的総合において永続的な現在から出発して産み出されるように産み出される有限な肯定である。否定的なもの〔としての欲求〕についての考え方はみな、わたしたちが欲求というものを、性急に、もろもろの能動的総合に関連させて理解しようとするところから生まれるのであるが、この能動的総合は、実はあの基底《フオン》〔受動的総合〕の上で仕上げられるものなのである。そればかりでなく、能動的総合の前提となるその基底《フォン》の上に当の能動的総合そのものを置き直してみるならば、能動性はむしろ、問いと関連した問題的な場の構成を意味するということがわかるのである。行動の全領域、人為的なしるし《シーニュ》と自然的なしるし《シーニュ》との絡み合い、本能と学習の介入、記憶と知能の介入といった点に着目することによって、観照における問いは、どのようにして能動的な問題的な場へと展開されてゆくのか、ということが明らかになる。時間の第一の総合には、生ける現在（生の切迫）のなかに現われるような〈問い－問題〉という第一の複合が対応している。この生ける現在が、そしてその生ける現在とともに有機的な生と心的な生との全体が、習慣の上で成立しているのである。コンディヤックに従って、わたしたちは、習慣を、それ以外のすべての心的現象がそこから派生してくる土台とみなさなければならない。しかしそのことはまた、欲求であろうと、問いであろうと、「イロニー」であろうと、習慣以外のすべての現象は、観照の上で成立しているか、さもなければそれら自身が観照であるかの、いずれかであるということだ。

わたしたちを構成しているそのような無数の習慣――そのような縮約、そのような観照、そのような要求、そのような推定《プレゾンプシオン》（傲慢）、そのような満足、そのような疲労、そのような可変的な現在――そのようなものが、したがって、受動的総合の基盤的領域を形成しているのである。受動的な《自我》というものは、たんに受容性によって、すなわち諸感覚を受けとるキャパシティーによって定義されるだけでなく、さらに、有機体において諸感覚を構成する前に、有機体そのものを構成している、縮約遂行的な観照によっても定義されるのである。だから、そのような〔受動的な〕自我は、単純さという特徴をまったくもっていないのである。またそうであればこそ、緩和した単純な形式をその自我においてことあるごとに保存しておきながら、その自我を相対化してみても、また多元化してみても、やはり十分ではないのである。自我はみな、幼生の主体であり、もろもろの受動的総合の世界は、一定の規定さるべき条件のもとで、自我のシステムを、ただし崩潰した自我のシステムを構成しているのである。秘めやかな観照がどこかで打ち立てられるや、あるいは反復から、またたく間にひとつの差異〔何か新しいもの〕を抜き取りうる縮約機械がどこかで作動するや、自我というものが存在するのである。自我は、様々な変容をもっているのではなく、それ自体がひとつの変容なのである。この変容《モディフィカシオン》(9)という言葉は、まさしく抜き取られた差異を指示している。結局のところ、ひとは、おのれがもつものであるにすぎず、この場合に存在が形成されるのは、あるいは受動的な自我があるのは、まさに〈もつ〉ということによってである。どのような縮約も、推定であり要求である。言い換えるなら、どのような縮約も、おのれが縮約するものに基づいて、期待あるいは権利を表明するのであって、おのれの対象がおのれから逃げるやすぐに壊れてしまうのである。サミュエル・ベケットは、彼の小説のいずれにおいても、幼生の主体たちが疲労と熱情をもって作成に没頭する財産目録なるものを記述した。すなわち、モロイの小石のセリー、マーフィーのビスケットのセリー、マロウンの財産《プロプリエテ》のセリー[10]——大切なのはいつでも、諸要素の反復あるいは諸事例の組織化から、ちっぽけな差異、貧弱な一般性を抽出することである。能動的総合の手前で踏みとどまって、受動的総合の領域に復帰すること、すなわち変容、向性《トロピスム》[11]、そしてささやかな固有性《プロプリエテ》〔財産〕といった、わたしたちを構成している受動的総合の領域に復帰すること、これがおそらく、「ヌーヴォー・ロマン」のもっとも深い意図のひとつであろう。崩潰した自我は、おのれを構成する全疲労において、つまらぬおのれのすべての自己満足において、笑うべきおのれの推定《プレゾンプシオン》〔傲慢〕において、おのれの悲惨さと貧しさにおいて、それでもなお、神の栄光を、すなわちおのれが観照し、縮約し、そして所有するものの栄光を歌い上げるのである。

＊＊＊

時間の第二の総合——純粋過去

時間の第一の総合は、根源的なものであるにもかかわらず、時間内部的なものである。この第一の総合は、時間を現在として、だが過ぎ去る現在として構成する。時間が現在の外に出るということではない。むしろ、互いに少しずつ重なり合った跳躍を通じて、現在が絶えず動くということである。そこに、現在というもののパラドックスがある。すなわち、時間を構成するのではあるが、しかしこの構成された時間のなかで過ぎ去る、という事態である。わたしたちは、つぎのような必然的な帰結を忌避してはならない――時間の第一の総合がそのなかで遂行されるような或る別の時間がなければならないということ。時間の第一の総合は、必然的に、第二の総合を指し示すということである。わたしたちは、縮約の有限性を強調したいからこそ、そうした帰結を指摘したのであって、なぜ現在が過ぎ去るのか、何が現在に時間と同じ広がりをもたせないのか、ということまで指摘したわけではまったくないのである。第一の総合は、習慣に関するものであるが、それは確かに、時間の土台である。しかしわたしたちは、土台《ファンダシオン》と根拠《フォンドマン》を区別しなければならない。土台とは、土地に関することであり、何らかのものが、どのようにしてこの土地の上で打ち立てられ、この土地を占領し所有するのかを示している。しかし根拠は、むしろ天からやって来るのであり、頂上からもろもろの土台に降りて来て、或る不動産登記証書によって土地と占有者を比べ合わせるのである。習慣は時間の土台であり、過ぎ去る現在によって占領された動く土地である。過ぎ去るということ、それはまさに現在の要求である。現在を過ぎ去らせ、現在と習慣を調整するものは、時間の根拠として規定されなければならない。時間の根拠とは、まさしく〔本来的な〕《記憶》である。派生的な能動的総合であるかぎりでの〔普通の意味での派生的な〕記憶は、習慣の上で成立する、ということはすでに見たところである。事実、一切は、〔習慣という〕土台の上で成立しているのである。しかし、記憶を構成するものは、土台によって与えられるわけではない。記憶が習慣の〈うえに〉打ち立てられるまさにその契機において、その記憶は、習慣とは異なる別の受動的総合に〈よって〉打ち立てられるのでなければならない。だから習慣という受動的総合は、それ自体、〔本来的な〕記憶に属するいっそう深い受動的総合を指し示しているのである。《ハビトゥス〔習性〕》、さらにムネモシュネ〔記憶の女神〕すなわち天《ウラノス》と地《ガイア》の婚姻。(12)《習慣《アビテュード》》とは、時間の根源的な〔第一の〕総合であって、これが過ぎ去る現在の生を構成するものである。《記憶《メモワール》》とは、時間の根拠的な〔第二の〕総合であって、これが過去の存在を構成するもの〔現在を過ぎ去らせるもの〕である。

《記憶》、純粋過去、そして諸現在の表象=再現前化

一見したところ、過去というものは、二つの現在によって、すなわち、過去がかつては現在であったという場合の〔古い〕現在と、過去が現在から見ればいまや過去になるという場合の〔アクチュアルな〕現在とによって、挟みつけられているように思われる。だが過去というものは、古い現在そのものであるのではなく、古い現在がそこでねらわれる当のエレメントなのである。したがって、個別的であるのは、いまや、ねらわれるもの、つまり「存在した」ものであり、それに反して、過去それ自身が、つまり「存在していた」ということが、本性上一般的なものである。一般的な意味での過去は、それぞれの古い現在が個別的にかつ個別的なものとしてそこでねらわれる当のエレメントなのである。フッサールの術語を用いるなら、過去把持《レテンツィオン》と再生《レプロドゥクツィオン》を区別しなければならないのである。[13]ところで、先ほどわたしたちが習慣の過去把持と呼んだものは、継起的な諸瞬間が或る一定の持続のアクチュアルな現在〔現前〕のなかで縮約されている状態のことであった。アクチュアルな現在に本性上属している直接的な過去を、つまり個別性をそれらの瞬間が形成していたのである。期待によって未来へと開かれている現在それ自体について言うなら、その現在が、一般的なものを構成していたのである。ところが、記憶の再生という視点からは、反対に（諸現在の媒介としての）過去こそが、一般的なものになっており、（アクチュアルな現在であろうと古い現在であろうといずれにせよ）現在が、個別的なものになっているのである。一般的な意味での過去は、古い現在のひとつひとつがそこで対象化されうる当のエレメントであり、しかもその古い現在はそのエレメントにおいて保存されているのであって、そのかぎりにおいて、古い現在というものは、アクチュアルな現在のなかで「表象＝再現前化されて」いるのである。そのような表象＝再現前化つまり再生の諸限界は、事実、〔観念〕連合という名称のもとでよく知られている〈類似〉と〈接近〉[14]という可変的な関係によって規定される。というのも、古い現在は、表象＝再現前化される以上、アクチュアルな現在に類似しているからであり、また、そうした古い現在は、互いにきわめて異なったもろもろの持続の現在〔現前〕のなかへと遊離してゆくのだが、それらの現在は、部分的には互いに同時的であり、したがって互いに接近し合っており、結局のところアクチュアルな現在に接近しているからである。連合主義の偉大な点は、人為的なしるし《シーニュ》〔記号〕の理論全体を、そのような〔類似と接近という〕連合関係のうえに打ち立てたところにある。

ところで、古い現在がアクチュアルな現在のなかで表象＝再現前化されるときには、かならず、アクチュアルな現在それ自身が、その表象＝再現前化のなかで表象＝再現前化されるのである。たんに何ものかを表象＝再現前化するだけでなく、おのれ自身の表象＝再現前性《ルプレザンタティヴィテ》をも表象＝再現前化することが、本質的に表象＝再現前化に属する機能なのである。したがって、古い現在とアクチュアルな現在が、継起的な二つの瞬間として時間の直線の上に存在しているのではなく、アクチュアルな現在が、必然的にひとつの次元を余分に含んでいて、その次元を通じて古い現在を表象＝再《ル》－現前化し、かつその次元においておのれ自身をも表象＝再現前化するのである。アクチュアルな現在は、追想《スヴニール》の未来的な対象として扱われるのではなく、かえって、古い現在の追想を形成すると同時におのれを反省するものとして扱われるのである。したがって、能動的総合には、対称的ではないにしても相関的な二つのアスペクトがある。すなわち、再生と反省、想起《ルメモラシオン》と再認、記憶《メモワール》と知性。しばしば指摘されたことだが、反省は、再生と比べて、より多くのものを含んでいる。ただし、この〈より多くのもの〉というのは、あらゆる現在が古い現在を表象＝再現前化すると同時におのれをアクチュアルな現在として反省する次元としての、ひとつの補足的な次元にすぎないのである。「あらゆる意識状態は、その意識状態に含まれる追想の内容よりも、余分にひとつの次元を必要としている。」[4]——そのようなわけで、表象＝再現前化の原理を、古い現在の再生とアクチュアルな現在の反省という二重のアスペクトをもつものとして、〔派生的な〕記憶の能動的総合と呼ぶことができる。こうした記憶の能動的総合は、〔第一の〕習慣の受動的総合が〔あらかじめ〕あらゆる可能な一般的な意味での現在を構成するがゆえに、その習慣の受動的総合のうえに打ち立てられるのである。しかし、能動的総合と受動的総合は深く異なっている。いまや非対称が、諸次元の恒常的な増大のなかに、諸次元の無限な増殖のなかに滞留するのだ。習慣の受動的総合は、時間を、諸瞬間の縮約として、現在という条件のもとで構成していたが、しかし記憶の能動的総合は、時間を、諸現在自身の入れ子〔嵌入〕として構成する。そこで問題はまさに、〈何を条件にしているのか〉ということになる。〔補足的な次元において〕しかじかの古い現在が再生可能であり、かつアクチュアルな現在がおのれを反省するのは、まさに一般的な意味での過去としての、つまりア・プリオリな過去としての過去、という純粋なエレメントを条件にしているのである。そうした過去は、現在から、あるいは表象＝再現前化から派生するどころか、むしろあらゆる表象＝再現前化の前提となるものである。〔派生的な〕記憶の能動的総合が、〔第一の〕習慣の（経験的な）受動的総合の〈うえに〉打ち立てられようと、やはり、〔根源的な〕記憶それ自身に固有なもうひとつ別の〔第二の〕（先験的な）受動的総合に〈よって〉でしか打ち立てられえないということは、まさに以上のような意味で言われているのである。〔第一の〕習慣の受動的総合が、時間において生ける現在を構成し、過去と未来をその現在の非対称的な二つのエレメントに仕立てあげる一方で、〔第二の〕記憶の受動的総合は、時間において純粋過去を構成し、古い現在とアクチュアルな現在を（したがって再生における現在と反省における未来を）そうした過去そのものの非対称的な二つのエレメントに仕立てあげるのである。だが、純粋な、ア・プリオリな、一般的な意味での過去、あるいは過去そのものとは、何を意味するのだろうか。ベルクソンの『物質と記憶』が偉大な書物であるのは、おそらく、彼が、純粋過去に関するそうした先験的な受動的総合の領域を深く洞察し、そこから本質的なパラドックスをすべて取り出してみせたからである。

過去の四つのパラドックス

過去を挟みつけている二つの現在、すなわち過去がかつては現在であったという場合の現在と、過去が現在から見ればいまや過去になるという場合の現在の、どちらか一方によって、過去を再構成しようともくろんでも無駄である。実際わたしたちは、過去はたったいま現在であったけれども、その後過去として構成される、なぜなら新しい現在が現われるからだ、などと信じるわけにはいかないのである。もしも過去が、過去として構成されるために新しい現在を待ち受けているということにでもなれば、その古い現在はけっして過ぎ去らないだろうし、新しい現在も到来しないだろう。もしもひとつの現在が、現在であると「同時に」過去であるというのではないとすれば、その現在はけっして過ぎ去らないだろう。もしもひとつの過去が、たったいま現在であったのと「同時に」はじめから過去として構成されるのでないとすれば、その過去はけっして構成されないだろう。以上のようなところに、第一のパラドックス、すなわち、過去がたったいま現在であったその現在と、その過去との同時性のパラドックスがある。そうしたパラドックスが、過ぎ去る現在の理由をわたしたちに与えてくれる。すべての現在が過ぎ去り、しかも新しい現在のために過ぎ去るのは、過去が、現在としてのおのれ自身と同時的だからである。そこから、第二のパラドックス、すなわち、共存のパラドックスが生じてくる。なぜなら、それぞれの過去が、かつては現在であったその現在と同時的である場合には、過去の全体は、その過去が新しい現在から見ればいまや過去になるその新しい現在と共存していることになるからである。過去は、最初の現在の「後に」あるのではないし、同様に、その第二の〔新しい〕現在の「なかに」あるのでもない。アクチュアルな現在のそれぞれは、最高に縮約された状態における過去全体でしかない、というベルクソンの考え方は、まさに以上の点に由来しているのである。過去は、もろもろの現在のうちのひとつを過ぎ去らせるや、必ず別のひとつを到来させるのではあるが、しかし過去自体は、過ぎ去らないし、到来もしない。だからこそ、過去は、時間のひとつの次元であるどころか、むしろ、現在と未来がその次元でしかないような当の時間全体の総合なのである。〈過去は存在していた〉と言うことはできない。過去はもはや現実存在《エグジステ》せず、また過去は現実存在していない。しかし、過去は存続し《アンシステ》〔内に立ち、固執し〕、過去は存立し《コンシステ》〔共に立ち〕、過去は存在する。過去は古い現在とともに存続し、また過去は、アクチュアルな現在あるいは新しい現在とともに存立する《コンシステ》。過去は、過ぎ去るということの究極の根拠としての時間の即自なのである。まさにそのような意味において、過去は、あらゆる時間の、ア・プリオリな、一般的な、純粋なエレメントを形成しているのである。実際わたしたちが、過去は、その過去がたったいま現在であったその現在と同時的であると言うとき、必然的にわたしたちは、「後になって」〔過去として〕形成されるのではないがゆえにかつて現在であったためしがない過去を語っているのである。過去が現在としてのおのれ自身と同時的であるそのあり方は、過ぎ去る現在の前提となりつつ、しかも即自的におのれを保存しながら、その現在を過ぎ去らせつつ、〈すでに－そこに〉おのれを定立しているといったあり方である。過去が新しい現在と共存するそのあり方は、過去を縮約することによってはじめて到来する新しい現在の前提となりつつ、しかも即自的におのれを保存しながら、即自的におのれを定立するといったあり方である。そこで、前存《プレエグジスタンス》のパラドックスが、先立つ二つのパラドックスを補完することになる。すなわち、それぞれの過去は、それがかつては現在であったその現在と同時的であり、過去全体は、それが現在から見ればいまや過去になるその現在と共存しているのだが、しかし過去一般という純粋なエレメントは、過ぎ去る現在に先立って前存している《プレエグジステ》のである。[5] したがって、根拠の役割を果す、時間の実質的なエレメント（かつて現在であったためしがない《過去》）が存在するわけである。表象＝再現前化されるものは、つねに、古い現在もしくはアクチュアルな現在としての現在である。

しかし、時間が表象＝再現前化のなかでそのように〔古い現在もしくはアクチュアルな現在として〕展開されるのも、やはりその純粋過去のおかげである。〔本来的な記憶の〕先験的な受動的総合は、以上のような同時性、共存、前存という三重の観点から、その純粋過去に関わっている。反対に、〔派生的な記憶の〕能動的総合は、〔上で述べた補足的な次元における〕古い現在の再生および新しい現在の反映〔反省〕という二重のアスペクトのもとで、現在を表象＝再現前化する。この能動的総合は、その受動的総合によって打ち立てられるのである。そして、〔能動的総合において〕新しい現在がつねにひとつの補足的な次元を所有しているのは、一方では、その新しい現在が一般的な意味での純粋過去というエレメントのなかでおのれを反映〔反省〕し、他方では、古い現在がそのエレメントを通じてひたすら個別的なものとして対象化されるからである。

習慣における反復と記憶における反復

習慣の受動的総合と記憶の受動的総合を比較してみれば、わたしたちは、反復と縮約の割りふりが両者ではどれほど違っているのかがわかる。いずれにおいても、現在は、なるほど縮約の成果として現われるのだが、しかしきわめて異なった二つの次元に関係づけられて現われるのである。一方の場合では、現在は、即自的に互いに独立した継起的な諸瞬間あるいは諸要素の最大限の縮約の状態である。他方の場合では、現在は、共存する全体的なものとして即自的に存在するひとつの〔純粋〕過去の全体の最大限の縮約の度を指示している。そこで先に述べた第二のパラドックスが要求するところに従って、次のように仮定してみよう。すなわち、過去は、それが現在から見ればいまや過去になるという場合のその現在のなかでは保存されないが、即自的には保存される。なぜなら、そのアクチュアルな現在は、その現在とともに共存しているその過去全体の最大限の縮約でしかないからである、と。こうしてみると、何よりもまず、その過去全体は、弛緩の……そして縮約の様々な度において、自己自身と共存している、ということでなければならない。過去が、様々な弛緩と縮約の無数の度において、その無数の水準において、何よりもまず自己と共存している場合にはじめて、現在は、その現在と共存している過去の最大限の縮約の度として存在するのである（それが、ベルクソンにおけるあの有名な円錐のメタファー⑮、すなわち過去の第四のパラドックスである）[6]。生における反復、より正確に言うなら精神的な生における反復と呼ばれているものを考察してみよう。現在が継起してゆき、互いにはみ出し合う。けれどもわたしたちが受ける印象からすれば、継起する諸現在の可能な非一貫性あるいは対立がどれほど強固であろうと、それら現在のひとつひとつは、それぞれ異なる水準で、「同じ生」を営んでいる。それは、宿命⑯と呼ばれているものである。宿命は、表象＝再現前化された時間の順序に即して継起する諸現在のあいだの決定論的な諸関係によって、徐々に構成されてゆく、というわけではない。宿命は、それら継起的な諸現在のあいだの、局所化されえない諸連結を、もろもろの遠隔作用を、繰り返しと共鳴と反響の諸システムを、客観的な諸偶然を、数々の信号としるし《シーニュ》[17]を、そして空間的な状況と時間的な継起に対して超越的なもろもろの役割を巻き込んでいるのである。継起し、ひとつの宿命を表現する諸現在について、ひとは、水準の違いを別にするならば、すなわちこの場合、一方では多かれ少なかれ弛緩し、他方では、多かれ少なかれ縮約されているという事態を別にすれば、つねに同じことを、同じ歴史を営むものだと言うだろう。だからこそ宿命は、決定論とはきわめて両立し難く、自由とはとてもよく両立するのである。ただし、ここでいう自由とは、水準を選択する自由である。アクチュアルな現在の継起とは、それより深いものの表現にほかならない。それより深いものとは、それぞれの現在が、先行する現在の水準とは異なる水準あるいは度において、生の全体を繰り返すその仕方のことであって、しかもすべての水準あるいは度は、共存し、わたしたちの選択に委ねられており、かつて現在であったためしがない〔純粋〕過去という基底《フォン》に属しているのである。わたしたちを構成している諸現在の継起と、それら諸現在のあいだの同時性という関係を、また、因果性、接近、類似、さらには対立にさえ従うそれら現在の連合を、わたしたちは、経験的な特徴と呼ぶ。それに反して、純粋過去の諸水準のあいだの潜在的な共存の諸関係を、可想的《ヌーメナル》な〔経験されえない〕特徴と呼ぶ。それぞれの現在は、それらの水準のひとつを現実化《アクチュアル》あるいは表象＝再現前化しているだけである。要するに、わたしたちが、能動的総合の観点から、異なった諸現在の継起として経験的に生きる〔体験する〕ものは、まさに、受動的総合における〔純粋〕過去の諸水準の絶えず増大してゆく共存でもあるのだ。それぞれの現在は、〔純粋過去の〕全体のひとつの水準を縮約しているのだが、しかし、この水準は、すでに、弛緩の水準もしくは縮約の水準なのである。言い換えるなら、現在というしるし《シーニュ》は、限界への移行であり、最大限の縮約である。最大限の縮約は、縮約であるかぎりにおいて、任意の一水準の選択を裏づけている。任意の一水準はそれ自体、他の無数の可能な諸水準のあいだにあって、即自的に縮約あるいは弛緩しているものである。だから、わたしたちがひとつの生について言えることは、複数の生についても言えるのだ。それぞれの生は、過ぎ去る現在であり、他の生を他の水準で繰り返す生である。まるで、哲学者と豚が、また犯罪者と聖者が、ひとつの巨大な〔記憶の〕円錐の互いに異なる諸水準において、同じ過去を営むかのように。それこそまさに、輪廻と呼ばれているものである。彼らはめいめいに、自分の音の高さあるいは調べを、そしておそらくは自分の歌詞をも選択するだろうが、旋律はまったく同じである。すべての歌詞で、すべての調べで、すべての高さで、ひとつの同じトラララが。

物質的反復と精神的反復

物質的反復と精神的反復という二つの反復のあいだには、大きな差異が存在する。前者は、それぞれが独立した継起的な諸瞬間あるいは諸要素の反復であり、後者は、共存する様々な水準における、《全体》の反復である（ライプニッツが述べていたように、「〔それは〕完全性の度を別にすれば、至るところでつねに同じものである」[7]）。したがって、「差異」それ自身に対するそれら二つの反復の関係は、きわめて異なっている。もろもろの要素あるいは瞬間がひとつの生ける現在のなかで縮約されるかぎりにおいて、差異は、物質的反復から抜き取られる。《全体》がおのれの諸水準のあいだの差異を含むかぎりにおいて、差異は、精神的反復に包含される。物質的反復は裸の反復であり、精神的反復は着衣の反復である。前者は諸部分の反復であり、後者は全体の反復である。前者は継起の反復であり、後者は共存の反復である。前者は現実的な反復であり、後者は潜在的な反復である。前者は水平の反復であり、後者は垂直の反復である。現在は、つねに、差異が縮約されたものであるのだが、ただし、前者の場合では、現在は、無差異的な諸瞬間を縮約しており、後者の場合では、現在は、限界に移行することによって、全体の、差異的＝微分的な、それ自身弛緩あるいは縮約に属する、ひとつの水準を縮約しているのである。したがって、以上のような二つの反復のあいだには、すなわち、差異がそこから抜き取られてくる、要素的な諸瞬間の反復と、差異がそこに含まれている、全体の諸水準とのあいだには、諸現在それ自身に関する差異が存在するわけである。しかもベルクソンの仮定からするなら、裸の〔物質的〕反復を、着衣の〔精神的〕反復の外被として理解しなければならないのである。すなわち、諸瞬間の継起的な反復を、共存する諸水準のうちでもっとも弛緩したものとして理解しなければならない、つまり物質を、夢として、あるいは、精神のもっとも弛緩した過去として理解しなければならないのである。ただし、それら二つの反復は、本来的に言うなら、いずれも表象＝再現前化されうるものではない。なぜなら、物質的反復はできあがるそばから壊れてゆくからであって、その反復が表象＝再現前化されるとするなら、それは、その反復の諸要素を計算と保存の空間へ投射する能動的総合によるほかはないからである。だがそれと同時に、物質的な反復は、表象＝再現前化の対象となった場合には、保存あるいは加算された諸要素の同一性に、もしくは、やはり保存され加算された諸事例の類似に従属しているのである。他方、精神的な反復は、過去の即自的存在のなかで仕上げられるのだが、表象＝再現前化は、能動的総合における諸現在にしか達せずまた関わらないのであり、こうして、あらゆる反復を、反映〔反省〕におけるアクチュアルな現在の同一性、ならびに再生における古い現在の類似に従属させてしまうのである。

受動的総合はと言うなら、それは明らかに下－表象的なものである。しかしわたしたちが自問しなければならないのは、まさに、わたしたちは〔本来的な〕記憶の受動的総合を洞見できるかどうかということである。わたしたちは、習慣の受動的総合を生きるように、或る意味で過去の即自的存在を生きることができるかどうかということである。過去全体は即自的に保存されているのだが、その過去を、わたしたちのためにどのようにして救い出せばよいのだろうか、そうした過去という即自を、それがかつては現在であったという場合のその古い現在に還元することなしに、また、それが現在から見ればいまや過去になるという場合のそのアクチュアルな現在に還元することなしに、どのようにして洞見すればよいのだろうか。ところで、そうした過去をわたしたちのためにどのようにして救い出せばよいのかという問いは、プルーストがそこでベルクソンを繰り返し、引き継いでいる点であると言ってもかまわないだろう。さて、その答えは、はるか昔から与えられているように思われる。すなわち想起《アナムネーシス》が、その答えなのである。事実、想起《アナムネーシス》は、〔派生的な〕意志的記憶のあらゆる能動的総合とは本性上異なるひとつの受動的総合、つまり〔本来的な〕非意志的記憶を指示している。〔『失われた時を求めて』に登場する〕コンブレという町は、それがかつて現在《プレザン》であった〔現前した〕ようには、またそれが現在でありうる〔現前しうる〕ようには、再び出現することはない。むしろ、その町は、それがかつては現在であったその〔古い〕現在にも、それがアクチュアルな現在でありうるようなそのアクチュアルな現在にも、共に還元されえないということを、結局はそれら二つの現在の衝突に乗じて開示してしまうようなひとつの純粋過去が存在するのであって、コンブレは、かつて生きられたためしがない光輝のなかで、まさにそうした純粋過去として再び出現するのである。古い現在は、忘却が経験的に克服されるかぎりにおいて、忘却の彼岸において、能動的総合のなかで、表象＝再現前化されるがままになる。だがしかし、コンブレが、かつて現在であったためしがない〔純粋〕過去という形式で、すなわちコンブレの即自という形式で出現するのは、まさに忘却のなかにおいてであり、記憶にないほど古いものとしてである。過去の即自というものが存在するのであれば、想起《アナムネーシス》こそが、その即自の可想的存在《ヌーメノン》〔経験の対象にはならない本体〕であり、あるいは、それにエネルギーを備給する思考である。想起《アナムネーシス》は、わたしたちを、単純に、アクチュアルな現在から古い現在に送り返すのではないし、わたしたちが抱いた最近の愛情を小児期の愛情に、またわたしたちの愛人をわたしたちの母に送り返すのでもない。その場合でもやはり、過ぎ去るそれらの現在に乗じてそれらを利用し、表象＝再現前化の下で出現する純粋過去を、たとえば、かつて生きられたためしがなく、愛人なるもののかなたに、そして母なるもののかなたにありながら、その愛人とともに共存し、その母と同時的であるような聖処女を、それら過ぎ去る現在どうしの関係は説明してくれないのである。現在は現実存在し〔外に立ち〕《エグジステ》、〔純粋〕過去だけが存続する〔内に立つ〕《アンシステ》。そして、現在がそこで過ぎ去り、諸現在がそこで衝突する当のエレメントを、その過去だけが供給するのである。〔古い現在とアクチュアルな現在という〕二つの現在のあいだの反響は、ひとつの持続する問いだけを形成するのであり、この問いが、表象＝再現前化のなかで展開されて、〈求めよ〉、〈答えよ〉、〈解け〉という厳格な命令を伴う問題的な場になるのである。しかし、町が問われようと、女が問われようと、あらゆる想起《アナムネーシス》はエロス的であるという答えが、つねによそからやって来る。わたしたちをして、その即自的な純粋過去を、すなわちその処女的な反復つまりムネモシュネ〔記憶の女神〕を洞見させるのは、つねに、可想的存在《ヌーメノン》たるエロスである。エロスは、ムネモシュネの伴侶であり、フィアンセである。では、エロスは、そのような力能を、どこから得るのだろうか。純粋過去の探究は、なぜエロス的なのであろうか。エロスはなぜ問いとその答えとの秘密を、しかもわたしたちのあらゆる現実存在における

〔過去の〕存続の秘密を握っているのだろうか。わたしたちが、最後の言葉をまだ手にしていないかぎり、そして時間の第三の総合が存在しないかぎり……。

＊＊＊

デカルト的コギトとカント的コギト、未規定なもの、規定作用、規定されうるもの

カント的なコギトとデカルト的なコギトのあいだの差異ほど、時間的に、すなわち時間論の観点からして有意義なものはない。すべては、あたかもデカルトにおけるコギトが、〈規定作用〉と〈未規定な存在〉という二つの論理的価値によってことにあたるかのように、進行するのである。[18] 規定作用（「私は思考する」）は、未規定な存在（「私は存在する」、なぜなら「思考するためには存在しなければならないからである」）を含意しており――そしてまさにその未規定な存在を、思考する存在者の存在として規定する。すなわち、私は思考するゆえに私は存在する、私は思考するモノである。[19] デカルトに対するカントの批判は、要するに、つぎのような反論に帰着する。すなわち、そのような規定作用を、直接そのような未規定なものに差し向けることは不可能だ、ということである。規定作用（「私は思考する」）は、明らかに何か未規定なもの（「私は存在する」）を含意しているのだが、しかし、どのようにしてその未規定なものが、〈私は思考する〉ということによって、規定されうるようになるのかということについては、まだ何もわたしたちに教えてはくれないのだ。「たんに思考しているときの私自身についての意識においては、私は存在者自身であるが、しかしもちろん、それだけではまだ、その存在者について思考するべきことがらは何も私に与えられていないのである」[8]。したがってカントは、第三の論理的価値、すなわち〈規定されうるもの〉[20]を、あるいはむしろ、未規定なものがそのもとで〈規定作用によって〉規定されうるようになる当の形式を、付け加えているのである。この第三の論理的価値は、論理学を先験的な審廷に仕立てあげるに十分なものである。この価値によって、《差異》は、もはや二つの規定のあいだの経験的な差異としてではなく、〈規定作用ソノモノ[21]〔私は思考する〕〉と〈それが規定するもの〔私の存在〕〉とのあいだの先験的な《差異》として発見されるようになり、――存在と思考を切り離している外的な差異としてではなく、反対に、存在と思考をア・プリオリに関係させている内的な《差異》として発見されるようになる。その点に関するカントの解答は有名である――未規定な存在がそのもとで〈私は思考する〉ということによって規定されうるようになる当の形式は、時間という形式である……[9]。その帰結は、極端なものになっている。――私の未規定な存在は、ひとつの現象の存在として、すなわち、時間のなかで現われる受動的あるいは受容的な現象的主観の存在として、時間のなかでしか規定されることができないのであり、したがって、私が〈私は思考する〉において意識する自発性は、実体的かつ自発的な存在者の属性としては理解されることができず、ただ、ひとつの受動的な自我における触発としてだけ理解されうるのであって、その受動的な自我は、おのれ自身の思考、すなわち、おのれ自身の知性、すなわちおのれがそれによって《私》と言える当のものが、その受動的自我によっては活動せず、ただその自我においてかつその自我に対して活動する、ということを感知するのである。[22] そこで始まるのが、次のような尽きることのない長い物語である。すなわち、《私なるもの》は、ひとつの他の私であり、あるいは内感のパラドックスである。[23] 思考の能動性が、受容的な存在者へと、つまり受動的な主観へと振り向けられるので、この受動的な主観は、その能動性を働かせるというよりは、むしろそれをおのれに表象＝再現前化するのであり、その能動性の主導権を手に入れるというよりは、それの効果を感じるのであって、結局、その能動性を、おのれのうちにおいてひとつの《他》なるものとして生きるのである。「私は思考する」と「私は存在する」に、「受動的、受容的な」自我を、すなわち受動的な位置（カントが直観の受容性と呼ぶもの[24]）を付け加えなければならない。言い換えるなら、規定作用と未規定なものに、規定されうるものの形式を、すなわち時間を付け加えなければならないのである。とはいえ、「付け加える」というのは、まずい言い方である。なぜなら、むしろ差異をつくる〔差をつける〕ことが、そして差異を存在と思考のなかに内化することが問題だからである。《私なるもの》には、一方の端から他方の端まで、言わば亀裂が入っている。《私》は、時間の純粋で空虚な形式によってひび割れている。この形式のもとで、《私》は、時間のなかで現われる受動的な自我の相関項になっている。《私》のなかの或る裂け目、亀裂、そして自我における或る受動性こそ、時間が意味するものなのである。こうして、受動的な自我とひび割れた《私》との相関関係が、先験的なものの発見を、あるいはコペルニクス的転回のエレメントを構成するのである。

ひび割れた《私》、受動的な自我、そして時間の空虚な形式

デカルトは、《コギト》を瞬間に帰し、時間を排除することによって、あるいは連続創造を行う神にその時間を委ねることによって、はじめて結論を出すことができた。[25] 一般的に言うなら、〔デカルトにおける〕《私》の前提的な同一性の保証は、神自身の一性にほかならないのである。そのようなわけで、《私》が、まさしく神に負っている同一性を保持するかぎり、〔中世的な〕「神」の視点のかわりに〔近代的な〕《私》の視点を〔デカルトが〕用いたということの重要性は、世間で言われているよりもはるかに小さいのである。《私》が、神との類似を余すところなく表現するおのれの存続、単純性、同一性を所有するかぎり、神は生き続けるということになる。逆に言うなら、神が死ねば、《私》の同一性は存続せず、反対に、《私》のうちにおいて、本質的な非類似が、「印の消去《デマルク》〔投げ売り用の商標外し〕」が、神の印《マルク》〔商標〕あるいは刻印のかわりに創設され内化されるのである。これこそ、カントが、少なくとも一度は、つまり『純粋理性批判』において、きわめて深く見抜いたことである。すなわち、合理的神学と合理的心理学の同時的消滅、および神の思弁的な死が《私》の亀裂を惹起するその仕方。〔『純粋

理性批判』における〕先験的哲学の最高の主導性が、思考そのものに時間の形式を持ち込むことにあるとするならば、今度はこの形式が、純粋で空虚な形式であるかぎりにおいて、死んだ神と、ひび割れた《私》と、受動的な自我を、破棄できないかたちで意味するのである。カントはその主導性を徹底していない、というのは確かである。というのも、神と《私》は、〔『実践理性批判』における〕実践的な復活を体験するからである。しかも〔『純粋理性批判』における〕思弁的な領域においてさえ、その亀裂は、新たな形式の同一性によって、つまり能動的な総合的同一性によってたちまち埋め合わされてしまい、その一方において受動的な自我は、受容性によって定義されるにすぎず、そのかぎりにおいて、いかなる総合の力能もそなえていないからである。反対に、すでにわたしたちが見たとおり、もろもろの触発を受け取るキャパシティとしての受容性は、ひとつの結果でしかなく、そして、受動的な自我は、それ自体受動的な総合（観照－縮約）によって、さらに深いところで構成されるのである。もろもろの印象や感覚を受け取る可能性は、そうした受動的な総合に由来しているのだ。カントによる総合と受動性の割りふりは、表象＝再現前化の世界を救うための至高の努力である以上、それを維持するわけにはいかないのである。すなわち、カントによるそのような割りふりにおいて、総合は、能動的なものとして考えられ、《私》における新しい形式の同一性に依拠し、受動性は、総合なき単純な受容性として考えられている。いま言及したカント的な主導性が繰り返されうるのは、そして時間の形式が死んだ神とひび割れた《私》を同時に維持するのは、受動的な自我に関するまったく別の評価においてである。そうした意味において、カント哲学の帰趨は、フィヒテあるいはヘーゲルにではなく、ひとりヘルダーリンのみにあると言ってよい。というのも、ヘルダーリンは、純粋時間の空虚〔な形式〕を発見し、この空虚のなかに、神的なものからの連続的な逸脱〔転回〕と、《私》に走る長い亀裂と、そして《自我》を構成する受苦〔受動〕を同時に発見しているからである。[10] ヘルダーリンは、そのような時間の形式のなかで、オイディプスの悲劇と冒険の本質とを、相補的な諸形態をそなえたひとつの死の本能として見てとったのである。してみると、カント哲学はもしかして、オイディプスの後継者ではないだろうか。

記憶の不十分な点、時間の第三の総合

　思考そのものに時間を導入するということは、しかしながらまさに、カントによる威光ある貢献である。なぜなら、すでにプラトンにおける想起《アナムネーシス》が、そうした意味をもっていたように思われるからだ。〔知識の〕生得性は、想起《アナムネーシス》におとらずひとつの神話であるが、しかしそれは瞬間的なものに関する神話なのであって、それゆえにデカルトにこそふさわしい神話である。プラトンが想起《アナムネーシス》を意図的に生得性に対置するとき、彼が言わんとしているのは、生得性は、知の抽象的なイマージュを表象＝再現前化しているにすぎないということ、しかし〈学ぶ〉という実際の運動は、心のなかに、「前」と「後」の区別を巻き込んでいるということである。すなわち、わたしたちは、後の時間〔時

期〕において、いったん忘れたことがらを再び見いだすということがあるので、あらかじめ知ったことがらを忘れてしまうための前の時間〔時期〕がなければならず、いま述べた区別とは、そうした前の時間と後の時間の導入にほかならないのである。[11] しかし、ここで問わなければならないのは、まさに、どのような形式のもとで想起《アナムネーシス》は時間を導入するのか、ということである。心にとってさえ、物理的《フィジック》な時間、すなわち、《ピュシス〔自然〕》の周期的あるいは循環的な時間が重要であり、しかもこの循環的な時間は、その時間において過ぎ去るもろもろの出来事や、その時間によって測られる様々な運動や、その時間の節目となる有為転変に従属しているのである。なるほど〔プラトンにおいては〕、そうした時間はおのれの根拠を、或る即自に、すなわち《イデア》という純粋過去に見いだしている。この場合、《イデア》とは、〔継起的な〕諸現在がイデア的なものに対してもつ類似の増大や減少に応じてそれらの現在の順序を円環のかたちで組織するものであるが、しかしそればかりでなく、そのような即自〔《イデア》〕の国をおのれのために保存しあるいは再び見いだすすべを知っていた魂を、その円環の外に出すものでもある。それでもなお、《イデア》は、継起的な諸現在が組織される根拠である以上、時間の円環のなかにあり、その結果、《イデア》それ自身を定義している純粋過去は、必然的に、またもや現在という観点から、ひとつの神話的な古い現在として表現されてしまうのである。以上のようなところに、すでに時間の第二の総合の曖昧さが、つまりムネモシュネ〔記憶〕の両義性のすべてがあった。というのも、ムネモシュネは、その純粋過去の高みにおいて、表象＝再現前化の世界を凌駕し支配しており、要するにムネモシュネは、根拠であり、即自であり、可想的存在《ヌーメノン》であり、《イデア》であるのだが、しかしムネモシュネはまた、表象＝再現前化の根拠でありながら、その表象＝再現前化に対して依然として相対的なものだからである。ムネモシュネは、表象＝再現前化の諸原理を高く掲げる。すなわち、そのムネモシュネによって記憶にないほど古い範型《モデル》の特徴とされる同一性と、やはりそれによって現在の影像《イマージュ》の特徴とされる類似を、つまり《同じ》ものと《似ている》ものを高く掲げるのである。ムネモシュネは、現在に還元されえず、表象＝再現前化よりも高次のものであるが、それにもかかわらず、それがやることとはと言えば、諸現在の表象＝再現前化を循環的にあるいは無限的にすることだけなのである（ライプニッツあるいはヘーゲルにおいてさえ、表象＝再現前化を無限へと展開する根拠となるのは、またもやムネモシュネなのである）。おのれがそれの根拠となる当のものに対して相対的であるということ、おのれがそれの根拠となる当のものの諸特徴を借用しているということ、そしてそれらの特徴によって立証されるということ、これが根拠の弱点なのである。そうした意味でまた、根拠は円環をつくってしまい、したがって、思考に時間を導入するというよりは、むしろ心に〔周期的な〕運動を導入してしまうのである。根拠が或る意味で「折れ曲って」おり、わたしたちを或る彼岸へとせき立てざるをえないとすれば、それと同様に、時間の第二の総合は、時間の第三の総合へと越え出てゆくのであり、この第三の総合によって、そうした即自の錯覚が告発された、その即自は依然として表象＝再現前化の相関項であることが暴かれるのである。過去という即自と、想起《アナムネーシス》における反復は、言わば光学的な効果、あるいはむしろ記憶それ自身のエロス的な効果のような、一種の「効果《エフェ》」でもあろう。

時間の、形式、順序、総体、セリー

時間の空虚な形式あるいは第三の総合とは、何を意味するのだろうか。デンマークの王子〔ハムレット〕は、「時間はその蝶番から外れてしまった」と語る。[26] もしかすると、デンマークの哲学者〔キルケゴール〕も同じことを言うのではないだろうか。そして彼は、オイディプス的であるがゆえに、ハムレット的であるのではないだろうか[27]。蝶番、カルドー *cardo*[28] とは、時間によって測定される周期的な運動が通過するまさに機軸《カルディナル》的な点に、その時間が従属しているということを、保証するものである（その時間は、宇宙にも魂にも同様に必要な時間、すなわち運動の数[29]である）。反対に、おのれの蝶番から外れてしまった時間は、発狂した時間を意味している。発狂した時間とは、神が時間に与えた曲率の外に出て、おのれの単純すぎる循環的な形態から自由になり、おのれの内容をつくってくれたもろもろの出来事から解放され、おのれと運動との関係を覆してしまうような、そうした時間であって、要するに、おのれを空虚で純粋な形式として発見する時間なのである。事物は（円環という単純すぎる形態に即して）時間のなかで繰り広げられるのだが、それに反して時間は、それ自身が繰り広げられる（すなわち、円環であることを公然とやめるのである）。時間は、機軸的《カルディナル》なものであることをやめて、順序的《オルディナル》なものに、つまり、純粋な順序としての時間へと生成するのである。ヘルダーリンは、時間は「韻を踏む」のをやめる、なぜなら、時間は、〔詩の〕始まりと終りがもはや一致しなくなるような「中間休止」の前半部と後半部に、おのれを不等に配分するからであると語っていた。[30] わたしたちは、時間の順序を、以上のような中間休止に応じた不等なものの純粋に形式的な配分として定義することができる。そうなれば、〔詩の〕長かったり短かったりする過去〔前半部〕と、その過去に反比例する未来〔後半部〕が区別されるわけだが、ただし、その場合、そのような未来と過去は、時間の経験的あるいは動的な規定ではなくなって、時間の静的な総合としてのア・プリオリな順序に由来する形式的かつ固定的な特徴になる。その場合、時間はもはや運動に従属していないがゆえに、そうした総合は必然的に静的なものである。もっとも根本的な変化の形式〔順序〕があるわけだが、この変化の形式は変化しないのである。《私》の亀裂を構成するものは、まさに、中間休止であり、またその中間休止によって〈これを最後に〉順序づけられる〈前〉と〈後〉である（中間休止は、まさしく亀裂が誕生する点なのである）。

おのれの経験的な内容を放棄し、おのれ自身の根拠を覆した時間は、空虚な形式的順序によって定義されるばかりでなく、さらに総体によって、またセリーによって定義される。何よりもまず、時間の総体という観念は、つぎのような命題に釣り合っている

──任意の中間休止は、時間全体に妥当するユニークで驚異的なひとつの出来事の、つまりひとつの行動のイマージュ[31]のなかで、決定されねばならないということ。そのイマージュは、それ自身、分裂したかたちで、つまり二つの不等な部分をもって存在する。けれどもそのイマージュは、そのようなかたちで、総体としての時間を寄せ集めている。そのイマージュは、不等な諸部分を包摂し、寄せ集めている。しかも不等なものとしてのかぎりにおいて寄せ集めている。そして、その寄せ集められた不等な諸部分に関して、そのイマージュは象徴と呼ばれなければならないのである。総体としての時間に妥当するそのような象徴は、多くの仕方で表現されている。たとえば、〈時間をその蝶番から外す〉、〈太陽を炸裂させる〉、〈火山のなかに身を投じる〉、〈神あるいは父を殺す[32]〉。その象徴的なイマージュは、それが中間休止を、そして〈前〉と〈後〉を寄せ集めているかぎりにおいて、時間の総体を構成する。しかしそのイマージュは、それが、〈前〉と〈後〉を不等なものとして配分するかぎりにおいて、時間のセリーを可能にする。イマージュにおける行動がその時間においては「私には大きすぎる[33]」ものとして定立される、といった〔第一の〕時間が、実際、いつでも存在するのである。そこにこそ、過去あるいは〈前〉をア・プリオリに定義するものがある。出来事はそれ自体成就されるのか否か、行動はすでに起されているか否か、ということはほとんど重要ではない。過去、現在、そして未来が配分されるのは、そのような経験的な基準によるのではない。オイディプスはすでに行動を起してしまった。ハムレットはまだ起していない。しかしいずれにせよ、彼らは、象徴〔行動のイマージュ〕の前半の部分を過去のなかで生きるのだ。彼らは、行動のイマージュを彼らにとって大きすぎるものとして受け取っているかぎり、彼ら自身、過去のなかで生き、過去のなかに投げ返されているのである。第二の時間は、中間休止それ自体を指し示すものであり、したがってその時間は、変身の現在であり、行動に〈等しく－なる〉ということであり、自我の二分化であり、行動のイマージュへのイデア的な自我の投射である（そのような時間は、ハムレットの航海[34]によって、あるいはオイディプスの尋問[35]の結果によって示されている。主人公は行動を起すことが「可能」に〈なる〉ということだ）。未来を発見する第三の時間に関してはつぎのように言えよう。すなわち、その時間が意味しているのは、出来事や行動は、自我の一貫性を排除する秘密の一貫性を有しているということであり、この秘密の一貫性は、出来事や行動に等しくなった自我に背を向けるということであり、まるで新しい世界を孕むものが、多様なものに生じさせるものごとの炸裂によってもぎ取られ散らされるかのように、その秘密の一貫性は、自我を無数の断片に砕いて投射するということである。自我が等しくなってしまった当のもの〔出来事、行動〕は、即自的には不等なものである。そのようなわけで、時間の順序に従ってひび割れた《私》と、時間のセリーに従って分割された《自我》は、互いに対応し、共通の結末を見いだす――名もなく、家族もなく、資格もなければ、自我も《私》もない人間のうちに、秘密の所持者にしてすでに超人たる「平民[36]」を、すなわち、そのバラバラになった肢体が崇高なイマージュの重力に引き付けられてそのまわりを回るような超人を見いだすのである。

第三の総合における反復――欠如によるその条件、変身のその作用者、その無条件的な特徴

　そのような〔行動の〕象徴的なイマージュから見ると、一切は、時間のセリーにおける反復である。過去それ自身は、欠如による反復であり、さらに現在における変身によって構成される別の反復を準備するものである。歴史家は、現在と過去との経験的な対応を追求することがある。けれども、そのような歴史的対応の網状組織は、どれほど豊かなものであっても、相似あるいは類比によってでしか反復を形成しないのである。確かに、それ自身において反復であるものは、過去であり、さらに現在でもあるのだが、これらは、それぞれが他方のうちで反復する異なった二つの様態に基づく反復なのである。歴史というもののなかに、もろもろの事実的な反復が存在するというわけではない。反対に、反復は、何か新しいものが実際に産み出されるための歴史的条件なのである。歴史家の反省においてはじめて、ルターとパウロ、またフランス革命とローマ共和政……などの類似[37]が顕在化するというわけではない。反対に、革命家たちが「復活したローマ人たち[38]」としてのおのれを生きるようにとの決定が、行動が可能に〈なる〉前に直接彼ら自身に対して下されているのである。しかも、彼らが或る本来的な過去の様態で、したがって彼らが必然的におのれを歴史的過去の人物と同一視するといった条件のもと

で、まず反復することによって開始してしまった行動が可能に〈なる〉前にである。反復は、反省概念である以前に、すでに行動の条件である。わたしたちは、過去を構成しているそのような様態でいったん反復し、変身の現在においてもう一度反復するという条件のもとではじめて、何か新しいものを産み出すのである。そしてこの産み出されるもの、つまりそれ自身絶対に新しいものは、これまた、反復、換言すれば、今度は過剰による第三の反復、すなわち永遠回帰としての未来の反復にほかならない。なぜなら、たとえわたしたちが、永遠回帰を、あたかもそれが、時間の全セリーあるいは時間の総体の全体に関与するかのように、つまり、未来におとらず過去や現在にも関与するかのように説明するにしても、この説明は導入的なものにとどまるだけであって、それが有する価値は、問題的で未規定な価値にほかならず、それが有する機能は、永遠回帰の問題を立てるという機能にほかならないからである。永遠回帰は、その秘教的な真理性において、セリーたる第三の時間にしか関わらず、また関わりえないのだ。永遠回帰の規定は、ひたすらそのようなところにある。それゆえに、永遠回帰は、文字通り、未来への信仰、未来における信仰と言われるのである。永遠回帰は、新しいものにしか、すなわち、欠如〔過去〕を条件として、しかも変身〔の作用者、現在〕を介して産み出されるものにしか関与しない。しかし永遠回帰は、条件も作用者も還帰させることはない。反対に、永遠回帰は、その遠心的な力のすべてによって、それらを追放し、それらを否認する。永遠回帰は、所産を自律的なものにし、作品を独立させる。永遠回帰は、過剰による反復であって、これは、そのような欠如もそのような〈等しく－なる〉ということもまったく存続させないのだ。永遠回帰は、それ自身新しいものであり、まさに新しさの全体である。永遠回帰はそれだけで、セリーたる第三の時間であり、未来であるかぎりでの未来である。クロソウスキーの言うように、永遠回帰とは、私自身の一貫性も、私自身の同一性も、自我の、世界の、神の同一性も、すべて排除することによってはじめて定立される秘密の一貫性である。永遠回帰が還帰させるものは、〈平民〉、すなわち〈名もなき人〉である。永遠回帰は、おのれの円環のなかで、死んだ神とひび割れた自我を招き寄せる。永遠回帰は、太陽を還帰させはしない。なぜなら、永遠回帰は太陽の炸裂を前提にしているからだ。永遠回帰は、星雲にしか関与せず、星雲と混じり合っており、星雲のためにしか運動しないのである。だから、わたしたちが永遠回帰を、あたかもそれが時間の総体に関与するかのように説明するかぎり、ツァラトゥストラが一方で悪魔に語っているように、わたしたちはものごとを手軽に考えているのであり、またツァラトゥストラが他方で彼の動物たちに語っているように、わたしたちはものごとの〈手回しオルガンの歌〉(39)をつくっているのである。言い換えるなら、過ぎ去る現在を内容としてもち、想起《アナムネーシス》の過去を形態としてもつような、あまりにも単純な円環のもとに、わたしたちはとどまっているのである。しかしまさに、時間の順序、純粋で空虚な形式としての時間は、そのような円環を壊してしまったのだ。ところで、この時間がそのような円環を壊したのは、ほかでもない、単純性が少なく、はるかに秘密性が高く、はるかに捩れていて、もっと星雲のように混沌としたあの円環のためであり、永遠に偏心的な円環のためであり、セリーとしての第三の時間のなかでそれだけが再形成される当の差異の脱中心化された円環のためである。順序としての時間が《同じ》ものの円環を打ち砕き、時間をセリーに変えるのは、セリーの終りに《他》なるものの円環を再形成するためでしかない。順序の「これを最後に[40]」が現にあるのは、ただひたすら秘教的な最後の円環［永遠回帰］の「その都度」のためである。形式としての時間が現にあるのは、ただひたすら、永遠回帰における非定形なものの啓示のためである。極限的な形式性が現にあるのは、ただひたすら、過度に非定形なもの（ヘルダーリンにおける無形なもの *Unförmliche*）のためである。こうして、根拠は、無底《サン・フォン》に向かって、すなわち、それ自身において回転し、そして〈将-来〉*しか還帰させない普遍的な脱根拠化に向かって、越えられてしまったのである。

永遠回帰における反復という観点からする、悲劇的なものと喜劇的なもの、歴史、信仰[41]

＊《三つの反復に関する注》――とりわけ『ルイ・ボナパルトのブリュメール十八日』に現われているような、マルクスにおける歴史的反復の理論は、つぎのような原理――それはこれまで歴史家たちによって十分に理解されなかったように思われる――に基づいて展開されている。すなわち、歴史における反復は、歴史家による類比あるいは反省概念ではなく、むしろそれは、何よりもまず、歴史的行動そのもののひとつの条件であるということだ。ハロルド・ローゼンバーグは、その点を、

彼の著書の或るたいへん見事な箇所において明らかにした。すなわち、歴史の当事者《アクトゥール》〔俳優〕、作用者〔行動者〕は、過去が有する人物と同一視されるという条件のもとでしか創造を行うことができないのであって、歴史が演劇であるというのは、まさにそうした意味においてのことである。「……かれらの行動は、昔の役割の自発的な繰返しになっていた……この革命的危機こそ、『全く新しい何ものか』を求める努力を強い、歴史に神話のヴェールをかけしめるものなのである。……」（『新しいものの伝統』、「12　復活したローマ人たち」東野芳明・中屋健一訳、紀伊國屋書店、一五八―一五九頁）。

マルクスによれば、反復が、その方向を急に変えるとき、すなわち反復が、変身につながらず、また新しいものの生産につながらないで、かえって一種の退化を、つまり真正な創造とは反対のものを形成するとき、その反復は喜劇的になる。喜劇的な仮装が、悲劇的な変身に取ってかわるのである。ところでマルクスは、そのような喜劇的なあるいは珍妙な反復は、必然的に、進化的あるいは創造的な悲劇的反復の後に到来する、と考えていたように思われる（「歴史上のすべての大事件や大人物は、言わば二度反復する……最初は悲劇として、二度目は茶番として」[42]）。――けれども、そのような時間的順序は、絶対的に基礎づけられているとは思われない。喜劇的反復は、純粋過去という様態で、欠如によってことにあたる。主人公は、「行動が彼には大きすぎる」かぎりにおいて、必然的にそのような反復に立ち向かうのだ。たとえば、ポローニアスの殺人[43]は、欠如によるものであり、喜劇的であり、オイディプスの尋問も同様である。悲劇的な反復は、その後に到来するのであり、それが、変身という契機なのである。そのような二つの契機は、独立性をもっているわけではなく、喜劇的なものと悲劇的なものとの彼岸において、第三の契機のためにのみ存在しているのである。第三の契機とは、何か新しいものが生産され、しかもそれによってまさに主人公が排除されるようなドラマ的反復のことである。しかし、先行する二つのエレメント〔契機〕が抽象的な独立性を手に入れる場合には、つまり〔二つの〕ジャンルになる場合には、変身の失敗が、絶対的なものに高められるにせよやはりひとつのすでに行われた古い変身を前提にしているかのように、まさに喜劇のジャンルが、悲劇のジャンルに後続するのである。

三つの時間をそなえた反復構造は、オイディプスの構造であるばかりでなくハムレットの構造でもある、ということに注目しよう。その構造をヘルダーリンは、オイディプスに関して、比類なき厳密さをもって指摘したのである。すなわち、〈前〉、〈中間休止〉、そして〈後〉。彼の教えによれば、〈前〉と〈後〉という相対的な次元は、〈中間休止〉の位置によって変化しうる（たとえば、オイディプスの長い彷徨に対するアンティゴネーの早い死）。しかし、本質的な点は、三重構造の持続にある。この点に関して、ローゼンバーグは、ヘルダーリンの図式に完全に合致したやり方でハムレットを解釈している。つまり中間休止は、〔ハムレットの〕航海によって構成されているということだ（『新しいものの伝統』、「11　性格の変化とドラマ」、一三七―一五六頁参照）。そのように解釈できるのは、たんにハムレットとオイディプスが内容において似ているだけでなく、ドラマ的な形式においても似ているからである。

ドラマの形式は、三つの反復を統一する形式にほかならない。ニーチェの『ツァラトゥストラ』が一種のドラマであるということ、すなわち一種の演劇であるということは明白である。〈前〉が、欠如もしくは過去という様態で、この本の大部分を占めている。すなわち、この行動は私には大きすぎる、ということである（「青白い犯罪者」[44]という観念、あるいは神の死の喜劇的な物語の全体[45]、あるいは、永遠回帰の啓示を前にしたツァラトゥストラの恐怖の全体[46]を参照せよ――「おまえの果実は熟している、だがツァラトゥストラ、おまえはおまえの果実ほどには熟していないのだ[47]」）。つぎに、中間休止あるいは変身という契機、すなわちツァラトゥストラにとってそこで〔行動が〕可能に〈なる〉その「徴《しるし》[48]」が到来するのである。第三の契機は、永遠回帰の啓示とその肯定であり、ツァラトゥストラの死を巻き込んでいるのだが、その契機は欠落している。周知のように、ニーチェは、その部分を計画はしたのだが、書く時間がなかったのだ。そのようなわけで、わたしたちはこれまでずっと、永遠回帰に関するニーチェの教説は語られなかった、そして未来の作品のために保留されたままだと考えることができたのである。ニーチェは、過去的な条件と現在的な変身だけを述べ、そこから「未来」として帰結するはずの無条件的なものは述べなかったのである。

この三つの時間〔時代〕という主題は、周期に関するたいていの考え方のなかにそれとして認められるし、またすでに見いだされている。たとえば、フィオーレのヨアキムにおける三つの《契約[49]》、あるいはヴィーコにおける三つの時代、すなわち神々の時代、英雄たちの時代、人間たちの時代[50]。最初の時間は、必然的に、欠如によるものであり、そして言わば自己に対して閉じられたものである。第二の時間は、開かれたものであり、英雄の変身を証示している。しかし、もっとも本質的なもの、あるいはもっとも神秘的なものが、第三の時間にあり、この第三の時間は、第一と第二の時間に対して「意味される《シニフィエ》」ものという役割を演じる（たとえばヨアキムは、「意味されるものにとって、二つの意味するものが存在する」と書いていた――『永遠の福音』*L'Évangile éternel*, trad. Ægester, Rieder édit., p.42)。多くの点でヨアキムとヴィーコの連関に依拠しているピエール・バランシュが、その第三の時代を、次のように規定しようと努めている。すなわち、平民、オデュッセウスあるいは「人物《ペルソン》」、「名もなき《人間《オム》》」、弑逆者、あるいは「偉大な犠牲者のバラバラの肢体を探す」現代のオイディプスの時代（不思議な書『社会的輪廻に関する試論』、*Essais de palingénésie sociale*, 1827参照）。

わたしたちは、以上のような観点から、いくつかの可能な、しかし正確には並び立つことのない諸反復を区別しなければならない。⑴周期内部的な反復。先行する二つの時代は、互いに他を反復するのだが、あるいはむしろ同じひとつの「もの」を、すなわち、来たるべき行動もしくは事件を反復するのだが、このような反復の仕方に、周期内部的な反復の本質がある。その反復は、特に、ヨアキムのテーゼであり、これから〈新・旧約聖書の一致〉の一覧表が構成されているのだが、しかしこのテーゼは依然として、反省における単純な類比を越えることができないのである。⑵周期的な反復。ここでは、第三の時代の終りに、そして崩潰の極まりにおいて、一切が再び第一の時代から始まる。このとき、二つの周期の間にもろもろの類比が打ち立てられる（ヴィーコ）。⑶しかし、まさに問題にされなければならないのは、第三の時代に固有な、かつ永遠回帰の名にそれだけが値する反復は存在しないのか、ということである。というのも、先行する二つの時代が反復する当のものは、対自的には、第三の時代でしか現われない何ものかであるのだが、この「何ものか」は、第三の時代では、おのれ自身においておのれを反復するからである。それら二つの「意味作用《シニフィカシオン》」はすでに、反復するものであるが、〈意味される《シニフィエ》〉ものは、それ自身が純然たる反復なのである。第三の状態において永遠回帰として理解されるこの高次の反復は、まさしく、そこにおいて周期内部的な仮定が修正されると同時に、周期的な仮定が反駁されるに十分なものである。事実、一方では、先行する二つの契機における反復は、〔高次の反復においては〕もはや反省における類比を表現することはなく、むしろ、永遠回帰が実際に生産されるための行動の諸条件を表現しているのである。他方では、それら先行する二つの契機は、還帰することではなく、反対に、第三の状態における永遠回帰の再生産によって除去されているのだ。以上のような二つの観点からすれば、ニーチェが「おのれの」考え方をあらゆる周期的な考え方に対置したのは、深く正当なことである（*Schriften und Entwürfe aus den Jahren 1881-1885*, in : Werke, Bd. 12, Leipzig 1901, §106 参照）。

さてこうなると、現在と過去は、以上のような時間の第三の総合においてはもはや、未来の二つの次元でしかないのである。すなわち、条件としての過去、そして作用者としての現在。習慣の総合たる第一の総合は、過去と未来が依存している受動的な土台において、生ける現在としての時間を構成していた。さらに、記憶の総合たる第二の総合は、現在を過ぎ去らせ別の現在を到来させる根拠という観点から、純粋過去としての時間を構成していた。しかし、第三の総合においては、現在はもはや、消去されるべく予定された当事者、作者、作用者でしかない。過去はと言えば、それはもはや、欠如によってことにあたる条件でしかないのである。所産がその条件に対して無条件的な性格をもっていること、および、作品がその作者もしくは当事者に対して独立していることを、或る未来が同時に肯定するのだが、こうした未来を、時間の第三の総合が構成するのである。現在、過去、未来が、三つの総合を通じてそれぞれ《反復》として開示されるのだが、ただしこの開示は、きわめて異なった様態でなされるのである。現在は反復者であり、過去は反復そのものであるが、しかし未来は反復されるものである。ところで、その総体において把握された反復の秘密は、反復されるもの、すなわち〔過去と現在によって〕二度〈意味される《シニフィエ》〉ものにある。最高の反復、それは、他の二つの反復をおのれに従属させ、それらから自律性を剥奪する未来という反復である。なぜなら、第一の総合は、内容と土台としての時間にしか関わらず、第二の総合は、根拠としての時間にしか関わらないのだが、第三の総合はそれらを越えて、時間の順序、総体、セリー、および最終目的に関わっているからである。反復の哲学は、まさにその反復を反復しなければならないがゆえに、すべての「段階《スタッド》〔期〕」を経由する。がしかし、これらの段階を通じて、その哲学は、以下のようなおのれのプログラムを保証するのである——すなわち、反復を未来というカテゴリーにすること——習慣における反復と記憶における反復を利用すること、ただしそれらの反復を段階として利用し、それらを途中で置き去りにすること——馬手《めて》でハビトゥスと戦い、弓手《ゆんで》でムネモシュネと戦うこと——おのれから差異をどうにか「抜き取ら」せておくような反復（ハビトゥス）の内容を拒絶すること——差異を含みはするが、しかしその差異をまたもや《同じ》ものと《似ている》ものに従属させてしまうような反復（ムネモシュネ）の形式を拒絶すること――単純すぎる周期、たとえば、純粋過去が組織する周期（記憶的な、もしくは記憶にないほど古い周期）ばかりでなく、習慣的な現在に耐える周期（慣習的周期）をも拒絶すること――記憶という根拠を、欠如による単なる条件へと変えること、またそればかりでなく習慣という土台を、「ハビトゥス」の破綻へと、作用者の変身へと変えること――作用者と条件を、作品あるいは所産の名のもとに追放すること――反復を、差異がそこから「抜き取ら」れてくる当のものに仕立てあげるのではなく、また差異をヴァリアントとして含むものに仕立てあげるのでもなく、むしろ差異を、「絶対に異なるもの[51]」についての思考およびそれの生産に仕立てあげること――反復は、反復自身に対して、それ自身における差異である、という事態をしつらえること――である。

以上のようなプログラムの項目の大半が、ひとつのプロテスタント的な探究とひとつのカトリック的な探究、つまりキルケゴールとペギーを動かしているのである。この二人の作者が、「おのれの」反復を、習慣における反復と記憶における反復に対立させたのと同程度には、あるいはそれ以上には、だれも、〔習慣における〕現在的反復、もしくは〔記憶における〕過去的反復の不十分さを暴くことはできなかったし、そればかりでなく、ひとが反復から「抜き取る」つもりになっている、あるいは単なるヴァリアントとして理解しているつもりになっているもろもろの差異の状態を、そして想起《アナムネーシス》の陥穽を、さらに周期の単純性を暴くことはできなかったのである。だれも、彼ら以上には、未来というカテゴリーとしての差異を拠り所にすることはなかった。だれも、彼らより確実には、ムネモシュネという古代的根拠とともにプラトン的想起《アナムネーシス》を忌避することはなかった。根拠はもはや、欠如による条件でしかない。欠如による条件と言ったのは、罪において失われ、キリストにおいて再び与えられる条件だからである。またハビトゥスという現在的な土台も、根拠におとらず忌避される。現代の世界において当事者あるいは作用者が、おのれの一貫性、おのれの生、おのれの習慣を失わざるをえないのであれば、そうした〔ハビトゥスという〕土台は、この世界における当事者あるいは作用者の変身から免れはしないのである。[12]

ただキルケゴールとペギーだけが、もっとも偉大な反復者であるだけに、必要な代償を支払う用意をしなかったのである。彼らは、未来というカテゴリーとしてのあの至高の反復を、信仰に託していた。ところで、なるほど信仰は、習慣と想起《アナムネーシス》とを、習慣の自我と想起《アナムネーシス》の神とを、時間の土台と時間の根拠とを、破壊するに十分な威力をそなえている。だが信仰は、わたしたちの手を引いて、神と自我を、その共通の復活においてこれを最後に再発見するよう促すのである。キルケゴールとペギーが、カントを完成したのだ。彼らは、神の思弁的な死を乗り越え、かつ自我の傷を埋め合わせる仕事を信仰に託すことによって、カント主義を実現したのである。〈アブラハムからジャンヌ・ダルクへ〉、すなわち、再発見された自我と再び与えられた神との婚約、これが彼らの問題である。したがって、ひとはその場合、条件の外へ、また作用者の外へ本当の意味で出ることはないのであり、それどころか、習慣を刷新し、記憶を一新するだけなのである。けれども、ひとをつねに、彼自身の信仰の道化に、彼の理想とするもののコメディアンにしてしまうような信仰の冒険がある。なぜなら、信仰は、その信仰にとって固有なものであるような、しかも今度はその信仰の条件となるような《コギト》をそなえ、内的な光としての恩寵の感情をそなえているからである。信仰は、まさしくそのきわめて特殊な《コギト》のなかに反映し、またそこで次のような経験を積むのである。すなわち、信仰の条件〔コギト〕は、当の信仰に、「再び－与えられる」ものとしてのみ与えられうるということ、そして信仰は、その条件から切り離されているばかりでなく、その条件において二分化されるということ。その際、信仰者は、そうした条件が剝奪されているかぎりにおいて、おのれを、悲劇的な罪人として体験するばかりでなく、その条件のなかに反映しそこで二分化されているかぎりにおいて、おのれを、コメディアンかつ道化として、おのれ自身の見せかけ《シミュラクル》として体験するのである。その二種類の信仰者は、笑わずに互いを見つめ合うことはできない。恩寵は、欠けているものとしても与えられたものとしても、同様に他を排除する。いみじくもキルケゴールは、私は信仰の騎士というよりむしろ信仰の詩人、要するに「ユーモリスト」である、と語っていた。彼をしてそのように語らせた原因は、彼自身にではなく、信仰概念にある。そしてゴーゴリの恐るべき冒険は、キルケゴールの場合よりはるかに範例的である。信仰はそれ自身の習慣でありかつそれ自身の想起《アナムネーシス》であるということを、どうして否定できようか。また信仰の対象となる反復は――すなわち、これを最後にパラドクシカルなかたちでことにあたる反復は――喜劇的であるということを、どうして否定できようか。だがそのような反復の下では、別の反復、ニーチェ的反復、つまり永遠回帰の反復が轟いている。この反復は、欠如による真の条件を形成する死んだ神と、作用者の真の変身を形成する崩潰した自我との、別の、いっそう死を意味するような婚約である――ただし、それら二つは、所産の無条件的な特徴のなかでは消えているのだ。永遠回帰は、ひとつの信仰ではなく、むしろ、信仰の真理である。換言すれば、永遠回帰は、分身あるいは見せかけ《シミュラクル》を〔本物から〕切り離し、喜劇的なものを解放して、それを超人のエレメントに仕立てあげるのだ。だからこそ、クロソウスキーの言うように、永遠回帰は、ひとつの教説ではなく、あらゆる教説の見せかけ《シミュラクル》（最高度のイロニー）であり、ひとつの信心ではなく、あらゆる信心のパロディー（最高度のフモール）なのである。すなわち、永遠に来たるべき信心であり教説なのである。これまでわたしたちは、無神論者〔としてのニーチェ〕を信心の観点から判断するようにと、すなわち、その無神論者にそれでもなお生気を与えていると言われる信仰の観点から、要するに恩寵の観点から、その無神論者を判断するようにと、あまりにも強く勧誘を受けてきた。それは、わたしたちが以上とは逆の操作によって勧誘されることのないようにするためであった。逆の操作とは、信仰者〔としてのニーチェ〕に関して、彼に住みついている暴力的な無神論者によって、すなわち恩寵のなかでかつ「その都度〔すべての回〕」のために永遠に与えられるアンチクリストによって、判断するということである。

＊＊＊

反復と無意識――『快感原則の彼岸』

生物心理学的な生は、或る個体化の場を巻き込んでいる。すなわち、そこでいくつかの〈強度の差異〉が興奮というかたちで〈ここかしこ〉に配分されるような個体化の場を巻き込んでいる。差異の解消の量的にして質的なプロセスは、快感(52)と呼ばれている。それらの総体、換言すれば、強度的な場における局所的な差異とその解消との流動的な割りふりは、フロイトが《エス》と呼んでいたものに、少なくとも《エス》の最初の層に対応している。こうした意味からすれば、「エス《サ》」という語は、未知の不気味な代名詞(53)を指示しているばかりでなく、可動的な場所の副詞、つまり興奮とその解消との「ここかしこ《サ・エ・ラ》」をも指示している。そしてまさしくその点において、次のようなフロイトの問題が始まるのである。すなわち、どのようにして快感は、プロセスであることをやめて、原則へと生成しようとするのか、すなわち、局所的なプロセスをやめて、《エス》における生物心理的な生の組織化をもくろむ経験的な原則という価値を身につけようとするのか、という問題である。快感《プレジール》が〈快感《プレジール》をつくる〔ひとを喜ばせる〕〉のは自明であるが、しかしそうしたことはけっして、快感が、ひとをしてその快感を「原則的に」追求させるような体系的な価値をそなえる、ということの理由にはならないのである。これこそまさに、『快感原則の彼岸』がまずはじめに意味していることである。『快感原則の彼岸』とは、その原則における例外のことではまったくないのであって、反対に、快感が実際に原則へと生成する諸条件の規定なのである。さて、フロイトの解答によれば、自由な差異〔強度、フロイトにおいてはエネルギー〕としての興奮は、その解消が体系的に可能になるような仕方で、言わば「備給され《アンヴェスティ》」、「拘束され《リエ》」(54)、束縛されている。差異の拘束あるいは備給によって一般に可能になる対象は、けっして快感そのものではなく、むしろ、快感が身につける原則という価値なのである。そこでわたしたちは、散在している〔興奮の〕解消から、《エス》の第二の層あるいは組織化の発端を構成している統合段階へ考察を進めよう。

第一の総合と拘束――《ハビトゥス》

さて、そのような〔差異の〕〈拘束〉は、真の再生の総合すなわちハビトゥス(55)である。或る種の動物は、光に基づく散在し拡散した興奮を、おのれの身体の或る特権的な表面において再生するよう仕向けることによって、おのれの眼を形成する。眼は光を拘束するのであり、眼それ自身が拘束された光なのである。この例だけを見ても、そのような総合がどれほど複雑であるかがわかる。というのも、なるほど、拘束すべき差異〔強度、この場合は興奮〕を対象としている再生という能動性が存在するわけだが、しかしもっと深いところでは、反復という受動が存在するのであって、ここから、ひとつの新たな差異（形成された眼、あるいは見る自我）が生じるのである。差異としての興奮は、それだけですでに、ひとつの要素的な反復の縮約であった。〈興奮〉が今度はひとつの反復の要素へと生成するかぎりにおいて、縮約を遂行するような総合は、まさに拘束と備給によって表象＝再現前化された第二の力《ピュイサンス》〔２乗《ピュイサンス》〕へと高められている。備給、拘束、あるいは統合は、受動的総合であり、第二段階《ドウグレ》〔２次《ドウグレ》〕の観照－縮約である。〈欲動《ピュルジオン》〉は、拘束された興奮以外のなにものでもない。それぞれの拘束の水準において、一個の自我が《エス》のなかで形成される。ただし、この自我は、受動的で、部分的で、幼生で、観照しかつ縮約する自我である。《エス》には、局所的な自我がひしめきあい、〔興奮の〕拘束に対応したもろもろの統合が遂行される際に、まさにそれら局所的な自我が、《エス》に固有な時間を、すなわち生ける現在という時間を構成するのである。それらの自我はそのまま〈ナルシシズム〔自己愛〕的〉であるのだが、このことは、〈ナルシシズム〉とは自己自身に対する観照ではなく、別の事物を観照するときに〔おのれを〕自己のイマージュで満たすことである、という点を考え合わせれば容易に説明がつく。すなわち、〔形成された〕眼、つまり見る自我は、おのれが拘束する興奮を観照することによって、おのれを自己のイマージュで満たすのである。この自我は、おのれ自身を産み出すのであり、おのれが観照する対象から（そしておのれが観照によって縮約し備給する対象から）「おのれを抜き取る」のである。だからこそ、拘束から生じる〈満足〔充足〕〉は、当然のことながら自我それ自身の「幻覚的」満足なのであり、この場合もちろん、幻覚は拘束の現実性と矛盾しないのである。以上のすべての意味において、〔興奮の〕拘束は、純粋な受動的総合、すなわち満足一般の原則という価値を快感に付与するハビトゥス、を表象＝再現前化している。要するに、《エス》〔における自我〕の組織化は、習慣による組織化なのである。

　したがって習慣の問題は、習慣を快感に従属させているかぎりでは、うまく立てることができない。一般に、一方では、習慣における反復は既得の快感を再生しようとする欲望《デジール》によって説明されると考えられている。他方では、その反復は不快な緊張それ自体に関わっている。ただし、関わっているといっても、獲得さるべき快感を目ざしてそうした緊張を支配するために関わっている、と考えられている。明らかに、それら二つの仮定はすでに快感原則を前提にしている。すなわち、既得の快感の観念、および獲得さるべき快感の観念は、快感原則のもとでしか作用せず、また、その原則の二つの適用を、すなわち過去と未来を形成しているということだ。ところが、反対に習慣は、〔興奮の〕拘束の受動的総合である以上、快感原則に先行しており、その原則をむしろ可能にしているものである。そして、過去と未来が、すでに見たように生ける現在の総合から生じるのと同様に、快感の観念は、習慣から生じるのである。そのような拘束は、快感原則の創設をその結果としているのであって、この原則を前提とするようなものを目指すわけがない。快感が一個の原則という威厳を手に入れるまさにそのとき、そしてそのときにのみ、快感の観念は、快感原則に包摂されたものとして、ひとつの追想のなかであるいはひとつの計画のなかで作用するのである。このとき、快感は、それ自身の瞬間性からはみ出て、満足一般という様相を呈するようになる。（そして、快感観念が実験をする者の頭のなかをよぎっただけという条件のもとでは、「客観的」な概念、たとえば〈成就〉とか〈成功〉といった概念を、主観的なものにすぎると思われる快感という審廷のかわりに用いようとする試みがなされ、またもやこれが、〔快感〕原則によって与えられるそのような拡張〔満足一般〕を証示するのである。）もちろん経験的なレヴェルでは、わたしたちは、既得のあるいは獲得さるべき快感に従属したものとしての反復を体験するということはありうる。しかし、いま述べたような条件のレヴェルでは、事態は逆になる。〔興奮の〕拘束という総合は、興奮を支配しようとする意図あるいは努力によっては説明されえない。たとえ、その総合が、こうした意図や努力を結果として伴うにしてもである[13(56)]。重ねてわたしたちは、再生の能動性と、その再生によって覆われている〔習慣における〕反復という受動を混同しないよう警戒しなければならない。興奮に関する反復の真の目的は、そうした受動的総合を、快感原則と、未来と過去というその適用例とが生じてくる一つの力＝累乗《ピュイサンス》へと高めるところにある。習慣における反復、あるいは〔興奮の〕拘束という受動的総合は、したがって、〔快感〕原則の「彼岸」に存在するのだ。

そうした最初の彼岸は、それだけですでに、一種の先験的《感性論》を構成している。

この感性論がわたしたちにはカントの感性論よりもさらに深遠に思われるのは、カントが受動的な自我をたんなる受容性によって定義したとき、彼は、諸感覚《サンサシオン》を、それら感覚の表象＝再現前化のア・プリオリな形式――空間と時間として規定された形式――に関係づけただけであり、したがって彼が問題にした諸感覚はすでに、すっかり出来あがったものであったからである。また、そうすることで彼は、空間を漸進的に合成していくという立場を自らに禁じることによって受動的な自我を統一したばかりでなく、また、その受動的な自我からあらゆる総合能力を剝奪したばかりでなく（総合は能動性にあてがわれた）、さらに、《感性論》の二つの部分、すなわち、空間形式によって保証される感覚という客観的なエレメントと、快と苦において具現される主観的なエレメントを切断したからである。(57) 反対に、これまでの〔わたしたちの〕分析のねらいは、次の点を指摘しようとするところにあった。すなわち、受容性〔感性〕は、局所的な自我の形成によって、つまり観照あるいは縮約という受動的総合によって定義されなければならず、しかもこれらの受動的総合が、諸感覚を受けとる可能性と、それら感覚を再生する力《ピュイサンス》＝累乗と、快感によって引き受けられる原則という価値とを同時に説明するという点である。

第二の総合――潜在的な諸対象と過去

ところが、受動的総合から、或る二重の展開が、たいへん異なる方向をとって現われてくる。一方においては、能動的総合が、受動的総合を土台として打ち立てられる。この能動的総合の本領は、拘束された興奮を、現実的なものとして、かつわたしたちの諸行動の目標として定立された対象に関係づけるところにある〔すなわち、再認の〔能動的〕総合。これは、再生という受動的総合に支えられている〕。この能動的総合を定義するものこそ、いわゆる〈「対象」関係〉における〈現実吟味〉である。正確な言い方をするなら、《自我》は、〈現実原則〉に従ってはじめて、「おのれを能動化し」、おのれを能動的に統一し、おのれの構成要素的で観照的なもろもろの微小な受動的自我を寄せ集め、そして、おのれを《エス》から〈場所論的《トピッシュ》〔局所論的〕〉に区別しようとするのである。受動的自我はそれぞれ、すでに統合であった。ただしそれは、数学者が言うような意味で、局所的《ロカル》でしかない統合《アンテグラシオン》〔積分〕であった。他方、能動的な自我は、大域的《グロバル》な統合〔積分〕の試みである。現実の定立を、外的な世界が産みだした効果であると言ったり、あるいは、受動的総合が遭遇したもろもろの失敗の帰結であるとまで言うのであれば、それはまったく間違っているだろう。反対に現実吟味が、否定的判断という姿をとってというより、むしろ、〈紐帯〉[58]にとってその支えとして役立つ「実詞的《スユブスタンティフ》」なものへ向かっての拘束の超出という姿をとって、自我の能動性のすべてを駆り立て生き生きとさせ、鼓舞するのである。また、現実原則を、あたかも快感原則に対立し、快感原則を限定し、快感原則に断念を強いるものであるかのように考えるとすれば、やはりそれも間違いであろう。現実原則は快感原則を越え出てゆくものであるが、その二つの原則は結局、同じ道を進んでいるのである。なぜなら、直接的な快感の断念は、快感そのものが受け入れる原則という役割のなかに、すなわち、快感観念が過去と未来に関して引き受ける役割のなかに、すでに含まれているからである。原則へと生成すれば、かならず義務をもつというわけだ。現実と、その現実がわたしたちに示唆する断念は、快感原則によって獲得されるマージンあるいは拡張〔満足一般〕を増殖させるだけであり、現実原則は、能動的総合を、先行的な受動的諸総合のうえに打ち立てられるものとして規定するだけである。

しかし現実的な諸対象は、つまり、現実として、あるいは〈紐帯〉の支えとして定立される対象は、自我の唯一の対象を構成しているわけではなく、また同様に、いわゆる対象関係の総体を説明し尽くしているわけでもない。わたしたちは、〔前の段落で〕二つの同時的な次元〔方向〕を区別していた。その区別からすれば、受動的総合は、能動的総合へと越え出てゆくときには、必然的にもうひとつ別の方向に向かって深化するのであり、この方向では、受動的総合は、おのれとは別のものに達するために、拘束された興奮を利用しながら、ただし現実原則の流儀とは異なる流儀でその興奮を利用しながら、それでもなお受動的で観照的な総合にとどまっているのである。しかも明白なことに、受動的総合が、能動的総合と同時に持続し、それなりの理由で同時におのれを展開し、能動性に関する非対称的でもあれば相補的でもある新たな定式を見いだすというのでなければ、能動的総合が受動的総合のうえに構築される可能性はまったくないのである。歩き始めたばかりの幼児は、おのれの興奮を、それが内因的なものであり幼児自身の運動から生じるものではあっても、受動的総合において拘束するだけで済ましているわけではない。幼児はけっして内因的な仕方で歩いたのではない。幼児は、一方で、興奮の拘束という段階を越え出て、ひとつの〔現実的な〕対象の定立、あるいはそれへの志向性へ向かう。たとえば、努力の目標としての母、すなわち、「現実において」能動的に立ち戻るべき項としての、つまり幼児がそれと比べて自分の成功と失敗を測るその項としての母。しかし幼児は、他方でしかも同時に、自分のためにそれとは別の対象を、つまりまったく別のタイプの対象を構成するのであって、それは、幼児の現実的な能動的活動の進歩を統制し、その失敗を補償するようになる潜在的な対象あるいは焦点〔虚焦点〕なのである。たとえば、幼児は自分の口のなかに指を何本か入れ〔おしゃぶりをし〕、他方の腕でそのような〔潜在的な〕焦点〔としての母〕をかき抱き、そしてその潜在的な〔焦点としての〕母という観点から状況の総体を把捉するのである。幼児の視線は現実的な母〔という対象〕に向けられるということ、かつ、潜在的な〔母という〕対象はみかけの能動的活動（たとえば、おしゃぶり）の項になっているということは観察者に誤った判断を吹き込むおそれがある。おしゃぶりは、受動的総合の深化において観照さるべき潜在的な対象を提供するためにしか、なされないのである。現実的な母の方は、逆に、能動的総合における行動の目標として、かつそうした行動の評価の基準として役立つためにしか、観照されないのだ。ここで幼児の自己中心性《エゴサントリスム》(59)を語るのは、不真面目なことである。一冊の本を、読むことができないままにただ読む真似だけをし始めた幼児は、決して間違えることがない。たとえば、彼は、いつでも本を上下さかさまにして置く。まるで彼は、その本を彼の能動的活動の現実的な項としての他者に差し出しているように見えるのだが、しかし同時に彼自身は、さかさまの本の状態を、彼の受動の、つまり彼の深化した観照の潜在的な焦点として捉えているのである。極左思想とか、〔幼児や精神病患者にみられる〕裏返しの文字の書き方とか、或る種の吃音とか、或る種の常同症といった、たいへん異なるいくつかの現象が、幼児の世界における二重の焦点によって説明されうるだろう。ただし、重要なのは、その二つの焦点のいずれもが自我ではないということである。ひとは、幼児のふるまいを、いわゆる「自己中心性《エゴサントリスム》」の支配下にあるものと解釈したり、幼児のナルシシズム〔自己愛〕を、自分とは別の事物の観照を排除するものと解釈しているが、いずれにせよそのようなことができるのは、同じ無理解のなかに陥っているからである。まことに、拘束という受動的総合から出発して、あるいは拘束された興奮から出発して、幼児は二重のセリーに沿っておのれを構築するのだ。もちろんその二つのセリーは、対象的《オブジェクタル》なものである。一方は、能動的な総合の相関者としての現実的な対象のセリーであり、他方は、受動的総合の深化の相関者としての潜在的な対象〔虚焦点〕のセリーである。深化した受動的自我が、いまやおのれをナルシシズム的イマージュで満たすのは、まさに虚焦点を観照することによってである。一方のセリーは、他方のセリーなしには存在しえないだろう。

だがそれでもなお、それら二つのセリーは類似してはいないのである。だからこそ、アンリ・マルディネが、たとえば幼児の歩行を分析することによって、幼児の世界は、けっして循環的でも自己中心的でもなく、むしろ楕円的であり、本性上は異なりながらいずれも客観的もしくは対象的《オブジエクタル》な二重の焦点をもっていると述べているのは、まことに当を得たことである。[14] それら二つの焦点の非類似のゆえに、おそらくその一方から他方に向かって、或る交差、或る捩れ、或るラセン、つまり或る8の字の形が形成されてさえいるだろう。では自我についてはどうだろうか。互いに交わる二つの非対称的な円環、すなわち現実的な対象の円環と潜在的な対象あるいは焦点の円環とがそれでもなお接合し、8のかたちで交差するにせよ、その地点においてではなく、それとは別に自我と《エス》との場所論的区別においては、自我とはいったい何であるのだろうか、そしてどこにあるのだろうか。

まさしく以上の二つの相関的なセリーの二重性にこそ、〈自己保存欲動〉と〈性欲動〉との異化＝分化を結びつけなければならない。なぜなら、自己保存欲動は、現実原則の構成、能動的総合と能動的な大域的自我との基礎づけ、満足または脅威を与えるものとして了解される現実的な対象との諸関係から切り離すことができず、他方、性的欲動は、虚焦点の構成や、受動的な総合の深化や、潜在的対象に対応する受動的自我の深化からなおさらのこと切り離しえないからである。たとえば、前性器的な〈性愛《セクシユアリテ》〉においては、行動はつねに、観察、観照であるが、しかし観照されるもの、観察されるものはつねに、潜在的なものである。それら二つのセリーは互いに他方なしで存在することはないのであって、それが意味しているのは、それらのセリーはたんに互いに補完し合うだけでなく、さらにそれら相互の非類似と本性上の差異のゆえに、互いに他方に依存し合い、他方で身を養っているということである。潜在的なものは現実的なもののセリーから控除されているということ、しかも、潜在的なものは現実的なもののセリーに〈体内化〉されているということが、同時に確認されるのである。そのような控除は、何よりもまず、或る〈分離《イゾラシオン》〉、つまりある中断を巻き込んでいる。これは、現実的なものからひとつのポーズ、ひとつのアスペクト、ひとつの部分を引き出すためにその現実的なものを凝固させる。ただし、そうした分離は、質的なものである。分離の本領は、現実的な対象からひとつの部分を抜き出すことにあるばかりではない。抜き出された部分は、潜在的な対象として機能することによって新たな本性を獲得する。潜在的な対象は、〈部分対象〉なのである。そう言えるのは、たんに、潜在的な対象が、現実的なもののなかに残存している対象を欠いているからというだけでなく、さらに、潜在的な対象が、それ自身においてかつそれ自身に対して、〈分裂〉し、二分化され、互いに一方が、つねに、他方において欠けているような二つの潜在的な部分になるからである。要するに、潜在的なものは、現実的な対象に関わる大域的な特徴には服従していないのだ。潜在的なものは、その起源からしても、またそればかりでなくその固有な本性からしても、切片であり、断片であり、剥皮である。潜在的なものは、それ自身の同一性において欠けるところがあるのだ。〈良い母と悪い母〉、あるいは父親的二重性に基づく〈謹厳な父と遊んでくれる父〉は、二つの部分対象ではなく、分身においておのれの同一性を失ってしまっているものとしての同じもの〔自体〕なのである。能動的総合が受動的総合を越え出て、大域的な〔自我の〕統合および全体化可能な同一的な〔現実的〕対象の定立へ向かうとき、受動的総合は、深化しながら、おのれ自身を越え出て、全体化されえない部分対象の観照へ向かう。この部分的あるいは潜在的対象はまた、様々なかたちで、まさにメラニー・クラインの〈良い対象と悪い対象〉においても、〈「過渡的」対象〉においても、物神《フエティッシュ》－対象においても、そして特にラカンの対象a(60)においても再び見いだされるのである。フロイトはそれに先立って、どのようにして前性器的な性愛《セクシュアリテ》が、自己保存欲動の働きから控除された部分欲動で成り立っているのかということを、決定的なやり方で指摘していた。ことごとく虚焦点として、つまり性愛《セクシュアリテ》が関与するつねに二分化された極として機能するような、それ自体部分的な諸対象が、そのような控除の前提になっているのである。

　逆に見るなら、そうした潜在的な対象〔虚焦点〕は、現実的な対象のなかに体内化されている。その意味で、潜在的な諸対象は、主体の身体の、もしくは自分とは別の人物の諸部分に対応する、あるいは、玩具、物神《フエティッシュ》といったタイプのきわめて特別な諸対象に対応するとみなすことができる。そのような〈体内化〉は、主体の諸限界からはみ出ているので、けっして〈同一化〉でも、〈取り込み《アントロジエクシオン》〉でもない。体内化は、〈分離〉に対立するどころか、反対に分離を補完するものである。だが、潜在的な対象は、どのような現実のなかに体内化されていようと、どの現実のなかにも統合されてはいないのである。潜在的な対象は、現実のなかに、むしろ植え込まれ、打ち込まれているのであって、現実的な対象のなかに、その対象を補う半身を見いだすことはなく、反対に、その現実的な対象のなかに、あい変わらずその対象に欠けている別の潜在的な半身を証示しているのである。メラニー・クラインが、どのようにして母の身体は潜在的な諸対象を含むのかという点を指摘しているが[61]、その場合、母の身体は潜在的な諸対象を全体化あるいは包括していると考えるべきではなく、またそれらの対象を所有していると考えるべきでもなく、むしろ、それらの対象が母の身体に、まるで何か別の世界の樹木のように、ゴーゴリにおける鼻のように、デウカリオンの石[62]のように植え込まれていると考えるべきである。しかしそれでもなお、〔現実的な対象への潜在的な対象の〕体内化は、つぎのような統合のための条件であることに変わりはない――すなわち、自己保存欲動とそれに対応した能動的総合が、それら自身の能力とそれらなりの立場で、性愛《セクシュアリテ》を、現実的な対象のセリーへと誘導して、現実原則によって支配された領域へ外部から統合するということ。

潜在的な対象は、本質的に過去的なものである。ベルクソンは、『物質と記憶』において、ひとつは現実的で他のひとつは潜在的な二つの焦点をそなえた世界に関する図式を提示していた。そしてこの世界から、一方では「知覚－イマージュ」のセリーが、他方では「追憶《スヴニール》－イマージュ」のセリーが発出し、その二つのセリーは終りなき回路のなかで組織されるのである。潜在的な対象は古い現在なのではない。なぜなら、現在という質と、過ぎ去るという様態は、能動的総合によって構成されたセリーであるかぎりでの現実的なもののセリーに、いまやそれしかないといったやり方で関与するのだが、しかし純粋過去は、すなわちおのれ自身の現在と同時的で、過ぎ去る現在に先立って存在し、あらゆる現在を過ぎ去らせる過去としてすでに定義された純粋過去は、潜在的対象の質を表わしているからである。潜在的対象は純粋過去の切片である。虚焦点〔潜在的対象〕に対する私の観照の高みからしてはじめて、私は、過ぎ去る私の現在と、虚焦点が体内化されている現実的対象の継起とに立ち会い、それらを司るのだ。その理由は、そうした虚焦点の本性に見いだされる。現前する現実《レエル》的対象から控除されている潜在的対象は、本性上、その現実的対象と異なる。潜在的対象は、それがそこから抜き出されてくる当の現実的対象に比べて、何ものかが欠けているばかりでなく、さらに、それ自身において、何ものかが、すなわち、つねに自己自身の半身であるものが欠けているのであって、潜在的対象は、自己自身のそうしたもうひとつの半身を、異なるもの、不在のものとして定立するのである。ところでこの不在〔のもの〕は、やがてわたしたちが見るように、否定的なものとは反対のもの、つまり永遠の〈自己の半身〉である。こうした不在のものは、存在するべきところには存在しない場合にのみ、それが存在するところに存在しているのである。それは、存在しないところで探し求められる場合にのみ、それが発見されるところに存在しているのである。またそれと同時に、不在のものは、その不在のものをもっている者たちによっては所有されていないのであり、逆に言えば、不在のものは、その不在のものを所有していない者たちによってもたれているのである。不在のものはいつでもひとつの「存在していた」ということなのである。わたしたちにとって以上のような意味で範例的に思われるのは、ラカンの著作〔『エクリ』〕の或る箇所であり、そこで彼は、潜在的対象をエドガー・ポーの盗まれた手紙になぞらえている。ラカンの教えるところでは、現実的対象は、現実原則のゆえに、どこかに存在するかあるいは存在しないかのいずれかであるという法則に従っているのだが、潜在的対象は反対に、それがどこへいってしまおうと、それが存在するところに存在しかつ存在しないということを特性としているのである。「隠されているものとは、結局のところ、あるべき場所に欠けているものでしかないのであって、それはちょうど、図書館のなかで或る一冊の本の行方がわからなくなったときに、その本を探すといったことで表現されるような事態である。これはあるべき場所に欠けている、と文字通りに《ア・ラ・レトル》〔その手紙において〕言えるのは、その場所を変えうるもの、すなわち象徴的なものに関してだけである。なぜなら、ほかならぬ現実的《レエル》なものこそが、その現実的なものにどれほどの混乱がもたらされうるにせよ、〔あるべき場所に〕(63)つねにどんな場合でも現存するからであり、またあるべき場所をおのれの足裏にくっつけて運んでゆき、その際おのれをあるべき場所から追放しうるようなものについては何も認めないからである」。純粋過去、すなわちその普遍的な可動性、普遍的な遍在性が、現在を過ぎ去らせ、そして永遠に自己自身と異なるような純粋過去に、過ぎ去り、そして自己と共に運び去られる現在を、これほどうまく対立させた者はだれもいなかった。潜在的対象は、ひとつの新しい現在と比べて過ぎ去っている〔過去である〕というのではまったくないし、その対象がかつては現在であったという場合の現在と比べて過ぎ去っている〔過去である〕というのでもない。潜在的対象は、凝固した現在のなかで、その対象がそれであるところの当の現在〔現前するもの〕と同時的であるものとして、換言すれば、潜在的対象が、一方では同時にそれであるところの当の部分を他方では欠いているものとして、すなわち、潜在的対象があるべき場所に存在するときに置き換えられているものとして、過ぎ去っている〔過去である〕のだ。だからこそ、潜在的対象は、自己自身の断片としてでしか現実存在《エグジステ》しないのだ。すなわち、潜在的対象は、失われたものとしてでしか見いだされず――再発見されたものとしてでしか現実存在《エグジステ》しないのである。この場合、紛失と忘却は、乗り越えられるべき規定だというわけではなく、反対に、忘却のただなかで、かつ失われているかぎりにおいて、再発見されるようなものの客観的な本性を指示しているのである。潜在的対象は、現在〔現前するもの〕としての自己と同時的であり、おのれ自身にとっておのれ自身の過去であり、現実的なセリーのなかで過ぎ去るあらゆる現実に先立って存在するのであって、まさにそのような対象こそが純粋過去に属しているのである。潜在的対象は、純然たる断片であり、自己自身の断片である。だが、たとえば身体的な経験におけるように、質を変化させ、現実的諸対象のセリーのなかで現在を過ぎ去らせるのは、まさにそうした純然たる断片の〔現実的対象への〕体内化なのである。

エロスとムネモシュネ

以上のようなところに、エロスとムネモシュネの紐帯がある。エロスは、純粋過去から潜在的対象を引き抜いて、わたしたちにそれを生きるべく与えてくれる。ラカンは、すべての潜在的対象つまり〈部分対象〉の下に、象徴的な器官としての「男根《ファルス》」を発見している。彼が男根という概念をそのようにして拡張する（つまりその概念にすべての潜在的対象を包摂させる）ことができるのは、その概念が実際に前述の諸特徴を含んでいるからである。すなわち、おのれ自身の不在と、過去としての自己とを証示していること、本質的に自己自身に対して置き換えられていること、失われているかぎりでしか見いだされないこと、分身において同一性を失うようなつねに断片的な存在であること。――それというのも、男根は、母なるものの側でしか探し求められえず発見されえないからであり、[64]男根はまた、場所を変えるということをそのパラドクシカルな固有性にしており、〈去勢〉という主題が示しているように、「ペニス」をもっている者によっては所有されていないが、しかしペニスを所有していない者によってもたれているからである。象徴的な男根は、性愛《セクシュアリテ》の記憶にないほど古い様態だけでなく純粋過去のエロス的な様態をも意味している。そのような象徴は、かつて現在であったためしのない過去にとって妥当しながらつねに置き換えられる断片、すなわち対象＝x[65]である。しかし、このような観念は、何を意味しているのだろうか。潜在的対象は、結局のところ、それ自身象徴的なエレメントに何を送り返すのだろうか。

反復、置き換えと偽装——差異

もとより、いま検討しているのは、反復が有する精神分析的な、すなわち愛に関する遊び＝ゲームの全体である。現実的《レエル》なセリーにおいて、一方の現在から他方の現在へ向かって、すなわちアクチュアルな現在から古い現在へ向かって遂行されるような反復を理解することができるかどうか、それが問題なのである。そのような反復があるとするなら、古い現在は、或る複雑な点の役割を、言わばあるべき場所にとどまって引力を発揮するような究極的なつまり根源的な項の役割を果たすだろう。その古い現在こそが、反復さるべきもの *chose* を提供するだろうし、またその古い現在こそが、反復の全プロセスの条件となるだろう。しかし、その古い現在はまた、反復から独立してもいるだろう。〈固着〉と〈退行〉、さらに〈外傷〉、〈原光景〉という概念が、以上のような最初のエレメントを表現している。したがって、そうした反復のプロセスは、同じものの反復としての、物質的で、生《なま》の、裸の反復に権利上一致するだろう。この場合、「反復自動症」「反復強迫[66]」が、固着した欲動の様態を、あるいはむしろ固着ないしは退行を条件とする反復の態様を表現しているのである。そして、新しい現在を古い現在から区別するすべての種類の偽装、無数の仮装、あるいは置き換え㊼によって、そうした物質的な〔反復という〕モデルが、事実上乱され覆われてしまうのは、たとえ必然的に根拠があるにせよやはり二次的でしかないことなのである。たいていの場合、〈歪曲〉は、〔リビドーの〕固着にも反復そのものにも属していず、むしろ固着や反復に付け加わり、重なり合うだろうし、固着や反復に必然的に、ただし外から衣装を着せにやって来るだろう。歪曲は、反復するものと反復されるものとの〈反復における〉〈葛藤〉の指標となる〈抑圧〉によって説明されるだろう。固着、反復自動症〔反復強迫〕、抑圧というたいへん異なる三つの概念は、反復に対して最初のもしくは最後のものとして仮定された〔反復される〕項、反復を覆う偽装に対して裸の反復として仮定された反復、葛藤の威力によって必然的にその反復に付け加わる偽装、といった三つの区別を証示しているのである。生命のない物質への還帰というフロイトにおける〈死の本能㊽〉の考え方でさえ、また特にその考え方が、究極的な項の定立と、物質的で裸の反復というモデルと、生と死の葛藤の二元論とに、同時に結びつけられたままなのである。古い現在が作用するのは、その客観的な現実《レアリテ》においてではなく、その古い現在が生きられたり想像されたりする形式においてであるという事態には、ほとんど重要性がない。というのも、この場合想像力は、生きられた現実としての現実的なもののセリーにおける二つの現在のあいだで発生する共鳴を取り集めるためにしか、またそれらの項どうしの偽装を保証するためにしか、介入してこないからである。想像力は、古い現在のもろもろの軌跡を取り集める。想像力は、古い現在をモデルにして新しい現在をつくる。精神分析における反復強迫の伝統的な理論は、本質的には依然として、現実主義的〔実在論的〕であり、唯物論的であり、また主観的あるいは個人主義的である。現実主義的であるというのは、一切は現在と現在とのあいだで「過ぎる〔生じる〕」からである。唯物論的であるというのは、自動的な生《なま》の反復というモデルが依然として下にひそんでいるからである。個人主義的、主観的、独我論的、あるいはモナド的であるというのは、古い現在、すなわち偽装され反復されたエレメントと、新しい現在、すなわち仮装した反復のアクチュアルな諸項とが、主観の二つの表象＝再現前化として、すなわち、一方は無意識的で他方は意識的な、一方は潜在的で他方は顕在的な、一方は抑圧し他方は抑圧される二つの表象＝再現前化として考えられているにすぎないからである。そのようにして、反復の理論の全体は、その現実主義の、その唯物論の、主観主義の観点から、たんなる表象＝再現前化の諸要請に従属させられているのである。ひとは反復を、古い現在における同一律と、アクチュアルな現在における類似規則に服従させているのだ。わたしたちは、フロイトにおける或る種の系統発生[69]の発見も、ユングにおける〈元型〉の発見も、以上のような見方の欠陥を改めるには至っていないと思う。〈想像的なもの〉の諸権利をまとめて現実の諸事実に対置してみても、究極的あるいは根源的なものとみなされた或る心的な「現実《レアリテ》〔実在性〕」がやはり問題になる。精神を物質に対置してみても、おのれの最後の同一性に身を据え、おのれの派生的な諸類比で身を支えている或る露出した裸の精神が、やはり問題になる。〔ユング的な〕集団的あるいは宇宙的無意識を個人的無意識に対置してみても、集団的無意識は、文化の主観であろうと世界の主観であろうと、とにかく独我論的な主観に、若干の表象＝再現前化を吹き込みうるおのれの力能によってでしか作用しないのである。

これまでわたしたちは、反復のプロセスを考えるにあたって、その難しさを何度も強調してきた。二つの現在、二つの〔原〕光景、あるいは二つの出来事（幼児期のものと成人期のもの）を、時間によって隔てられたそれぞれの実在性《レアリテ》〔現実〕のなかで考察する場合、古い現在は、アクチュアルな現在に間隔を置いて作用し、そのアクチュアルな現在を〔おのれをモデルにして〕つくりながら、反対にそのアクチュアルな現在からおのれの全有効性を受け取るというのは、いったいどうしたことであろうか。また、時間的間隔を埋めるために必要不可欠な想像的な働きを援用する場合、その想像的な働きは、反復を独我論的主体の錯覚としてでしか存続させないにもかかわらず、結局のところそれら二つの現在の全実在性を吸収してしまわないというのは、いったいどうしたことであろうか。しかし、それら二つの現在〔古い現在とアクチュアルな現在〕が、もろもろの実在的《レエル》なものからなるセリーのなかで可変的な間隔を置いて継起するということが真実であるとしても、それら二つの現在はむしろ、別の本性をもった潜在的対象に対して共存する二つの現実的なセリーを形成しているのである。しかもその別の本性をもった潜在的対象は、それはそれでまた、それら二つの現実的なセリーのなかで、たえず循環し置き換えられるのだ（たとえ、それぞれのセリーのもろもろの位置や項や関係を実現する諸人物、つまり諸主体が、それらとしては依然、時間的に区別されているにしてもである）。反復は、ひとつの現在からもうひとつの現在へ向かって構成されるのではなく、むしろ、潜在的対象（対象＝x）に即してそれら二つの現在が形成している共存的な二つのセリーのあいだで構成されるのだ。潜在的対象は、たえず循環し、つねに自己に対して置き換えられるからこそ、その潜在的対象がそこに現われてくる当の二つの現実的なセリーのなかで、すなわち二つの現在のあいだで、諸項の想像的な変換と、諸関係の想像的な変容を規定するのである。潜在的対象の置き換えは、したがって、他のもろもろの偽装とならぶひとつの偽装ではない。そうした置き換えは、偽装された反復としての反復が実際にそこから由来してくる当の原理なのである。反復は、実在性《レアリテ》の〔二つの〕セリーの諸項と諸関係に関与する偽装とともにかつそのなかで、はじめて構成される。ただし、そうした事態は、反復が、まずもって置き換えをその本領とする内在的な審廷としての潜在的対象に依存しているがゆえに成立するのだ。したがってわたしたちは、偽装が抑圧によって説明されるとは、とうてい考えることができない。反対に、反復が、それの決定原理の特徴的な置き換えのおかげで必然的に偽装されているからこそ、抑圧が、諸現在の表象＝再現前化に関わる帰結として産み出されるのである。そうしたことをフロイトは、抑圧という審廷よりもさらに深い審廷を追究していたときに気づいていた。もっとも彼は、そのさらに深い審廷を、またもや同じ仕方でいわゆる

〈「原」抑圧〉と考えてしまってはいたのだが。ひとは、抑圧するから反復するというのではなく、かえって反復するから抑圧するのである。また、結局は同じことだが、ひとは、抑圧するから偽装するのではなく、偽装するから抑圧するのであり、しかも反復を決定する焦点〔潜在的対象〕の力によって偽装するのだ。偽装は反復に対して二次的であるということはなく、それと同様に、反復が、究極的あるいは起源的なものと仮定された固定的な項〔古い現在〕に対して二次的であるということもない。なぜなら、古い現在と新しい現在という二つの現在が、共存する二つのセリーを形成しており、しかも、それら二つのなかでかつ自己に対して置き換えられるような潜在的対象に即して、それら二つのセリーを形成しているのであってみれば、それら二つのセリーのどちらが根源的でどちらが派生的だ、などと指示するわけにはいかないからである。それら二つのセリーは、〔ラカン的な〕複雑な相互主体性[70]のなかで、様々な項や様々な主体を巻き込んでおり、しかもそれら主体のそれぞれは、おのれのセリーにおけるおのれの役割とおのれの機能とを、おのれが潜在的対象に対して占めている非時間的な位置に負っているのである。[16] この〔潜在的〕対象そのものに関して言うなら、それを究極的あるいは根源的な項として扱うのは、なおさら不可能なことである。もしそんなことをすれば、その対象が本性の底の底から忌み嫌う同一性と固定した場所を、その対象に引き渡すことになってしまうだろう。その対象が男根《ファルス》と「同一化」されうるのは、男根《ファルス》が、ラカンの表現を用いるならば、あるべき場所につねに欠け、おのれの同一性において欠け、おのれの表象＝再現前化において欠けているかぎりのことなのである。要するに、究極的な項などは存在しないのであって、わたしたちの愛は母なるものを指し示してはいないのである。母なるものは、たんに、わたしたちの現在を構成するセリーのなかでは、潜在的対象に対して或るひとつの場所を占めているだけであって、この潜在的対象は、別の主体性の現在を構成するセリーのなかで、必然的に別の人物によって満たされ、しかもその際、つねにそうした対象＝x〔潜在的対象〕の置き換えが考慮に入れられているのである。それは、言ってみれば、『失われた時を求めて』の主人公が、自分の母を愛することによって、すでにオデット〔スワンの妻になる人物〕に対するスワン〔主人公が子どものころに知り合った人物〕の愛を反復しているようなものなのだ。親の役割をもつ人物はどれも、ひとつの主体に属する究極的な項なのではなく、相互主体性に属する中間項〔媒概念〕であり、ひとつのセリーから他のセリーへ向かっての連絡《コミュニカシオン》と偽装の形式であって、しかも、その形式は、潜在的対象の運搬によって規定されているかぎりにおいて、異なった諸主体にとっての連絡と偽装の形式なのである。仮面の背後には、したがって、またもや仮面があり、だからもっとも隠れたものでさえ、はてしなく、またもやひとつの隠し場所なのである。何かの、あるいはだれかの仮面をはがして正体を暴くというのは、錯覚にほかならない。反復の象徴的な器官たる男根《ファルス》は、それ自体隠れているばかりでなく、ひとつの仮面でもある。なぜなら、仮面には二つの意味があるからだ。「僕にくれ、お願いだ、僕にくれないか……いったい何を？　もうひとつの仮面だよ。」(71)

仮面が意味しているのは、まず偽装であって、これは、権利上共存する二つの現実的なセリーの諸項や諸関係に想像的に関与している。しかし、仮面がもっと深く意味しているのは、置き換えであり、これは、象徴的な潜在的対象のセリーのなかでも、また、その対象が絶えず循環している〔二つの〕現実的なセリーのなかでも、当の象徴的な潜在的対象に本質的に関与しているのだ（たとえば、仮面をつけている者の目を、仮面の口に照応させるような置き換え、あるいは、仮面をつけている者の顔を、頭のない身体――もちろん後になってこの身体にひとつの顔が現われてくる――のようにしか見せない置き換えがある）。

無意識の本性に関する諸帰結――セリー状の、差異的＝微分的な、そして問いかけ的な無意識

反復は、したがってその本質からして象徴的であり、精神的であり、相互主体的あるいはモナド論的である。そこから、無意識の本性に関する最後の帰結が生じてくる。無意識の諸現象は、対立あるいは葛藤といったあまりにも単純な形式で理解されてよいわけではない。フロイトにおいて、葛藤のモデルの優位を助けているのは、抑圧理論ばかりでなく、欲動理論における二元論でもある。けれども、葛藤は、それよりもはるかに精妙な差異的＝微分的なメカニズム（置き換えと偽装）の所産なのである。そして、いっそう深い審廷を表現するそうした差異的＝微分的なエレメントから出発しはじめて、もろもろの威力が、おのずから〔葛藤における〕対立関係に介入してくる。否定的なものの一般は、限定と対立というおのれの二重のアスペクトのもとで、問題と問いという審廷に対しては二次的なものとして、わたしたちに現われた。ということはすなわち、否定的なものは、根本的に無意識な問いと問題との影を、意識のなかで表現しているにすぎないということであり、また同時に、否定的なものは、それら問題と問いとの自然な定立にひそむ「偽」という不可避的な分け前から、おのれのみかけの能力を借りているということである。なるほど、無意識は欲望し、欲望することしかしない。しかし、欲望《デジール》は、潜在的対象において、おのれと欲求《ブズワン》との差異という原理を見いだす[72]と同時に、否定の動力としてではなく、対立というエレメントとしてでもなく、むしろまさに、欲求と満足という場とは別の場において展開される、問いかけ的かつ問題提起的な、探求の威力として現われるのだ。問いと問題は、けっして思弁的な行為ではない。思弁的な行為は、そのかぎりではまったく暫定的なものにとどまって、経験的な主体の瞬間的な無知だけを示してもいるからである。問いと問題は、無意識のもろもろの特別な客観性にエネルギーを備給する生ける行為なのであって、逆に答えと解に関与する暫定的で部分的な状態よりもさらに長く生きのびるよう定められているものである。問題というものは、現実の諸セリーを構成している諸項および諸関係との相互的な偽装と「照応している」。問題の源泉としての問いというものは、潜在的対象に即してそれらセリーが展開されるときのその潜在的対象の置き換えに照応している。潜在的対象としての男根《ファルス》は、つねに、それがそこで欠けている当の場所において、謎となぞなぞによって指示されるのだが、それはまさに、男根《ファルス》が、その置き換えの空間と渾然一体となっているからである。オイディプスの葛藤でさえ、まずはじめは、スフィンクスの問いに依存しているのだ。誕生と死、両性の差異は、単純な対立項である以前に、問題の複雑なテーマ[73]なのである。（ペニスの所有と剝奪《プリヴァシオン》によって規定される両性の対立が存在する前に、性別化された人物の差異的＝微分的な位置をそれぞれのセリーのなかで規定する〈男根《ファルス》〉という「問い」が存在するのである。）あらゆる問いのなかに、あらゆる問題のなかに、また、答えに対するそれらの超越のなかにも、解を貫くそれらの存続《ペアンス》[74]〈執拗さ〉のなかにも、さらには、それら問いと問題がおのれの固有な開口を維持するその仕方のなかにも、かならずや何か発狂したものが存在するということは、ありうべきことなのだ。[17]

たとえばドストエフスキーあるいはシェストフにおけるように、答えを呼び起さずにかえって黙らせるためには、問いというものが、十分な執拗さ〈存続〉をもって立てられさえすればそれでよい。このような場合にこそ、問いは、おのれのまさしく存在論的な射程を発見するのである。存在論的な射程とは、否定的なものの否‐存在には還元されることのない問いの（非）‐存在のことである。根源的な答えや解、究極的な答えや解というものは存在しない。〈問い‐問題〉のみが、あらゆる仮面の背後にあるひとつの仮面のおかげで、またあらゆる場所の背後にあるひとつの置き換えのおかげで、根源的であり究極的であるのだ。生と死に関する問題、愛と両性間の差異に関する問題は、それらの解に左右され、さらには、それらの科学的な提起の仕方にさえ左右されるなどと考えるならば、それはおめでたい話であろう。たとえ、そのような解や科学的な提起の仕方が、問題の展開のプロセスの進行における一定の契機において、必然的に発生するにしても、いや必然的に介入しなければならないにしてもである。問題というものは、永遠偽装に、問いに、永遠置き換えに関わっているのだ。神経症患者や、精神病患者は、おそらくは彼らの病苦と引きかえに、一方はどのように問題を置き換えるべきかとたずねることによって、また他方はどこで問いを立てるべきかとたずねることによって、そうした究極的な根源的基底《フォン》を探究しているのだ。たえずそれ自身においておのれを置き換えてゆく問いにとっての、また、たえずそれ自身において偽装される問題にとっての唯一の答えであるのは、まさに彼らの病苦、彼らの受苦である。範例的であるのは、そして彼らを越えているのは、彼らが言ったり考えたりしていることがらではなく、むしろ彼らの生である。彼らは、そのような超越を証示しており、そして、真と偽のこのうえなく奇妙なゲームを証示している。この真と偽のゲームは、答えと解の水準で打ち立てられるようなものではない。それは、問題それ自体において、問いそれ自体において、すなわち、〈偽〉が、〈真〉に関する探究様態へと生成し、〈真〉の本質的な偽装あるいは〈真〉の根本的な置き換えの固有な空間へと生成するといった状況において、打ち立てられるようなものである。このとき、虚偽 *pseudos*[75] は、《真》の受苦となっている。問いの力《ピュイサンス》は、いつだって、答えとは別のところからやって来て、解かれるがままにはならない自由な基底《フォン》を享受するのだ。問いと問題の存続〔執拗さ〕、それらの超越、それらの存在論的な維持は、充足理由の合目的性の形式をとって（〈それがいったい何になるというのか〉〈なぜ〉といったように）表現されることはなく、むしろ、差異と反復のさりげない〔離散的な〕かたちをして、〈どんな差異があるの〉、そして「ちょっと反復してごらん」というように表現されるのである。差異というものは、けっして存在しないのだ。ただし、差異が、答えのなかでは同じものに帰着する〔差異がなくなる〕からというのではなく、反対に差異は、問いとは別のところには、また問いの反復とは別のところには存在しないからなのであって、この反復こそが、差異の運搬と偽装を保証しているのである。したがって問題と問いは無意識に属しているのだが、そればかりでなく、無意識は、本性上、差異的＝微分的かつ反復的で、セリー的で、問題的かつ問いかけ的でもあるのだ。もしひとが、無意識とは結局のところ、対立的であるのかそれとも差異的＝微分的であるのか、あるいは、葛藤の状態にある大きな諸威力の無意識なのかそれともセリー状の小さな諸要素の無意識なのか、あるいは、[76]対立した大きなもろもろの表象＝再現前化の無意識なのかそれとも差異化＝微分化したもろもろの微小表象[77]〔知覚〕の無意識なのか、と問うのであれば、そのときひとは、まるでライプニッツの伝統とカントの伝統とのあいだのあの古いためらいを、またあの古い諸論争をも復活させているかのように見えるだろう。[78]けれども、フロイトがもし、ヘーゲル的なポスト・カント主義の側に、すなわち対立の無意識の側にすっかり身を置いているということにでもなれば、なにゆえ彼は、ライプニッツ主義者たるフェヒナーに、そして「症候学主義者」の繊細さとしての彼の差異的＝微分的な繊細さに、あれほどの敬意を表しているのだろうか(79)。無意識は、論理的な限定の否－存在を、あるいは実在的な対立の否－存在を巻き込んでいるのかどうかということは、本当に、まったく問題ではないのである。なぜなら、それら二つの否－存在は、いずれにせよ、否定的なものの形態であるからだ。限定でも対立でもなく――〔類似性の〕漸減の無意識でもなく、矛盾の無意識でもない――無意識が、〈解－答え〉に対して本性上異なっている〈問題と問い〉に、要するに問題的なものの〔非《ノン》〕－存在に関わっており、この問題的なものは、否定的な否《ノン》－存在の二つの形式〔限定と対立〕を等しく忌避するのであって、それというのも、この二つの形式は、意識の諸命題しか支配しないからである。無意識という名高き言葉を、それこそ文字通りに、受け取らなければならない。無意識は、《否《ノン》》を知らないのだ。部分対象は、微小表象〔知覚〕の要素である。無意識は、差異的＝微分的なものであり、微小表象〔知覚〕の無意識であって、まさにそのゆえにこそ、無意識は、意識と本性上異なっているのである。無意識は、問題と問いに関わっており、これらは、意識が無意識から取り集める総合的効果や、大きな対立には、けっして還元されることがない（わたしたちはやがて、ライプニッツの理論が、すでにそうした道を指し示しているということを見るだろう）。

　こうしてわたしたちは、快感原則の第二の彼岸に、つまり無意識それ自身における時間の第二の総合に出会ったわけである。第一の受動的総合、すなわちハビトゥスの受動的総合は、生ける現在という再開される様態で、反復を〔エロスとムネモシュネの〕紐帯として提示していた。この総合は、快感原則という土台を、二つの相補的な意味で保証していた。というのも、心的な生がいまや《エス》において服従している当の審廷としての快感の一般的な〔原則という〕価値、および自己自身のナルシシズム的イマージュでそれぞれの受動的自我を満たしにくる幻覚性の個別的な満足、この二つが、同時に、その受動的総合から帰結していたからである。第二の総合は、〈エロス－ムネモシュネ〉の総合であり、これは、反復を置き換えと偽装として定立し、おのれは快感原則の根拠として機能する。事実、この場合、快感原則は、その原則が支配するものに対して、どのようにして適用されるのか、その際どのような使用を条件としているのか、どのような限定とどのような深化を代償にしているのか、ということが問題になる。その答えは、二つの方向で与えられる。一方は、一般的な現実法則〔原則〕に従って、第一の受動的総合が、能動的総合と能動的自我へ向かって越え出てゆくといった方向であり、他方は、やはりその現実法則に従って、その第一の受動的総合が、反対に第二の受動的総合へと深化し、これが個別的なナルシシズム的満足を蓄え、その満足を潜在的対象の観照へと関係づけるといった方向である。そのとき、快感原則は、産出された現実および構成された性愛《セクシュアリテ》という二つの点に関して、新たな条件を受け取ることになる。拘束された興奮としてのみ定義されていた欲動は、いまや、異化＝分化したかたちで現われてくる。すなわち、一方では、現実の能動的な線に沿った〈自己保存欲動〉として、他方では、そのような新たな受動的な深みにおける〈性欲動〉として現われてくる。第一の受動的総合がひとつの「感性論」を構成しているのであれば、第二の受動的総合はひとつの「分析論」の等価物として定義されてよい。第一の受動的総合が現在に関する総合だとすれば、第二のものは過去に関する総合である。第一のものが反復からひとつの差異を抜き取るためにその反復を利用するのであれば、第二の受動的総合は反復のふところに差異を含ませている。というのも、差異の二つの形態、すなわち運搬と仮装、つまり置き換えと偽装――置き換えは、潜在的対象に象徴的に関与し、偽装は、潜在的対象がそこに体内化されている当の現実的諸対象に想像的に関与する――が、反復そのものの要素へと生成してしまっているからである。それゆえ、フロイトが、それら二つのファクター〔形態〕の対立を維持し、そして反復〔反復強迫〕を差異の取り消しという物質的なモデルのもとに理解しながら、その一方で、エロス〔生の本能〕を、新たな諸差異の導入〔二つの個体の分離と若がえり〕によって、あるいはその産出によってさえ定義するかぎり、彼は、差異と反復をエロスの観点から区分するのに或る種の困惑を感じているのである。[18] しかし、実際は、エロスの反復の動力は、差異のひとつの力《ピュイサンス》から、すなわち、エロスがムネモシュネ〔記憶〕から借りている力《ピュイサンス》から、しかもことごとく純粋過去の断片である潜在的諸対象に関与する力《ピュイサンス》から直接生じてくるのだ。ジャネがいくつかの点で予見したように、エロス的な反復の役割、およびその反復と差異との組み合わせを明らかにするものは、健忘ではなく、むしろそれは、記憶過剰である。つねに置き換えられまた偽装される対象の特徴である「未視《ジャメ・ヴュ》」(80)は、その対象がそこから引き出される当の純粋過去一般の特徴たる「既視《デジャ・ヴュ》」のなかに潜んでいる。そうした対象をいつ見たのか、どこで見たのかということは、問題的なものの客観的な本性からしてわからないのだ。だから結局のところ、慣れ親しまれた奇異なものしか存在せず、そして反復される差異だけが存在するのである。

第三の総合あるいは第三の「彼岸」に向かって――ナルシシズム的自我、死の本能、そして時間の空虚な形式

たしかに、エロスとムネモシュネとの〔第二の〕総合は、またもやひとつの両義性に苦しむことになる。というのは、現実的《レエル》なもののセリー（あるいは現実的なものにおいて過ぎ去る諸現在のセリー）と、潜在的なもののセリー（あるいはあらゆる現在と本性上異なる〔純粋〕過去のセリー）は、ハビトゥスの第一の受動的総合に対しては、発散する〔互いに収束しない〕二つの循環的な線を、二つの円環を、あるいはひとつの同じ円環の二つの弧を形成するのだが、しかしもろもろの潜在的なもののセリーの内在的な限界として、かつ第二の受動的総合の原理として理解される対象＝xに対しては、現実《レアリテ》の継起的な諸現在こそが、いまや共存する諸セリーを、諸円環を、あるいはひとつの同じ円環のもろもろの弧を形成するからである。以上の二つの準拠項〔セリー〕が混じり合っているということ、および純粋過去がそれゆえに古い現在の状態に陥るということは、避けえない事態なのである。たとえそうした事態が、神話的なものであり、その純粋過去によって暴かれるとみなされていた錯覚を再び構成し、起源的なものと派生的なものに関するあの錯覚を、すなわち起源には同一性があり派生的なものには類似があるという錯覚を復活させるにしてもである。さらには、まさしくエロス〔生の本能〕こそが、おのれ自身を循環として、あるいは循環のエレメントとして生きるのであって、それに対立する他のエレメントは、記憶の底のある〈タナトス〉〔死の本能〕でしかありえず、それら両者は、愛と憎しみとして、構築と破壊として、引力と斥力として組み合わされているのである。根拠に関する同じ両義性がつねに存在するのである。すなわち、根拠が、根拠づける当の相手に押しつける円環のなかで表象＝再現前化されること、原理上根拠が規定する表象＝再現前化の回路のなかに、当の根拠がエレメントとして戻ること。

潜在的な諸対象が本質的に失われてしまうという特徴と、現実的な諸対象が本質的に仮装されるという特徴は、ナルシシズム〔自己愛〕(81)の強力な動機づけである。しかし、リビドーが自我へと逆行しあるいは逆流するのは、すなわち受動的な自我がまったくナルシシズム的なものへと生成するのは、その受動的自我が、二つの〔潜在的な対象と現実的な対象の〕線のあいだの差異を内化し、おのれ自身を、前者の線においては永続的に置き換えられるものとして、後者の線においては永続的に偽装されるものとして感じることによってである。ナルシシズム的な自我は、それの構成要因となる〈外傷〉から切り離せないだけでなく、さらに、隈なく張り巡らされてその自我を変容させる偽装と置き換えからも切り離せないのである。他のいくつかの仮面にとっての仮面、他のいくつかの仮装の下の仮装。自我はおのれ自身の道化たちから区別されることなく、緑の足と紅の足で跛行しながら歩いていくのだ。[82] とはいえ、第二の総合という先行的な段階に反して、この水準で産出される再組織化の重要性を誇張することはできないだろう。なぜなら、受動的自我がナルシシズム的なものへと生成するのと同時に、能動性が思考されなければならず、しかもこの能動性は、ナルシシズム的自我がそれなりの立場で受動的に感じるまさにその変状《アフエクシオン》、変容《モディフィカシオン》としてしか思考されえないのであり、したがって、その自我に対してひとつの《他》なるものとして行使される《私》という形式を指し示しているからである。能動的ではあるがひび割れたこの《私》は、〈超自我〉の基盤であるだけでなく、ポール・リクールがいみじくも「流産したコギト」[19]と名づけた或る複合的な総体における受動的で外傷を負ったナルシシズム的自我の相関項でもある。何といっても、流産したコギト以外のコギトは存在せず、幼生の主体以外の主体は存在しないのだ。わたしたちがあらかじめ見ておいたように、《私》の亀裂とは、もっぱら、内容をもたない空虚で純粋な形式としての時間のことである。というのも、ナルシシズム的自我は、なるほど時間のなかで現われるのだが、時間的内容はけっして構成しないからである。つまり、ナルシシズム的リビドー、あるいは自我へのリビドーの逆流は、あるゆる内容を捨象してしまっているということだ。ナルシシズム的自我はむしろ、空虚な時間という形式に対応しながらもそれを満たすことのない現象であり、そうした形式一般の空間的な現象である（それは、神経症性の去勢と精神病性の細分化において、異なった仕方で提示される空間現象なのである）。《私》における時間の規定は、順序、総体、セリーであった。〈前〉、〈中間〉、〈後〉という静的な形式的順序は、時間において、ナルシシズム的自我の分割を、あるいはその自我の観照の諸条件を示している。時間の総体は、超自我によって同時に提示され禁止され予言されるような途方もない行動のイマージュ、すなわち〈行動＝x〉のイマージュのなかに取り集められる。時間のセリーは、分割されたナルシシズム的自我と、時間の総体との、すなわち行動のイマージュとの対照を指示している。ナルシシズム的自我は、一度目は、〈前〉あるいは欠如という様態で、つまり《エス》という様態で反復し（この行動は私には大きすぎる）、二度目には、理想自我[83]に固有の無限な〈［行動に］等しく－なる〉ということ〈中間休止〉という様態で反復し、三度目には、超自我の予言を成就する〈後〉という様態で反復するのだ（エスと自我、すなわち条件と作用者は、それら自体、消滅させられるだろう）！　なぜなら、実践法則はそれ自体、そうした空虚な時間という形式以外の何ものも意味していないからである。

死の本能、対立と物質的反復

ナルシシズム的自我が潜在的対象と現実的対象に取ってかわるとき、すなわち、その自我が潜在的対象の置き換えならびに現実的対象の偽装をわが身に引き受けるとき、その自我は、時間のひとつの内容を他の内容で代理させているわけではない。反対に、わたしたちは、第三の総合のなかに踏み込んでしまっているのだ。時間は、あらゆる可能な記憶的内容を放棄してしまい、まさにそうすることによって、エロスによってその内容がもたらされる円環を打ち砕いてしまったと言えよう。時間は、繰り広げられ、まっすぐにされたのだ。時間は、迷宮の最後の形態をとったのだ。ボルヘスの言うような「見えない、絶えることのない」[84]直線をなした迷宮の形態をである。厳密な形式的かつ静的な順序と、重圧的な総体と、不可避的なセリーをそなえた、蝶番からはずれた空虚な時間は、まさしく死の本能である。死の本能は、エロスとともに循環のなかに入るということはない。死の本能は、けっしてエロスを補完するものでもエロスに敵対するものでもない。死の本能は、いかなる意味でもエロスと対称的になることはなく、むしろ或るまったく別の総合を証示しているのである。エロスとムネモシュネとの相関関係にかわって、大規模な健忘症に陥った記憶なきナルシシズム的自我と、愛なき脱性化された死の本能との相関関係が登場したのだ。ナルシシズム的自我は、もはや死んだ身体しかもちあわせていない。ナルシシズム的自我は、諸対象とともに身体を喪失したのである。ナルシシズム的自我が理想自我のなかに反映し、おのれの行く末を超自我のなかに予見して、あたかもひび割れた《私》の二つのかけらのようになるのは、まさしく死の本能を貫通〔横断〕してのことである。ナルシシズム的自我と死の本能とのそうした関係は、フロイトが以下のように述べるときに、きわめて深く指摘している関係である。すなわち、フロイトは、〈リビドー〉は自我に逆流すると、かならずおのれを脱性化し(85)、タナトスへ奉仕することが本質的にできる置き換え可能な中性的エネルギーを必然的に形成する、と述べているのである。[20] けれどもなぜフロイトは、そのようにして、死の本能を、そうした脱性化されたエネルギーに先立って存在するものとして、つまりそのエネルギーから原則的に独立しているものとして提起するのだろうか。おそらく二つの理由があるのだろう。その理由として、まず、諸欲動の理論の全体を支えている二元論的かつ葛藤に関するモデルへの執着を挙げることができる。つぎに、反復〔強迫〕の理論を支配している物質的モデルを挙げることができる。だからこそフロイトは、一方では、エロスとタナトスとの本性上の差異を強調し――この差異があるからこそタナトスは、それ自身のために、エロスと対立するものと形容されなければならないのであり――他方では、〔エロスとタナトスとの〕リズムあるいは振幅に関する差異を強調するのである。まるで、タナトスが生命のない物質の状態に帰着し、それゆえ生《なま》のかつ裸の力《ピュイサンス》と同一化するかのようにである。この力《ピュイサンス》は、その場合、エロスに由来する生命のある諸差異によってただ覆われたりもしくは際立たせられたりするとだけ仮定されている力《ピュイサンス》である(86)。けれども、いずれにせよ、そのような死は、そうした生命のない物質への、生けるものの質的かつ量的な回帰として規定されるのだから、外的で、科学的で、客観的な定義しかもちあわせていないのである。奇妙なことにフロイトは、死のまったく別の次元を、すなわち無意識における死のまったく別のプロトタイプ、あるいはそのまったく別の提示を、出産と去勢に対してはそのプロトタイプの存在を認めながらも、[21]依然として拒んでいるのである。ところで、死が物質に関する客観的な定義に還元されてしまうと、ひとつの先入見が登場してくる。すなわち、反復は、二次的なあるいは対立したひとつの差異の置き換えとその偽装の彼岸において、未異化＝未分化の物質的モデルのなかに、おのれの究極的な原理を見いださねばならぬとする先入見である。しかし実際は、無意識の構造は、葛藤的でも対立的でもあるいは矛盾的でもなく、むしろ問いかけ的であり問題提起的なのである。反復はまた、その反復に対していずれもがヴァリアントとして二次的に関与するような偽装〔と置き換え〕の彼岸において、生《なま》のそして裸の力《ピュイサンス》としてあるわけでもない。反対に、反復は、その反復を構成する諸要素としての偽装と置き換えのなかで織り上げられるのであって、反復がそれらに先立つことはない。死は、生けるものが「還ろうとする」[87]生命のない無差異の物質の客観的なモデルのなかには現われないのだ。死は、〔無意識における〕或るプロトタイプをそなえた主観的で異化＝分化した経験として、生きるもののなかに現前しているのである。死は、物質のひとつの状態に対応しているのではない。死は、反対に、あらゆる物質を放棄してしまった純然たる形式――時間という空虚な形式――に対応しているのだ。（そして、時間を満たす仕方は、反復を、死んだ物質の外的な同一性に、さもなければ不死の魂の内的な同一性に従属させる仕方とまったく同じなのである。）つまり、死は、否定に還元されず、対立という否定的なものにも、限定という否定的なものにも還元されることはないということである。死にそのプロトタイプを与えるのは、死すべき生命を物質によって限定することでもなければ、不死の生命を物質に対立させることでもない。死はむしろ、問題的なものの最後の形式であり、問題と問いとの源泉であり、あらゆる答えを越えている問題と問いの永続性の印であり、あらゆる肯定がそこで身を養っているあの（非）－存在を指示する《どこで》そして《いつ》なのである。

死の本能と永遠回帰における反復

ブランショは、いみじくも、死には二つのアスペクトがあると語っていた。その一方は、《私》、自我といったものに関する人称的なアスペクトであって、それは、私が闘争のなかで立ち向かうことができ、あるいは限界のなかで辿りつくことができるものであり、いずれにせよ、一切を過ぎ去らせる現在のなかで出会うことができるものである。他方は、「自我」とは関係のない奇妙に非人称的なアスペクトであり、それは、現在でもなければ過去でもなく、つねに来たるべきものであって、執拗に持続する問いにおける絶えることなき多様な冒険の源泉である。「まさに死ぬという事実こそが、つぎのような根本的な転倒を含んでいるのである。すなわち、私の能力の極限形式であった死が、この私を、開始しそして終えることさえできる私の能力の外に投げ出すことによって解き放つようなものへと生成し、またそればかりでなく、私〔自我〕との連関もなく私〔自我〕に対する能力もないものへと、またあらゆる可能性が欠けたものへと、また無際限なものの非現実性へと生成してしまうような転倒を含んでいるのである。それは、私が表象＝再現前化しえない転倒であり、私が決定的なものとして理解することさえできない転倒なのであって、そうした転倒は、完了しないもの、果てることのないもの、やめること〔絶えること〕のないものであるがゆえに、もとへ戻ることのできない不可逆的な移行ではないのである。……私には関係のない現在なき時間だ、私がそこへ向かって突進することのできないものだ。なぜなら、〔それ〕においては、私は死なず、私は死ぬ能力を失っているからであり、〔それ〕においては、ひとが死に、ひとは死ぬのをやめることがなく、終えることがないからである。……果てではなく、果てることのないものであり、自分自身の死ではなく、だれでもよいひとの死であり、真の死ではなく、カフカの言うように、〈その重大な誤謬〔さまよい〕の嘲笑である〉[22]。」以上のような二つのアスペクトを対照してみれば、自殺においてすら、それら二つのアスペクトは互いに適合することがなく、一致することもないということがよくわかる。さて、〔死の〕第一のアスペクトが意味しているのは、人物のそのような人称的な消滅であり、《私》、自我によって表象＝再現前化されるこの差異の取り消しである。死ぬためだけに存在していた差異、その消滅が、あたかも一種のエントロピー〔無秩序あるいは死を表わす量〕として計算されるかのように、生命のない物質への回帰として客観的に表象＝再現前化されることができるような差異。このような死は、そのみかけとはうらはらに、もっとも人称的〔個人的〕な可能性を構成するまさにそのときに、必然的に外から到来するのであり、もっとも現在的である〔現前する〕まさにそのときに、必然的に過去から到来するのだ。しかし他のもの、他の顔、他のアスペクトは、自由な諸差異が、一個の《私》や一個の自我によって与えられる形式にはもはや服従していないときの、また、だれでもよいひとの同一性と同じように私自身の一貫性も排除する形態をとって展開されるときの、その自由な諸差異の状態を指示しているのである。「私が死ぬ」ということよりももっと深い「ひとが死ぬ」という事態がつねにあり、神々が絶えずそして多様な仕方で死ぬという事態だけが存在するわけではない。それはあたかも、個体的なものはもはや《私》と自我の人称的な形式のなかに囚われていず、特異なものさえも個体の諸限界のなかに囚われていないような、もろもろの世界が出現するような事態である。――要するに、〔死の〕第一のアスペクトのなかで「再認」されることのない、従属することを知らない多様なものが存在するのだ。ところが、フロイトの考え方は、あげてその第一のアスペクトを指し示している。それゆえにこそ、フロイトの考え方は、死の本能と、それに対応した経験あるいはプロトタイプを逸しているのである。

したがってわたしたちは、〔エロスとタナトスという〕二つの威力のあいだの本性上の差異によるにせよ、それら二つの運動のあいだのリズムあるいは振幅の差異によるにせよ、とにかくエロスから区別されるような死の本能〔タナトス〕を定立するいかなる理由も認めはしないのである。なるほどそれら二つのケースには、すでに差異が与えられていて、タナトスは〔エロスから〕独立していると考えられるかもしれない。しかしわたしたちには、タナトスは、エロスの脱性化と、すなわち、フロイトが語っているそのような中性的で置き換え可能なエネルギーの形成と、完全に混じり合っていると思われる。このエネルギーは、タナトスへの奉仕に移行するのではなく、タナトスを構成するものである。すなわち、エロスとタナトスとのあいだには、それら両者を再統一したりあるいは交替させあったりするかもしれぬひとつの同じ「統合」のなかですでに与えられているような差異は、つまり分析的な差異は存在しないのである。だからといって、〔エロスとタナトスの〕差異はそれほど大きくないというわけではない。反対に、その差異は、もっと大きい。そして、タナトスは、エロスとはまったく別の時間の総合を意味し、しかもこの総合は、エロスから控除されているだけに、またエロスの残骸のうえに構築されているだけに、ますます独特なものであり、そうであればこそ、それは総合的な差異なのである。エロスが自我に逆流するということ——〔潜在的あるいは現実的な〕諸対象を特徴づけていた偽装と置き換えを、自我がわが身に引き受けて、それらをおのれ自身の死にかかわる変状へと仕立てあげるということ——リビドーがあらゆる記憶的内容を失うということ、かつ《時間》がおのれの循環的な形態を失って、容赦なく直線的な形式をとるということ——そして、その純粋な形式と同一的な死の本能が、すなわち、そのナルシシズム的リビドー〔エロス〕の脱性化されたエネルギーが現われるということ——そうしたこと一切が、同時に生起するのである。エロスとムネモシュネが第二の総合を定義していたとすれば、ナルシシズム的リビドーと死の本能の相補性は、第三の総合を定義する。そしてフロイトが、ナルシシズム的なものへと生成したリビドーの相関項としての脱性化されたそうしたエネルギーに、思考することの一般的なプロセスを結びつける必要があるかもしれないと言うとき、思考〔知識〕は生得的なのかそれとも獲得された〔後天的な〕ものなのかということは、古いジレンマに反してもはや問題にならないということを、わたしたちは理解しなければならないのだ。思考は、生得的でも、獲得されたものでもなく、それは、生殖的《ジェニタル》なものであり、すなわち、わたしたちを空虚な時間へと開かせるそうした〔リビドーの〕逆流のなかで控除され、脱性化されたものである。アルトーが、「私は生得的な生殖者だ」と語り[88]、それによって「脱性化された獲得物」をも意味しようとしていたとき、彼は、つねにひび割れた《私》のなかでのそうした思考の発生を指摘しようとしていたのである。思考を獲得したり、思考をひとつの生得性として行使したりするにはおよばない。そうではなく、思考そのもののなかで思考するという行為を産み出すべきであろう。それもおそらくは、リビドーをして、ナルシシズム的自我へ逆流させ、それと並行してタナトスをエロスから引き出すように仕向け、内容から純粋な形式を解き放つために時間からあらゆる内容を捨象するように仕向ける暴力の影響のもとで。死についての或るひとつの経験が存在し、それこそが以上のような第三の総合に対応しているのである。

　フロイトは、無意識には、《非《ノン》》、《死》、《時間》についての三つの大きな無知があると考えている。それにもかかわらず、無意識においては、時間と死と非《ノン》だけが問題にされている。そのような事態が意味しているのは、それら三つは表象＝再現前化されることなしに活動させられているということだけであろうか。いや、それよりもはるかに多くのことが意味されている。すなわち、無意識が非《ノン》を知らないのは、無意識が、意識とその意識がもつ表象＝再現前化だけに関わる否定的なものの否《ノン》‐存在を糧として生きるのではなく、問題と問いとの（非《ノン》）‐存在を糧として生きるからである。無意識が死を知らないのは、死のあらゆる表象＝再現前化が不十分なアスペクトに関わる一方で、無意識がそのアスペクトの裏面を捉え、別の顔を発見するからである。無意識が時間を知らないのは、無意識が、表象＝再現前化のなかで過ぎ去るような現在の経験的内容にまったく従属していず、かえって根源的時間のもろもろの受動的総合を遂行するからである。還帰するべきところはまさに、無意識の構成要因としてのあの三つの総合である。その三つの総合は、或る偉大な小説家の作品に現われているような、反復の諸形態、すなわち、ひも、つまりつねに新しく集められる細紐、つねに置き換えられる〔場所が変わる〕壁の染み、つねにすりへらされる消しゴムに対応している。[89] ひも‐反復、染み‐反復、ゴム‐反復、それらは、快感原則の三つの彼岸である。第一の総合は、生ける現在に関する時間の土台を表現している。この土台が、快感に、《エス》において心的生の内容が服従している経験的原則一般の価値を与える。第二の総合は、純粋過去による時間の根拠を表現している。この根拠は、《自我》の諸内容への快感原則の適用の条件となるものである。しかし、第三の総合は、無底《サン・フォン》を指示している。根拠そのものが、わたしたちを、無底《サン・フォン》へ突き落とすのだ。つまり、タナトスが、エロスという根拠とハビトゥスという土台の彼岸において、まさにそうした無底《サン・フォン》として三番目に発見されるのである。したがって、タナトスは、快感原則と、ひとを当惑させるような関係を結んでいるのであり、これはしばしば、苦に結びついた快についての計り知れないパラドックスのなかで表現されている。（しかし実際は、それとはまったく別のことが問題になっている。すなわち、その第三の総合において脱性化が問題になるのは、脱性化が主導的かつ先行的な理念としての快感原則の適用を制止し、その後で再性化を遂行しようとするかぎりのことである。そして、この再性化においては、サディズムやマゾヒズムといった事例に見られるように、快感がもはや、純粋で冷ややかな、無感動で凍てついた思考にしか〔リビドーを〕備給しないのである。⑼〕第三の総合は、或る意味では、過去、現在、未来という時間の諸次元を再統一し、それらの次元をいまや純粋な形式のなかで活動させる。別の意味では、第三の総合はそれらの次元の再組織化をもたらす。なぜなら、過去は、時間の総体に関して、欠如による条件としての《エス》の側に投げ返されているからであり、そして現在は、理想自我における行動者の変身によって定義されているからである。さらにまた、別の意味では、そうした〔第三の〕究極的総合は、未来だけに関わる。なぜなら、その総合は、超自我において、《エス》と自我との破壊、過去ならびに現在の破壊、条件ならびに作用者の破壊を告知しているからである。まさにその極限的な尖端でこそ、時間の直線がひとつの円環を、ただし特異なかたちで捩れた円環を再形成するのだし、あるいはまた、死の本能が、おのれの「他の」顔のなかで無条件的な真理を開示するのである――まさしく永遠回帰であるかぎりでの永遠回帰は、一切をして還帰させることがなく、反対に、条件としての欠如と作用者の等しさを駆逐してしまった世界に関与し、こうすることで、過剰なものと不等なもの、果てることがないものと絶えることがないもの、このうえなく極限的な形式性の所産としての非定形《アンフォルメル》なもの、こうしたものたちだけを肯定するのだ。以上で、時間の物語は終えよう。要するに、あまりにも中心の合いすぎたおのれの物理的あるいは自然的な円環を壊して、ひとつの直線を形成するというのは、まさに時間の仕事であるのだが、しかし時間自身の長さによってもたらされたこの直線は、永遠に脱中心化されるひとつの円環を再形成するということである。

永遠回帰は、肯定する力《ピュイサンス》である。ただし永遠回帰は、多様なもの、異なるもの、偶然を、《一》に、《同じ》ものに、必然性に従属させるようなものを除けば、つまり《一》、《同じ》もの、《必然的な》ものを除けば、多様なものについてのすべてを、異なるものについてのすべてを、偶然についてのすべてを肯定するのだ。〔プラトン主義においては〕《一》に関して、《一》は〈多〉を、これを最後におのれに従属させてしまったと主張されている。これを最後にものごとを遂行するすべてのものを、今度はこれを最後に死なせるということは、死の顔ではないだろうか、ただし、死の別の顔なのではないだろうか。永遠回帰が本質的に死と関係しているのは、永遠回帰が、〈一〉であるものの死を、「これを最後に」促進しかつ巻き込んでいるからである。永遠回帰が本質的に未来と関係しているのは、未来が、多様なものの、異なるものの、偶然的なものの、それら自身のためのかつ「その都度の」展開であり、繰り広げであるからだ。永遠回帰における反復は、二つの規定を排除する。一方は、従属を強いる《同じ》ものあるいは概念の同一性であり、他方は、反復されるものを《同じ》ものに帰着させそうした従属を保証するような条件としての否定的なものである。永遠回帰における反復は、概念に〈等しく－なる〉もしくは〈似ているように－なる〉ということと、そのような生成《なる》にとっての欠如による条件とを同時に排除する。永遠回帰における反復は、反対に、提起されたもろもろの問いと下されたもろもろの決定に対してつねに外延を共にする肯定の総体のなかで、異なるものを異なるものに、多様なものを多様なものに、偶然的なものを偶然的なものに結びつけるもろもろの過剰なシステムに関わっているのである。人間というものは、賭けるということはできないと言われている。なぜなら、人間は、おのれにひとつの偶然あるいはひとつの多様性〔多様体〕を与えるときでさえ、みずからがなす肯定を、偶然を限定するためのものと理解し、みずからがなす決定を、偶然の結果を祓いのけるためのものと理解し、そしてみずからがなす再生産を、勝ちを仮定して同じものを還帰させるためのものと理解するからである。勝つかもしれないが同じように負けるおそれもあるといった賭けは、まさしく悪い賭けである。なぜなら、その賭けでは、ひとは偶然の全体を肯定することがないからだ。〔偶然の〕断片化の規則〔骰子の目の出方〕があらかじめ設定されているという特徴は、どのような断片〔骰子の目〕が出てくるのかがわからない賭け手において、欠如による条件と相関している。未来に関するシステムは、反対に、神的な賭けと呼ばれなければならない。なぜなら、規則があらかじめ存在するということがないからであり、賭けは、すでにそれ自身の諸規則を対象にしているからであり、——偶然の全体は毎回そしてその都度肯定されるがゆえに——〈子ども－賭け手〉[91]は勝つことしかできないからである。そうした肯定は、制限的あるいは限定的な肯定ではなく、立てられた問いと、問いがそこから発出してくる当の決定に対して外延を共にする肯定なのである。そのような賭けは、それ自身の回帰のシステムのなかですべての可能な組み合わせと規則とを包含することによってのみ〔骰子〕一擲の反復をもたらすがゆえに、必然的に勝つ反復をもたらすのである。死の本能によって導かれるかぎりでの、以上のような差異と反復の賭けを、ボルヘスは、あの奇抜な作品の全体にわたって遂行しているが、それを彼ほど徹底した者はだれもいないのである。「仮にくじ引きが偶然の強化、宇宙の内部への混沌の定期的な浸出であるならば、偶然がくじ引きのひとつの段階ではなく、あらゆる段階に干渉するのは、むしろ好都合ではないか？　偶然がある者の死を命じながら、その死の状況——秘密性、公然性、一時間もしくは一世紀の期限——は偶然にしたがわないというのは、おかしくはないか?……現実には〈くじ引きの回数は無限である〉。いかなる決定も最終的ではなく、すべてがべつの決定へと分岐していく。無智な連中は、無限のくじ引きには無限の時間が必要だと予測する。実際には、……時間が無限に細分できればそれでたりるのだ。……あらゆるフィクションでは、人間がさまざまな可能性に直面した場合、そのひとつをとり、他を捨てます。およそ解きほぐしようのない崔奔のフィクションでは、彼は——同時に——すべてをとる。それによって彼は、さまざまな未来を、さまざまな時間を創造する。そして、これらの時間がまた増殖し、分岐する。ここから例の小説の矛盾は生まれているのです。たとえば、憑という男が秘密を持っているとします。見知らぬ男がドアをたたき、憑は彼を殺すはらを決めます。当然、さまざまな結末が考えられます。憑が侵入者を殺すかもしれないし、侵入者が憑を殺すかもしれない。二人とも助かるかもしれないし、二人とも死ぬかもしれないし……というわけです。崔奔の作品では、あらゆる結末が生じます。それぞれが他の分岐のための起点になるのです。[23]」

＊＊＊

類似と差異

永遠回帰が関与するそのような諸システムは、どのようなものであろうか。つぎの二つの命題を考察してみよう。〈類似しているものだけが異なる〉および〈諸差異だけが類似する〉[24]。前者の言表によって、類似は、差異の条件として定立される。たしかに、二つの事物が類似しているという条件のもとで異なるためには、ひとつの同一的な概念が可能でなければならない、ということがその言表によってさらに要請される。そればかりでなく、それぞれの事物とその同一的な概念との関係という意味において、類比がその言表によって持ち込まれる。その言表によって、最後に、差異が、それら三つの契機〔類似、同一性、類比〕によって規定された対立に還元されてしまう。反対に、後者の言表によるなら、類似ばかりでなく、同一性、類比、対立までもが、もはや、第一の差異の結果、その所産としてしか、あるいは、諸差異の第一のシステムの結果、その所産としてしかみなされないのである。その後者の言表によるなら、差異が、異なっている諸項を互いに直接関係させあうというのでなければならない。ハイデガーの存在論的洞察にしたがうなら、差異は、それ自身において、連接であり連結でなければならず、また、差異は、同一的なものあるいは似ているもの、類比的なものあるいは対立するものによってまったく媒介されることなく、異なるものを異なるものへ関係させるのでなければならない。差異《ディフェランス》の異化《ディフェランシアシオン》がなければならず、異化させるもの *différenciant* としての、つまりおのれを〔存在者から〕異化させるもの *Sich-unterscheidendes* としての即自〔媒介されていないもの、すなわち差異〕がなければならないのであって、そうした即自によってこそ、異なるもの〔存在と存在者〕が、先行的な類似、同一性、類比、対立を条件として表象＝再現前化されるかわりに、同時に寄せ集められるのである。(92) それら〔四つ〕の審廷はどうかと言うなら、それらは、条件であることをやめて、もはや第一の差異およびその異化の結果《エフェ》、すなわち総体的あるいは表面的な効果《エフェ》でしかないようになる。この効果は、表象＝再現前化という変質した世界の特徴であり、そして、おのれを覆ってしまうもの〔存在者〕を生起させることによっておのれ自身を隠す差異という即自の様式を表現している。わたしたちは、〔冒頭に挙げた〕二つの言表は、たいした違いがないような二つの語り方にすぎないのかどうか、あるいは、それら二つの言表は、互いにまったく異なった〔二つの〕システムに適用されるのかどうか、あるいは、それら二つの言表は、もろもろの同じシステムに（結局は世界というシステムに）適用される場合には、不等な価値をもった両立不可能な二つの解釈を、しかもその一方はすべてを変化させることが可能だといった二つの解釈を意味しないのかどうか、これを問わなければならないのである。

システムとは何か

差異という即自が身を隠すのと、差異が表象＝再現前化の諸カテゴリー〔類似、同一性、類比、対立〕の手中に落ちるのは、まさに同じ条件で生起することである。けれども、それとは別の条件で、差異は、そのような「異化させるもの」としての即自を展開し、こうして、あらゆる可能な表象＝再現前化の彼岸において異なるものを寄せ集めるのだが、しかしその条件はいったいどのようなものであろうか。その第一の特徴は、わたしたちには、諸セリーにおける組織化であるように思われる。システムというものは、二つあるいはそれ以上のセリーを基《ベース》として構成されるのでなければならず、しかもそれらのセリーはどれも、そのセリーを合成する諸項のあいだの諸差異によって定義されるのである。わたしたちは、諸セリーが何らかの威力の作用のもとで連絡《コミュニカシオン》の状態に入ると仮定する場合、そうした仮定から明らかになるのは、そのような連絡は、諸差異を他の諸差異に関係させるということ、あるいは、システムのなかで諸差異の諸差異を構成するということ、これである。その第二段階の諸差異は、「異化させるもの」の役割を演じるのであり、言い換えるなら、第一段階の諸差異を相互に関係させるのである。そのような事態は、或るいくつかの物理的な概念のなかで十全に表現されている。たとえば、異質な諸セリー間のカップリング[93]がそれであり、そこから、システムにおける内部共鳴が生じ、またそこから、基《ベース》そのものとなる諸セリーをはみだしている振幅をもつ強制運動[94]が生じる。ひとつのセリーに属している諸要素は、そのセリーにおけるそれらの要素間の〈差異〉によって有効になり、同時に、ひとつのセリーから別のセリーへ向かって成立するそれら諸要素の〈差異の差異〉によってもまた有効になる。しかもわたしたちは、そうした諸要素の本性を規定することができる。すなわち、そのような諸要素は強度なのであって、強度に固有な点は、それ自体他の諸差異を指し示しているような差異によって構成されているということである〈E－E'〉〔というシステム〕において、

Eが〈$e-e'$〉を指し示し、eが〈$\varepsilon-\varepsilon'$〉を指し示す……）[95]。ここで問題になる諸システムの強度的な本性から、わたしたちは、力学的、物理学的、生物学的、心的、社会的、美的、哲学的等々といったそれらシステムの質の形容が何を意味するのかについて、予断を下すようなことがあってはなるまい。どのタイプのシステムも、なるほどそれなりの特殊な諸条件をもっているが、しかしその諸条件は、おのれにそれぞれのケースにおいてふさわしい構造を付与しながらも、以上に述べた〔強度的〕な諸特徴に合致しているのである。たとえば、語は、或る種の美的なシステムにおいては真正な強度であり、概念も、哲学的なシステムの観点からすればやはり強度である。フロイトが一八九五年に書いたあの有名な「科学的心理学草稿」に従って、生物心理学的な生は、興奮として規定しうる〈諸差異〉と、〈疎通〉[96]として規定しうる、〈諸差異の諸差異〉とが、そこで配分されている当の強度的な場というかたちで提示される、という点に注目しよう。だがそれにもまして注目しなければならないのは、プシュケ〔精神〕の諸総合が、それぞれ、システムの一般的な三つの次元を具現しているということである。というのも、心的な連結《リエゾン》〔拘束〕（ハビトゥス）は、興奮の諸セリーのカップリングを遂行し、エロスは、カップリングから生じる内部共鳴という独特な状態を指示し、死の本能は、共鳴しあう諸セリーそのものを越え出ている心的な振幅をもつ強制運動と混じり合っているからである（そこに、共鳴するエロスと死の本能との振幅の差異が由来するのだ）。

　異質な諸セリー間に連絡《コミユニカシオン》が打ち立てられるや、そこからあらゆる種類の帰結が、システムのなかに生じてくる。何ごとかが縁《へり》と縁《へり》とのあいだで「過ぎてゆく」。まるで稲妻のように、雷光のように、出来事が炸裂し、現象が閃き出る。時－空的力動がシステムを満たし、カップリングの状態に置かれた諸セリーの共鳴と、それらセリーをはみだしている強制運動の振幅とを同時に表現するのだ。いくつもの主体が、すなわち幼生の主体と受動的自我が、同時にシステムに住みつく。それら主体が受動的自我であるのは、それらがカップリングと共鳴との観照と渾然一体となっているからであり、それらの主体が幼生の主体〔基体〕であるのは、それらがそうした力動を支えるものあるいはその受動者であるからだ。事実、強制運動に必然的に関与する純然たる時－空的力動は、或る一定の条件のもとで、耐えられうるもののぎりぎりのところで、ようやく身に引き受けることが可能なのであって、もしもそうした力動がその条件の外に出てしまえば、あらゆる主体の、すなわち完全に構成されて独立性と能動性をそなえたあらゆる主体の死を引き起しかねないのである。発生学の真理はすでに、システマティックな生命的運動が存在するということ、すなわち胚のみが耐えることのできるすべり、捩れ(97)が存在するということにある。成体がその運動をなし遂げてしまうなら、それはズタズタに引き裂かれるだろう。ひとはその受動者でしかありえないような運動が存在するわけだが、その運動の受動者は何かと言うなら、それはひとつの幼生なのである。進化《エヴォリュシオン》は気ままな風に乗って行われるのではなく、内に巻かれた《アンヴォリュ》ものだけが進化する《エヴォリュ》〔繰り広げられる〕のだ。悪夢とは、おそらく、ひとつの心的な力動であり、それは、目覚めている人間も、夢みる者さえも支えるすべを知らぬような力動、ただ深き眠りに、夢なき眠りに眠りこけた者だけが支えうる力動である。以上のような意味からすれば、哲学的システムの本来的な力動をなしているものとしての思考が、デカルト的コギトにおけるように、完成され完全に構成された実体的主体に帰せられうるとはとうてい確言できないのである。そうした思考は、むしろ、幼生の主体の諸条件のもとでしか支えうることのできない戦慄すべき運動に属しているのだ。システムというものは、そうした〔幼生のあるいは受動的な〕主体しか含んでいない。なぜなら、それらの主体のみが、強制運動を表現するもろもろの力動の受動者たることによって、その強制運動をなすことができるからである。哲学者ですら、おのれ自身のシステムの幼生の主体である。それゆえに、理解せよ、システムは、そのシステムを縁どる異質な諸セリーによって定義されるばかりでなく、また、そのシステムの諸次元をなすカップリング、共鳴、強制運動によって定義されるだけでもなく、そのシステムに住みつくそうした主体たちと、そのシステムを満たすもろもろの力動によってもまた定義されるのであり、そして最後には、それら力動から出発して展開される質と延長によってもまた定義されるということを。

暗き先触れと「異化させるもの」

しかし、つぎのような最大の難問がまだ残っている。以上のような強度的なシステムにおいても異なるものを異なるものへ関係させるのは、たしかに差異であると言えるのだろうか。差異の差異が、差異を差異自身に、他のいかなる仲介もなしに関係させるのだろうか。異質な諸セリーが〔相互に〕連絡させられることや、カップリングや、共鳴をわたしたちが語るとき、セリー間の最小限の類似と、連絡を操作する作用者の同一性が条件にされているのではないだろうか。セリー間の差異が「過度」にあると、あらゆる〔連絡の〕操作は不可能になるのではなかろうか。あい異なる諸事物の類似と、第三者の同一性とのおかげで、ようやく差異が思考されうるようになる特権的な点を、わたしたちは再び発見するのを余儀なくされるのではないだろうか。まさにここに至って、わたしたちは、差異、類似、そして同一性のそれぞれの役割に、最大の注意を払わなければならない。まず手はじめに、連絡を保証するあの作用者、あの強制力が何であるかを考えてみよう。雷は、あい異なる強度のあいだで炸裂するのだが、ただしその雷の現われる前に、見えない、感じられない暗き先触れが先行しており、これがあらかじめ、雷の走るべき反転した道筋を、まるでくぼみの状態で示すように決定するのである。同様に、あらゆるシステムも、縁どりの諸セリー間の連絡を保証するおのれの暗き先触れを含んでいる。やがてわたしたちが見るように、その役割は、システムの真理からして、きわめて多様な規定によって実現されるのである。しかしいずれにせよ、問題は、どのようにして先触れはその役割を果たすのかという点にある。先触れの同一性や、先触れによって連絡の状態に置かれる諸セリーの類似がある、ということは疑いえない。けれども、その「がある」は、依然としてまったく未規定である。では同一性と類似は、暗き先触れの働きかけの条件であるのだろうか、あるいは反対にその結果であるのだろうか。その場合、暗き先触れは、架空の同一性の錯覚を必然的に自己自身に投影し、また回顧してみてわかる類似の錯覚を、その先触れが寄せ集める諸セリーに投影するのだろうか。もしそうだとすれば、同一性と類似は、もはや、避けがたい錯覚、すなわち反省概念——差異を表象＝再現前化のいくらかのカテゴリー〔同一性、類似など〕から出発して思考するというわたしたちに染みついた習慣の所以である反省概念——でしかないだろう。しかし、もしもそのようなことにでもなるなら、それは、見えない先触れが、おのれ自身とおのれの働きかけを隠し、同時に、差異の真の本性としての即自を隠しているからである。二つの異質なセリー、二つの差異のセリーが与えられるとき、先触れは、それらの差異を異化させるものとして作用する。そのようにしてはじめて、先触れは、おのれ自身の力《ピュイサンス》によって、それらの差異を直接的な関係《ラポール》＝比の状態に置くのである。要するに先触れは、差異の即自、あるいは「異なった仕方で異なる」もの、すなわち、第二段階の差異であり、自己自身によって異なるものを異なるものに関係させる〈自己との差異〉である。先触れが示す道筋は見えないから、しかも、先触れがシステムのなかに引き入れる諸現象によってその道筋が覆われそして貫通されるかぎり、その道筋は裏返しにされないと見えるようにはならないから、先触れには、その先触れがおのれのあるべき場所で欠けているといった意味での場所しかなく、その先触れが同一性において欠けているといった意味での同一性しかないのである。先触れは、まさしく対象＝xであり、おのれ自身の同一性において欠けてもいれば、「あるべき場所に欠けてもいる」ものなのである。したがって、反省によってその先触れに抽象的なかたちで与えられる論理的同一性と、やはり反省によってその先触れが寄せ集める諸セリーに与えられる物理的類似は、システム全体に対するその先触れの働きかけの統計的な効果だけを表現している。言い換えるなら、先触れは、それ自身において永続的に置き換えられ、諸セリーにおいて永続的に偽装されるがゆえに、おのれ自身のもろもろの効果の下に隠れているのであり、このような先触れの隠れる仕方だけを、いま述べた論理的同一性と物理的類似が表現しているのである。したがってわたしたちは、第三者の同一性と諸部分の類似が、差異の存在と差異の思考にとっての条件であるとは考えることができないのだ。そうした同一性と類似は、差異の表象＝再現前化にとっての条件でしかなく、この差異の表象＝再現前化にこそ、差異の存在と差異の思考との変質が表現されているのであって、しかもこの変質は、即自的にあるがままの前者の条件の真の身分を歪めかねない光学的効果のように表現されているのである。

異質なあるいは齟齬する諸セリーそれ自身を関係《ラポール》＝比の状態に置くような、第二段階の即自的差異、つまり暗き先触れを、わたしたちは齟齬をきたすものと呼ぼう。関係＝比の状態に置かれた諸差異の相対的な大きさを決定するのは、どのケースにおいても、差異の置き換え空間とその偽装プロセスである。或るいくつかのケースにおいては（つまり或るいくつかのシステムにおいては）、活動状態にある諸差異〔異質な諸セリー〕

の差異は、「きわめて大きく」なる可能性があり、別のシステムでは、「きわめて小さく」なるはずだということは、たしかに周知の事実である。[25] しかし、後者のケースに、類似を事前に要請することの純粋な表現があるとみなし、この類似は、前者のケースではただひたすら緩んで、地球的な規模で広がるものだと考えるなら、それは間違いだろう。たとえば、齟齬する諸セリーはほぼ似ているという必然性、諸振動数は隣接している（ωがω_0に隣接している）という必然性、要するに差異は小さいという必然性が主張されている。しかし正確には、もろもろの異なるものを連絡の状態に置く作用者の同一性を前提する場合、たとえ地球的な規模であっても「小さい」差異などは存在しないのである。小と大は、わたしたちがすでに見たように、《同じ》ものと似ているものとの諸基準に即して差異を左右する以上、その差異に対しては、とうていうまく適用されるものではない。差異をその異化させるものに関係させるときには、そして、異化させるものがもたずまたもちえない同一性をその異化させるものに帰すことがないよう警戒するなら、なるほど差異は、その分割化の諸可能性に即して、すなわち異化させるものの置き換えと偽装に即して、小さい、あるいは大きい、と言われえようが、いずれの場合にも、小さな差異が、厳密な類似条件を証示していると主張することはできないし、同様に、大きな差異が、たんに緩んだだけの類似の執拗な持続の証拠になると主張することもできないのだ。類似とはいずれにせよ、〔暗き先触れの〕働きかけの効果、所産であり、外的な結果であって――作用者がおのれに欠けている同一性を横取りするや出現してくる錯覚なのである。したがって、差異は小さいか大きいかのいずれかであるなどということ、しかし結局はもっと広大な類似に比べれば差異はつねに小さいなどということに重要性はない。重要なのは、即自にとっては、小さかろうと大きかろうと、とにかく差異は内的であるということだ。なるほど、外的な大きい類似と内的な小さい差異をそなえたシステムは存在するし、その反対も可能であって、外的な小さい類似と内的な大きい差異をそなえたシステムも存在する。しかし、不可能なことは、類似はつねに外にあり、そして小さかったり大きかったりする差異がシステムの核心を形成する、という矛盾した事態である。

文学的システム

きわめて異なるいくつかの文学的システムから、例をとってみよう。レーモン・ルーセルの作品のなかで、わたしたちは語詞の〔二つの〕セリーに直面する。この場合、あの先触れの役割を担うものは、同型異義語あるいは準同型異義語（*billard-pillard*〔ビヤール（撞球台）－ピヤール（略奪者）〕）[98]であるが、しかしそうした暗き先触れは、必要な場合にはその二つのセリーの一方が隠れたままになるだけに、ますます見えないもの感じられないものになる。いくつかの奇妙な物語が、外的な類似と外的な同一性という効果をもたらすようにして、二つのセリーのあいだの差異を埋めることになるだろう。ところが、この先触れは、おのれの同一性によっては、たとえそれが名目上のあるいは同型異義的な同一性であろうと、けっして作用することがない。そのことは、二つの語（*b*と*p*）の差異的《ディフェランシエル》＝示差的特徴とまったく一体となることによってでしか機能しない準同型異義語のなかにはっきり見てとれる。同様に、同型異義語も、そのような観点からすれば、シニフィアンの名目上の同一性としては現われず、反対に、区別された複数のシニフィエを異化するものとして現われるのであって、こうした異化するものが、シニフィアンにおける同一性という結果ばかりでなく、シニフィエどうしの類似という結果をも二次的に生産するのである。こう考えると、システムというものは或る否定的な規定に基づく、すなわち、事物に対する言葉の不足に基づく――それゆえにひとつの言葉が複数の事物を指示せざるをえない――と言うだけでは不十分だということになる。わたしたちが、差異を、先行的な仮定上の類似と同一性から出発して思考せざるをえないということと、差異が否定的なものとして見えざるをえないということは、同じ錯覚のなせるわざである。まことに、言語活動における語彙の貧困によってではなく、その過剰によってはじめて、しかも、そのもっと定立的な統辞論的かつ意味論的力《ピュイサンス》によってはじめて、言語活動は、おのれが暗き先触れの役割を演じる形式を創出するのである。すなわちその形式において言語活動は、異なる諸事物について語るとき、それら諸差異〔異なる諸事物〕を、その言語活動が共鳴させる諸セリーのなかで、直接互いに関係させつつ異化させるのである。だからこそ、すでにわたしたちが見たように、語の反復は、差異なき裸の反復としては提示されえず、同様に、否定的なかたちで説明されることはないのである。そしてジョイスの作品が、〔裸の反復とは〕まったく別の技法に訴えているというのは明白なことだ。しかし、肝要な点はつねに、齟齬をきたす最大限の諸セリーを（結局は、コスモスの構成要因たる発散するすべてのセリーを）、言語的な暗き先触れ（この場合には、秘教的な語、かばん語）を機能させることによって寄せ集めるということにあり、しかもその先触れは、先行的な同一性のいずれにも基づくことはないし、また原理上、「同一化されうる」ことは絶対にないのであって、ただ最大限の類似と同一性を、システムという総体のなかに、即自的差異による異化のプロセスの結果としてもたらすのである（*Finnegan's Wake*[99]というコスモス的な文字を参照せよ）。共鳴する諸セリーによって成立するシステムのなかで、暗き先触れの作用のもとで生起するものは、「エピファニー」[100]と呼ばれている。そのコスモス的な広がりは、複数のセリーのあいだを掃くように往復しながらはみ出してしまう強制運動の振幅とひとつになっており、そして究極的には、《死の本能》と、スティーブンの「ノー」と一心同体をなしている。このスティーブンの「ノー」は、否《ノン》-存在ではなく、執拗な問いの（非《ノン》）-存在であるような「ノー」であって、この「ノー」に対して、ブルーム夫人のコスモス的な《イエス》[101]が、その「ノー」を十全なかたちで占拠し満たすがゆえに、答えることなくただ対応しているのである。*

＊《プルースト的経験への注》――プルースト的経験が、ジョイスのエピファニーとはまったく異なる構造をもっているということは明らかである。しかし、問題になるのはやはり、古い現在

（生きられてしまったものとしてのコンブレ）のセリーと、アクチュアルな現在のセリーという、二つのセリーである。なるほど、経験の第一の次元にとどまれば、二つのセリー（マドレーヌ[102]、朝食）の類似が存在し、同一性（似ているだけでなく、それら二つの契機〔セリー〕において自己と同一的であるような質としての味）もまた存在するということがわかる。けれども、そこに秘密があるというわけではない。その味は、もはや同一性によっては定義されない〈或るもの＝x[103]〉を包み込んでいるからこそ、影響力をもちうるのである。その味は、即自的にあるがままのコンブレ、すなわち純粋過去の断片を包み込んでいるのであって、この包み込まれている純粋過去の断片は、かつては現在であったという場合の現在（知覚[104]）には還元されえないばかりでなく、そうした古い現在にそこで再会しあるいはそれを再構成することができる当のアクチュアルな現在（意志的記憶[105]）にも還元されえないのである。ところで、そうした即自的コンブレは、それ自身の本質的な差異、「質的な差異」によって定義されるのだが、これについてプルーストは、そのような差異は「地球の表面には」存在せず、ただ特異な深みのなかにのみ存在すると述べている[106]。そして、その差異こそが、おのれを包み込みながら、諸セリーの類似ばかりでなく質の同一性をも生産するのである。したがって同一性と類似は、ここでもまた、異化させるものの結果でしかない。また、二つのセリーは、互いに相手に対して継起的に存在しながら、それらを共鳴させる対象＝xとしての即自的コンブレに対しては、反対に共存するのである。そのうえ、〔二つの〕セリーの共鳴が、そのセリーを二つとも、たとえば半長靴と祖母との思い出[107]をはみだす死の本能へと開かれることもあるのだ。エロスは共鳴によって構成されるのだが、しかし、強制運動の振幅によって構成される死の本能へ向かってエロスはおのれを越え出てゆく（無意識的な記憶のエロス的な諸経験の彼岸において、芸術作品のなかにおのれの輝かしき結末を見いだすであろうのは、まさに死の本能なのである）。「純粋な状態にあるわずかな時間」[108]というプルーストの言い方は、さしあたり、純粋過去、過去の即自的存在、すなわち時間のエロス的な総合を指示しているが、しかしもっと深いところでは、時間の純粋で空虚な形式、最後の総合、すなわち、時間における回帰の永遠性に達する死の本能の総合を指示しているのである。

心的経験はひとつの言語のように構造化されているのかどうか、あるいは、物理的世界は一冊の書物と同一視されうるのかどうかという問題は、暗き先触れの本性に左右されている。言語的な先触れ、つまり秘教的な語〔かばん語〕は、たとえ名目上の同一性であろうととにかく同一性をみずからもつということはなく、同様に、そうした語の意味は、たとえ無限に緩んだ類似であろうととにかく類似をもつということはない。秘教的な語は、たんに複雑な語であったり、あるいは複数の語のたんなる結びつけであったりするのではなく、むしろ、もろもろの語に対する、すなわち、第一段階のもろもろの語〔諸差異〕を「異化させるもの」と、またそれらの語のもろもろの意味作用の「似ないもの」と完全に一体をなしているのである。したがって、秘教的な語は、何ごとかを言うのだと要求するのではなく、その語が言う〔他の〕ものの意味を言うのだと要求するかぎりにおいて、価値があるのだ。ところが、表象＝再現前化において通用するような言語法則は、そうした可能性を排除してしまう。しかし、ひとつの語の意味は、その語を対象とする別の語によってでしか言われえないのである。そこから、つぎのようなパラドクシカルな状況が生じる。すなわち、言語的な先触れ〔かばん語〕は、一種のメタ言語に属するということ、またその先触れは、第一段階の語詞的な表象＝再現前化のセリーにおいて言われる意味を欠いているような語としてでしか具現されえないということ、これである。それこそ、リフレーンである。秘教的な語は、なるほどおのれの意味《サンス》を言うのだが、しかしおのれの意味を言うときには、かならずおのれとおのれの意味とを無意味《ノンサンス》として表象＝再現前化してしまうのであって、このような秘教的な語の二重の状態は、まさしく諸セリーにおける意味の永続的な置き換えと偽装を表現している。それゆえ、秘教的な語はもともと言語的な対象＝xであり、しかもその対象＝xは――言語的意味の永続的な不可視の沈黙した置き換えを考慮に入れることを条件に――心的な経験をひとつの言語活動の経験として構造化するのである。パロール〔語り〕は同時に沈黙するものでもある、あるいはむしろ、意味はパロールにおいて沈黙するものである、という条件のもとで、すべての事物は語り《パルレ》、そしてひとつの意味をもつ、という見方もできよう。ゴンブローヴィッチは、彼のこの上なく美しい小説『コスモス』において、諸差異の二つの異質なセリー（もろもろの首くくりのセリーと、もろもろの口のセリー）が、様々なしるし《シーニュ》を貫いて、それらセリーを連絡させ[110]ようと促し、ついにはひとつの暗き先触れ（猫殺し）の創設にいたる様子を描いている。この場合、その暗き先触れは、それらのセリーの諸差異を異化させるものとして、つまり意味として、けれども不条理な表象＝再現前化のなかでしか具現されないものとして作用するのだが、しかしその暗き先触れから出発してはじめて、《コスモス》というシステムのなかでもろもろの力動が動き始め、もろもろの出来事が生産されるのであって、それらの力動や出来事は、おのれの最後の結末を、それらセリーをはみだす死の本能のなかに見いだすことになるのである。[26] こうして明らかになるのは、一冊の書物はひとつのコスモスでありコスモスは一冊の書物である、ということの諸条件である。そして、違うことはなはだしい諸技法を横断して展開されるのは、究極のジョイス的同一性、すなわち、ボルヘスあるいはゴンブローヴィッチに再び見いだされる同一性、つまりカオス＝コスモスという同一性である。

どのセリーもひとつの物語をなしている。ということは、〔同じ〕都市に対して複数の視点があるというライプニッツの主張[11]のように、同じひとつの物語に対してもろもろの異なった視点があるということではなく、むしろ、同時に展開してゆくまったく異なった複数の物語があるということだ。基《ベース》となる諸セリーは発散〔分岐〕するものだ。発散するといっても、収束点を見いだすためには道をひき返すだけで十分であろうといった意味で、相対的に発散するというのではなく、反対に、収束点あるいは収束の地平がカオスのなかにあり、つねにそのカオスのなかで置き換えられているといった意味で、絶対的に発散するものである。発散が肯定の対象であり、それと同時に、カオスはそれ自体もっとも定立的なものである。カオスは、併せ含まれたすべてのセリーを保持するような、すなわちすべての同時的なセリーを肯定し併せ含む《コンプリケ》ような偉大な作品と一体をなしている。（ジョイスが、併せ含ミ *complicatio* の理論家ブルーノ[112]にあれほどの関心を示したとしても、何ら驚くにはあたらないのだ。）併せ含み《コンプリカシオン》－繰り広げ《エクスプリカシオン》－巻き込み《アンプリカシオン》という三位一体によって、システムの総体、すなわち一切を保持するカオスと、そのカオスから出たりそのカオスに戻ったりする複数の発散するセリーと、それらセリーを互いに関係させる異化させるものが説明される。それぞれのセリーは繰り広げられる、つまり展開される。ただしそれぞれのセリーと他の諸セリーとの差異のなかで、繰り広げられ展開される。ところが、他の諸セリーは、実は、あの一切を併せ含むカオスのなかで、それぞれのセリーに巻き込まれかつそれぞれのセリーを巻き込んでおり、それぞれのセリーに包み込まれかつそれぞれのセリーを包み込んでいる。システムという総体、発散するものであるかぎりでの発散する諸セリーの統一、これは一個の「問題」の客観性に対応している。ジョイスがおのれの作品に生命を与えている〈問い－問題〉の方法[113]は、まさしく以上のような事態に由来しており、またすでにルイス・キャロルがかばん語を問題的なものの身分に結びつけた方法からして、以上のような事態に由来しているのである。

幻想《ファンタスム》あるいは見せかけ《シミュラクル》、および差異に対する同一的なものの三つの形態

本質的であるのは、発散するセリーのすべてが総体的に同時的であること、同時間的であること、共存することである。たしかに、表象＝再現前化において過ぎ去るもろもろの現在の観点からすれば、諸セリーは、一方は「前」、他方は「後」といったぐあいに継起的なものである。後続するセリーは先行するセリーに類似していると言われるのも、やはりその観点からしてのことである。しかし、それらセリーを包含するカオス、それらを貫通する対象＝x、それらを連絡《コミュニカシオン》の状態に置く先触れ、それらをはみ出す強制運動といったものに対しては、事態はもはや表象＝再現前化のレヴェルと同じではない。すなわち、それらのセリーを共存させるのは、つねに異化させるものであるということだ。諸現在、あるいは諸セリーは、現実においては継起するが、しかし、純粋過去あるいは潜在的対象に対しては象徴的に共存するというパラドックスに、わたしたちは幾度か出会った。フロイトが、幻想は、基《ベース》となる少なくとも二つのセリーによって、すなわち一方は幼児期つまり前性器期のセリー、他方は性器期のつまり思春期以後のセリーによって構成されると指摘するとき、ここで問題になる主体の独我論的無意識の観点からすれば、それらのセリーが時間のなかで継起するというのは明白なことだ。では、「遅れ《ルタール》」(114)の現象は、どう説明すればよいのだろうか。「遅れ」の現象とは、〈原光景〉(115)と仮定された幼児期の光景の効果が、その光景に類似している成人期の光景——それは派生的光景と呼ばれる——のなかに、隔たりを置いてはじめて現われるために必要な時間

のことである。[27] たしかに、二つのセリー間の共鳴の問題が重要になる。しかしまさしく、二つのセリーが相互主体的無意識のなかで共存するための審廷を考慮に入れないかぎり、そうした問題は正しく立てられない。実のところ、二つのセリーは、同じひとつの主体のなかで一方は幼児期のセリー、他方は成人期のセリーといったようにはっきりと割りふられてはいないのだ。幼児期の出来事は、現実的な二つのセリーの一方を形成するというわけではなく、むしろ、基《ベース》となるつぎのような二つのセリーを連絡の状態に置く暗き先触れを形成するのである。基《ベース》となる二つのセリーとは、わたしたちが子どもであったときに知ったおとなたちのセリーと、わたしたちがおとなになって他のおとなたちや他の子どもたちと関係をもつ場合のそのおとな〔わたしたち〕のセリーである。たとえば、『失われた時を求めて』の主人公をとりあげてみよう。彼の幼いころの母への愛は、二つのおとなのセリー、すなわちオデットを伴っている〔主人公が子どものころに知った〕スワンのセリーと、主人公がおとなになってアルベルチーヌと関係をもつその主人公のセリーとを連絡させる作用者〔先触れ〕であり――しかもその愛はつねに、二つのセリーのなかにある同じ秘密なのであって、この同じ秘密というのは、[116] 相互主体的無意識のなかに諸セリーが共存する次元をもまた告げ知らせる、囚われの女の永遠の置き換え、その永遠偽装である。幼児期の出来事が遅れてようやく作用するというのは、いったいどうなっているのかと訝しく思う必要はない。幼児期の出来事が、そうした遅れなのであるし、この遅れはそれ自体、〈前〉と〈後〉を共存させる時間の純粋な形式である。フロイトの発見によれば、〈幻想《ファンタスム》〉は、おそらく最後の現実《レアリテ》であり、諸セリーをはみだす何ものかを巻き込んでいるのだが、しかしだからといって、幼児期の光景が非現実的あるいは想像的であると結論してよいわけではなく、むしろ、幻想のなかでは、時間における継起の経験的条件のかわりに、二つのセリーの共存が、すなわち、〔子どもとしての〕わたしたちがそれになるであろうような当のおとな〔のセリー〕と、わたしたちがいままでそれで「あった」ような当のおとなたち〔のセリー〕との共存が成立している、と結論しなければならない（フェレンツィが、幼児における攻撃者への同一化と呼んだものを参照せよ）[17]。幻想《ファンタスム》とは、幼時における暗き先触れの顕示である。幻想において起源的であるものは、ひとつのセリーに対する他のひとつのセリーのことではなく、むしろそれは、諸セリー間の差異であって、もちろん差異といっても、諸差異のセリーを他の諸差異のセリーに関係させ、時間におけるそれらセリーの経験的な継起を捨象する差異なのである。

無意識のシステムにおいては、もはやセリー間の継起の順序は打ち立てられず、反対に、諸セリーはすべて共存するのだから、どのセリーが起源的でどのセリーが派生的であるのかも、どのセリーがモデルでどのセリーがコピーであるのかも決定することはできないのだ。諸セリーが、時間における継起の条件の外で共存するものとして把握されるということ、また諸セリーが、一方はモデルの同一性を享受し他方はコピーの類似を享受するための条件の外で異なるものとして把握されるということ、この二つのことはまさしく一挙に成立するのである。〔たとえばひとつの小説のなかで〕発散する二つの物語が同時に展開するとき、一方を他方に対して特権化することはできない。このケースには、すべては同じ価値を持つという言い方がふさわしいのだが、「すべては同じ価値をもつ」とは、差異について言われることであり、二つの物語の差異についてのみ言われることである。二つのセリー間の、あるいは二つの物語のあいだの内的差異がどれほど小さかろうと、一方が他方を再生することはなく、一方が他方にとってモデルとして役立つこともない。類似と同一性は、そうした差異の働きかけの結果でしかなく、この差異だけがシステムにおいて起源的であるのだ。したがって、システムにおいて、起源的なものと派生的なものとの指定、つまり最初のものと二番煎じのものとの指定が排除されていると言うのは、まさに当を得たことである。なぜなら、〔諸セリー間の〕差異こそが唯一の起源であり、そしてその差異が互いに関係させる異なるもの〔一方のセリー〕と異なるもの〔他方のセリー〕を、あらゆる類似に依存させることなく共存させるからである。[28] なるほど、以上のような観点からしてはじめて、永遠回帰が、そのようなシステムに関する基底《フォン》なき「法則」として開示される。だが永遠回帰は、同じものや似ているものを還帰させることはなく、それ自身が純然たる差異の世界から派生するものなのである。いずれのセリーも、たんにそのセリーを巻き込んでいる他の諸セリーのなかに還帰するばかりでなく、おのれ自身に向かってもまた還帰するのだ。なぜなら、それぞれのセリーは、他の諸セリーに巻き込まれると、今度は必然的に、それら他のセリーを巻き込むものとして全体的に復元されるからである。永遠回帰には、つぎのような意味しかない。すなわち、特定可能な起源〔根源〕の不在[118]、換言するなら、差異——異なるもの（あるいは異なるものたち）をあるがままに還帰させるために、その異なるものを異なるものに関係させる差異——であるものとしての起源の特定。そうした意味でこそ、永遠回帰はまさに、起源的で、純粋で、総合的で、即自的な差異（ニーチェが〈力の意志〉と呼んでいたもの[119]）の帰結なのである。差異が即自であってみれば、永遠回帰における反復は、差異の対自〔おのれに向かうもの〕である。とはいうものの、永遠回帰が《同じ》もの〔自体〕と切り離しえないということをどうして否定できようか。永遠回帰とは、《同じ》ものの永遠回帰ではなかろうか。しかしわたしたちは、「同じもの、同一的なもの、似ているもの」という表現の、少なくとも三つの異なる語義に敏感でなければならない。

第一に、《同じ》ものは、永遠回帰の仮定上の基体を指示しているのだろうか。そうだとすれば、同じものは、原理としての《一》の同一性を指示していることになる。しかし、まさしくその点において、最大の、そしてもっとも長期にわたる誤謬がある。いみじくもニーチェはこう語っている。——還帰するのは、《一》であるということにでもなれば、《一》は、まず自己自身の外へは出ないということから始めたであろうし、また《一》は〈多〉に、その《一》に類似するべく決定せざるをえないというのであれば、《一》は、まず、似ているもののそうした漸減においてさえおのれの同一性を失わないということから始めたことでもあろう。反復は、〈多〉の類似でもなければ、《一》の恒久性でもない。永遠回帰の基体は、同じものではなく、異なるものであり、似ているものではなく、類似していないものであり、《一》ではなく、〈多〈多様なもの〉〉であり、必然性ではなく、偶然である。しかも、永遠回帰における反復は、その反復の働きかけを妨げるすべての形式の破壊を巻き込んでおり、また《同じ》もの、《一》、《同一的》なもの、《同様な》ものという先行条件のなかで具現された表象＝再現前化のすべてのカテゴリーの破壊を巻き込んでいる。第二に、同じものと似ているものは、永遠回帰に従う諸システムの働きかけによる効果にすぎないのだろうか。そうであれば、必然的に同一性は、起源的な差異に向けて投射されており、あるいはむしろその差異へ戻るように投射されているのであり、類似は、発散する諸セリーのなかに内化されているということになる。わたしたちは、そのような同一性について、そのような類似について、それらは「見せかけられ《シミュレ》た」ものであると言わなければならない。つまり同一性や類似は、差異によって異なるものを異なるものに関係させるシステムのなかで生産されたものなのだ（そのようなシステムはそれ自体、ひとつの見せかけ《シミュラクル》である理由がそこにある）。同じもの、似ているものは、永遠回帰によって産み出された虚構である。そこには、今度は、もはや誤謬ではなく、ひとつの錯覚がある。それは、その誤謬の源泉にありながらも、その誤謬から切り離しうる不可避の錯覚である。第三に、同じものと似ているものは、永遠回帰そのものから区別されないのであろうか。同じものと似ているものは、永遠回帰に先立って存在することはない。還帰するのは、同じものではないし、似ているものでもないのであって、永遠回帰こそが、還帰するもの〔差異〕について〔言われる〕唯一の同じもの、唯一の類似なのである。同じものと似ているものはまた、原因に反作用を及ぼすためには、永遠回帰に対してただ超然としているわけにはいかない。異なり、しかも異なるがままのものについてこそ、同じものという言い方がされるのである。永遠回帰は、異なるものについての同じものであり、多についての一であり、似ていないものについての類似しているものである。いま述べた錯覚の源泉を永遠回帰が産み出して保存するのは、その錯覚に隣接したあの誤謬にけっして陥ることなく、その錯覚を楽しみながら、おのれを、言わばおのれ自身の光学の効果のなかに映しだすように、その錯覚のなかに映しだすためだけである。

* * *

プラトン主義の真の動機は、見せかけ《シミュラクル》の問題のなかにある

齟齬しながら共鳴する諸セリーと、暗き先触れおよび強制運動をそなえた、そのような差異的＝微分的な諸システムは、見せかけ《シミュラクル》もしくは幻像《ファンタスム》(120)と呼ばれている。永遠回帰は、そうした見せかけ《シミュラクル》、幻像《ファンタスム》にしか関わらず、それらしか還帰させないのだ。そしてわたしたちは、おそらくここでもまた、プラトン主義と反プラトン主義に関する、つまりプラトン主義とプラトン主義の転倒に関するもっとも本質的な点、すなわちそれらの試金石を見いだすだろう。というのも、わたしたちは第一章ですでに、あたかもプラトンの思想は、オリジナルとイマージュとの区別、モデルとコピーとの区別という、ことさらに重要な区別を中心にして活動しているかのように論じたからである。モデルは、高次の起源的な同一性を享受するものとみなされている（ひとり《イデア》だけが、それがそれであるところのものにほかならず、《勇気》〔という《イデア》〕だけが勇敢なものであり、《敬虔》〔という《イデア》〕だけが敬虔なものである）。他方、コピーは、〔《イデア》との〕派生的な内的類似に即して判断されるものである。そうした考え方は、とりもなおさず、差異が、同一性と類似の後塵を拝して、第三列にしか到来せず、同一性と類似によってでしか思考されえない、という理解を前提にしているのである。差異は、同一的なオリジナルの範型的な相似性と、程度に多少はあっても類似しているコピーの模倣的な相似性という、二つの相似性を比較するゲームのなかでしか思考されていない。そこに、要求者[121]たちのテストあるいは測定がある。しかし、もっと深いレヴェルでは、そのような区別は真のプラトン主義的区別によって置き換えられ、本性上の変化が生じている。真のプラトン主義的区別は、オリジナルとイマージュとのあいだにあるのではなく、むしろ二種類の影像《イマージュ》（εἴδωλον）のあいだにある。すなわち、その第一の種類は、似像《コピー》（εἰκών）であり、その第二の種類は、見せかけ《シミュラクル》（φάντασμα）である。範型《モデル》〔同じもの〕－似像《コピー》〔似ているもの〕の区別は、〈似像《コピー》－見せかけ《シミュラクル》〉の区別を確立し、そして適用するためにしか存在しないのである。なぜなら、似像《コピー》は、範型《モデル》の同一性の名において、かつその似像《コピー》とそのイデア的な範型《モデル》との内的類似によって、正当化され、救い出され、選別されるからである。範型《モデル》〔《イデア》〕という基礎概念は、影像《イマージュ》たちの世界〔経験的な世界〕と全面的に対立するためにしか介入してこないのだが、ただしその目的は、良い影像《イマージュ》たち、〔《イデア》に〕内的に類似している影像《イマージュ》たち、つまり似像《イコン》たちを選別し、悪い影像《イマージュ》たち、つまり見せかけ《シミュラクル》たちを排除することにある。ソフィストそのものと同一視される幻像《ファンタスム》あるいは見せかけ《シミュラクル》、あの悪魔、あの忍び込む者つまりあの見せかけのうまい者《シミュラン》、つねに偽装され置き換えられるあの偽りの要求者、そうしたものどもを追い払おうとするあの意志のうえに、プラトン主義のすべてが構築されているのである。だからこそわたしたちは、最大の重要性をもつ或る哲学的決定が、プラトンによって下されたように思われるのだ。すなわち、端緒的なものとして仮定された、《同じ》ものと《似ている》ものという力《ピユイサンス》に差異を従属させる決定、差異はそれ自身においては思考されえないものだと宣言し、差異を、そして見せかけ《シミュラクル》たちを、底《フオン》なしの大洋に送りだす決定。しかしまさに、プラトンは表象＝再現前化の完全に構成された諸カテゴリーをまだ所有していない（そのカテゴリーが現われるのはアリストテレスにおいてである）がゆえに、プラトンは、そうした決定を、イデア論のうえに確立しなければならないのである。そのとき、まだ表象＝再現前化の論理学は展開されることができず、それに先立って、もっとも純粋な状態で現われているのは、或る道徳的な世界観である。

見せかけ《シミュラクル》が悪魔祓いされなければならず、またそうすることで差異が同じものと似ているものに従属させられなければならないというのは、何よりもまず道徳的な諸理由からである。しかし、それゆえに、すなわち、プラトンはそのような決定を下すので、つまり、勝利は表象=再現前化の既得の世界で獲得されるようには獲得されていないので、プラトン的コスモスのいたるところに忍び込んでいる敵がうなり声をあげ、差異がそのくびきをはずそうと抵抗し、ヘラクレイトスとソフィストたちの阿鼻叫喚の声がひびくのだ。ソクラテスに一歩一歩付き従う異様な分身が、プラトンの文体にまでやって来てつきまとい、この文体における反復とヴァリエーションのなかに潜り込むのである。[29]

見せかけ《シミュラクル》と永遠回帰における反復

というのも、見せかけ《シミュラクル》つまり幻像《ファンタスム》はたんに、コピーのコピー、無限に緩んだ類似、劣化した似像ではないからだ。プラトン主義的な教父たちから大きな影響を受けた教理問答によって、わたしたちはこれまで類似なきイマージュという考え方に親しんできた。すなわち、人間は神のイマージュと神の類似をそなえているが、しかし原罪によってわたしたちは、そのイマージュは保持しながらも類似を失ってしまった……という考え方である。見せかけ《シミュラクル》は、まさに、類似なき悪魔的なイマージュである。あるいはむしろ、見せかけ《シミュラクル》は、似像《イコン》とは反対に、類似を外に出してしまったので、差異を糧として生きる。見せかけ《シミュラクル》が、外的な類似効果を生産するのは、見せかけ《シミュラクル》が錯覚として存在するからであって、内的な原理として存在するからではない。見せかけ《シミュラクル》は、それ自体、齟齬のうえに構築されており、おのれを構成している諸セリーの非類似と、おのれの諸視点の発散を内化してしまっているので、その結果、見せかけ《シミュラクル》は、同時に、いくつかの事物を見せてくれるし、いくつもの物語を語ってくれるのである。そこに、見せかけ《シミュラクル》の第一の特徴がある。しかしそうしたことは、〔第二の特徴として〕、以下のようなことを教えてくれるのではないだろうか。すなわち、見せかけ《シミュラクル》がおのれ自身を範型《モデル》に関係させる場合には、この範型《モデル》はもはや、イデア的な《同じ》ものの同一性を享受することはなく、その範型《モデル》は、反対に、《他》なるものであり、他の範型《モデル》であり、内化された非類似がそこから生じてくる当の即自的な差異の範型《モデル》であるということだ。プラトン主義のただなかにおいて反プラトン主義を顕示しているプラトンのこのうえもなく奇抜な叙述のなかには、つぎのようなことを示唆する箇所がある――異なるもの、似ていないもの、不等なもの、要するに生成は、たんにおのれの二次的な特徴の身代金としての、つまり、おのれの類似に見合うものとしての似像《コピー》に関与する欠如であるのではなく、かえってそれ自身が範型《モデル》であり、〈偽《フォ》〉の力《ピュイサンス》が展開される場としての〈虚偽《プセドウス》〉の恐るべき範型《モデル》である、という可能性が存在するということである[30]。そのような仮説は、たちまち、遠ざけられ、呪われ、禁じられてしまう。しかし、たとえ見せかけ《シミュラクル》たちの執拗な行動を、地下活動を、そして見せかけ《シミュラクル》たちの固有な世界の可能性を夜に証示する稲妻でしかないとしても、とにかくその仮説は現われてしまっているのだ。そうしたことはさらに、三番目に、以下のようなことを教えているのではないだろうか。すなわち、見せかけ《シミュラクル》には、似像《コピー》という基礎概念と範型《モデル》という基礎概念とに対して異議を唱えるものが何かあるということだ。もろもろの似像《コピー》が内化している諸セリーの非類似のなかに、当の似像《コピー》が沈み込んでゆき、同時に範型《モデル》が差異のなかに落ちてゆくとき、どちらが似像《コピー》でどちらが範型《モデル》なのかは、けっして言うことができないのである。そうしたところに、『ソピステス〔ソフィスト〕』の結末、すなわち見せかけ《シミュラクル》たちの勝利の可能性がある。なぜなら、ソクラテス〔範型《モデル》〕はソフィスト〔見せかけ《シミュラクル》〕から区別されるのだが、しかしソフィストはソクラテスから区別されず、そしてソフィストによって前者の区別の正当性が疑問視されるからである。似像《イコン》〔偶像《イドル》〕の黄昏。それは、範型《モデル》の同一性と似像《コピー》の類似が誤謬になり、同じものと似ているものが見せかけ《シミュラクル》の働きかけから生まれた錯覚になってしまう点を指示しているのではないだろうか。見せかけ《シミュラクル》は、永遠回帰の脱中心化されたいくつもの中心を通過してはまた通過し、そうすることで自己自身に働きかけるのである。それはもはや、カオスをコスモスに対立させようとするプラトン主義的努力ではない。このプラトン主義的努力は、あたかも《円環》が、反抗的な質料に対しておのれに類似せよと命令することができる超越的な《イデア》の刻印である、と思わせようとするところにある。だが、カオスとコスモスが内在的に同一になること、ことさらに捩れた円環たる永遠回帰のなかで存在すること、これはプラトン主義的努力とはまったく反対のことである。プラトンの試みは、永遠回帰を、もろもろの《イデア》の効果だとすることによって、すなわち範型《モデル》の似像《コピー》だとすることによって律しようとすることにあった。しかし、劣化した類似の、似像《コピー》における似像《コピー》の無限の運動のなかでこそ、わたしたちは、すべてが本性上の変化をきたし、似像《コピー》そのものが見せかけ《シミュラクル》のなかで転倒し、ついには類似が、すなわち精神の限界が反復に道を譲ってしまう点に到達するのである。

第三章　思考のイマージュ

哲学における前提の問題

哲学における開始の問題は、当然のことながら、きわめて微妙なものだとつねに考えられてきた。なぜなら、開始するということはすべての前提を排除するということを意味しているのだが、科学においては、ひとつの厳密な公理系によって排除されうる客観的な前提が問題になるのに対して、哲学においては、客観的な前提ばかりでなく、〔排除されない〕主観的な前提も存在するからである。客観的前提と呼ばれるのは、一定の概念の前提であることが表立っている諸概念である。たとえばデカルトが、「第二省察」において、人間を理性的動物と定義したがらないのは、このような定義が、理性的という概念と動物という概念を、〔本当はさらに問われる必要があるのに〕既知のものとして表立って前提しているからである。(1) それゆえ、《コギト》をひとつの定義として提示することによって、デカルトは、類と種差を用いる方法の重荷となっている客観的前提を、〔その方法ごと〕すべて祓いのけるつもりでいるのだ。けれども明らかに、デカルトは、それとは別の種類のいくつかの前提から、つまり主観的あるいは暗黙の前提から免れていない。換言すれば、概念のなかにではなく、ひとつの気持ちのなかに包み込まれている前提から免れていない。というのも、自我、思考、存在が何を意味しているのかぐらいは、だれでも概念抜きで知っているではないか、ということが前提されているからである。[2] したがって、〈私は思考する〉の純粋自我が開始のようなみかけを呈していても、それは、その純粋自我がおのれの諸前提をすべて経験的自我のなかへ送り返した結果でしかないのである。なるほどヘーゲルがすでに、デカルトのそのようなやり方を咎めている。だが、そのヘーゲルはと言えば、デカルトとは別のやり方をしているようには思われない。すなわち、ヘーゲルの場合、純粋存在は、そのすべての前提を経験的で感性的で具体的な存在へ送り返したおかげで、ようやくひとつの開始になっているのである。[3] 以上のような態度、すなわち、なるほど客観的前提を忌避しはするが、その分だけ主観的前提(〔主観、客観という〕形式が違っているだけで、前提であるという点ではおそらく変わりがないような主観的前提)をおのれに与えるかぎりで、客観的前提を忌避するような態度、[4] それはまた、《存在》についての前存在論的了解を援用するハイデガーの態度でもある。そこから、哲学における真の開始などは存在しない、あるいはむしろ、哲学の真の開始、つまり《差異》とは、それ自身すでに《反復》である、という結論を引きだすことはできるだろう。しかし、そうした言い方は、つまり《円環》としての哲学を呼び戻すことは、たいへん多くの解釈を受け入れうるので、用心のうえにも用心してかからねばならないだろう。というのは、最初にあったものを最後にもう一度見いだすことが必要だというのであれば、また、概念なしでかつ暗黙のうちに単純に認識されていたものを再認し、それを明るみに引き寄せ、表立ったものにあるいは概念にまで引き寄せることが必要だというのであれば――たとえどれほどそのような引き寄せ方が複雑であろうと、また、あれこれの著者によってその方法がどれほど違っていても――、そんなことはすべてやはり単純すぎると言ってやることが、そして、そんな円環は本当はたいして捩れていないと言ってやることが、まったく当を得たことになるからである。円環のイマージュは、哲学にとってはむしろ、本当に開始することができないという無力《アンピユイサンス》を、またそればかりでなく、真正に反復することができないという無力《アンピユイサンス》を証示しているのである。

主観的あるいは暗黙の前提とは何であるのか、この点をもっと追究してみよう。この前提は、「すべてのひとが知っている……」という形式をそなえている。すべてのひとは、概念以前に、哲学以前的な様態で、知っている……、すべてのひとは、思考することそして存在することが何を意味するのか知っている……、したがって、かの哲学者〔デカルト〕は、〈私は思考する、ゆえに、私は存在する〉と語るとき、彼の諸前提の普遍的な内容を、すなわち、存在することおよび思考することが何を意味しているのかを、すでに〔すべてのひとによって〕理解されたものとして、暗黙のうちに前提することができる……、そして、だれも、疑うことは思考することであり、思考することは存在することであるということを否定できない……、すべてのひとは知っている、だれも否定できない。以上こそが、表象＝再現前化の形式であり、表象＝再現前化する者の言説である。〔デカルト〕哲学がいくつかの暗黙のあるいは主観的な前提に立っておのれの開始を確保するとき、なるほど本質的なものは別として、つまりそうした言説の形式は別として、それ以外には何ものも保持しなかったがゆえに、この哲学は無垢を装うことができる。そのとき、この哲学は、衒学者に『白痴』を、エピステモンにユードクス[5]を、知識が詰まりすぎた知性に良き意志《ボヌ・ヴォロンテ》〔やる気〕を、当代の一般的なものごとによって歪められた人間に自然的な〔生まれつきの〕思考だけがそなわった個別的〔特殊〕な人間を対置する。この哲学は、前提なき人間としての白痴の側に立つ。しかし実際には、ユードクスはエピステモンにおとらず諸前提をもっているのであって、ただ彼は、それらの前提を、或る別の、暗黙のないしは主観的な、「私的」であって「公共的」ではない形式でもっているのであり、哲学に、開始するような、それも前提なしに開始するような外観をそなえさせる自然的な思考の形式でもっているのである。

　ところが、たちまち、孤高の、そして情熱的な叫び声があがる。その叫び声は、「すべてのひとが知っている……」ということを否定するがゆえに、どうして孤高でないことがあろうか。そして、その叫び声は、だれも否定できないと言われていることを否定するがゆえに、どうして情熱的でないことがあろうか。そうした抗議は、貴族的な先入見からなされるわけではない。すなわち、思考し、かつ思考することの何たるかを知っている者はほとんどいない、などと言わんとしているのではないのだ。そうではなく反対に、すべてのひとが知っていることがらをうまく知ることができず、すべてのひとが承認しているとみなされていることがらを遠慮がちに否定する者が、たとえ一人だけであっても、しかるべき慎ましさをもって存在しているのである。代表＝再現前化《ルプレザンテ》されるがままにはならず、どのようなものであれそれを代表＝再現前化することもない者が存在している。良き意志《ボヌ・ヴォロンテ》〔やる気〕と自然的な思考をそなえたひとりの個別的な者ではなく、自然においても概念においてもうまく思考することができない、悪しき意志《モーヴェーズ・ヴォロンテ》〔やる気のなさ〕に満ちた、ひとりの特異な者が存在している。ひとり彼のみが、前提なき者である。彼のみが、現実的に開始するのであり、現実的に反復するのである。そして彼にとっては、主観的な前提は、客観的な前提におとらず先入見なのであり、ユードクスとエピステモンは、警戒を要するただひとりの同じ欺瞞的な人間である。どうせ白痴をやることになるのだから、せめてロシア風に白痴をやってみよう。たとえば、地下室の人間がそれである。地下室の人間は、時代の教養の客観的前提のなかでも、自然的な思考の主観的前提のなかでも途方に暮れており、或るひとつの円環をつくるためのコンパスなどもちあわせていない者である。彼こそ、一時的でも永遠的でもない《反時代的な》〔時代に合わない〕者である。ああ、シェストフ。彼が立てるすべを知っているもろもろの問い。彼が示しうる悪しき意志。彼が思考のなかに置くすべを知っている思考できないという無力《アンピュイサンス》。もっともラディカルな開始ともっとも頑固な反復とに同時に関わる、それら世話のやける問いのなかで彼が展開している、二重の次元。

第一の公準――普遍的本性タル《思考》の原理

すべてのひとが「これ」を知っている、すべてのひとがこれを承認《ルコネートル》している、だれもこれを否定できないと言うことは、多くの者にとって得《とく》になる。（無愛想な交渉相手が、立ちあがって、私はそんな仕方で代表《ルプレザンテ》〔＝再現前化〕されたくない、私は拒否する、私の名前で語る者たちを承認しない、と返答しないかぎり、彼らは容易に勝つことができる。）もちろん哲学者は、もっと公平無私なやり方でことにあたる。哲学者が普遍的に再認《ルコネートル》〔承認〕されたものとして定立するものは、思考、存在、そして自我が意味することがらにすぎないのであり、つまり、ひとつのこれではなく、表象＝再現前化の、あるいは再認一般の形式にすぎないのである。けれども、この形式はひとつの質料〔素材〕をもっている。ただし、その質料は、純粋な質料であり、エレメントである。このエレメントは、思考がひとつの能力の自然的な〔生まれつきの〕行使として定立されるところにのみ存在する。すなわち、そのエレメントは、或る――思考者の良き意志と思考の正しき本性という二重のアスペクトをそなえ、真なるものとの類縁性のうちにあり、真なるものをとらえる力に恵まれた――自然的な思考の前提のなかにのみ存在するのである。すべてのひとは自然的に〔生まれつき〕思考するからこそ、すべてのひとは、思考するということが意味することを、暗黙のうちに知っているとみなされるのである。

表象＝再現前化のもっとも一般的な形式は、したがって、正しき本性と良き意志（ユードクスとオーソドクシー）[6]という、常識《サンス・コマン》（共通感覚）のエレメントのなかにひそんでいる。哲学の暗黙の前提は、哲学が、そこからはじめてスタートを切ることができるその普遍的本性〔自然〕タル思考 *cogitatio natura universalis*[7] としての常識《サンス・コマン》のなかに見いだされる。前提の存在を検証するために、「すべての人間は、生まれつき、知ることを欲する」[8]から、「良識はこの世でもっとも公平に配分されているものである」[9]に至るまで、哲学者たちの様々な宣言をいくら積み重ねても無駄である。なぜなら、前提というものは、その前提が成立させている表立った諸命題によって有効になるのではなく、むしろ、その前提をまさしく暗がりのなかに置き去りにする哲学者たちのなかで当の前提がかえって執拗に持続するという事態によって有効になるからである。哲学における公準とは、哲学者がひとびとに同意せよと要求する命題なのではなく、反対に、暗黙のうちにとどまりながら、哲学以前的な様態で了解される命題としての主題なのである。そのような意味で、哲学における概念的思考は、常識《サンス・コマン》の純粋なエレメントから借用された、哲学以前的で自然的な〔生まれつきの〕思考の《イマージュ》を、おのれの暗黙の前提としている。そのイマージュに即してこそ、思考は、真なるものとの類縁性のうちにあり、真なるものを形相的に所有し、真なるものを質料的にも望むのである。しかも、そのイマージュに基づいてこそ、すべてのひとは、思考が何を意味するのかを知り、それを知っているとみなされるのだ。この場合、すでにあらゆることがらについて予断を下し、したがって客観と主観との配分について、また存在と存在者との配分について予断を下しているその《イマージュ》に、思考が服従したままである以上、哲学が、客観から開始するのかあるいは主観から開始するのか、存在から開始するのかあるいは存在者から開始するのかなどということは、どうでもよい問題である。

思考のそのようなイマージュを、わたしたちは、ドグマティックな〔臆説《ドグマ》による〕、あるいはオーソドックスな〔正しき《オルト》臆見《ドクサ》による〕イマージュ、道徳的イマージュと呼ぶことができる。もとより、このイマージュにはいくつかのヴァリアントがある。だから、「合理主義者たち」と「経験論者たち」とでは、彼らがそのイマージュをすでに確立されたものとして前提するにしても、そのやり方は同じではない。さらに、わたしたちが後で見るように、哲学者たちは、まずいことをしたと大いに悔やみ、つぎのようないくつもの特徴を付け加えずにはその暗黙のイマージュを容認しないのである。どのような特徴かと言うなら、それは、概念についての表立った反省に由来し、そのイマージュに対抗し、そのイマージュを転倒させようとする特徴である。けれども、たとえ哲学者が、真理とは、結局のところ、「容易に到達することができ、すべてのひとの手の届くところにあるもの」ではないと明言する場合にも、そのイマージュは、あくまで暗黙のものとして踏みとどまっている。それゆえ、わたしたちは、それぞれの哲学によって異なるあれこれの思考のイマージュについてではなく、哲学の主観的前提をその全体において構成している唯一の一般的な《イマージュ》について語ろう。ニーチェは、哲学のもっとも一般的な諸前提を問題にして、こう述べている。すなわち、思考が良き本性〔自然〕をもち、思考者が良き意志をもつとわたしたちに納得させうるのは、ひとり《道徳《モラル》》のみであるがゆえに、また、思考と《真》なるものとの仮定上の類縁性の根拠となりうるのは、ひとり《善》のみであるがゆえに、そうした諸前提は本質的に道徳的なものである、と。実際、《道徳》以外の何が、わたしたちにそれを納得させえようか。また、思考を真なるものに委ね、真なるものを思考に委ねる《善》以外の何が……。そこから、どんな種類の前提ももたないようなひとつの哲学の諸条件が、さらに明確になってくる。すなわち、この哲学は、思考の道徳的《イマージュ》で身を支えるかわりに、その《イマージュ》とそれが巻き込んでいる諸「公準」とに対するラディカルな批判を、おのれの出発点にするだろう。この哲学は、〔哲学ではないものに対する〕おのれの差異を、つまりおのれの真の開始を、哲学以前的な《イマージュ》との協調のなかにではなく、非哲学として告発された《イマージュ》に対する容赦なき闘争のなかに見いだすだろう。[2] まさにそうすることによって、この哲学は、おのれの真正な反復を、或る種の、《イマージュ》なき思考のなかに見いだすだろう。たとえ、この哲学が、もっと大きな破壊、もっと大きな意気阻喪《デモラリザシオン》〔非道徳化〕をその代償にするにしてもである。たとえ、常識《サンス・コマン》のエレメントをも、表象＝再現前化の形式をも放棄しなければならず、パラドックスしか盟友にしない、という哲学の頑固さを、その代償にするにしてもである。あたかも、思考が、《イマージュ》と諸公準から解放されることによってでしか、思考を開始することができず、またつねに再開することができないといったように。そうした歪曲化するイマージュを思考から投射するような諸公準を、まずはじめに調査しないことには、真理に関する主義主張を手直しすると言い張ったところで、空しいことである。

***

第二の公準――常識〔共通感覚〕の理想

思考するということはひとつの能力の自然的《ナチユレル》な〔生まれつきの〕働きであること、この能力は良き本性《ナチユール》〔自然〕と良き意志をもっていること、こうしたことは、事実においては理解しえないことである。人間たちは、事実においては、めったに思考せず、思考するにしても、意欲が高まってというよりむしろ、何かショックを受けて思考するということ、これは、「すべてのひと」のよく知るところである。そしてデカルトの、「良識《ボン・サンス》（思考する力《ピユイサンス》）はこの世でもっとも公平に配分されているものである」という有名なフレーズは、人間たちはせいぜい、記憶力に欠ける、想像力がない、あるいは音感さえも悪いなどと嘆くだけで、知性と思考については十分によく配分されていると思いこんでいる、などということを連想させるものだから、そのフレーズは、ひとつの古い冗談にならざるをえない。しかし、デカルトはやはり哲学者であって、それというのも彼は、思考を、それが権利上あるべき姿で確立するために、その冗談を用いているからである。権利を諸事実に翻訳する困難がどれほどのものであろうと、あるいは権利を諸事実の彼岸において再発見する困難がどれほどのものであろうと、良き本性と真なるものとの類縁性とは、権利上、思考に属するだろうということである。自然的な良識《ボン・サンス》あるいは常識《サンス・コマン》〔共通感覚〕は、したがって、純粋思考の規定として理解されているのだ。おのれ自身を普遍的なものとする先入見をもつこと、おのれを権利上普遍的なもの、権利上連絡可能なもの《コミュニカブル》[10]として要請すること、これがサンス〔良識、常識〕の仕事である。権利を受け入れさせるためには、また権利を再発見するためには、すなわち、十分才能に恵まれた精神を適用するためには、表立った方法が必要だというわけである。したがって、思考するということは、なるほど事実においては困難である。しかし、事実においてもっとも困難なことは、それでもなお、権利においてはもっとも容易なこととして通用する。それゆえに、方法それ自体は、思考の本性から見れば容易であると言われている（この容易だという考え方は、デカルト哲学全体を毒していると言っても過言ではない）。哲学が、思考の《イマージュ》におのれの前提を見いだすとき、このイマージュは、権利上の価値をもつと主張する以上、わたしたちは、そのイマージュに、反証的な諸事実を対置するだけで済ませるわけにはいかない。権利の次元そのものを議論の対象にする必要があり、そのイマージュが、純粋思考としての思考の本質そのものを裏切っていないかどうかを知る必要があるのだ。そのイマージュは、権利上の価値をもつかぎりにおいて、経験的なものと先験的なものとの或る一定の割りふりを前提としている。

したがって、わたしたちがシロクロをつけねばならぬ対象は、まさにその割りふりであり、言い換えるなら、そのイマージュのなかに巻き込まれているつぎのような先験的モデルである。

第三の公準——再認というモデル[11]

実際、ひとつのモデルが存在することは確かである。それは、再認〔見分けること〕というモデルである。再認の定義は、同じものとして想定されたひとつの対象に向かって、すべての「認識」能力が一致して働くということである。見られ、触れられ、想起され、想像され、理解される……のは同じ対象である、ということが可能なのである。あるいは、デカルトが蜜蠟について語っているように、「それは、私が見、私が触れ、私が想像するところの蜜蠟と同じもの、当初から蜜蠟であると私が思いなしていたのとつまりは同じものである[12]」。なるほど、それぞれの能力は、それぞれに固有の素材をもっている。たとえば、感覚されうるもの、記憶されうるもの、想像されうるもの、理解されうるもの……。また、それぞれの能力は、それぞれに固有のスタイルをもち、所与を攻囲するそれぞれに固有の諸行為をそなえている。しかし、ひとつの能力が、おのれの対象を、他の能力の対象と同一的なものとしてねらうときにこそ、ひとつの対象が再認される。あるいはむしろ、すべての能力がそろって、対象の同一性の形式におのれの所与を関係させ、しかもおのれ自身を関係させるときにこそ、ひとつの対象が再認されるのである。それと同時に、再認は、「すべてのひと」のために、諸能力の協働の主観的原理、すなわち、諸能力ノ一致 *concordia facultatum* としての共通感覚《サンス・コマン》[13]を求め、そして対象の同一性の形式は、哲学者から見れば、おのれの思考以外のすべての能力が思考の諸様態でなければならないといった思考する主観の統一に根拠を求めているのである。そこに、開始としての《コギト》の意味があるのだ。つまり、コギトは、主観におけるすべての能力の統一を表現し、したがって、主観的同一性を反映している対象の〔同一性の〕形式にすべての能力が関係しうるという可能性を表現しており、そしてコギトは、常識《サンス・コマン》という前提にひとつの哲学的概念を与えているのであって、コギトそのものが、哲学的なものへと生成した共通感覚《サンス・コマン》〔常識〕なのである。デカルト同様カントにおいても、〈私は思考する〉における《自我》の同一性こそが、すべての能力の一致を根拠づけ、《同じ》ものとして想定されたひとつの対象の形式に関するすべての能力の調和を根拠づけている。[14]あるいは、つぎのような反論があるかもしれない。すなわち、わたしたちが直面する対象は、けっして形式的な対象、任意の普遍的な対象ではなく、反対につねに、〔良識によって〕決定された諸能力の寄与において際立たせられ特定された、しかじかの対象である、と。しかし、まさにそこにおいてこそ、共通感覚と良識という相補的な二つの審廷の明確な差異を介入させなければならないのだ。なぜなら、共通感覚《サンス・コマン》が、純粋《自我》と、それに対応する任意の〔普遍的な〕対象の形式との観点からする、同一性の規範であるとすれば、良識《ボン・サンス》は、もろもろの経験的自我と、しかじかの質を与えられた諸対象との観点からする、配分《パルタージュ》の規範である（それゆえ、良識《ボン・サンス》は普遍的に配分《パルタジエ》されるものだとみなされるのである）。共通感覚《サンス・コマン》が《同じ》ものの形式の成立に寄与するのであれば、まさに良識《ボン・サンス》こそが、それぞれのケースにおける諸能力の寄与を決定するのである。しかも、そうした任意の対象が現実に存在するのは質を与えられた場合だけであるとするなら、逆にそうした質の付与が遂行されるのはその任意の対象を仮定する場合だけである。いずれわたしたちは、どのように良識《ボン・サンス》と共通感覚《サンス・コマン》が、思考のイマージュのなかで、まったく必然的な仕方で補完しあうのかという点を見ることになるだろう。それら二つは、それぞれにおいて、ドクサ *doxa*〔臆見〕の二つの半身をなしているからである。さしあたって、つぎのような諸公準は、それら自体、早まってつくられたものだということを指摘するだけで十分である。すなわち、自然的に〔生まれつき〕正しく、しかも思考するということの意味を知っている思考のイマージュ、「権利上」そうした思考に由来する共通感覚の純粋なエレメント、再認というモデル、あるいはすでに、今度はそのモデルに由来する表象＝再現前化の形式。なぜ思考が自然的に〔生まれつき〕正しいと仮定されているかと言うなら、思考とは、他の諸能力と同じようなひとつの能力ではなく、主観に帰せられる能力だからであり、したがって他の諸能力の統一であって、他の諸能力は思考の諸様態にすぎず、そして思考によって、再認というモデルのなかで、《同じ》ものの形式に基づいて方向づけられるものだからである。再認というモデルは、必然的に思考のイマージュのなかに含まれている。プラトンの

『テアイテトス』を考えても、デカルトの『省察』を考えても、〔カントの〕『純粋理性批判』を考えても、支配的であるものは、そして思考するということの意味の哲学的分析を「方向づける」ものは、やはりそのモデルなのである。

思考とドクサ

そのような方向づけは、哲学にとって困ったものである。というのも、自然的に〔生まれつき〕正しい思考、権利において自然的な常識《サンス・コマン》、先験的なモデルとしての再認という、仮定された三重の水準は、オーソドクシー orthodoxie〔正しき臆見〕という理想しか構成することができないからである。だから哲学は、もはや、ドクサ *doxa*〔臆見〕と手を切るということであったはずのおのれの計画を実現する手段をもたなくなる。なるほど哲学は、あらゆる個別的なドクサを忌避する。なるほど哲学は、良識《ボン・サンス》もしくは常識《サンス・コマン》のいかなる個別的な提案も採用しない。なるほど哲学は、個別的には何ものも再認〔承認〕しない。しかし哲学は、ドクサについては、その本質的なもの、すなわちその形式を保存し、常識《サンス・コマン》〔共通感覚〕については、その本質的なものすなわちそのエレメントを保存し、そして再認については、その本質的なものすなわちそのモデルを保存する（普遍的なものとしての思考する主体において根拠づけられ、かつ任意の〔普遍的な〕対象に向けて行使される、諸能力の一致）。思考のイマージュとは、それを見てひとが、ドクサを合理的な水準に高めることによって普遍化するような形態である。しかしひとは、ドクサの経験的内容を捨象するだけのときは、しかも、その内容の本質的な点を暗黙のうちにとどめかつそのドクサに応じた諸能力の使用を保持するときは、依然としてドクサに囚われているのである。たとえ時間〔時代〕を超えた形相を発見したところで、あるいは、時間の下にある、地下の第一質料すなわちウアドクサ Urdoxa〔根源的臆見〕[15]を発見したところで、一歩たりとも前進したことにはならず、やはり同じ洞窟に、つまり時代のいくつかの観念に囚われたままなのであって、ひとはただ、それらの観念を哲学のしるし《シーニュ》でもって祝福しつつ、それらを「再発見」するかのような粋がりを見せているだけなのだ。再認の形式は、再認されうるものと再認されたもの以外には、けっして何ものをも聖化したことはなく、その形式は、おのれに合致するそれらのもの以外には、けっして何ものにも霊感を与えないだろう。そしてもし、哲学がひとつの常識《サンス・コマン》をおのれの暗黙の前提であるかのように指し示すとすれば、この常識《サンス・コマン》は、それなりのやり方で哲学をひとつこしらえうるということを、ああ何たることか、毎日示しているのだから、いったいどんな点で哲学そのものが必要だというのだろうか。哲学にとって、破滅をもたらす二重の危険がある。そのひとつは、以下のとおりである。自明なことだが、再認〔見分けること〕の諸行為は、現実に存在しており、わたしたちの日常生活の大部分を占めている。たとえば、これはテーブルだとか、これはリンゴだよとか、これは蜜蠟であるとか、こんにちはテアイテトス、といったように。しかし、わたしたちが「そのように」再認するとき、そこで思考の運命が演じられ、わたしたちは思考している、などということをだれが信じえようか。ベルクソン流に、牧草を前にした牛が行う再認と、思い出を呼び起している人間が行う再認という、二つのタイプの再認をいくら区別したところで、前者はもとより後者でさえも、思考するということの意味のためのモデルにはなりえない。わたしたちはすでに、思考の《イマージュ》について、権利上のその諸要求に即して判断するべきであり、事実上の諸反論によって判断してはならないと言った。しかしまさに、この思考のイマージュに対して非難するべき点は、このイマージュが、おのれの仮定上の権利を、或るいくつかの事実からの、しかもことさら取るに足らない諸事実からの一般的帰結に、つまり日常的な陳腐さの化身に、要するに《再認〔見分けること〕》に基づかせたこと、それも、思考のモデルを、もっと奇妙なもっと危うい冒険に求めてはならぬとでも言わんばかりに、そのようなところに基づかせたことにある。カントを例にとってみよう。すべての哲学者のなかで、先験的なものの驚くべき領域を発見しているのは、まさにカントである。彼は、大探検家に比せられる者である。あの世ではなく、この世の山や地下の探検家である。だが、彼は、いったい何をやっているのだろうか。『純粋理性批判』の第一版で、彼は、思考能力〔覚知、構想力、再認〕のそれぞれの寄与の真価を表わす三つの総合を詳細に記述している。それらの能力は、第三の総合、すなわち再認の総合において絶頂に達する。すべての能力がそこへと関係づけられる当の〈私は思考する《イッヒ・デンケ》〉〔先験的統覚〕の相関項としての任意の対象〔先験的対象〕という形式に関して、再認が表現される(16)。明らかにカントは、そのようにして、先験的と呼ばれる諸構造を、心理学的な意識の経験的諸行為を引き写すことによって描いている。たとえば、覚知の先験的総合は、直接、経験的覚知から導き出されているということ、等々。カントは、第一版の当該箇所を第二版では削除しているが、それは、かくも見えすいたそのやり方を隠すためである。けれども、そうした引き写しの方法は、もっとうまく隠されたとしてもなお、おのれの「心理学主義」をそのまま伴って存続しているのである。

〔二重の危険の〕もうひとつは、以下のようなところにある。再認が取るに足らないものであるのは、それが思弁的なモデルであるかぎりのことであって、再認自身が準備し、かつわたしたちをそこへと導いてゆく当の諸目的に関しては、再認はもはや取るに足らないものではないのである。再認されるものは、たしかにひとつの対象であるが、しかしその対象に関するいくつかの価値でもある（諸価値が良識《ボン・サンス》によって遂行されるもろもろの配分に介入してくるのは、本質的なことでさえある）。再認が、「既成の諸価値」に、おのれの実践的合目的性を見いだしているとすれば、この〔再認という〕モデルのもとで、憂慮すべき自己満足を証示しているのは、〔普遍的〕本性タル《思考》としての思考のイマージュの全体である。ニーチェが言うように、《真理》とは、まさしく、「自分は、結局のところ、純粋な学知でしかないのだから、だれにも御迷惑は一切おかけしません、という保証をすべての既成の諸権力に絶えず与えているような、おひとよしで自分の心地よさが大好きな代物」[3]であるように思われる。だれにも、思考する者にも、他の者たちにも、苦痛を与えない思考とは、いったい何であろうか。再認のしるし《シーニュ》は、思考が国家を「再発見」し、「教会」を再発見し、時代の諸価値を再発見するようないくつかの奇怪な婚約式を執り行うものだ。再発見される時代の諸価値とは、永遠に祝福された永遠の任意の対象という純粋な形式で、思考が巧妙に過ぎ去らせてしまったものである。ニーチェが新しい諸価値の創造と既成の諸価値の再認を区別するとき、わたしたちはもちろん、その区別を、歴史的な相対的意味で、たとえば、既成の諸価値は当時は新しかった、そして、新しい諸価値は成立するための時間をたんに必要としているだけだ、といったような意味で理解するべきではない。まことに、〔それは二種類の諸価値の〕形式的かつ本性上の差異が問題なのであって、すなわち、新しいものは、その開始と再開との力《ピュイサンス》のゆえに永久に新しく、他方、既成のものは、それを再認するためには少しばかりの経験的時間が必要であるにしても、はじめから既成のものであったということである。新しいもののなかで成立するものは、正確に言えば新しいものではない。なぜなら、新しいものの本来の、換言するなら差異本来の特性は、今日も明日も再認の威力であることはない或るいくつかの威力を、思考のなかで駆り立てること、すなわち、けっして再認されたことがなく再認可能でもない未知ノ領域 *terra incognita* における、再認とはまったく異なるモデルの或るいくつかの力《ピュイサンス》を、思考のなかで駆り立てることだからである。そして新しいものは、いかなる威力から、いかなる枢要な悪しき本性と悪しき意志〔やる気のなさ〕とから、いかなる枢要な意気阻喪〔崩壊〕から、思考にやって来るのだろうか。この意気阻喪〔崩壊〕は、思考からその「生得性」を剝奪し、そのたびごとに思考を、何かこれまでずっと存在してきたものとしてではなく、むしろ、何か強制されてやむをえず開始するものとして扱うものである。以上と比べれば、再認のための意志的な闘争などは、どれほど笑うべきものであることか。そんな闘争は結局、常識《サンス・コマン》のもとで、既成の諸価値をめぐって、つまり、現在通用している諸価値（名誉、富、権力）をひとり占めしたり与えてもらったりするために存在するだけである。普遍的本性タル《思考》によって構成されたトロフィー、つまり純粋な再認と純粋な表象＝再現前化というトロフィーを獲得するための、もろもろの意識の闘争は、何と奇妙なものであろうか。ニーチェは、そんなことが〈力《ピュイサンス》の意志〉と呼んでいたものにおいて問題になりうると考えただけで、笑いをおさえることができなかった。そしてニーチェは、ヘーゲルばかりでなくカントをも、「哲学労働者」と呼んでいた[17]。なぜなら、彼らの哲学には、あの再認という消しがたいモデルの烙印が押されたままであったからである。

カントにおける《批判》の両義性

けれども、カントは、思考の《イマージュ》を転倒させるための、武器を手にしていると思われていた。彼は、誤謬という概念にかえて、錯覚という概念を問題にした。すなわち、身体における原因性〔感性〕からの結果にすぎないような、外部から到来したもろもろの誤謬のかわりに、理性の内部にある、内的なもろもろの錯覚を問題にしたのである。[18]彼は、実体的な自我にかえて、時間の線によって深くひび割れた自我を問題にした。[19]そして、神と自我は、まさにひとつの同じ運動のなかに、一種の思弁的な死を見いだしていた。しかし、カントはそれでもなお、三つの《批判》からなる概念装置を危険にさらすのもかまわずに、暗黙の諸前提を放棄しようとはしなかったのである。思考は、正しき本性を享受し続けるということ、そして哲学者は、共通感覚《サンス・コマン》〔常識〕それ自身あるいは「共通の通俗的理性[20]」よりも遠くへは、またそれとは別の方向へは進みえないということ、これが必要とされていたのだ。してみれば、《批判》の本領は、せいぜいのところ、自然法則の観点から考察された思考に世俗的状態を与えるということにしかない。カントは、共通感覚《サンス・コマン》を増やそうと、そして、理性的思考の自然的な関心と同じ数だけ共通感覚《サンス・コマン》をつくろうと企てる。その理由は、以下のところにある。なるほど共通感覚《サンス・コマン》一般は、《同じ》もののひとつの形式あるいは再認のひとつのモデルに基づく諸能力の協働をつねに巻き込んでいるにせよ、それでもなお、場合に応じてひとつの能動的な能力が、他の諸能力のあいだにあって、そうした形式あるいはそうした──他の諸能力がおのれの寄与をそれへと従わせる当の──モデルを提供するという任務を、やはり引き受けているのである。たとえば、構想力〔想像〕、理性、悟性が、認識において協働し、ひとつの「論理的共通感覚[21]」を形成しているわけだが、ただしこの場合、立法的能力であるのは、また理性と想像力がそれに基づいて協働するよう定められている当の思弁的なモデルを提供するのは、まさに悟性である。他方、再認の実践的モデルに関しては、道徳的共通感覚において立法を行うのは、まさに〔実践〕理性である。さらに、元来が美的な共通感覚《サンス・コマン》において諸能力が自由な調和に達する場合の〔再認の〕第三のモデルが存在する。なるほどすべての能力は、再認一般において協働するにせよ、この協働の諸定式は、再認されるべきもの、すなわち認識対象、道徳的価値、美的効果の諸条件に応じて異なるのである。……したがってカントは、共通感覚の形式を転倒させるどころか、反対にそれを増やしただけなのだ。（現象学についても同じことを言うべきではなかろうか。現象学は、第四の共通感覚《サンス・コマン》を、すなわち、今度は受動的総合としての感性に基づく共通感覚《サンス・コマン》を発見しているのではなかろうか、つまり、ウアドクサ *Urdoxa*〔根源的臆見〕を構成しているからといって、やはりドクサ *doxa*〔臆見〕の形式に囚われていることには変わりがない共通感覚《サンス・コマン》を発見しているのではなかろうか。[4]）わたしたちは、カント的な《批判》が最終的にはいったいどの点で丁重にことを運ぶのかがわかる。認識も、道徳も、反省も、信仰も、理性の自然的な諸関心に対応しているとみなされており、それら自身はまったく問題にされていない。ただ、その諸関心のうちのしかじかのものに即して正当もしくは不当と宣言される、諸能力の使用、これだけが問題にされているのである。いたるところで、再認の可変的モデルが、ひとつの共通感覚《サンス・コマン》のもとで、ひとつの支配的な能力によって決定される諸能力の一致に関して、〔諸能力の〕良き使用を固定している。だからこそ、不当な使用〔錯覚〕はつぎのことのみによって説明されるのだ。すなわち、思考は、その自然状態においては、おのれの諸関心を混じり合わせ、おのれの諸領域を互いにはみでるように仕向けているということ、これである。だからといって、思考が、結局は良き本性〔自然〕をもち、良き自然法則をもつということ、しかもこの法則は《批判》から世俗的な認証を授けてもらうということに変わりはない。しかし、かといってまた、もろもろの領域、関心、限界、および特性が、それぞれ神聖不可侵であるわけでもなく、譲渡不可能な権利に基づいているわけでもない。《批判》には、一切がある、治安判事の法廷も、登記所も、土地台帳課も——ただし、思考のイマージュを転倒させるはずの新しい政治の力《ピュイサンス》は除いて。死んだ神とひび割れた自我でさえ、越えるべきひとつの悪しき契機、つまり思弁的契機にほかならない。死んだ神とひび割れた自我は、これまでよりもはるかに統合されたかたちで、はるかに確実なものとして、はるかにおのれ自身に確信をもって、しかし〔思弁とは〕別の関心のなかで、すなわち実践的あるいは道徳的関心のなかで復活してしまうのである。

第四の公準——表象＝再現前化のエレメント

以上のようなところに、表象＝再現前化一般の世界がある。わたしたちは先に〔第一章で〕、表象＝再現前化は、一定の諸エレメントによって定義されると述べておいた。すなわち、概念における同一性、概念規定における対立、判断における類比、対象における類似。任意の概念の同一性は、再認における《同じ》ものの形式を構成している。概念規定は、或る二重の背進的かつ前進的なセリーにおいて、可能な述語とそれに対立する述語との比較を含意している。このセリーは、一方では想起《ルメモラシオン》によって貫通されるものであり、再発見するということをおのれの目的としており、他方では想像によって貫通されるものであり、再現するということをおのれの目的としている（記憶的‐想像的な再生）。類比は、最高の位置にある規定可能な諸概念〔カテゴリー〕を扱う場合と、規定された諸概念とそれら概念のそれぞれの対象との関係を扱う場合があり、判断における割りふりの力《ピュイサンス》に依存している。概念の対象に関して言うなら、それ自身においてあるいは他の諸対象との関係において、その対象は、類似を、知覚における連続性の要件として指し示している。したがって、〔それら四つの〕エレメントはそれぞれ、個別的にひとつの能力を駆り立てるものであるが、しかし、共通感覚《サンス・コマン》のただなかにおいてひとつの能力からもうひとつの能力へ向かってもまた成立するものである（たとえば、知覚〔という能力〕と想起《ルメモラシオン》〔という能力〕との類似〔というエレメント〕）。〈私は思考する〉は、表象＝再現前化のもっとも一般的な原理である。換言するなら、それらのエレメントの源泉であり、それらすべての能力の統一であって、すなわち〈私は理解する〉、〈私は判断する〉、〈私は想像しかつ想起する〉、〈私は知覚する〉――《コギト》の四本の枝としての能力――の統一である。そしてこの四本の枝のうえで、まさに差異が十字架にかけられる。それらは、同一的なもの、似ているもの、類比的なもの、および対立したものが、異なるものとしてそこでのみ思考されうる四重の首枷である。差異が表象＝再現前化の対象になってしまうのは、つねに、理解された同一性、判断された類比、想像された対立、知覚された相似〔類似〕に関連する場合である。[5] ひとは、差異に、比較ノ原理 *principium comparationis* としての充足理由を与えてしまうのだ。それゆえに、表象=再現前化の世界は、〔表象=再現前化されていない〕〈それ自身における差異《ディフェランス》〉を思考することができず、それと同時に、〈それ自身へ向かう反復《レペティシオン》〉を思考しえないという、その無力《アンピュイサンス》を特徴としている。そうした反復を思考しえないというのは、反復《レペティシオン》 répétition はもはや、再認《レコグニシオン》 récognition、割りふり《レパルティシオン》 répartition、再生《ルプロデュクシオン》 reproduction、類似《ルサンブランス》 ressemblance——それらは、そのRE〔再〕という接頭辞を、表象=再現前化《ルプレザンタシオン》のもろもろの単純な一般性へと外化している——を経由してでしか、把握されていないからである。再認の公準は、したがって、それよりもはるかに一般的な、表象=再現前化の公準へ向かっての第一歩だったのである。

＊
＊＊

諸能力の差異的=微分的理論

「諸知覚のなかには、知覚だけで十分規定されうるがゆえに、思考に吟味してもらわなくてすむものがあり、また、知覚が何ひとつ正常なものを与えてくれないので、思考をして全面的にその吟味に関与させるような別のものがある。——あなたが言われているのは、もちろん、遠くに現われるものとか、遠近法のようなやり方で、描かれた絵のことですね。──君は、私の言わんとしていることがぜんぜんわかっていない……」[6]──この〔プラトンの〕叙述は、したがって、二種類の事物を区別している。一方は、思考をしずまらせるものであり、他方は、〔プラトンがもっと先で言うように〕思考せよと強制するものである。前者は、再認〔見分けること〕の対象である。思考とそのすべての能力は、その対象の再認におのれの十全な用途を見いだすことができるし、思考は、その再認のための仕事をせっせとすることができるのだが、しかしこの仕事とその用途は、思考するということとは何の関係もない。思考は、事物の再認において、おのれ自身のイマージュでしか満たされず、そのとき思考は、これは指だ、これはテーブルだ、こんにちはテアイテトスといったように、事物を再認すればするほど〔見分ければ見分けるほど〕、いっそうよくおのれ自身を再認する〔のであって思考はしない〕のである。そこから、〔プラトンの作品に登場する〕ソクラテスの対話の相手の問いが出てくる。ひとは再認を行わないとき、あるいはうまく再認できない〔見分けられない〕とき、本当に思考するのだろうか。この対話者は、すでにデカルト主義者のように思われる。しかし、疑わしいことがらが、わたしたちを、再認の観点の外には出さないということは明らかである。したがって、疑わしいことがらによってインスパイアされるのは、ひとつの限定された懐疑論でしかない。あるいは、確信と懐疑とが本質的にどこで区別されるかを再認しようとする意志を、思考がすでにもっている、という条件下で一般化されたひとつの方法だけが、疑わしいことがらによってインスパイアされるのである。疑わしい事物も確実な事物も同様な事情にあるのだ。すなわち、再認の理想とみなされた、思考者の良き意志および思考の良き本性が、それらの事物の前提なのであり、思考のイマージュと哲学の概念とを同時にあらかじめ決定するような愛《ピリアー》 *φιλία* と、真なるものへのそうしたいわゆる類縁性《アフィニテ》が、それらの事物の前提なのである。そして、疑わしい事物と同じく確実な事物も、思考せよと強制することはない。なるほど、三角形の三つの角は必然的に二直角に等しいということは、当然、思考を予想させるし、思考しようとする意志を、しかも三角形を思考しようとする意志を、またそれらの角をさえ思考しようとする意志を予想させる。デカルトは、三つの角は二直角に等しいということをひとが思考すれば、それを否定することはできないと指摘していたが、しかしまた、そうした等しさを思考しなくとも、思考することは、また三角形をさえ思考することはきわめてよくできるとも指摘していた。しかし、こうした種類の真理はすべて仮定的なものである。なぜなら、そうした真理は、思考するという行為を思考のなかに生じさせることができないからであり、そうした真理は、問題になっていることをすべて仮定しているからである。まことに、概念というものは可能性を示しているにすぎないのだ。概念に欠けているのはひとつの爪である。絶対的必然性の爪、すなわち、思考に加えられる根源的暴力という、また奇妙さという、あるいはそれだけが思考をその自然的昏迷とその永遠の可能性とから救い出す敵意という爪であるようなひとつの爪である。これほどの事態であってみれば、思考のなかに強制的に引き起された、非意志的な思考〔作用〕よりほかに思考は存在せず、不法侵入によって、偶然から世界のなかに生まれ出るがゆえに、ますます絶対的に必然的であるような思考しか存在しない。思考において始原的であるもの、それは不法侵入であり、暴力であり、それはまた敵であって、何ものも愛知《フィロゾフィー》〔哲学〕を仮定せず、一切は嫌知《ミソゾフィー》から出発するのだ。思考によって思考される内容の相対的な必然性を安定させるために、思考をあてにするなどということはやめよう。反対に、思考するという行為の、また思考するという受苦《パッシオン》〔受動〕の絶対的な必然性を引き起し、しっかりと立たせるために、思考するという行為を強制するものとの出会いの偶然性をあてにしよう。本当の批判の条件と、本当の創造の条件は、まさに同じものである。すなわち、おのれ自身を前提とするようなひとつの思考のイマージュの破壊、思考そのものにおける思考するという行為の発生。

諸能力の不調和的使用——暴力とそれぞれの能力の限界

世界のなかには、思考せよと強制する何ものかが存在する。この何ものかは、基本的な出会いの対象であって、再認の対象ではない。出会われるものは、ソクラテスでありうるし、神殿あるいはダイモーン〔鬼神〕でもありうる。出会われるものを、様々な感情的色調のもとで、たとえば感嘆、愛、憎悪、苦痛などのもとで捉えることができる。しかし、出会われるものは、その第一の特徴においては、またどのような〔感情的〕色調のもとでも、〔独特な意味で〕感じられることとしか可能でないものなのである。その意味でこそ、出会われるものは、再認〔見分けること〕に対立する。なぜなら、再認においで感覚されうるものは、けっして、感じられることとしか可能でないものではなく、かえって、思い出され、想像され、理解されうる対象において諸感官《サンス》にダイレクトに関係するものだからである。感覚されうるものは、感じられるものとは別のものでありうる対象に関連させられるばかりでなく、それ自身、〔感覚能力とは〕別の諸能力によって対象化されうるものである。したがって、感覚されうるものは、諸感官の働きを前提とし、しかも、共通感覚《サンス・コマン》における他の諸能力の働きを前提としている。出会いの対象は、反対に、感官《サンス》のうちに感性《サンシビリテ》を現実に生じさせる。出会いの対象は、感覚サレルモノ《アイステートン》 αἰσθητόν ではなく、感覚サレルベキモノ《アイステーテオン》 αἰσθητέον である。出会いの対象は、質《キャリテ》ではなく、しるし《シーニュ》である。出会いの対象は、感覚されうる存在者ではなく、感覚されうるものの存在〔感覚されうるものが存在するということ〕である。出会いの対象は、所与ではなく、所与がそれによって与えられる当のものである。したがってまさに、出会いの対象は、或る意味で、感覚されえないものである。それが感覚されえないものであるというのは、まさしく再認の観点からのこと、すなわち、感性は〔感覚能力とは〕別の諸能力によっても覚知されうるはずのものしか捉えず、しかも感性は、別の諸能力によっても覚知されるべき対象に共通感覚《サンス・コマン》のもとで関係する、といった場合の〔諸能力の〕経験的な行使の観点からのことである。感性は、感じられることとしか可能でないもの（であると同時に、感覚されえないもの）の現前において、或る本来の限界——しるし《シーニュ》——に直面しており、或る超越的な行使――n乗《ピュイサンス》――へと高められる。もはや、付随的な労働《トラヴァーユ》の諸条件において感性独特の寄与を限定するための共通感覚《サンス・コマン》は存在していない。このとき感性は、或る不調和の遊び《ジュ》のなかに入り、感性の諸器官は形而上学的なものへと生成するのだ。

〔出会われるものの〕第二の特徴――感じられることしか可能でないもの（感覚サレル《センティエ》ベキモノ《ンドゥム》 *sentiendum*、あるいは感覚されうるものの存在）が、魂を揺すぶり、魂を「困惑《ペルプレックス》」させるということ、すなわちひとつの問題を立てるよう魂に強制するということ。(22) 出会いの対象が、つまりしるし《シーニュ》が、問題を担うものであるかのように――出会いの対象が問題をつくるかのように。[7] プラトンの他の叙述に従って、(23) 問題もしくは問いを、或る先験的な《記憶》の特異な対象と同一視しなければならないのだろうか。ただし、先験的な《記憶》とは、思い出されることしか可能でないものを捉えることによって、学習をそうした問題の領域で可能にするような記憶のことである。さて、すべてが、そうせよと指示している。プラトン的な想起《アナムネーシス》が、過去の存在を捉えるのだと主張しているのは、本当に確かなことだ。ただし、この過去とは、記憶にないほど古いもの、あるいは記憶されるべきものなのであるが、また同時に、〔能力の〕超越的な行使の法則に従って、本質的な忘却に襲われたものでもある。超越的な行使とは、思い出されることしか可能でないものが〔経験的な働きにおいては〕思い出されえないものでもある、といった事態を要求する行使のことである。この本質的な忘却と経験的な忘却は、大いに異なるものである。経験的な記憶は、〔記憶とは〕別の仕方で捉えられうるもの、また捉えられるべきでさえあるものを対象としている。私が思い出すものは、私が見たもの、理解したもの、想像したもの、あるいは思考したものでなければならない。経験的な意味で忘却されたものとは、二度目に探し求めるときには記憶によって再び捉えることができないといったものである（それはあまりにも遠すぎる、忘却は私を思い出から隔てている。あるいは思い出を消してしまった）。他方、先験的な記憶は、最初に、また最初から思い出されることしか可能でないものを捉える。そのようなものは、ひとつの偶然的な過去ではなく、過去そのものの存在であり、時間全体の過去である。忘却されたという仕方でこそ、事物は、その事物を本質的に覚知する記憶に対して、みずから身をもって現われる。事物は、記憶に身を委ねるときには必然的に、記憶のなかで忘却に身を委ねる。記憶されるべきものは、記憶のなかではまた、記憶されえないものであり、記憶にないほど古いものである。忘却とは、もはや、わたしたちをそれ自身偶然的な思い出から隔てているやはり偶然的な無力《アンピュイサンス》であるわけではない。忘却はむしろ、記憶の限界、すなわち思い出されることしか可能でないものに関する、その記憶の n 乗《ピュイサンス》として、本質的な思い出のなかに現存しているのである。感性についても、同じことが言える。経験的に行使されるわたしたちの感官《サンス》にとって小さすぎたり、大きすぎたりする、偶然的な感覚されえないものに対して、本質的に感覚されえないものが対立する。この本質的に感覚されえないものは、超越的な行使の観点からすれば感じられることしか可能でないものと一体となっている。したがってまさに、〔対象との〕出会いによって、感覚サレルベキモノ《センティエンドゥム》を感じるようにと強制される感性は、今度は、記憶されるべきもの、すなわち、思い出されることしか可能でないものを思い出せと、記憶に強制するのである。最後に、〔出会われるものの〕第三の特徴に関することだが、先験的な記憶は、今度は、思考されることしか可能でないもの、思考サレルベキモノ《コギタンドゥム》 *cogitandum*、考エラレルベキモノ《ノエテオン》 νοητέον、つまり《実有《ウーシア》》を捉えよと、思考に強制する。そのような捉えられるべきものは、理解されうるものなのではない。なぜなら、理解されうるものとは、やはり何と言っても、思考されるのとは別のもの〔感覚されたり、思い出されたりするもの〕でもありうる対象を思考するその様態でしかないからである。そのような捉えられるべきものは、むしろ、思考の究極の力《ピュイサンス》としての、理解されうるものの存在であり、〔経験的な意味では〕思考されえないものでもある。感覚サレルベキモノから思考サレルベキモノに向かって、思考せよと強制するものの暴力が、展開されたわけである。それぞれの能力は、おのれの蝶番からはずれてしまったのだ㉔。しかし、そうした蝶番とは、すべての能力を回転させ収束させていた共通感覚《サンス・コマン》の形式以外の何でありえようか。それぞれの能力は、それ自身としてかつそれ自身のレヴェルで、超越的な行使におけるパラドックス〔反臆見〕のエレメントとしてのその n 乗《ピュイサンス》に達するために、ドクサ〔臆見〕の経験的エレメントにおいておのれの形式を維持している共通感覚《サンス・コマン》のその形式を打ち砕いたのである。すべての能力が収束して、ひとつの対象を再認しようとする共通の努力に貢献するという事態のかわりに、わたしたちは、それぞれの能力が、本質的におのれ自身に関して、おのれの「本来のもの」の現前に直面する場合の、ひとつの発散する努力を目撃している。諸能力の不調和、強制力の鎖、そして導火線。そこでは、それぞれの能力が、おのれの限界に敢然として立ち向かう。そのとき、それぞれの能力は、それぞれの能力を、その齟齬するエレメントあるいは比類なきエレメントとしてのその本来のエレメントに向かい合わせるような暴力しか、互いに他方から受け取らない（あるいは互いに他方へ連絡しないのだ）。

プラトン哲学の両義性

しかしながら、わたしたちはここで立ち止まって、プラトンがそれぞれのケースにおけるもろもろの限界の本性を規定しているその流儀に目を向けよう。本質的な意味で出会われるもの、あらゆる再認から区別されなければならないもの、これを『国家』における叙述が、「同時に反対の感覚」の対象として定義している。(25) 指は指でしかなく、再認を促す〔すぐそれとわかる〕指であるのに対して、かたいものは、かたいときにはかならずやわらかくもある〔とされている〕。なぜなら、かたいものは、そのかたいものに、それとは反対のものを据えるような生成あるいは関係から切り離しえないからだ（大きいものと小さいもの、一なるものと多なるものについても、事情は同様である）。したがって、限定されていない質的生成における反対のものどうしの共存、〈より多いもの〉と〈より少いもの〉との共存こそが、思考せよと強いるもののしるし《シーニュ》、あるいはその出発点を構成している。これに反して、再認は、質を、何らかのものに関係づけることによって、測定し、限定する。再認は、そのようにして、質《キャリテ》の〈狂いへの生成〔発狂〕〉を停止する。しかし、プラトンは、そうした対立形式つまり質的反対性の形式によって〔感性という〕最初の審廷を定義することで、すでに、感覚されうるものの存在を、たんなる感覚されうる存在者と、つまり純粋な質的存在者（感覚サレルモノ《アイステートン》）と取り違えているのではないだろうか。第二の審廷、すなわち想起《アナムネーシス》の審廷を考察すると、疑惑はますます強くなる。というのも、想起《アナムネーシス》が再認のモデルと絶縁しているのは、外見上のことにすぎないからである。想起《アナムネーシス》はむしろ、再認の図式を複雑にしているだけである。再認が、知覚されうる対象や知覚された対象を相手にするのに対して、想起《アナムネーシス》は、それとは別の対象を相手にする。後者の対象は、前者の対象に連合されていると、あるいはむしろ、前者の対象に包み込まれていると仮定されている対象である。しかも、判明な知覚から独立にそれ自身として再認されることを求める対象である。この想起《アナムネーシス》の対象は、しるし《シーニュ》のなかに包み込まれているので、〈未視《ジャメ・ヴュ》〉[26]であると同時に、しかしそれにもかかわらず、〈既に再認されたもの《デジャ・ルコニュ》〉であるというのでなければならないだろうし、ひとを不安にさせる奇妙さでなければならないだろう。してみれば、それは見られてしまった、ただしあの世で、神話的な現在で、おまえは類似だ……と、詩人のごとく語りたくなるのは当然である。しかし、そうすれば一切が裏切られてしまう。まず、出会いの本性が裏切られる。ことさらに難しいテストを、また、とりわけ広げることが難しい包み込みを再認に課さずに、かえってあらゆる可能な再認と対立するかぎりでの、出会いの本性が裏切られる。つぎに、先験的な記憶の本性と、思い出されることしか可能でないものの本性が裏切られる。なぜなら、この第二の審廷は、想起における相似〔類似〕という形式のもとで理解されているにすぎないからである。その結果、〔感性の場合と〕同様な反論を招くことになる。すなわち、想起《アナムネーシス》は、過去の存在を過去的な存在者と取り違えており、そして、この過去がかつて現在であったその経験的な瞬間を特定することができないので、想起《アナムネーシス》は、ひとつの根源的なあるいは神話的な現在を援用するのだ、と。〔プラトン的な〕想起《アナムネーシス》という概念の偉大さは、過去としての過去のなかに、時間を、そして時間の持続を持ち込むところにある（そこに、その概念が、〔観念の〕生得性というデカルト的な概念と根本的に区別される理由がある）。こうすることで、想起《アナムネーシス》という概念は、思考に固有な不透明性を成立させる。すなわち、もろもろのしるし《シーニュ》によって外部から揺り動かされるべき悪しき本性ならびに悪しき意志、これを証示する、不透明性をである。しかし、わたしたちがすでに見たように、時間はこの場合、物理的な循環というかたちでしか持ち込まれていず、時間自身の純粋な形式あるいは時間自身の本質としては持ち込まれていないので、思考は、やはり良き本性を、光り輝く明晰さをそなえていて、それがたまたま自然的な循環の有為転変のなかで曇らされあるいは迷わされているだけだ、と仮定されているのである。想起《アナムネーシス》は、しょせん、再認というモデルのための避難所にすぎない。そして、カントに劣らずプラトンも、先験的な記憶の行使を、〔記憶の〕経験的な行使を引き写すことによって描いているのだ（この点は、『パイドン』における説明のなかによく現われている）。

　第三の審廷、すなわち純粋思考の、あるいは思考されることしか可能でないものの審廷に関して、プラトンは、それを、別々に切り離された反対のもの〔自分と反対のものへは生成しない自己同一的なもの〕と規定する。(27) 大きくあるほかはない《大きさ》、小さくあるほかはない《小ささ》、重さでしかない《重さ》、一でしかない《一》——そこにこそ、わたしたちが、想起《アナムネーシス》の圧力のもとで、思考せざるをえなくなる何かがある。したがって、プラトンにおける実有《ウーシア》を定義しているのは、実在的な同一性の形式（〈自体が自体ニオイテ αὐτὸ καθ' αὑτό〉としての《同じ》）である。(28) さて、以上のすべては、つぎのようなひとつの大原理とともに、絶頂に達する。すなわち、何があろうとまた何よりもまず、真なるものと思考との類縁性、血統《フィリアシオン》が存在するということ、あるいはこう言った方がよければ、真なるものへの思考の愛好《フィアリシオン》が存在するということ、要するに、最後の審廷において、《善》における類比の形式に基づく、良き本性と良き欲望が存在するということ。結局、『国家』の当該の箇所を書いたプラトンは、思考のドグマティックで道徳的なイマージュを打ち立てた最初の人物なのであり、このイマージュによって、その作品は中和され、もはや、ひとつの「悔い改め《ルパンティール》」としての機能しか果たさなくなるのだ。プラトンは、諸能力の高次のつまり超越的な行使を発見しながら、その行使を、感覚されうるものにおける対立、想起《アナムネーシス》における相似〔類似〕、実有《ウーシア》における同一性、《善》における類比という形式に従属させてしまう。そうすることでプラトンは、表象＝再現前化の世界を準備し、表象＝再現前化のもろもろのエレメントの最初の配分を遂行し、そして早くも、思考の働きを、その思考を前提しながら裏切るドグマティックなイマージュで覆うのである。

思考するということ——思考におけるその発生

〔認識〕能力の先験的《トランサンダンタル》な形式は、その能力の切り離された、高次の、あるいは超越的《トランサンダン》な行使と一体となっている。超越的ということが意味しているのは、けっして、その能力が世界の外にある諸対象に向かうということではなく、反対に、その能力が、もっぱらその能力だけに関わりその能力を世界に産み出す〔目覚めさせる〕といったものを捉えるということである。超越的な行使が経験的な行使の引き写しであってはならないのは、まさしく、その超越的な行使が、共通感覚《サンス・コマン》の観点からは捉えられないものを覚知するからであり、この共通感覚《サンス・コマン》は、諸能力の協働という形式のもとで、それぞれの能力に帰着するものに即して、それらすべての能力の経験的な使用の真価を示しているからである。それゆえに、先験的なものは、それ自身としては、或る高次の〔先験的〕経験論——それのみが先験的なものの領域と範囲を探究することができる——の管轄に属している。それというのも、先験的なものは、カントの信念とはうらはらに、共通感覚《サンス・コマン》の規定のもとで現われるような通常の経験的な諸形式からは帰納されえないからである。今日、諸能力に関する理論が陥っている不評は、しかしもちろんその理論は哲学体系においては絶対に必要な部門であるにせよ、そうした本来的に先験的な経験論への無理解によって説明されるのであって、以前は、経験的なものの引き写しとしての先験的なものが、空しくその先験的経験論の代用品になっていたのである。必要なことは、各能力をそれぞれの不調の極致にまでもたらすことであり、その不調の極致において、各能力は、言わば三重の暴力の餌食になる。三重の暴力とは、行使されるようにと各能力に強制するもの、各能力が強制されて捉えるようになるもの、しかもそれぞれの能力だけが捉えることができるもの、けれども〔経験的な行使の観点からは〕捉ええないもの、という三つのものの暴力である。〔思考の〕究極の力《ピュイサンス》の三重の限界。そのとき、各能力は、おのれ自身に固有な受苦《パッシオン》〔受動〕を発見する。すなわち、各能力の根本的な差異と各能力の永遠の反復、つまり各能力の差異的=微分的かつ反復的なエレメント、言い換えれば、各能力の作用の瞬間的産出と各能力の対象の永遠の反芻、要するに、すでに反復しながら生まれるという各能力のあり方、これを発見するのである。わたしたちがいま問うているのは、たとえば、〈感覚するようにと感性に強制するものは何か〉と、〈感覚されることしか可能でないものとは何か〉と、〈それと同時に感覚されえないものとは何か〉ということである。しかも、そのような問題群を、わたしたちは、記憶と思考に対してもまた提起しなければならず、そればかりでなく、想像力に対してもまた提起しなければならない——限界でもあり、想像されえないものでもあるような、想像サレルベキ《イマギナンド》モノ《ウム》 *imaginandum*、想ワレルベキモノ《ファンタステオン》 *φανταστέον* は存在するだろうか、——言語に対してもまた提起しなければならない——同時に沈黙でもあるような語られるべきもの《ロクエンドゥム》 *loquendum* は存在するだろうか、——さらにまた、ひとつの完全な理論によって安定を得ているかのような他の諸能力に対しても提起しなければならない——その超越的な対象がモンスターでもあるような生命力は存在するだろうか、その超越的な対象がアナーキーでもあるような社会性は存在するだろうか、——そして最後に、やがて発見されるはずの、したがってまだ疑われていない諸能力に対してさえ、そうした問題群を提起しなければならない。[8] というのは、追究が始まる前に、その追究についてあれこれ言うことはまったくできないし、その追究について予断を下すこともできないからである。実際、或るいくつかの、よく知られた、また知られすぎた能力が、共通感覚《サンス・コマン》の形式のもとでしか、行使を強いられず行使されていないがゆえに、それ固有の限界をもたず、動詞的形容詞〔の名詞化、〈～サレルベキモノ〉〕をもっていない、ということが判明するかもしれないし、逆に、そうした共通感覚《サンス・コマン》の形式によって抑圧されていた或るいくつかの能力が、新しく出現するかもしれない。追究の結果に関するそのような不確実さ、それぞれの能力の個別的なケーススタディにおけるそのような複雑さは、〔諸能力に関する〕理論一般にとっては何ら遺憾な点をもっていない。先験的経験論は、反対に、経験的なものを引き写すことによって先験的なものを描くなどということをしない唯一の手段なのである。

わたしたちのテーマは、ここでは、そのような諸能力に関する理論を確立することではない。わたしたちが規定しようと努めているのは、そのような理論にひそむ諸要請の本性だけである。しかしその点について、プラトンによる規定は、とうてい満足のゆくものではない。なぜなら、諸能力をそれぞれの限界にまでもたらすことのできるものは、すでに媒介され、表象＝再現前化に関係づけられた諸形態ではなく、逆に、それ自身における差異の自由なあるいは野生の諸状態だからである。それ自身において差異であり、感覚されうるものにおいて質を創造すると同時に、感性において超越的な行使を創造するのは、感覚されうるものにおける質的な対立ではなく、或るひとつのエレメントである。このエレメントは、純然たる即自的差異としての強度である。またそればかりでなく、強度を、その強度が創造する質によってすでに覆われまた媒介されたものというかたちでしか捉えることのできない経験的感性にとっては、そのエレメントは感覚されえないものである。けれども、そのエレメントはまた、超越的感性の観点からすれば感じられるということしか可能でないものであり、その超越的感性は、そうしたものを、出会いにおいて直接的に覚知するのである。そして〔超越的〕感性が、おのれの強制を想像に伝え、今度は想像が超越的行使へと高められるときには、まさに幻想《ファンタスム》が、あるいは幻想における齟齬が、想ワレルベキモノ《ファンタステオン》、想像されることしか可能でないもの、経験的には想像できないものを構成する。また、記憶という契機が到来するときには、想起《アナムネーシス》における相似ではなく、反対に、時間の純粋な形式における似ていないものこそが、或る超越的記憶の〈記憶にないほど古いもの〉を構成する。また、そうした時間という形式によってひび割れた〈私〉こそが、結局、思考されることしか可能でないものを思考するべく強制されているのであり、この思考されることしか可能でないものとは、《同じ》ものなのではなく、かえって、あの、本性上つねに《他》なる、超越的な「不確定の点《ポワン・アレアトワール》」であって、そこには、思考の差異的＝微分的な本質としての本質のすべてが包み込まれている。しかもまた、そのひび割れた《私》こそが、〔思考能力の〕経験的行使においては思考されえないものあるいは思考することができないものをも同時に示すことによってようやく、思考するという最高度の力《ピュイサンス》を意味するのである。以下のような点を指摘しているハイデガーのあの深き叙述が思い起こされる——思考は、共通感覚《サンス・コマン》〔常識〕という、理性《ラチオ》という、普遍的本性タル思考という形式で、その良き本性とその良き意志という前提にとどまっているかぎり、臆見に囚われ、ひとつの抽象的な可能性のなかで凝固してしまっており、まったく何も思考してはいないのである……。「人間は、思考するということの可能性をもっているかぎりにおいて、思考するということを心得ているが、しかしそのような可能性は、まだ、わたしたちが思考することができるということまでは、保証してくれないのである」、思考は、「思考させる」もの(29)、思考されるべきものの現前において、強制されてやむを得ずといったかたちでのみ思考する——そして、思考されるべきものは、まさに思考されえないもの、あるいは非－思考でもある、すなわち、〔時間の純粋な形式に従って〕「わたしたちがまだ思考していない」永続的な事実である。[9] 思考させるものへ導く道のうえでは、まことに、一切が感性から出発している。〔感じられるべき〕強度的なものから思考へ向かう途上にあっては、つねにひとつの強度によってこそ、思考がわたしたちに到来するのである。起源としての感性の特権は、以下の点に現われている。すなわち、感じるように強制するものと、感じられることしか可能でないものは、〔それらとの〕出会いにおいては、唯一同一のものであるが、他方、それら二つの審廷は、〔出会いとは〕別の諸ケースでは区別されるものであるということ。事実、強度的なもの、つまり強度における差異は、出会いの対象であると同時に、この出会いが感性をそれへ向けて高める当の対象である。出会われるものは、神々ではない。神々は、隠れていても、再認にとっての形式でしかない。出会われるもの、それは、跳躍、間隔、強度的なもの、あるいは瞬間という力《ピュイサンス》としての、ダイモーンたちであり、しかも、差異を異なるものによってでしか埋め合わせないダイモーンたちである。そのダイモーンたちは、〈しるし《シーニュ》を担うもの〉なのである。そしてもっとも重要なことは、こういうことだ――すなわち、感性から想像に向かって、想像から記憶に向かって、記憶から思考に向かって――それら切り離された能力のそれぞれをそれ自身の限界へもたらすような暴力を、それぞれが他方へ連絡するとき――その都度、差異のひとつの自由な形態こそが、能力を目覚めさせ、しかもその差異の異なるものとして目覚めさせるということ。こうして、強度における差異、幻想における齟齬、時間の形式における非類似、思考における差異的＝微分的なものが存在するのである。対立、類似、同一性、そして類比でさえも、差異の以上のような現前化によって産出された効果にすぎないのであって、差異をおのれに従属させ、差異を何か表象＝再現前化されたものに仕立てあげてしまう条件ではないのである。欲望を、恋愛を、良き本性を、あるいは良き意志を証示する愛《ピリアー》 φιλία〔思考と真理との類縁性〕、これを語るわけにはいかないのだ。欲望、恋愛などによって、諸能力は、暴力がそれらの能力をそこへ高めてくれるはずの当の対象を、それ以前にすでに所有してしまうし、あるいはその対象を目ざしてしまうだろうし、こうして、その対象と類比的であるということを、もしくは諸能力間の相同性を提示してしまうだろうからである。それぞれの能力は、思考をも含めて、非意志的なものの冒険以外の冒険に乗りだすことはない。ところが、〔能力の〕意志的な使用は、経験的なもののなかにはまり込んだままになっているのだ。《ロゴス》は砕け散って、それぞれが一能力の超越的言語を語る無数の象形文字となる。出発点でさえ、すなわち、感じるように強制するものとの出会いにおける感性でさえ、いかなる〔真理との〕類縁性も、宿命も仮定してはいない。反対に、出会いによって強制されて思考されるようになるものの必然性を保証するのは、まさにその出会いの偶然であり偶発性である。感性をいちはやく感覚サレルベキモノに結びつけるのは、似ているものと《同じ》ものとの友好としての、あるいはまた対立し合うものどうしを統一するものとしての、友愛なのではない。あるがままの異なるもの〔それぞれの能力〕をして、〔他方に暴力を〕連絡するようにさせ、かつ、差異と連絡するようにさせる〔見えない〕暗き先触れがあれば、それで十分である。この暗き先触れは、ひとりの友ではないのだ。シュレーバー控訴院長[30]は、彼なりのやり方で、プラトンのあの三つの契機を、それらの根源的で伝達可能な暴力へ置き直すことによって繰り返していた。神経と神経の併合、吟味されるもろもろの魂と魂の死、強制された思考と思考せよという強制。

連絡《コミュニカシオン》という原理そのものは、たとえ暴力の連絡であろうと、ひとつの共通感覚《サンス・コマン》という形式を維持しているようにみえる。けれども、そんなことはまったくない。たしかに、諸能力の或る連鎖が存在し、そうした連鎖における或る秩序が存在する。しかし、その秩序も、その連鎖も、同じものとして仮定された対象の形式、あるいは〈私は思考する〉の本性における主観的統一、といったものに基づく協働を含意してはいない。崩潰した自我のいくつものかけらを、同様に、ひび割れた《私》の無数の縁《へり》を貫通するのは、強制されそして打ち砕かれた鎖である。諸能力の超越的な使用は、厳密な意味でパラドクシカルな〔ドクサ〔臆見〕に反する〕使用であって、これは、共通感覚《サンス・コマン》〔常識〕という定規のもとでのそれら能力の行使に対立するものである。したがって、諸能力のひとつひとつを他の能力に対する差異と発散に直面させるような暴力しか、それらの能力は、それぞれ他方に連絡しないがゆえに、諸能力の調和は、或る不調和的調和[31]としてしか産出されえないのである。[10]カントこそ、崇高なものにおいて行使される能力としての想像力〔構想力〕と思考との関係のケースにおいて、そのような不調和による調和の範例を示した最初の人である。したがって、ひとつの能力から他の能力へと連絡されてゆく何ものかが、ただし変身してゆくだけであって、共通感覚《サンス・コマン》を形成することはない何ものかが、存在する。そればかりでなく、すべての能力を貫通しながら、どの能力の個別的対象にもならないような、或るいくつかの《理念《イデア》》が存在すると言えそうだ。事実、後ほどわたしたちが見るように、《理念《イデア》》という名を、たんなるもろもろの思考サレルベキモノ *cogitanda* にではなく、むしろ、つぎのような諸審廷にあてがわなくてはなるまい——感性から思考へと、また思考から感性へと移行しながら、それぞれの移行のケースに属する秩序に従って、それぞれのケースにおいて、それぞれの能力の超越的なもしくは限界としての対象を産出する諸審廷にである。諸《理念《イデア》》とは、諸問題のことである。ただし、諸問題は、諸能力がそれらの高次の行使に達するための諸条件をもたらすだけである。そのようなアスペクトのもとで、諸《理念《イデア》》は、良識《ボン・サンス》あるいは共通感覚《サンス・コマン》を媒体としてもつことはなく、かえって、互いに切り離された諸能力の唯一の連絡《コミュニカシオン》を規定している或る逆感覚《パラ・サンス》[32]を指し示しているのだ。したがって、諸《理念《イデア》》は、自然の光〔理性〕によっては照らし出されず、むしろ、言わば、跳躍し変身するもろもろの差異的＝微分的な微光によって光るものである。自然の光という考え方そのものは、《理念《イデア》》〔観念〕の或る種の仮定上の価値から、つまり〔デカルト的な〕「明晰判明性」から、さらに「生得性」という仮定上の起源から切り離せない。しかし生得性は、或るキリスト教神学の観点〔たとえば生得観念によるデカルト的な神の存在証明〕において、あるいは、もっと一般的には、創造の諸要請の観点において、思考の良き本性を表象=再現前化しているにすぎないのである（そうであればこそ、プラトンはすでに、想起《アナムネーシス》を生得性に対置し、生得性をつぎのような理由で非難していた——すなわち、生得性は、純粋思考に関しての、魂における時間のひとつの形式の役割を知らないということ、あるいは、思考せよと強制するものにおいて忘却を打ち立てることが可能な、《前》と《後》とのひとつの形式的区別の必然性を知らないということである）。「明晰判明性」それ自身は、たとえ合理的なオーソドクシー〔正しき臆見〕であろうと、あらゆるオーソドクシーの道具としての再認というモデルから切り離せないものである。明晰判明性は再認の論理《ロジック》であるとすれば、生得性は共通感覚《サンス・コマン》の神学《テオロジー》であって、それら二つが、《理念《イデア》》〔観念〕を、すでに表象=再現前化のなかに陥れてしまっているのだ。諸能力に関する〔差異的=微分的〕理論における《理念《イデア》》の復元は、明晰判明性の炸裂を、あるいは、或るディオニュソス的な価値の発見をもたらす。ディオニュソス的な価値とは、《理念》[33]は判明であるかぎり必然的に曖昧であり、判明であればあるほどいっそう曖昧である、という意味での価値のことである。ここでは、〔ライプニッツ的な〕〈判明‐曖昧〉が、哲学の真の調性へと生成し、不調和的《理念《イデア》》のシンフォニーへと生成するのだ。

ジャック・リヴィエールとアントナン・アルトーとのあいだの手紙のやりとりほど、範例的なものはない。リヴィエールは、権利上の本性ならびに意志をそなえた、自律的な、思考する機能、というイマージュを保持している。もとより、わたしたちは、思考することについての事実上のきわめて大きな諸困難をかかえている。それは、方法の欠如、テクニックの、あるいは遂行力の欠如であり、そして健康の欠如でさえある。しかし、それらの困難は、好都合なものである。なぜなら、それらの困難は、思考の本性をして、わたしたち自身の本性を貪り食わせないようにするからというだけでなく、また、それらの困難は、思考を、或るいくつかの障害――そのいずれもが、それなしには思考が方向づけられえないような「事実」であるといった障害――に関わらせるからというだけでもなく、さらに、わたしたちがそれらの困難を乗り越えようとすることによって、わたしたちは、事実上わたしたちを触発してやむことがないすべての変化、差異、そして不等性を貫いて、純粋思考における自我の理想を、「わたしたち自身との同一性の高次の度」として保持することができるからでもある。読者は、つぎのようなことを確認してびっくりする。すなわち、リヴィエールは、アルトーに近づいていると信じれば信じるほど、そしてアルトーを理解していると信じれば信じるほど、アルトーから遠ざかり別のことを語っているということ。この種の〔リヴィエールの〕誤解が存在したのは、きわめて珍しいと言わねばならない。なぜなら、アルトーは、たんに自分の「症例」を語っているのではないからであり、すでに、彼の若い頃のそれら〔リヴィエール宛の〕手紙において彼が予感していたように、安心させてくれるドグマティック〔臆説的〕なイマージュのもとではもはや保護されえず、反対にそのイマージュの完全な破壊と混じり合っているような、思考することの一般化されたプロセスに、アルトーが、自分の症例によって直面させられているからである。(34)したがって、彼がそれに苦しんでいると言うところの諸困難は、事実として理解されてはならず、逆に、思考するということが意味するものの本質に関わり影響を与える権利上の困難として理解されるべきである。アルトーの言うところでは、(彼にとっての)問題は、自分の思考を方向づけることでも、自分が思考することがらの表現を完成することでも、遂行力と方法を獲得することでも、自分の詩を改良することでもなく、むしろ、何事かを思考するのにただたんに成功するということ、これだけである。それこそが、彼にとっての、唯一考えうる「仕事」である。この仕事がわたしたちに当然のごとく予想させるものは、思考するということの衝迫、強迫であり、これは、すべての種類の分岐を経めぐり、神経から出発して、魂におのれを連絡し、こうして思考に到達するものである。それゆえ、思考が強制されて思考するようになる対象は、思考の中心的な意気阻喪〔崩壊〕でもあり、思考の亀裂でもあり、思考自身の自然的な「無能力」(35)でもある。しかもこの無能力は、最大の力《ピュイサンス》と、換言するなら、もろもろの思考サレルベキモノと、また、そのいずれもが思考を盗むことあるいは思考に対する不法侵入であるような、あの言葉に現われないもろもろの強制力と、渾然一体となっている。そのすべての点において、アルトーは、或るイマージュなき思考の戦慄すべき啓示と、表象＝再現前化されるがままにはならない或る新しい権利の奪取とを遂行するのだ。彼は、〔思考することの〕困難そのもの、および諸問題とももろもろの問いからなるその行列が、ひとつの事実状態ではなく、むしろ思考にそなわる権利上の一構造である、ということを知っている。彼は、思考のなかには無頭《アセファル》なるものが存在し、同様に、記憶力のなかには健忘症的なものが、言語活動のなかには失語症的なものが、感性のなかには失認症的なものが存在する、ということを知っている。彼は、思考するということが、生得的ではなく反対に思考のなかで産出されるべきものだ、ということを知っている。彼は、本性上かつ権利上先行的に存在する思考を導いたり、それを方法的に遂行したりすることが問題になるのではなく、逆に、まだ現実存在していないものを生まれさせることが問題になるということ（それ以外の仕事は存在せず、残りはすべて恣意的なものであり、飾りだということ）を知っている。思考するということ、それは創造するということなのであり、それ以外の創造は存在しないのだが、ただし創造するということは何よりもまず、思考のなかに「思考する」ということを産出することなのである。だからこそアルトーは、思考のなかで、生殖性を、生得性に対立させ、のみならず想起にも対立させているのであり、こうして、ひとつの先験的経験論の原理を定立するのである。「俺は生得的な生殖者だ……。てめえを存在だと、生得性による存在だと信じ込んでいる間抜けたちがいやがる。この俺は、存在するためには自分の生得性を鞭打たねばならぬ者だ。一個の存在であるべき者、言い換えるなら、そのたぐいの否定的犬小屋を鞭打つべき者、に生得性によってなっちまっている者である。まったく、不可能性の雌犬たちめ……。文法の下には、征服するにはいっそう頑強な汚辱である思考が、つまり、ひとが生得的な事実であるとみなしている以上乗り越えなくてはならんのに、はるかにもっとざらついていて乗り越えにくい処女である思考が存在するのだ。というのも、思考というやつは、いつも現実存在していたとはかぎらない中年女だからだ。[11]」

＊＊＊

第五の公準――誤謬という「否定的」なもの

思考のドグマティックなイマージュを、たとえば精神分裂病から借りたイマージュに、別のイマージュを対置することが問題なのではない。むしろ、精神分裂病とは、人間的な事実であるばかりでなく、さらには思考のひとつの可能性でもあるということ、そしてこの可能性は、そうしたイマージュが廃止される場合にしかそれとして開示されないということ、これに注意を向けることが問題なのである。なぜなら、驚くべきことに、そのドグマティックなイマージュは、それ自身の側では、思考の災難としての誤謬しか承認せず、一切を誤謬の形態に還元してしまうからである。それはまさに、わたしたちが調査しなければならない第五の公準、すなわち、思考に関する唯一の「否定的」なものとして提示された誤謬である。なるほど、この公準は他の諸公準に由来しているが、それは他の諸公準がその公準に由来しているかぎりのことである。思考者の良き意志ならびに思考の良き本性を仮定する普遍的本性タル《思考》には、間違えるということ、すなわち、偽なるものを真なるものと〔〈思考の〉本性からすれば偽なるものを〔思考者の〕意志に従えば真なるものと〕取り違えるということ以外の、何が起りえようか。そして、誤謬は、それ自身、共通感覚《サンス・コマン》の形式を証示しているのではあるまいか。なぜなら、間違えるということは、一個のまったく孤立した能力には起りえず、少なくとも二つの能力に、それらの協働という観点において、つまり一方の能力の対象が他方の能力の他の対象と混じり合っている場合に起りうるからである。そして、誤謬とは、つねに、誤った再認にほかならないのではないか。そして、誤謬は、表象＝再現前化の諸エレメントの誤った割りふりからしか、すなわち、対立、類比、類似および同一性についての誤った評価からしか出て来ないのではないか。誤謬は、合理的なオーソドクシー〔正しき臆見〕の裏面でしかなく、またもや、おのれが遠ざかっている当のもののために、つまり真っ正直さのために、良き本性と良き意志とを、つまり、間違えることもあると言われている者の本性と意志とを証示するのである。したがって誤謬は、「真理」に敬意を払っているわけだが、ただしそれは、誤謬が、形式をもたないがゆえに、偽なるものに真なるものの形式を与えるかぎりのことである。以上のような方向でこそ、プラトンは、『テアイテトス』のなかで、『国家』におけるインスピレーションとは明らかにまったく違ったインスピレーションによって、再認もしくは共通感覚《サンス・コマン》の定立的なモデルと、誤謬の否定的なモデルとを同時に打ち立てている。思考が、或る「オーソドクシー〔正しき臆見〕(36)」の理想を借用しているだけでなく、また、共通感覚《サンス・コマン》が、対立、相似〔類似〕、類比、および同一性という諸カテゴリーを対象としているだけでもなく、さらに、ほかならぬ誤謬が、それ自身において、諸感覚に対する共通感覚《サンス・コマン》のあの超越を含意しており、しかも、《同じ》ものの形式をとって協働すること（συλλογισμός〔推論〕）を魂によって決定される諸能力に対して、当の魂が超越しているということをも含意しているのである。なぜなら、私は、私が知覚する二つの事物を、あるいは私が理解する二つの事物を混同することはできないにしても、私が知覚するひとつの事物と、私が理解するもしくは想起する別のひとつの事物とを混同することはつねに可能であって、それはちょうど、私が、私の感覚の現前的対象を、私の記憶の別のひとつの対象のエングラム[37]のなかにすべり込ませるような場合である——たとえば、テアイテトスが通りかかるときに、「こんにちはテオドロス」と言うようなものだ。したがって誤謬は、その悲惨な状態にあってなお、〔普遍的〕本性タル《思考》に有利な証言をするのである。誤謬について、それは、無傷の、手つかずのままにある共通感覚《サンス・コマン》の形式をとった良識《ボン・サンス》の一種の不調であると言えそうである。こうして、誤謬〔という公準〕は、〔思考の〕ドグマティックなイマージュに関する先行の諸公準から派生し、しかもそれらの公準について、或る種の不条理《アブシュルド》による証明〔背理法〕を提供するかぎりにおいて、それら先行する諸公準を確証するのである。

そのような証明は、それらの諸公準そのものと同じエレメントでことにあたるので、まったく無効であるということは確かである。『テアイテトス』と、『国家』における叙述との和解について言うなら、おそらくその和解は、一見そう思われるよりもずっと容易に見いだされうるだろう。『テアイテトス』が、困難《アポレテイック》な対話篇であるということは偶然ではない。そしてこの対話篇がそこで終結するそのアポリア〔困難、行き詰り〕は、差異つまりディアフォラ〔差異〕に関するアポリアである〔思考が、差異のために、「臆見〔思いなし〕」に対する超越を要請するのと同程度に、臆見は、おのれ自身のために、差異の内在を要請する〕[38]。『テアイテトス』は、共通感覚《サンス・コマン》、再認と表象＝再現前化、さらにはその相関項としての誤謬に関する最初の大規模な理論である。しかし、〔『テアイテトス』における〕差異のアポリアは、はじめから、その理論の挫折を表わしており、また思考についての学説をまったく別の方向で追究することの必要性を表わしている。それは、『国家』第七巻によって指示されている方向だろうか……。ただし、つぎの点は忘れてはなるまい。すなわち、『テアイテトス』における〔再認という〕モデルは、伏在したかたちで作用し続けており、表象＝再現前化の執拗な諸エレメントは、依然として『国家』における新しい展望を危うくしているということ。

誤謬は、普遍的本性タル《思考》の仮定のなかで自然的に展開される「否定的」なものである。けれども、〔思考の〕ドグマティックなイマージュは、思考が、誤謬とは別の災難を、また征服するのが誤謬よりもっと難しい汚辱を、しかも展開するのが誤謬よりはるかに難しい〔別の〕否定的なものをもっているということを、けっして知らないわけではない。そのイマージュは、狂気、愚劣、悪意――同じものには還元されない凄まじき三位一体——が、誤謬というものにも還元されないということを知らないわけではない。しかし、もう一度言うが、そのドグマティックなイマージュにとっては、その場合、或るいくつかの事実 *faits* しか存在しないのである。愚劣、悪意、狂気は、〔そのイマージュにおいては〕外的な因果性による諸事実、すなわち、思考の真っ正直さを外部的なものによって逸脱させることのできる、それ自身外部的な、もろもろの強制力を活動させるような諸事実、とみなされている——しかもそうみなされているのは、わたしたちはもっぱら思考する者であるのではないという条件におけることだ。しかしまさに、思考におけるそれら強制力の唯一の効果は、誤謬と同一視されており、外的な事実上の因果性のすべての結果を権利上取り込むものだとみなされている。したがって、愚劣、悪意、狂気が誤謬という唯一の形態に還元されるということを理解しなければならないのは、あくまで権利上のことにすぎない、というわけである。以上から、そうした〔誤謬という〕生気のない概念のハイブリッド的な特徴が出て来るのである。この概念は、純粋思考が外部的なものによって道を踏みはずしていない場合には、その純粋思考には帰属しないこともあろうような概念であり、そうした外部的なものが純粋思考のなかに存在しないなどという場合には、その外部からは帰結しないこともあろうような概念である。だからこそ、わたしたちとしては、ドグマティックな思考の権利上のイマージュに抗して、或るいくつかの事実 *faits* を援用するだけで満足してはいられないのである。再認に対してと同様に、わたしたちは、ドグマティックなイマージュが行うような経験的なものと先験的なものとの配分の正当性について自問しながら、権利上の次元に関して議論を続行しなければならない。というのも、わたしたちにとってはむしろ、誤謬の或るいくつかの行為 *faits* が存在すると思われるからだ。テアイテトスが通るとき、「こんにちはテオドロス」と言う者は、また三時半なのに「三時だ」と言う者は、また〈7たす5は13〉[39] と言う者は、だれであろうか。近視の人、そこつな人、小学校で学ぶ児童である。そこには、誤謬の実際の例がある。が、しかし、たいていの「行為」と同じように、それらの例は、まったく人為的なあるいは幼稚な状況を指し示しており、しかも、思考についてのひとつの珍妙なイマージュを提供している。それというのも、それらの例は、独立した命題によって答えられることができ、また答えられるべき、きわめて単純ないくつかの質問に、思考を関係させてしまうからである。[12] 誤謬は、思考の活動《ジュ》が、思弁的であることをやめて、一種のラジオ番組のクイズ《ジュ》になるときにしか意味をもたないというわけだ。したがって、そのようなことはすべて転倒させなければならない。恣意的に拡大適用を受け、恣意的に先験的なものへ投射される事実〔行為〕であるものは、まさに誤謬であるからだ。思考の真の先験的な諸構造に関しては、またそれらの構造を包み込んでいる「否定的」なものに関しては、おそらく、それらを別のところで、誤謬の形態とは別の諸形態に求めなければならないだろう。

愚劣の問題

或る意味で、哲学者たちは、たえずつぎのような必要性を強く意識してきた。それは、誤謬概念のかわりに、それとは別の本性をもったより豊かな諸規定を用いるという必要性であって、そのような必要性を感じなかった哲学者はほとんどいなかったのである。〔若干の例を引き合いに出してみよう。たとえば、ルクレティウス、スピノザ、そして十八世紀の哲学者たち、とりわけフォントネルによって仕上げられたような、迷信という観念。迷信の「不条理性《アプシュルディテ》〔バカバカしさ〕」は、明らかに、迷信の核心にある誤謬には帰せられないものである。プラトンにおいては同様に、想起《アナムネーシス》それ自身が生得性から区別されるように、無知と忘却は誤謬から区別される。ストア派の馬鹿 stultitia[40] という観念は、狂気でもあれば愚劣でもある。理性の内部にある内的錯覚というカントの観念は、根本的に誤謬の外在的なメカニズムから区別される。ヘーゲル主義者たちにおける疎外は、〈真-偽〉の関係の徹底的な修正を仮定している。ショーペンハウアーにおける俗悪さと愚行という観念は、〈意志-悟性〉の関係の完全な逆転を含意している。しかし、それより豊かな諸規定がそれら自身のために自己展開することができないのは、それでもなお、〔思考の〕ドグマティックなイマージュが維持されているからであり、しかも、そのイマージュの面前で行列している共通感覚《サンス・コマン》、再認、および表象＝再現前化の諸公準が維持されているからである。したがって、それらの矯正手段は、そのイマージュを一瞬紛糾させせかき乱しにくるだけでそのイマージュの暗黙の原理は転倒させることがないといった「悔い改め」というかたちでしか、出現することができないのだ。）

愚劣《ベティーズ》〔獣なみであること、馬鹿であること〕は、動物〔馬や鹿など〕の本質ではない。動物は、動物を愚劣な《ベット》〔馬鹿な〕存在にさせないそれ特有の形式によって保護されている。ひとはよく、人間の顔と動物の頭部との照応、言い換えるなら、人間の個体差と動物の種差との照応を設定したものだ。しかし、それでは、人間に固有な獣性《ベスティアリテ》としての愚劣《ベティーズ》を説明したことにはならない。あの風刺的な詩人があらんかぎりの罵倒を並べるとき、彼は、動物的な諸形式にとどまってはいず、肉食獣から草食獣へのより深い退行を企てているのであり、最後には、汚水溜のなかに、あるいは、莢にくるまれた、消化のための普遍的な背景《フオン》〔基底〕に行き着くのである。攻撃の外的なふるまいや貪食の動きよりももっと深い、消化の内的なプロセスが存在し、蠕動状態の愚劣が存在する。だからこそ、暴君は、牛の顔をしているばかりでなく、洋ナシ、キャベツ、ジャガイモの顔もしているのだ。だれも、自分が利用する相手より優れていたり、その相手と無関係にいたりすることはできない。すなわち、暴君は、愚劣を制度化するわけだが、しかし彼は、おのれのシステムの最初の召使であり、最初に制度化されたものであって、奴隷たちに命令を下すのは、いつでもひとりの奴隷であるということだ。そしてここでもまた、世の中の推移を二重化している、愚劣と残酷との、珍妙なものと戦慄させるものとのそうした統一を、どうして誤謬概念などが説明しえようか。無気力、残酷、下劣、愚劣は、たんに身体的な力《ピュイサンス》であるばかりでなく、あるいは、性格的事実、社会的事実であるばかりでなく、思考としての思考の構造でもある。先験的なものの風景は、活気にあふれている。その風景には、暴君の場所と、奴隷の場所と、間抜けの場所を挿入しなければならない——だが、場所は、その場所を占める者と類似してはならず、そして、先験的なものは、けっしてそれが可能にしてやる経験的な諸形態の引き写しであってはならないのだ。わたしたちが、愚劣でもってひとつの先験的な問題をつくることができないのは、いつだって、わたしたちが〔普遍的本性タル〕《思考 *Cogitatio*》の諸公準を信じているからである。したがって、もはや愚劣は、心理学あるいは逸話を——さらに悪いことには、論争や罵倒を——そして、あのどうしようもなく最低の似非文学のジャンルに属する有名人の愚言集を——指し示す、ひとつの経験的規定であるよりほかにどうにもならないわけだ。しかし、その責任はだれにあるのか。その責任は、何よりもまず哲学にあるのではないだろうか。というのも、哲学は、誤謬概念そのものをいくつかの事実〔行為〕から、それもほとんど無意味できわめて恣意的な事実から借りているのを承知のうえで、その誤謬概念の言いなりになっていたからである。最悪の文学は愚言集をつくるのだが、しかし最良の文学は、愚劣の問題に取りつかれていたのであり、この問題に、その宇宙的、百科全書的、認識形而上学的な次元をそっくり与えることによって、その問題を哲学の戸口にまで導いてくることができたのである（フローベール、ボードレール、ブロワ）。哲学にとっては、その問題を、哲学に固有な手段によってかつ必要な謙虚さをもって取りあげなおし、愚劣を、けっして他人事だと思わずに、〔誤謬ではなく〉愚劣はいかにして可能かという本質的に先験的な問いの対象とみなす、ということだけで十分であったはずである。

愚劣は、思考と個体化との紐帯のおかげで可能になる。そのつながりは、〈私は思考する〉のなかに現われる紐帯よりもはるかに深いものであって、前者の紐帯は、思考する主体の感性をすでに構成している強度の場のなかで成立するものである。それというのも、《私》もしくは《自我》は、おそらく、種を、すなわち種としての人類を示す指標でしかなく、諸部分でしかないからだ。なるほど、種〔人類〕は、人間というものが語られる場合には暗黙の状態に移行してしまっている。その結果、形式としての《私》は、再認および表象＝再現前化における普遍的な原理として役立つことができ、他方、表立った種的な諸形式は、その《私》によって再認されるものにすぎず、そして、〔類の〕種別化は、表象＝再現前化の諸エレメント〔対立、類似、類比、同一性〕の規則でしかない。《私》は、したがって、ひとつの種ではない。むしろ《私》は、類と種が表立って展開するものを、すなわち〔私という〕形式が表象＝再現前化されるように〈なる〉ということを、暗黙のうちに含んでいるのである。彼ら、ユードクスとエピステモンの運命は、共通なのである。反対に、個体化は、たとえ種別化がどれほど継続され〔個体化に近づくように見え〕ても、その種別化とは何の関係もない。個体化は、本性上あらゆる種別化と異なるばかりでなく、やがてわたしたちが見るように、種別化を可能にし、種別化に先行するのである。個体化は、もはや《私》という形式も《自我》という形式も借りることのない流動的な強度的諸ファクターのもろもろの場において成立するのだ。すべての形式よりも深いところでことにあたる個体化そのものは、その個体化が出現させ、それとともにもたらされる或る純粋な背景《フォン》から切り離しえないものである。この背景《フォン》は、そして、それが惹起する恐怖と同時に魅力は、筆舌に尽しがたいものだ。背景を揺り動かすことは、鈍麻した意志の昏迷の諸契機におけるもっとも危険な仕事であるが、しかしもっとも魅惑的な仕事でもある。なぜなら、この背景《フォン》は、個体とともに、表面に浮上するにせよ、形式《フォルム》〔形〕あるいは形態《フイギユール》〔図〕をそなえることはないからだ。背景《フォン》はそこにあって、目などあるはずがないのに、わたしたちをじっと見据えている。個体は、背景《フォン》から際立つが、しかし背景《フォン》は、個体から際立たず、その背景《フォン》と縁を絶つ個体と縁を結び続ける。背景《フォン》は、未規定なものであるが、ちょうど靴に対する地面のように、規定を抱擁し支え続けるかぎりにおいて、未規定なものなのである。ところで、動物というものは、或る意味で、おのれの表立った諸形式によって、そうした背景《フォン》から守られている。だが、《私》と《自我》については、事情は同様ではない。というのも、《私》と《自我》は、それらを苦しめる個体化のもろもろの場によって蝕まれているからであり、或る背景《フォン》の浮上に対して、すなわち、形を歪ませる歪んだ鏡を《私》と《自我》に差し向け、いま思考されたすべての形式を崩潰させる背景《フォン》の浮上に対して、何ら身を守るすべをもたないからである。愚劣は、背景《フォン》でもなければ個体でもなく、まさにひとつの関係である——すなわち、個体化が背景《フォン》を、それに形式《フォルム》〔形〕を与えることができないままに浮上させるといった意味での関係である〔背景《フォン》は、《私》を貫いて浮上しながら、思考の可能性のもっとも深い点にまで浸透し、あらゆる再認における再認されないものを構成するということだ〕。すべての規定は、残酷で悪しきものへと生成し、もはや、それらを観照し考案する思考によっては、生皮を剝がされたもの、おのれの生ける形式から切り離されたもの、そうした陰気な背景《フォン》のうえで浮遊しつつあるものというかたちでしか捉えられないのである。その受動的な背景《フォン》のうえで、一切は暴力へと生成する。その消化のための背景《フォン》のうえで、一切は攻撃へと生成する。そこでは、愚劣と悪意とのサバト〔魔女の集会〕が執り行われる。人間のもっとも美しい諸形態のうえにのしかかるのは、おそらく、メランコリーの起源であろう、すなわち、人間の顔独特の醜悪さの、愚劣による浮上の、悪のなかでの歪曲の、狂気のなかでの反映の予感であろう。というのも、本性〔思考〕の哲学の観点からすれば、狂気が出現するのは、個体があの自由な背景〔の歪んだ鏡〕に映り、したがって、またそれゆえに、愚劣が愚劣のなかに映り、残酷が残酷のなかに映って、もはや個体はおのれを支えることができないというまさにその点においてである。「そのとき、ひとつの哀れな能力が、彼らの精神のなかに発現した。愚劣を見るという、そしてもはや愚劣に耐えられないという能力である。……」[13]まことに、何よりも哀れな《ピトワイヤブル》その能力は、精神の哲学としての哲学を活気づけるとき、すなわち、個体と背景と思考との暴力的な和解を可能にするあの先験的な行使において用いられる他のすべての諸〔認識〕能力をもたらすとき、王者的《ロワイヤル》能力にさえもなるのである。こうして、強度的な個体化の諸ファクターは、互いに他方を対象とし、超越的感性の最高度のエレメント、すなわち感覚サレルベキモノ *sentiendum* を構成するようになり、さらに、背景《フォン》が、気がつけば思考のなかで、つねに思考されないものかつ思考しないものとして、能力から能力へと運ばれるのであるが、ただしこの思考されないものは、必要な経験的形式へと生成してしまっており、この形式のもとで、（〈ブヴァールとペキュシェ〉という）ひび割れた《私》が、最後に、思考サレルベキモノ *cogitandum*、すなわち、思考されることしか可能でない超越的エレメント（「わたしたちがまだ思考していない事実」あるいは〈愚劣とは何か〉[41]）を思考するのである。

***

第六の公準――指示の特権

すでに教授たちがよく知っているように、「宿題」のなかでは（もちろん、ひとつの命題を他の命題によって翻訳したり、ひとつのすでに決まっている解答をだす、という必要のある練習問題は別にして）、誤謬あるいは何らかの間違いに出くわすことはまれである。しかし、ナンセンスや、何の利益も重要性もない小言や、月並であるのに傑出したものとみなされた事物や、通常の「点」を特異な点と混同することや、正しく立てられていなかったり意味がこじつけられたりしている問題は、最悪にしてもっともよく見受けられるもの、ただし脅威に満ちたものであり、わたしたち全員にかけられた呪いである。数学者たちが論争するときには、答えや計算を間違えているではないかと言って非難しあうなどということは、ありそうにもない。むしろ彼らは、無意味な定理や、意味のない問題を提出したと言って非難しあうのである。そのような例から結論を引き出すのは、哲学の仕事である。意味のエレメントは、まさしく哲学によってそれとして認識されるものであり、わたしたちにとってはきわめて慣れ親しまれたものにさえなっている。けれども、そのように言うだけでは、おそらく、まだ十分ではないだろう。意味は、真なるものの条件として定義されているが、しかし、そうした条件が、それによって条件づけられるものよりさらに大きな広がりをもつと仮定される場合には、意味は、誤謬をも可能にするのでなければ、真理を根拠づけることはできないのである。したがって、偽なる命題といえども、やはり、意味をもった命題であることに変わりはない。ナンセンスに関して言うなら、ナンセンスとは、真でも偽でもありえないものの特徴とみなされよう。ひとは、命題に関して、二つの次元を区別している。まず、表現の次元。表現《エクスプレッシオン》によって、命題は何か理念的なものを言表し、表現《エクスプリメ》する。つぎに、指示の次元。指示《デジニャシオン》によって、命題は、言表されているもの、あるいは〈表現されるもの《エクスプリメ》〉が適用される対象を、指し示し《アンディケ》、指示《デジニエ》する。前者は意味の次元であり、後者は、真なるものと偽なるものとの次元であるとみなされよう。しかし、もしそうであれば、意味は、その意味が根拠づけるものに対して中立的であるというのでなければ、命題が真であるということを根拠づけることはないだろう。真なるものと偽なるものは、もっぱら指示《デジニャシオン》に関する問題である（たとえばラッセルは、「真と偽の問題は、言表された名辞や命題が指し示す《アンディケ》ものに関わり、それらが表現する《エクスプリメ》ものには関わらない」[42]と述べている）。このとき、わたしたちは奇妙な状況に直面する。すなわち、意味の領域が発見されてはいるが、この領域は、ただ心理的な洞察力か論理的な形式主義に送り返されるだけだということである。ひとは、必要であれば、真なるものと偽なるものの古典的な価値に、新しい価値を、つまりナンセンスのあるいは不条理の価値を付け加える。しかしひとは、真なるものと偽なるものは、以前と同じ状態で、すなわち、それらに割り当てられる条件から、あるいはそれらに付け加えられる新しい価値から独立していたように、いまも存在し続けると仮定しているのである。以上のようなことは、言い過ぎであるか、あるいは十分に言われていないかのいずれかである。言い過ぎだというのは、わたしたちに新しい思考様式を吹き込むはずの或る「批判」の本質的な点は根拠〔意味〕の探究にあるからであり、十分に言われていないというのは、根拠が、根拠づけられるものよりももっと大きな広がりをもったままであるかぎり、そうした批判は、もろもろの伝統的な思考様式を正当化することに役立つだけであるからだ。真なるものと偽なるものは、偽なるものを可能にするのでなければ真なるものを根拠づけることがないといった条件によっては影響を受けないままに存在する、ということをひとは仮定している。ひとは、真なるものと偽なるものとを、命題における指示関係に送り返すことによって、第六の公準、すなわち、先行の諸公準を受け継ぎ、それらと連鎖している、命題そのものの、あるいは指示《デジニャシオン》の公準を手に入れるのである（指示関係は、再認の論理的形式にすぎない）。

意味と命題

実際、〔真なるものの〕条件は、現実的《レエル》経験の条件でなければならず、可能的《ポッシブル》経験の条件であってはならない。こうした条件は、外在的な条件づけではなく、内在的な発生を形成する。真理は、あらゆる点において、もっぱら生産に関する問題であり、適合に関する問題ではない。〔アルトー的〕生殖性に関する問題であり、〔デカルト的〕生得性や〔プラトン的〕想起《アナムネーシス》に関する問題ではない。わたしたちは、根拠づけられたものが、同じものであり続ける、すなわち、以前にあったときと、つまり、根拠づけられていなかったときと、言い換えるなら、根拠のテストをまだくぐり抜けていなかったときと同じものであり続ける、などと信じるわけにはいかないのである。もしも充足理由が、もしも根拠が、〔同じものの回帰をつくらずに〕「折れ曲がって」いるとするならば、それは、根拠が、根拠づけるものを、或る真の無底《サン・フォン》に関係させるからである。〈もはや根拠を再認しない〔見分けない〕〉という言い方が、このケースにあてはまる。根拠づけるということ、それは、変身させるということである。真なるものと偽なるものは、単純な指示《デジニャシオン》――意味が、それに対して中立的なままでいながら可能にしてやるにすぎないような指示《デジニャシオン》——には関わらない。命題と、その命題が指示《デジニエ》する対象との関係は、意味それ自体のなかで打ち立てられなければならない。指示《デジニエ》される対象へと越え出てゆくのは、理念的意味の仕事である。指示《デジニャシオン》は、もしも、真なる命題の事例において実現されてしまっているかぎり、意味を構成する発生的な諸セリーもしくは理念的な諸連結の限界として考えられるべきではないということにでもなれば、とうてい、〔意味によって〕根拠づけられていることにはならないだろう。意味が、〔指示される〕対象へと越え出てゆくとき、この対象は、もはや、外的なものとしての現実のなかでは定立されえず、ただ意味のプロセスの限界としてのみ定立されうる。そして、命題とその命題が指示《デジニエ》する対象との関係は、その関係が実現されてしまっているかぎり、その関係を実現している対象と共に、意味の統一において構成されているのである。〈指示される《デジニ》もの《エ》〉がおのれ自身だけで価値をもち、意味の外部にとどまっているような事例は、ただひとつしかない。それはまさに、文脈から恣意的に切り離されて、範例として取り上げられた、単称命題の事例である。[14] しかし、ここでもまた、幼稚で恣意的な教壇用の範例が思考のイマージュを正当化しうるなどということを、どうして信じることができようか。命題というものは、生ける思考の文脈に置き直されるたびごとに、まさしく、おのれの意味に従って当然受けとるべき真理性をもち、おのれが巻き込んでいるもろもろのナンセンスに従っておのれに帰属する虚偽性をもつ、ということが明らかになる。真なるものから、わたしたちはいつでも、わたしたちが言うことがらの意味に従って当然わたしたち自身が受けとるべき分け前を得るのである。意味とは、真なるものの発生もしくは生産のことであり、真理性は、意味から出てくる経験的な結果にすぎない。ドグマティックなイマージュのすべての公準のなかに、わたしたちは同じ混同を見てとる。すなわち、先験的なものの真の諸構造を経験的なものに陥らせることになるにもかかわらず、経験的なものの単純な形態を先験的なものへと高めるという混同である。

　意味とは、命題によって〈表現されるもの《エクスプリメ》〉である。がしかし、その〈表現されるもの〉とは何であろうか。〔命題によって〕〈表現されるもの《エクスプリメ》〉は、指示《デジニエ》される対象にも、〔命題のなかで〕自己を表現するものの生きられた状態にも帰着しない。わたしたちは、つぎのような仕方で、まさに、意味《サンス》と意味作用《シニフィカシオン》とを区別しなければならない。一方で、意味作用《シニフィカシオン》は、概念を指し、また、表象＝再現前化の場において条件づけられた諸対象に概念が関係するその様式を指す、というだけのことである。他方、意味《サンス》は、下－表象的な諸規定のなかで展開される《理念《イデア》》としても存在する。意味が何であるかを語るよりも、意味が何でないかを語る方が容易である、ということに驚いてはなるまい。事実、わたしたちは、命題と、命題の意味とを、同時に言い表わすことはまったくできないし、わたしたちが何か言うとき、〔同時に〕その何かの意味をも言うことはまったくできない。意味とは、そのような観点からすれば、正真正銘の語ラレルベキモノ *loquendum* であり、〔能力の〕超越的使用においては言われることしか可能でないにもかかわらず、経験的使用においては言われえないものである。すべての能力を貫通してゆく《理念《イデア》》

は、しかしながら、意味に還元されてしまうことはない。というのは、《理念《イデア》》はさらに、ナンセンス〔無意味〕でもあるからだ。そして《理念《イデア》》は、それら自身では意味をもたない構造的諸要素で構成されているが、しかし、《理念《イデア》》は、それ自身、それが生産するすべてのものの意味を構成している、という二重のアスペクト〔構造と発生〕を調停することにおいて、何の困難も存在しないのである。おのれ自身とおのれの意味を〔同時に〕言う語は、ただひとつしかない。それはまさに、ナンセンス語、たとえば、アブラクサス abraxas、スナーク snark、ブリトゥリ blituri である。[43] こうして、意味が、諸能力の経験的使用にとっては必然的にナンセンス〔無意味〕であるとすれば、逆に、経験的使用においてかくも頻出する数々のナンセンスは、言わば、おのれの全能力がひとつの超越的限界に差し向けられている意識的な観察者にとっての意味の秘密である。それぞれの作家たち〔フローベールあるいはルイス・キャロル〕がそれぞれの立場で再認したのは、愚劣のメカニズムが思考の最高の究極目的であるように、ナンセンスのメカニズムは意味の最高の究極目的であるということだ。わたしたちが言うことの意味をわたしたちは〔同時に〕言えないということが本当であるにせよ、それでもなおわたしたちは、意味を、すなわち、ひとつの命題によって〈表現されるもの〉を、他の命題によって〈指示されるもの〉とみなすことができる——しかし今度は、そうした他の命題の意味〔表現されるもの〕を言うことができず、そのような〔表現されるものと指示されるものの〕関係が無限に続く。その結果、意識の各命題が、「名前」で呼ばれながら、無際限な名前の退行のなかに引きずり込まれ、それぞれの名前は、先行的な名前の意味を指示する別の名前を指すのである。(44) しかし、この場合、経験的意識の無力《アンピュイサンス》は、もろもろの活動の「n次」の力=累乗《ピュイサンス》でもあり、言語活動の超越的な反復、すなわち、言語それ自体を語り、もろもろの語に基づいて語る無限の力能でもある。いずれにせよ、思考は、ドグマティックなイマージュによって裏切られる。しかも、哲学をして、意識の最初の命題、つまり《コギト》にその開始を見いださせるような、諸命題に関する公準のなかで、思考は裏切られるのである。だがおそらく、《コギト》は、意味をもたない名前であり、繰り返しの力=累乗《ピュイサンス》としての無際限の退行（私は思考する、のを私は思考する、のを私は思考する、のを……）以外の対象はもたない名前であろう。意識のあらゆる命題は、純粋思考の無意識を巻き込んでおり、この無意識が、無限退行が発生する意味の圏域を構成しているのだ。

意味のパラドックス

意味の第一のパラドックスは、したがって、或る増殖のパラドックスである。すなわち、ひとつの「名前」によって〈表現されるもの《エクスプリメ》〉が、その名前を二重化しようとする他の名前によって〈指示されるもの《デジニエ》〉でもある、といったパラドックスである。なるほど、そうしたパラドックスから逃げることは可能だが、しかしそうすれば、別のパラドックスに陥ることになる。今度は、わたしたちは、命題の理念的内容しか、つまりその内在的所与しかとどめていない分身を、当の命題から引き出すあいだ、その命題を停止させ、動かないようにする。言語活動の本質をなすパラドクシカルな反復は、このとき、もはや二重化《ルドゥブルマン》において成立するのではなく、むしろ二分化《デドゥブルマン》において成立する。それは、もはや、スピードアップにおいて成立するのではなく、むしろ停止において成立する。命題それ自身から、その命題を言い表わす者から、その命題が指し示す対象から、同時に区別されるとわたしたちに思えるものは、まさに命題のそうした分身である。この分身が、主体や対象から区別されるのは、その分身が、その分身を表現する命題の外では存在することがないからである。その分身が、命題そのものから区別されるのは、その分身が、おのれの論理的属性としての対象に、つまり、おのれの「言表されうるもの」あるいは「表現されうるもの」㊺としての対象に関係するからである。その分身は、命題の複雑なテーマであり、したがって、認識の最初の項である。その分身を、対象（たとえば、神、空）からも、命題〈神は存在する〉、〈空は青い〉からも区別するために、不定詞的形式、もしくは分詞的形式で、その分身を表現してみよう――〈Dieu－être〔神《ディウ》－存在する《エートル》〕〉、あるいは〈Dieu－étant〔神《ディウ》－あり《エタン》〕〉、〈l'étant－bleu du ciel〔空《シエル》の－青く《ブルー》－あること《エタン》〕〉。その複合〔複雑なテーマ〕は、ひとつの理念的出来事である。それは、ひとつの客観的存在体である。だがわたしたちは、その客観的存在体がそれ自身において現実存在する《エグジステ》〔外に立つ〕と言うことさえできない。そうした存在体は、存続する《アンシステ》〔固執する、内に立つ〕のであり、持続する《スュブジステ》〔下に立つ〕のであって、或る

〈準－存在〉を、また或る〈超－存在〉をもち、現実的な対象、可能的な対象、そして不可能的でさえある対象に共通な極小の存在をもつのである。しかしそうなると、わたしたちは、派生的な諸困難の巣窟に落ちこむ。なぜなら、肯定も否定も命題の様態でしかないのだから、矛盾する諸命題といえども同じ意味をもつ、ということは避けえないからである。そして、それ自身において矛盾した不可能な対象（円の－四角く－あること）が、たとえ「意味作用《シニフィカシオン》」をもたないにせよ、ひとつの意味《サンス》はもつということを、どうして避けることができようか。そしてさらに、一個の対象のはかなさと、その意味の永遠性を、どうして調停できようか。結局のところ、つぎのような鏡の戯れから逃げるためには、どうすればいいのだろうか――命題は、それの表現されうるものが真であるがゆえに真であるというのでなければならないのだが、表現されうるものは、命題それ自身が真であるときにしか真にならない、ということである。以上のような困難はすべて、ひとつの共通な起源、すなわち、命題からひとつの分身を引き出すことによって、ひとつのたんなる幽霊を呼び出してしまった、ということに由来している。以上のように定義された意味《サンス》は、物と言葉との限界で戯れる蒸気でしかない。意味は、このとき、論理学のもっとも力強い諸努力のうちのひとつの努力の結末において、ただし、《無効な》ものとして、非身体的な不妊のものとして、おのれの発生の力能を剥奪されたものとして現われる。[15] ルイス・キャロルは、そうしたパラドックスのすべてを、驚くべき仕方で利用した。中性化の働きをもつ二分化のパラドックスは、猫のいない猫笑いに、おのれの形態を見いだし、同様に、増殖の働きをもつ二重化のパラドックスは、歌の名前にかならず新しい名前をつけてゆく騎士に、おのれの形態を見いだす㊻——そして、それら二つの極限的なパラドックスのあいだに、派生的ないくつものパラドックスがひしめきあい、それが、アリスの数々の冒険を形成するのである。

意味と問題

不定詞的あるいは分詞的な形式よりもむしろ、疑問文の形式を用いて〈神《ディウ》—存在する《エートル》〉あるいは〈神《ディウ》の—あること《エタン》〉という形式よりもむしろ、「神は存在するか」—という形式を用いて）意味を表現する方が、得るものがあるのではなかろうか。一見して、利益は薄いことがわかる。しかし、なぜ薄いかと言うなら、それは、質問が、つねに、出しうる答えの、ありそうなもしくは可能な答えの引き写しになっているからである。したがって、質問は、それ自身、答えとして役立ちうる、あるいは役立つべき、先行的に存在すると仮定されたひとつの命題の、中性化された分身なのである。発言者は、彼が出したがっている答えに合わせて、すなわち、彼がわたしたちに納得させたがっている命題に合わせて質問をつくるということに、彼の全技術を投入する。そして、ひとは、答えを知らないときでさえ、答えは別の意識のなかで権利上すでに与えられていて、あらかじめ存在する、と仮定することによってのみ、質問を行うのである。だからこそ、質問《アンテロガシオン》〔互いに《アンテル》—たずねる《ロガシオン》〕は、その語源からして、つねにひとつの相互性《コミュノテ》の枠のなかでつくられる。質問するということは、常識《サンス・コマン》〔共通感覚〕だけを含意しているのではなく、複数の経験的意識の状況や、それらの観点や、それらの機能や、それらの権限に応じた、それら経験的意識に対する、知と与えられるもの〔答え〕との配分をも、良識をも、含意しており、したがって、ひとつの意識が知らないことでも、他の意識によってすでに知られているとみなされているのである（何時ですか——腕時計をしている君、あるいは置き時計の近くにいるあなた。カエサルはいつ生まれましたか——ローマ史を知っているあなた）。そのような欠点があるにもかかわらず、質問形式はやはり、ひとつの利点をもっている。すなわち、質問形式が、わたしたちをして、その形式に対応した命題を、ひとつの答えとみなすように促すとき、同時にその質問形式は、わたしたちに、ひとつの新しい道を開いてくれるのである。答え《レポンス》とみなされたひとつの命題は、つねに、解《ソリュシオン》の個別的な一事例であって、この事例は、問題としての問題にその事例を〔解の〕他の諸事例とともに関係させるような高次の総合から切り離されて、それだけで抽象的に考えられたものである。したがって、問題《プロブレム》なるものが、経験においてかつ意識にとって、解体され、小銭にくずされ、裏切られるその仕方を、今度は質問《アンテロガシオン》が、雑多なものとみなされたおのれの解の諸事例に即して表現することになる。質問というものは、不十分な印象をわたしたちに与えるにせよ、その質問が解体する当のものの予感を、そのようにしてわたしたちに吹き込むのである。

　意味は、問題それ自身のなかにある。意味は、複雑なテーマのなかで構成される。ただし、複雑なテーマは、諸問題《プロブレム》ともろもろの問い《ケステイオン》との総体——それと関連して、諸命題が、答えおよび解のエレメントとして役立つような総体——なのである。ところが、そのように定義してみると、思考のドグマティックなイマージュに固有な錯覚を厄介払いする必要がでてくる。問題と問いを、それらに対応しながら答えとして役立ちまた役立ちうる命題を引き写すことによって立てるということは、やめなければならない。わたしたちは、そのような錯覚の作用者〔要因〕が何であるのか知っている。それは、質問である。すなわち、相互性の枠のなかで、問題と問いを解体し、そして、経験的な共通の意識の諸命題に即して、換言すれば、ひとつのたんなるドクサ〔臆見〕の様々なもっともらしさに即して、それら問題と問いを再構成するような質問である。そうなると、問題計算もしくは〔ライプニッツ的な〕結合法という、論理学の偉大な夢が、危うくなる。ひとは、問題、問いが、それに対応した命題〔答え〕の中性化にすぎないと信じた。してみれば、〔複雑な〕テーマあるいは意味が、その意味が包摂しているタイプの諸命題の引き写しとしての無効な分身にすぎない、あるいはまた、あらゆる命題に共通なものとみなされたエレメント〔指標的テーゼ〕の引き写しとしての分身にすぎない、ということまでも信じないわけにはいかなくなる。しかし、意味や問題は超命題的なものであるということ、つまり、意味や問題は本性上あらゆる命題と異なっているということを理解しないかぎり、本質的なもの、つまり、思考するという行為の発生、諸能力の使用を取り違えることになる。弁証法《ディアレクティク》〔問答法〕とは、問題と問いとの技法であり、結合法であり、問題であるかぎりでの問題の計算である。しかし、弁証法〔問答法〕が、問題を命題の引き写しによってつくるときには、弁証法はおのれの固有な力能を失い――そのとき、弁証法の長き変質の歴史が始まり、弁証法は否定的なものの力の支配下に置かれるのだ。アリストテレスは、こう書いている。「すなわち、一方は、『二足で歩く動物は人間の定義ではないか』とか、『動物は人間の類ではないか』とか、このように述べられるとき、命題が生ずる。他方、『二足の動物は人間の定義であるか、それともないか』と述べるならば、問題が生ずるのである。他の場合も同様である。したがって、当然、問題と命題は数において等しいのである。なぜなら、言葉の使い方を変えれば、すべての命題から問題をつくれるであろうから。」（現代の論理学者たちにまで、そうした錯覚が続いているのを見てとることができる。問題計算は、超数学的なものとして提示されている。なるほど、そうするのは間違いではない。なぜなら、問題計算は本質的に論理学的なもの、すなわち弁証法的なものであるからだ。しかし、そうした問題計算は、つねに命題そのもののコピー、引き写しとしての命題計算から導き出されているのである。[16]）

第七の公準――解の様相

わたしたちは、問題とは、前もって与えられる一定のすっかりできあがったものだと、そして、答えもしくは解のなかで消失するものだと信じ込まされている。だが、そのような二重のアスペクトのもとでは、すでに問題は、幻影以上のものではありえない。思考するという活動は、さらにこの活動に関連する真なるものと偽なるものは、解の探究とともにしか始まらず、そして解にしか関わらないのだと、わたしたちは信じ込まされている。おそらく、そうした信念は、〔思考の〕ドグマティックなイマージュのこれまでに言及した諸公準——それはつねに、文脈から切り離され、恣意的にモデルとして打ち立てられた、幼稚な範例である——と同じ起源をもっている。そうした信念は、ひとつの小児的な先入見である。問題を出すのは先生であって、わたしたちの仕事はそれを解くことであり、この仕事の結果は、ひとつの強大の権威によって真あるいは偽という質が付与される、と考える先入見である。また、そうした信念は、露骨に、わたしたちをいつまでも子どもにしておこうとする、ひとつの社会的先入見である。よそからやって来た問題を解くようにといつでもわたしたちに勧め、また、わたしたちに、解き方を知っていたなら勝利をものにしたのにと言って、慰めてくれたり気を紛らわせてくれたりする先入見なのである。問題は障害であり、答える者はヘラクレスだというわけだ。そうしたところに、文化《キュルチュール》〔教養〕のひとつの珍妙なイマージュの起源が存在するのであって、それはまた、もろもろの試験にも、政府が出す諸指令にも、新聞の主催する様々なコンクールにも見いだされる（ここでは、だれでもが、自分の好みがすべてのひとの好みと一致するかぎりにおいて、自分の好みに従ってものごとを決めるようにと勧められている）。この自我が他者たちの自我であるのでなければならぬということを忘れずに、自分自身たれ、というわけだ。まるで、わたしたちは、諸問題それ自身について、諸問題への関与について、諸問題を受け取る権利について、諸問題の管理について、自分のやりたい通りにはやらないかぎり、奴隷になっていずにすむとでもいうように。心理学的には幼稚で、社会的には反動的な諸範例（再認の諸事例、誤謬の諸事例、単純な命題の諸事例、答えと解との諸事例）をつねによりどころとすることによって、思考においてもっとも高きものであるべきはずのものについて、すなわち、思考するという行為の発生、および真なるものと偽なるものとの意味について、先入見をもってしまうということ、まさにこれが、思考のドグマティックなイマージュの運命である。したがって、これまでの諸公準に付け加えるべき第七の公準は、答えと解に関する公準である。すなわち、真なるものと偽なるものは解とともにしか始まらないもの、あるいは答えに質を付与するものである、という観点をとる公準である。けれども、何か学問上の試験において、たまたま偽なる問題が「与え」られているということがある場合、この幸運なスキャンダルは、すでに、問題というものはすっかりできあがったものではなく、むしろ問題に固有の象徴的な場において構成され、エネルギーが備給されるべきものであるということを、さらに、先生の用いる本は、できあがるためには、必然的にひとりの先生を必要とし、必然的に誤りうるものだということを、世の家族たちに思い出させるためにこそ居合わせてくれるのである。いくつかの教育的な試みが、生徒たちを、しかも非常に低学年の生徒たちまでをも、問題を作成することに、問題を構成することに、問題を問題としてのかぎりにおいて立てることに参加させようとしたことがある。そればかりでなく、すべてのひとが、或る意味で、もっとも重要なものは問題であるということを「再認している〔承認している〕」。しかし、以上のことを、事実において、つぎのように再認するだけでは十分ではない。すなわち、問題というものは、暫定的で偶然的な運動にすぎないといったように、それも、〔答えに関する〕知の形成において消失するような運命にある運動にすぎず、認識する主体が服従しているような否定的な経験的諸条件だけにおのれの重要性を負っている運動にすぎない、といったようにである。反対に、重要なのは問題であるという発見を、先験的な水準にまで運び上げる必要があり、問題を、「与件」(data) としてではなく、理念的な「対象性《オブジェクティテ》」[47] として、すなわち、おのれの象徴的なもろもろの場において自足しており、そこで構成とエネルギー備給の作用を巻き込んでいるといった対象性として考察する必要がある。真なるものと偽なるものは、解に関わるどころか、何よりもまず問題に関与するものである。解というものはつねに、その解が答えている問題に即して当然受けとるべき真理性をもつ。そして問題はつねに、おのれ自身の真理性もしくは虚偽性に即して、すなわちおのれの意味に即して当然受けとるべき解をもつ。それはまさに、あの有名な寸言が言わんとしていることである――「真なる大問題は、解かれるものである場合にのみ立てられる」、あるいは「人間は、自分が解決できる問題だけを自分に立てる」[48]。そう言えるのは、実践的な問題であろうと思弁的な問題であろうと、いずれにせよ問題が、言わば先行的に存在する解の影であるからというのではけっしてなく、逆に、ひとが問題を問題としてのかぎりにおいて規定する際の十分な諸条件から、すなわち、ひとが問題を立てるために用いる諸手段と諸項とから、必然的に解が生じるからなのである。問題もしくは意味、それは、本源的な真理性の場所であると同時に派生的な真理性の発生である。無意味《ノン・サンス》〔ナンセンス〕、偽意味《フォ・サンス》〔意味の取り違え〕、反意味《コントル・サンス》〔自己矛盾した意味〕という観念は、問題それ自身に関係しているのでなければならない（未規定によって偽になる問題が存在すれば、重層的〔多元的〕決定によって偽になる問題も存在するのであって、〈愚劣〉は結局のところ、問題を問題としてのかぎりにおいて構成し、了解し、そして規定する、ということができないという無能を証示するような、偽なる問題の能力なのである）。た哲学者たちや科学者たちは、真偽のテストを問題にまで持ち込むことを夢みている。そそこに、高次の計算あるいは結合法としての弁証法の目的がある。しかし、そのときまもや、そうした夢は、そこから先験的な諸帰結が表立って引き出されないかぎり、また、思考のドグマティックなイマージュが権利上存続しているかぎり、やはり「悔い改め」として機能するにすぎないのである。

真理論における解の錯覚

自然的な〔生まれつきの〕錯覚〈命題を引き写すことによって問題をつくるという錯覚〉は、事実、哲学的な錯覚にまで継続されている。ひとは、批判の必要を認めているし、真偽のテストを問題にまで持ち込む努力をしているが、しかし、問題の真理性は解を受けとる可能性にのみあるのだと言い張っている。錯覚の新たな形態、錯覚の技術的特徴は、今度は、命題の可能性の形式をモデルにして問題の形式をつくるということにある。それはすでに、アリストテレスに見られるケースである——アリストテレスは、弁証法《ディアレクティケー》〔弁証術〕に、おれの現実的な任務を、おのれの唯一の有効な任務を、つまり、問題と問いの技法を割り当てていた。《分析論》が、わたしたちに、すでに与えられている問題を解く手段を、あるいは問いに答える手段を提供してくれるとすれば、《弁証法》は、いかにして問いを正当に立てるかを示す義務をもっている。《分析論》は、推論《シロギスモス》〔三段論法〕によって必然的に結論が出されるためのプロセスを研究するものであるが、《弁証法》は、推論の諸対象（アリストテレスはまさに「諸問題」と呼んでいる）を考案し、ひとつの対象に関する推論の諸要素（「諸命題」）を産み出すものである。[49]ただし、アリストテレスは、ひとつの問題を判定するためには、つぎのようなことをせよとわたしたちに指示している——「すべてのひとによって、あるいはその大多数のひとによって、あるいは知者たちによって受け入れられているもろもろの通念[50]」を考察し、さらに、それらの通念を一般的な諸観点（述語となるもの）に関係させ、こうして、議論においてそれらの通念を確立したりそれらに異議をとなえたりすることを可能にするもろもろの場所[51]を形成すること。したがって、共通の場所《リウ・コマン》は、共通感覚《サンス・コマン》それ自身を試すものである。あらゆる問題——と言っても、それに対応する命題が、付帯性、類、特有性、あるいは定義に関わる論理的欠陥を含むようなあらゆる問題[52]——は、偽なる問題とみなされるだろう。弁証法〔弁証術〕が、アリストテレスにおいては、評価が低く、通念とかドクサ〔臆見〕といった真実らしいだけのものに帰せられているようにみえるのは、彼が、〔弁証法にとって〕本質的なあの任務〔問題と問いの技法〕をよく理解しなかったからではなく、むしろ、その任務をどう実現すればよいのかわからなかったからである。アリストテレスは、自然的な錯覚の言うがままに、共通感覚《サンス・コマン》の諸命題を引き写すことによって諸問題をつくる。しかも彼は、哲学的な錯覚の言うがままに、諸問題の真理性を、共通の場所《リウ・コマン》に、言い換えるなら、解を受けとる論理的可能性に依存させるのである（それ自体、可能な解の諸事例を指示《デジニエ》している諸命題）。

　そうした可能性は、せいぜいのところ、哲学史の流れにおいてその形式が変化するぐらいのものである。或る種の数学的方法の信奉者たちが、弁証法に反対だと主張するわけもそこにある。ところが彼らは、弁証法における本質的なものを、すなわち、或る結合法の、もしくは或る問題計算の理想を保持している。しかし彼らは、可能なものの論理的形式に助けを求めるかわりに、別の、本来的に数学的な可能性の形式、たとえば幾何学的形式や代数的形式を取り出してくる。したがって、問題というものは、それに対応する命題の引き写しであり続け、また、解を受けとるそれ自身の可能性に即して評価され続けることになる。もっと正確に言うなら、幾何学的かつ総合的な観点から、諸問題が、定理と呼ばれる特殊なタイプの諸命題から導き出されているのである。一方において、諸定理を利するために諸問題を限定し、他方において、諸問題を諸定理それ自身に従属させるのは、古代ギリシアの幾何学の一般的な傾向である。それはまさに、諸定理が単純本質の諸特性を表現し展開しているように思われる一方で、諸問題が、想像力への本質の投射、降格を証示する出来事と変状[53]だけに関わっているからである。しかしそうなると、発生の観点は、必然的に、低い地位に格下げされていることになる。ひとつの事物が存在するということが示されるかわりに、また、それがなぜ存在するのかということが示されるかわりに、ひとつの事物が存在せざるをえないということが証明されるかわりに（だからこそ、否定的な、間接的な、そして背理法を用いる推理が、ユークリッドにおいて頻繁に現われているのであって、その推理は、幾何学を同一律の支配下に置き続け、幾何学が充足理由による幾何学になることを妨げているのである）。諸問題は、代数的かつ分析的な観点からしても、こうした状況の本質的な点に変わりはない。諸問題は、今度は、代数方程式の引き写しになっており、根を出す諸演算の総体を代数方程式の係数に基づいて実行する可能性に即して、評価されている。ただし、わたしたちは、幾何学においては、問題をすでに解かれたものとして扱うように、代数においては、未知数をあたかも既知のものであるかのようにみなして演算を行う。諸問題にとって解の諸事例として役立ちうる諸命題の形式に、当の諸問題を帰せしめるという仕事が、まさに以上のようなやり方で遂行されているのである。そうしたことは、デカルトにおいてはっきりと現われている。デカルト的方法（明晰判明なものの探究）は、すでに与えられているものと仮定された問題を解くための方法であって、問題そのものの構成および問いの内包に固有な、考案の方法ではないのだ。問題と問いに関わる〔デカルト的〕諸規則は、まったく二次的で従属的な役割しかもっていない。デカルトは、アリストテレス的な弁証法《ディアレクティケー》〔弁証術〕と戦いながら、かえってその弁証法と共通する点を、ひとつの決定的な点を手に入れてしまったのである。問題と問いの計算は、先行的なものと仮定された「単純な命題」の計算から導き出されただけであり、それはつねに、〔思考の〕ドグマティックなイマージュの公準なのである[17]。

事態はその後、様々に変化してゆくが、しかし同じパースペクティヴのなかでの変化にすぎないのだ。経験論者たちは、解を受けとる確率、あるいはその物理学的可能性という意味での可能性の新しい形式を考案することよりほかに、何かやっているのだろうか。そして、カント自身は。けれどもカントは、ともかく、真偽のテストが問題と問いにまで持ち込まれることを要求していた。まさにそのようにして、カントは《批判》を定義していたのである。問題提起的かつ問題的なものとしてその《理念《イデア》》に関する彼の深い理論は、彼をして、弁証法の真の源泉を再び見いだすことを可能にし、実践《理性》に関する幾何学的説明に諸問題を導入することさえ可能にしていた。ただし、カントによる批判は、依然として、ドグマティックなイマージュあるいは共通感覚《サンス・コマン》の支配下にとどまっているので、カントはまたもや、問題の真理性を、解を受けとるその可能性によって定義するのである。今度は、（問題が対応している）共通感覚《サンス・コマン》のしかじかの組織化によって〔三つの『批判』の〕それぞれの場合に規定されているような、諸能力の正当な使用に応じて、先験的可能性の形式が論じられることになる。[54]──わたしたちが再発見するのは、いつでも、錯覚の二つのアスペクトである。一方は、先行的に存在すると仮定される命題や、論理学的通念や、幾何学的定理や、代数方程式や、物理学的仮説や、先験的判断といったものを引き写すことによって問題をつくるという自然的錯覚。他方は、問題を、その「解決可能性」に即して、すなわち、問題の解決の可能性の可変的な外在的形式に即して評価するという哲学的錯覚。以上のような場合には、根拠それ自身がたんなる外的な条件づけにすぎなくなるということは避けられない。その場で繰り返される奇妙な跳躍、悪循環。これによって哲学者は、真理性を、そしていくつかの解を、問題にまで持ち込んでいるつもりになっているのだが、しかしまたもや、ドグマティックなイマージュに囚われて、問題の真理性を、問題の解決の可能性に送り返すのである。取り逃がされたもの、それは、問題としての問題の内的な特性であり、問題の真偽をみずから先駆けて決定し、問題のもつ内在的発生の力能を測る内部的な命令的エレメント、すなわち、弁証法あるいは結合法の対象そのもの、つまり「差異的《ディフェラ》＝微分的《ンシエル》」なものである。問題とは、テストであり選別である。本質的なことは、問題のただなかで、思考における真理性の発生が、つまり真なるものの生産が行われるということだ。問題とは、思考における差異的＝微分的なエレメントであり、真なるものにおける発生的エレメントである。したがってわたしたちは、条件づけという単純な観点にかえて、有効な発生という観点をとることができる。真なるものと偽なるものは、条件に対する条件づけられるものの無差異〔無関心〕のうちにとどまってはいず、条件は、それが可能にしてやるものに対する無差異のうちにとどまることはない。問題によって、しかも意味の限度において、真なるものと偽なるものを生産すること、そうしたところに、「真にしてかつ偽なる問題」という表現を真面目に受けとる唯一のやり方がある。そのためには、可能な命題から問題をコピーするのをやめるだけでよいし、解を受けとる可能性によって問題の真理性を定義するのをやめるだけでよい。反対に、「解決可能性」こそが、そうした内的特性に依存していなければならない。解決可能性は、問題の諸条件によって規定されていなければならず、同時に、現実的な解は、問題によってかつ問題のなかで産出されているのでなければならない。このような逆転がなければ、あの名高きコペルニクス的転回《レヴォリユシオン》も、つまらぬものである。したがって、ユークリッド幾何学の段階にとどまっているかぎり、革命《レヴォリユシオン》は存在せず、充足理由の幾何学にまで、リーマン型の差異的＝微分的な幾何学〔微分幾何学〕にまで行き着かなければならないのであって、それというのもこの幾何学こそ、連続的なものから出発して不連続的なものを産出しようとし、あるいは問題の諸条件のなかで解を基礎づけようとするからである。

問題というカテゴリーの存在論的重要性と認識論的重要性

意味は理念的なものであるが、そればかりでなく、問題が《理念《イデア》》そのものなのである。問題と命題のあいだには、つねに、本性上の差異、本質的な隔たりがある。ひとつの命題は、それ自体からして、個別的なものであり、そして、一定の答えを表象＝再現前化している。一群の諸命題は、それらが表象＝再現前化しているもろもろの答えが、（たとえば代数方程式の諸数値にとって）ひとつの一般的な解〔一般解〕の諸事例を形成するように、配分されうる。しかしまさに、諸命題は、一般的な命題であろうと個別的な命題であろうと、おのれの意味を、それらの命題を成立させている伏在した問題のなかにしか見いだしていない。ひとり《理念《イデア》》のみが、ひとり問題のみが、普遍的なものなのである。解がおのれの一般性を問題に貸し与えるというのではなく、問題がおのれの普遍性を解に貸し与えるということだ。分析的諸要素の役割を演じる一連の単純な〔解の〕諸事例を使って問題を解くだけでは、ぜんぜん十分ではない。さらに、問題に固有な理念的連続性を解の諸事例に連絡しうる、最大の内包と最大の外延とを、当の問題に獲得させる諸条件を規定することが必要なのである。ただひとつの解の事例しかもたないような一個の問題をとりあげてみても、その解の事例を指示しているような命題は、想像上の諸状況を含みしかも連続性の理想を積分することのできるひとつの複雑なもののなかにしか、おのれの意味を見いださないのである。解くということはつねに、《理念《イデア》》として機能する連続性を背景《フォン》〔基底〕にして、もろもろの非連続性を産出することなのだ。わたしたちが問題を「忘却する」や、わたしたちの前には、もはや抽象的な一般解しか存在しない。そして、そのような一般性を支えうるものはもはや何もない以上、そのような一般解が砕け散って個別的な諸命題〔特殊解〕となり、それらが解の諸事例を形成するようになるということを妨げうるものも何ひとつないのだ。諸命題は、問題から隔てられると、指示的な価値しかもたないような個別的な諸命題の状態に再び陥るのである。このとき意識は、問題を再構成しようと努めるのだが、それは、個別的な諸命題の中性化された分身〔質問、懐疑、一見真実らしいもの、仮定〕に即してのことであり、また、一般的な諸命題の空虚な形式〔方程式、定理、理論……〕に即してのことである。[18] このとき、問題を仮言〔仮定〕的なもののセリーと同一視し、しかも問題を定言的なもののセリーに従属させるという二重の混同が始まるのだ。普遍的なものの本性は失われ、その本性とともに、特異なものの本性も失われている。というのも、問題あるいは《理念《イデア》》は、〔一般性ではない〕真の普遍性であり、それにおとらず、〔個別性、特殊性ではない〕具体的な特異性であるからだ。問題の〈普遍〉を構成しているもろもろの〈関係＝比《ラポール》〉には、問題の諸条件の規定を構成している〈特別な点〉つまり〈特異点〉の割りふりが対応しているのである。プロクロスは、問題に対する定理の優位を主張しながらも、問題を、出来事と変状のレヴェルに関わるものとして厳密に定義していた。[19] そしてライプニッツは、いみじくも、問題と命題とを切り離すもの、すなわち、あらゆる種類の出来事、「有り様と状況」[55]——そこに命題がおのれの意味を見いだす当のもの——を語っていた。ただし、それらの出来事は、理念的な出来事であり、実在的な出来事とは別のもっと深い本性をもつものであって、まさに理念的出来事が、実在的出来事を、解のレヴェルにおいて規定するのである。自然の光の下には《理念《イデア》》の小さな微光があるように、大きな騒々しい出来事の下には沈黙の小さな出来事がある。普遍が一般的な命題の彼岸にあるように、特異性は個別的な命題の彼岸にある。問題的な諸《理念《イデア》》は、単純本質ではなく、複雑なものであり、もろもろの関係＝比とそれらに対応した諸特異性との多様体である。思考の観点からすれば、通常なものと特異なものとの問題的な区別、および問題の諸条件における悪しき割りふりから生じるもろもろのナンセンスは、解の諸事例におけるそれら真偽の混同から生じるにすぎないもろもろの「誤謬」を伴った、真なるものと偽なるものとの仮言的もしくは定言的な二重性よりも、おそらくもっと重要であろう。

問題は、おのれの解の外に現実存在《エグジステ》する〔外に立つ〕ことはない。しかし、問題は、消失するどころか、その問題を覆うそうした解のなかに存続《アンシステ》し〔内に立ち〕、執拗に持続《ペルシステ》する〔貫いて立つ〕。問題は、解かれるものであると同時に、規定されるものである。しかし、問題の規定と、その解とは混じり合っていず、その二つのエレメントは本性上互いに異なっており、規定は、言わば、それに付随する解の発生なのである。（そうであればこそ、もろもろの特異性の割りふりは、問題の諸条件に完全に帰属し、他方、それら特異性の種別化は、その諸条件のもとで構成されたもろもろの解をすでに指し示しているのである。）問題は、そのもろもろの解に対して、超越的であると同時に内在的である。超越的であるというのは、問題が、発生的な諸要素間における理念的な諸連結の、あるいはもろもろの差異的＝微分的な関係＝比の、システムとして成立しているからである。内在的であるというのは、それらの要素の連結あるいは関係＝比が、それらの関係＝比に類似していずただ解の場〔レヴェル〕によって定義されるようなアクチュアルな連関《ルラシオン》のなかで、具現されるからである。あの驚くべき作品を書いたアルベール・ロートマンより適切に、つぎのようなことを指摘できた者はだれもいない――問題とは、何よりもまず、「現実存在するものの偶然的状況」に関する、プラトン的な《理念《イデア》》、すなわち弁証法的〔問答法的〕な概念間の理念的連結であるのだが、またそればかりでなく、問題は、数学的、あるいは物理学的等々の場において求められる解の構成要素的な実在的な連関のなかで現実化されるものだ、ということである。ロートマンによれば、まさにそうした意味において、科学は、つねに、その科学を越えているひとつの弁証法の性格を、すなわち、数学的かつ超命題的な力《ピュイサンス》の性格を分有し、反対に、そうした弁証法は、おのれの諸連結を、有効な科学的理論の諸命題のなかでしか具現しないのである。[20] 問題は、いつでも、弁証法的なものである。だからこそ、弁証法が、《理念《イデア》》であるかぎりでの問題との内的な関係を「忘却する」ときには、また、弁証法が、命題を引き写すことによって問題をつくるだけで満足するときには、弁証法は、おのれの本当の力《ピュイサンス》を失って否定的なものの力能の支配下に入り、そして必然的に、問題的なものの理念的対象性のかわりに、対立した、反対の、あるいは矛盾した諸命題どうしのたんなる突き合わせを用いるようになる。弁証法〔問答法〕それ自身と共に始まり、ヘーゲル哲学のなかにその極限形式が見てとられるような長期の〔弁証法の〕変質が存在した。しかし、原理上弁証法的であるものは問題であり、原理上科学的であるものは問題の解であるということが本当であるならば、わたしたちは、もっと完全な仕方で、先験的な審廷としての問題と、問題の諸条件がその問題の内在的運動に関してそこで表現される当の象徴的な場と、問題がそこで具現されかつ先行的な象徴性がそれに応じて定義されるような当の科学的な解決可能性の場とを、区別しなければならない。まさしく問題とそれに対応した理念的総合に関する一般理論だけが、あの〔発生的な〕諸要素間の関係＝比を正確に示しうるだろう。

＊
＊＊

「学ぶ」ということは何を意味するのか[56]

諸問題とそれらの象徴的な場は、しるし《シーニュ》と関係している。「問題をつくる」のは、そして象徴的な場において展開されてゆくのは、しるし《シーニュ》である。したがって、諸能力のパラドクシカルな使用、そのなかでもとりわけしるし《シーニュ》における感性のパラドクシカルな使用は、すべての能力を貫通しながらそれらをかわるがわる目覚めさせてゆく諸《理念《イデア》》〔諸問題〕を指し示している。逆に見れば、《理念《イデア》》はそれぞれの能力のパラドクシカルな使用を指し示し、それみずからが言語に意味を提供しているのである。《理念《イデア》》を探査することと、諸能力をそれぞれその超越的な行使にまで高めることとは、結局同じことである。それは、〈学ぶ〉ということの、つまり或る本質的な学習の二つのアスペクトなのである。その理由は、以下の通りである。すなわち、学ぶ者は、一方において、実践的な問題や思弁的な問題を、問題としてのかぎりにおいて構成し、それらにエネルギーを備給する者である。〈学ぶ〉とは、問題《理念《イデア》》という対象性《オブジェクティテ》に直面して遂行される主観的な行為にあてはまる名称である。それに対して、〈知る〉とは、概念の一般性、あるいは解決の規則の平穏な所有だけを指示している。サルが登場する或る周知の心理学の実験において、そのサルは、様々に色どられたたくさんの箱のなかから、一定の色のついた箱を選んでエサを見つけるように促される。すると、サルは、「誤謬〔失敗〕」の回数が減少するにもかかわらず、それぞれのケースにとっての解決の「知」もしくは「真理性」はまだ所有していないといった、パラドクシカルな期間がやって来る。だが、哲学者としてのサルが、真理に開かれ、自分で真なるものを生産するという、幸福な契機が到来する。ただしそれは、サルが、問題の色鮮やかな厚みを洞察し始めるかぎりのことだ。以上から、つぎのことが明らかになる。すなわち、もろもろの答えの非連続性は、どうして、理念的な学習の連続性を背景として出現するのか、そして、真なるものと偽なるものは、どうして、問題に関する理解内容に即して配分されるのか、また、最終的な真理性は、それが獲得されるとき、どうして、完全に理解され規定された問題の限界として、また、意味を構成する発生的な諸セリー〔諸要素〕からの所産として、あるいは、サルの頭脳にだけ生じるわけではない発生の結果として出現するのか、ということが明らかになる。学ぶということ、それは、《理念《イデア》》を構成しているもろもろの関係《ラポール》＝比の普遍を洞察することであり、それらの関係＝比に対応している諸特異性を洞察することなのである。たとえば、ライプニッツが例示していたように[57]、海の《理念《イデア》》は、微小なものたちのあいだの差異的＝微分的なもろもろの連結つまり差異的＝微分的なもろもろの関係＝比と、それらの関係＝比の変化の度《ドウグレ》に対応した諸特異性とからなるひとつのシステムである――そうしたシステムの総体は、〔海の無数の〕波の現実的な運動のなかで具現されている。泳ぎを学ぶということは、わたしたちの身体のもろもろの特別な点を、対象的〔客観的〕な《理念《イデア》》のもろもろの特異な点との共役的関係に置いて、問題的な場を形成することである。こうした共役的関係は、わたしたちに対して、ひとつの識閾――その水準において、わたしたちの現実的《レエル》な行為が、対象の現実的諸連関《ルラシオン》についてのわたしたちの知覚に合致し、こうして問題のひとつの解を与える――を決定する。しかしまさに、問題的な諸《理念《イデア》》は、自然の究極的な諸要素であると同時に、微小表象[58]〔知覚〕の閾下の対象である。したがって、「学ぶ」ということは、つねに無意識を通り、つねに無意識のなかを過ぎゆき、自然と精神のあいだに、ひとつの深い共犯関係の紐帯を打ち立てるのである。

第八の公準――知という結果

学ぶ者は、他方において、それぞれの能力を超越的な行使にまで高める者である。学ぶ者は、感じられることしか可能でないものを捉えるあの第二の力＝累乗《ピュイサンス》を、感性において、生じさせようと努める。それが、諸感官の教育というものだ。そして暴力が、ひとつの能力からもうひとつの能力へと連絡されてゆくのだが、暴力はまた、それぞれの能力がもつ比類なきものに、必然的に《他》なるものを含ませる。思考はいったい、感性のどのようなしるし《シーニュ》から出発して、記憶のどのような財宝によって、様々に捩れながら引き起こされるのだろうか、しかも、どのような《理念《イデア》》の諸特異性によって、それらの捩れは決定されるのだろうか。しかし、ひとりの人物がどのように学ぼうとするのかは——たとえば、どのような愛着があってラテン語に上達するのかは、どのような出会いがあって哲学者になるのかは、どのような辞書を用いて思考するすべを学ぶのかは——けっして前もってわかるものではない。諸能力のもろもろの限界は、差異を運びそして伝えてゆくものの打ち砕かれた形式をとって、一方が他方を入れ子のように含んでいる。〔記憶の〕財宝を発見する方法などは存在しないし、学ぶ方法なども存在しないのであって、存在するのはむしろ、個人全体を貫通してゆく或るひとつの暴力的な調教、或るひとつの修練つまりパイデイアー(59)である（言わば、白皮症的な者において感じるという行為が感性のなかに生まれ、失語症的な者においてパロールが言語能力のなかに生まれ、無頭《アセファル》なる者において思考する作用が思考力のなかに生まれるのだ）。方法というものは、すべての能力の協働を統制する知の手段である。したがって、方法とは、ひとつの共通感覚《サンス・コマン》を顕在化しているもの、あるいはひとつの〔普遍的〕本性タル《思考》*Cogitatio natura* を実現しているものであり、思考する者のひとつの良き意志ならびに「あらかじめ熟慮された決定」を前提しているものである。だが修練は、学ぶという運動、非意志的なものの冒険であって、それは、ひとつの感性、ひとつの記憶力、さらにはひとつの思考を、必要なすべての暴力と残酷さを用いて連鎖的に結びつけてゆくものであり、ニーチェが語っていたように、その目的はまさに、「一群の思考者を訓育する」こと、「精神を訓育すること」なのである。(60)

もちろんひとは、学ぶということの重要性と威厳を、おりにふれ再認する。しかしそうした再認は、《知》の経験的な諸条件への敬意にしかなっていない。ひとは、そのような予備的な〔学ぶという〕運動に、それなりの高貴さを見いだしているが、しかしそうした運動は、結果のなかで消えてゆくほかはないものとされている。たとえ学ぶということの独特さが、そして学習のなかに巻き込まれている時間が強調されるにしても、それは、心理学的意識の懸念を鎮めてやるためなのである。というのも、心理学的意識は、先験的なものの全体を表象＝再現前化する生得的な権利をめぐって、あえて知と争うということはたしかにしないからである。〔この場合〕学ぶということは、非知と知の仲介以上のものではなく、非知から知への生ける移行でしかない。学ぶということは結局のところ無限な努力であるとひとは主張するが、何と言ってもその努力は、外的な状況と習得の観点に投げ返されており、生得性であるかぎりでの、ア・プリオリなエレメントであるかぎりでの、しかも統制的《理念《イデア》》であるかぎりでの、知の、単純だと仮定された本質とは無関係なものとされているのである。そして最後には、学習はむしろ、迷路のなかに置かれたネズミの観点に舞い戻り、他方、洞窟の外にいる哲学者は、結果だけを――知だけを――奪い取って、そこから先験的な諸原理を取り出そうとする。ヘーゲルにあってさえ、『精神現象学』のなかに見られるあの驚くべき学習は、その原理においてだけでなくその結果においても、絶対知としての知の理想に従属したままなのである。たしかに、この場合でもまた、例外をなしているのはプラトンである。というのは、プラトンと共に、学ぶということは、まことに、知にも非知にも還元されえない、魂の先験的な運動になったからである。思考の先験的諸条件が先取りされるのは、あくまで「学ぶ」ということからであって、知からであってはならない。だからこそ、その先験的諸条件は、プラトンによって、想起の形式に従うものとして規定されているのであり、生得性の形式には従っていないのである。こうして、ひとつの時間が、思考のなかにもちこまれるわけだが、ただし、その時間は、事実上の諸条件に従って思考する者の、それも彼にとっては思考するということが時間を要するといった思考する者の経験的な時間ではなく、純粋思考の時間つまり権利上の条件としての時間なのである（時間が思考を要するのだ）。そこで想起《アナムネーシス》は、学習の独特な内容のなかに、すなわち問いであるかぎりでの、問題であるかぎりでの、問いと問題のなかに、問題の解とは無関係に、問題だけの緊急性のなかに、つまり《理念《イデア》》のなかに、おのれの固有な対象、すなわち

〈想起されるべきもの〉を見いだしている。ところで、思考するということが意味するものに関するあれほど多くの基本的な原理は、想起《アナムネーシス》それ自身によって危うくされているにちがいない。だが、なぜ危うくされているにちがいないのであろうか。なぜなら、すでに見たように、プラトン的な時間は、〔経験的時間に対する〕おのれの差異を思考のなかにもちこみ、また〔プラトン的〕学習は〔経験的学習に対する〕おのれの異質性を思考のなかにもちこむにせよ、そうするのは、ひたすら、その差異や異質性を、またもや類似と同一性の神話的形式に、したがって知それ自身のイマージュに服従させるためだからである。したがって、プラトンにおける学習理論はすべて、生まれいずる〔思考の〕ドグマティックなイマージュに威圧されて悔い改めるという働きしかもたず、無底《サン・フォン》を呼び起しはしても、それを、探査することはできないままなのである。ひとりの新しいメノン(61)がいれば、こうも言うであろう——経験のなかに落ちこんではまた落ちこむのは、ひとつの経験的な形態、つまりたんなる結果以外の何ものでもない知であって、学ぶということこそが、差異を差異に、非類似を非類似に、媒介することなく結びつける真の先験的構造なのであり、この構造が、時間を思考に持ち込むのであるが、ただしその時間は、空虚な時間一般という純粋な形式であって、神話的な過去といった時間や神話的な古い現在といった時間ではないのだ、と。わたしたちは、つねに、経験的なものと先験的なものとの捏造された関係や割りふりを転倒させなければならないと思っている。そこでわたしたちは、知の公準——他のすべての公準を、単純なものと仮定されたひとつの〔知という〕結果のなかで要約し取り集めている公準——を、ドグマティックなイマージュにおける第八の公準とみなさなければならないのだ。

差異と反復の哲学に対する障害としての諸公準の要約

わたしたちは、それぞれが二つの形態を有している八つの公準を調査した。(1)原理の、あるいは普遍的本性タル《思考》*Cogitatio natura universalis* の公準（思考する者の良き意志、および、思考の良き本性）、(2)理想の、あるいは共通感覚《サンス・コマン》の公準（諸能力ノ一致 *concordia facultatum* としての共通感覚《サンス・コマン》、および、その一致を保証する割りふりとしての良識《ボン・サンス》）、(3)モデルの、あるいは再認の公準（すべての能力を、同じものとして仮定された対象に向けて行使されるように促す再認、および、ひとつの能力がおのれの諸対象のひとつを、他の能力の別の対象と混同するときに、〔良識としての〕割りふりにおいて生じる誤謬の可能性）、(4)エレメントの、あるいは表象＝再現前化の公準（差異が、《同じ》ものと《似ている》もの、《類比的な》ものと《対立した》ものという、相補的な次元に従属している場合）、(5)否定的なものの、あるいは誤謬の公準（そこでは、誤謬が、思考のなかに、しかし外的なメカニズムの所産として、生起しうる何か悪いもののすべてを同時に表現している）、(6)論理学的関数の、あるいは命題の公準（指示《デジニャシオン》は、真理性の場所として理解されており、意味は、命題の中性化された分身あるいは命題の無際限な二重化でしかない）、(7)様相の、あるいは解の公準（問題は、材料の面では、命題を引き写すことによってつくられており、また形式の面では、その問題が解決される可能性によって定義されている)、(8)結末の、あるいは結果の公準、知の公準(学ぶということが、知るということに従属していること、修練が方法に従属していること)。それぞれの公準が二つの形態をもっているのは、それぞれが一方では自然的でありながら他方では哲学的であり、一方では範例の恣意性のなかにありながら他方では本質という前提のなかにあるからだ。それらの公準は、それとして指摘されることを要求していない。それだけにますます、それらは、その本質という前提のなかでも範例の選択のなかでも、沈黙したままで作用するのである。それらの公準は、それらだけで、思考のドグマティックなイマージュを形成する。それらの公準は、表象=再現前化における《同じ》ものと《似ている》もののイマージュたるイマージュをかざして、思考を威圧しているのだが、このイマージュは、〈思考する〉ということが意味するものを、このうえなく深く裏切り、差異と反復という、すなわち哲学的な開始と再開という、二つの力《ピュイサンス》=累乗を疎外するのである。思考《パンセ》のなかで生まれる思考《パンセ》、思考の生殖性のなかで産出される〈思考する〉という行為、それは、生得性のなかに与えられているものでもなく、想起《アナムネーシス》のなかで仮定されているものでもないのであって、それはまさに、イマージュなき思考なのである。しかし、そのような思考とは、そして世界内でのその思考のプロセスとは、いったいどのようなものであろうか。

原注

〔邦訳のあるテクストについては、原則として、欧文のタイトルを邦訳の題名に変更し、原書もしくは仏訳書の頁も、やはり邦訳の頁に変更した。同一のテクストについて複数の邦訳がある場合には、比較的手に入りやすいものを指示したが、邦訳の題名を示すにとどめた場合もある。邦訳があっても、出版年があまりにも古いものは省略した。必要に応じて原語を挿入したが、独語原典からの仏訳に関して、本書の独訳 *Diferenz und Wiederholung*, von Joseph Vogl, Wilhelm Fink Verlag, 1992 が原典を指示している場合には、適宜その指示を採用した。なお、ドゥルーズが指示している著書の章や頁の数字に、誤植と思われる箇所が若干目についたので、訳者の判断によって訂正したが、いちいち指摘はしなかった。〕

序論　反復と差異

1　シャルル・ペギー『歴史との対話――「クリオ」』（山崎庸一郎訳、中央出版社）八三頁、二九三頁参照。

2　ピユス・セルヴィアン Pius Servien, *Principes d'esthétique* (Boivin, 1935), pp. 3-5 ; *Science et poésie* (Flammarion, 1947), pp. 44-47.

3　上述の比較において、わたしたちが準拠しているテクストは、ニーチェとキルケゴールのきわめてよく知られた諸著作の一部である。キルケゴールに関して問題になるのは、『反復』、『日記』（Tisseau による『反復』の仏訳の付録）の数節 des passages du *Journal* (IV, B117, publiés en appendice de la traduction Tisseau)、『おそれとおののき』、『不安の概念』のたいへん重要な注（『世界の名著　キルケゴール』中央公論社）二一四―二一五頁）である。さらに、記憶に対する批判については、『哲学的断片』および『人生行路の諸段階』。――ニーチェに関しては、『ツァラトゥストラ』（とくに第二部の「救済」。第三部の二つの重要な節「幻影と謎」および「快癒しつつある者」、前者では、病めるツァラトゥストラと彼の悪魔との会話が重要であり、後者では、快癒しつつあるツァラトゥストラと彼の動物たちとの会話が重要である）。さらにまた、「一八八一年―一八八二年の手記」*Les notes de 1881-1882*（ここでニーチェは、「自分の」仮定を循環的仮定に表立って対立させ、類似、平等、平衡、同一性という基礎概念をすべて批判している。『力への意志』Nietzsche, *Werke*, Leipzig 1901ff., Bd. 12, §106, S. 58ff.）。――最後に、ペギーに関しては、とりわけ『ジャンヌ・ダルク』と『歴史との対話――「クリオ」』を参照されたい。

4　「反復」であって媒介ではなく、ヘーゲルの偽りの抽象的な論理的運動に対立する、現実的運動の本性に関しては、キルケゴール『おそれとおののき』を参照。また、Tisseau 編訳『反復』の付録にある、『日記』の注記 les remarques du *Journal*, en appendice à la *Répétition*, trad. -éd. Tisseau を参照。――「論理的運動〔論理的な動き〕」についての深い批判は、ペギーにも見られる。ペギーは、その運動を、保存的で、蓄積的で、資本化的な、偽りの運動だとして告発している。『歴史との対話――「クリオ」』、前掲、八三頁以下を参照。その批判は、キルケゴールによる批判に近いものをもっている。

5　ニーチェ『ツァラトゥストラ』第三部「新旧の表」4を参照。「〈人間は飛び越えられることもできる〉と考えるのは、道化師だけである」〔『世界の名著　ニーチェ』手塚富雄訳、中央公論社、二九四頁〕。

6　離散的広がり l'extension discrète という表現とその現象は、ミシェル・トゥルニエの近刊の書において十分に明らかにされている。

7　カントにおいて、たしかに、概念の無限な種別化〔特殊化 Spezifikation〕が存在するが〔『純粋理性批判』B684 参照〕、しかし、そうした無限は、潜在的〔無際限的〕でしかないがゆえに、そこからは、不可識別者同一の原理の立場に有利な論拠はいかなるものも引き出すことはできない。――ところが、ライプニッツによれば、一個の〔可能的《ポッシブル》または実在的《レエル》な〕存在者《エグジスタン》の概念の内包は現実的に *actuellement* 無限であるという点に、たいへん大きな重要性がある。ライプニッツは、そのことを、『自由について』Leibniz, *Hauptschriften zur Grundlegung der Philosophie*, hg. v. E. Cassirer u. A. Buchenau, Bd. 2, Leipzig 1924, S. 501 においてはっきりと肯定している（「もちろんそうではなく、神だけが解決の結末を、生起することのない結末を見る……」）。ライプニッツが、〈事実の真理〉の事例における〔主語への〕述語の内属の特徴を示すために、「潜在的に virtuellement」という語を用いているとき（たとえば、『形而上学叙説』八節）、〈潜在的 *virtuel*〉という語は〈現実的《アクチユエル》〉の反対語として理解してはならず、「包み込まれている enveloppé」、「巻き込まれている impliqué」、「埋め込まれている impresse」を意味する語として、つまり現実性《アクチユアリテ》をいささかも排除することのない語として理解しなければならない。潜在的という基礎概念は、たしかにその厳密な意味において、ただし或る種の必然的真理（非換位命題）に関してのみライプニッツによって用いられている。『自由について』参照。

8　フロイト『想起、反復、徹底操作』一九一四（『フロイト著作集6』所収、小此木啓吾訳、人文書院）。——心的反復についての否定的な解釈（ひとが反復するのは、思い違いをするから、追想を加工しないから、意識しないから、本能をもっていないからである）という方途において、フェルディナン・アルキエ『永遠への欲望』（野田・布施訳、以文社）II—IV章ほど、徹底的にかつ厳密に、ことにあたったものはない。

9　フロイトは、おのれの〈上記のような〉反比例の包括的法則を検討するために、まさに〈転移〉を援用する。『快感原則の彼岸』（『フロイト著作集6』所収、小此木啓吾訳、人文書院）参照。追想と再生、想起と反復は、原理的に対立し合うものの、実際には、治療中の患者は或るいくつかの抑圧された要素を再体験する、ということを認めざるをえない。「追想と再現とのあいだの関係は個々の場合でちがう」（『フロイト著作集6』一五九頁）。——〈転移〉において現われるような反復に関する治療的かつ解放的なアスペクトをもっとも徹底して主張したのは、*Entwicklungsziele der Psychoanalyse*（Neue Arbeiten zur ärztlichen Psychoanalyse, Wien, 1924）におけるフェレンツィ Ferenczi とランク Rank であった。

10　クロード・レヴィ＝ストロース『悲しき熱帯』上（川田順造訳、中央公論社）二九八―二九九頁。

11 マティラ・ジカ Matila Ghyka, *Le nombre d'or* (N. R. F., 1931), t. I, p. 65.

12 レーモン・ルーセルの作品における、反復と言語《ランガージュ》の関係、さらには仮面と死の関係については、ミシェル・フーコーの優れた著作〔『レーモン・ルーセル』豊崎光一訳、法政大学出版局〕を参照。「反復と差異とはおたがいの中になんとも深く食いこみ、実に精確に合わさっているので、どちらが最初であるか、どちらが派生的であるかを言うことは不可能なほどである。……」（同書三三頁）。「開始しようと努める言語であるどころか、この言語はすでに語られた数々の語の二次的な比喩形象《フィギュール》なのだ。それは破壊と死とにむしばまれた、毎日の言語なのである。……本性からして、この言語は反復的である。……再度言われる事物に関する側面的な（反復ではもはやない）、そうではなくて、根底的《ラジカル》な反復、非・言語の上をとび越えてきた、そしてこの乗り越えられた空虚のおかげで、〔たとえ文体の表面においてはそれがおよそ最も平板な散文に属するものであろうと、〕詩でありえている反復である。……」（同書六二―六四頁）――また、ルーセルに関するミシェル・ビュトールの論文（Michel Butor, *Répertoire*, I, Editions de Minuit）をも参照されたい〔雑誌『ユリイカ』一九七七年八月号、「レーモン・ルーセルの手法について」及川馥訳、一五三―一六三頁参照〕。これは、束縛しかつ救出する反復の二重のアスペクトを分析している。

13 ガブリエル・タルドは、『模倣の法則』Gabriel Tarde, *Lois de l'imitation*（Alcan, 1890）において、たとえば異なったタイプのもろもろの種のあいだの類似が、どのようにして物理的環境の同一性を指し示すのか、すなわち当該の諸形式よりも下位の諸要素に影響を与える反復的プロセスを指し示すのか、という点を明らかにしている。――タルド哲学の全体はあとでより詳しく見ることになるが、差異と反復という二つのカテゴリーに基礎を置いている。要するに、差異は「ますます自由の諸段階を考慮に入れてゆく」ようなますます「強力で巧妙になってゆく」運動において、反復の起源であると同時に反復の目標でもある。そのような差異的＝微分的であり異化＝分化させるものである反復を、タルドは、すべての領域において、対立のかわりに用いようとしている。ルーセルもしくはペギーであれば、つぎのようなタルドの言い方を引き継ぐことができるだろう。すなわち「反復は、反定立《アンチテーゼ》とはまったく別のかたちで力強く、反定立ほど骨が折れず、さらにまた、主題を更新するのにいっそう適したスタイルの方法である」（*L'opposition universelle*, Alcan, 1897, p. 119）。タルドは、反復にまさしくフランス的な理念を見ていたのであり、他方キルケゴールは、たしかに、反復にまさしくデンマーク的な理念を見ていたのである。彼らが言わんとしているのは、反復は、ヘーゲルの弁証法とはまったく異なる弁証法を基礎づけるということだ。

14　内的 interne であるが、内在的 intrinsèque あるいは概念的ではない差異については、カント『プロレゴメナ』§13を参照（内的相違 *innere* Verschiedenheit と内在的相違 *innerliche* Verschiedenheit との対置を参照）。〔『世界の名著　カント』土岐・観山訳、一二〇頁、「……ここには二つの三角形の内的な相違 eine *innere* Verschiedenheit があることになる。この相違をいかなる悟性も内在的 *innerlich* として述べることはできず……」参照。〕

第一章　それ自身における差異

1　オディロン・ルドン『私自身に』（池辺一郎訳、みすず書房、二六頁）「いま私にいえることは、造形的なかたちというものが、私の作品にはほとんど見られないことでしょう。造形的なかたちと私がいうのは、客観的に、光と陰の法則に従ってそれ自体として知覚されるものを昔ながらの「肉付け」の方法であらわしたかたちのことです。……私の絵は明暗対照〔キアロスクーロ〕の方法のみに訴え、また抽象的な線の効果、心に直接働きかける深い源泉として働くものである線の効果に多くを負っています。」

2　アリストテレス『形而上学』第十巻、第四章、第八章、および第九章。共通的な差異、固有的な差異、および本質的な差異という三種類の差異については、ポルピュリオス『イサゴーゲー』（『世界の名著　プロティノス　ポルピュリオス　プロクロス』所収）8、9。トミズムの概論書、たとえば、Joseph Gredt, *Elementa philosophiae aristotelico-thomisticae*（Freiburg), Bd. I, S. 122-125,《de differentia》の章をも参照。

3 ポルピュリオス、同書8〔3?〕、20。「……例えば『動物』に『理性的』という差異が付け加わると、それを別のものにするが、『動く』という差異が加わると、『静止する』とは違った単なる別様のものにするだけであって……」〔同書、水地宗明訳、四二七頁〕。

4 アリストテレス『形而上学』第三巻、第三章998b, 20-27, および『トピカ』第六巻、第六章 144a, 35-40参照。

5 周知のように、アリストテレス自身は、存在に関しては類比に言及していない。彼は、カテゴリーを、〈一つのものとの関係において πρὸς ἕν〉あるものたちとして規定し、そしておそらくは〈接続関係に ἐφεξῆς〉あるものたちとしても規定している〔『形而上学』1005a, 10～11 参照〕(それらは、純粋な多義性の外にある二つのケースであって、そこには、共通の類のない「差異」が存在する)。――〈一つのものとの関係において〉あるものたちとは、唯一の項に関して言われるものである。この唯一の項は、言わばひとつの共通の意味である。とはいえ、この共通の意味は類ではない。というのも、その共通の意味は、〈暗黙のかつ混雑した〉配分的統一を形成するだけであって、類としての、表立ったかつ判明な、集合的統一を形成してはいないからである。スコラ哲学が、〈一つのものとの関係において〉を「比例性《プロポルシオナリテ》の類比」と翻訳するのは、以上からして正しいわけである。事実、この類比は、数学者の用いる厳密な意味で理解されてはならないのであって、それはいかなる比《ラポール》の等しさも前提にしていないのである。その類比は数学とはまったく違って、関係＝比《ラポール》の内的性格によって定義される。すなわち、存在に対するそれぞれのカテゴリーの関係＝比は、それぞれのカテゴリーの内部にあり、それぞれのカテゴリーが、その固有な本性によって統一と存在を有するのは、まさにそれぞれの側におけることである。そのような配分的な特徴は、アリストテレスがカテゴリーを〈分割 διαιρέσεις〉と同一視するとき、彼によって十分に強調されている。最近の或るいくつかの解釈を知らないではないが、やはり、存在が「諸存在者」に配分される仕方に対応した、存在の分与という事態が存在するのである。――〈一つのものとの関係において〉あるものたちにおいては、唯一の項は、たんに、共通の意味としての存在であるばかりでなく、それはすでに、第一の意味としての実体なのである。そこから、ひとつのヒエラルキーを含意している〈接続関係に ἐφεξῆς〉あるものたちという観念への滑走が生じるのである。この場合、スコラ哲学は「比例《プロポルシオン》の類比」を語るであろう。すなわち、異なった諸項へ形相的に関係するひとつの配分的な概念はもはや存在せず、かえって、形相的‐優勝的にはひとつの主要な項に関係し、より低い程度においては、それ以外の諸項に関係するといった、ひとつのセリー的な概念が存在するのである。存在は、さしあたり、現実態においては、比例性の類比〔において考えられるの〕であるが、「潜在的には」、或る比例の類比をも提示しているのではあるまいか。

6　ラロッシュ E. Laroche, *Histoire de la racine nem—en grec ancien* (Klincksieck, 1949) 参照。ラロッシュの指摘によれば、〈ノモス〔配分されたもの、慣習、法〕‐ネモー〔配分する、配分された土地を所有する、放牧する〕νόμος-νέμω〉における配分という観念は、分与〔切る τέμνω《テムノー》、分ける δαίω《ダイオー》、分割する διαιρέω《ディアイレオー》〕という観念との単純な関係にあるのではない。ネモーという語の放牧的な意味〔牧草を食わせる〕が、土地の分与を含意するようになるのは、後の時代になってからのことでしかない。ホメロス的な社会は、囲い地も、牧草地の所有も知らない。重要なのは、土地を家畜たちに配分することではなく、逆に、家畜たちそのものを、森や山腹といった境界のない空間のあちこちに、配分すること、割りふることである。ノモスという語は、さしあたり、占有地を指示しているが、ただし、明確な境界のない場所〔たとえば、町の周囲の広がり〕をも指示している。「遊牧民《ノマド》」というテーマもまた、そこから生じるのである。

7　エティエンヌ・ジルソンは、ドゥンス・スコトゥスに関する彼の著書のなかで、以上のような問いをすべて提起している（Etienne Gilson, *Jean Duns Scot* (Vrin, 1952), pp. 87-88, 114, 236-237, 629 参照）。彼は、類比と判断との関係、もっと限定して言うなら、類比と現実存在《エグジスタンス》についての判断との関係を強調している。

8　ニーチェ「ヒュブリスというかの危険な言葉は、事実あらゆるヘラクレイトス学徒にとっての試金石である」(『ギリシャ人の悲劇時代の哲学』塩屋竹男訳、理想社『ニーチェ全集』第二巻、三一八頁)参照。ヒエラルキー〔位階〕の問題、すなわち「それはわれわれの問題である、とわれわれ自由精神がいってもよいような……位階の問題」(『人間的、あまりに人間的』〔池尾健一訳、同全集第五巻、一八頁〕)については、同書、「序文」6と7を参照。——「すべての存在者の中の最高の種〔形相〕」としての超人については、『この人を見よ』〔川原栄峰訳、同全集、第十四巻、一一八頁〕(『ツァラトゥストラ』第六節への言及あり)を参照。

9 〈小〉か〈大〉かに関する無差異については、ライプニッツ *Tentamen anagogicum*, in : Die philosophischen Schriften, hg. v. C. J. Gerhardt, Berlin 1890, Bd. 7 参照。ここで注目すべきは、ヘーゲルにおとらずライプニッツにとっても、無限な表象=再現前化は、数学的な構造に還元されえないということである。すなわち、微分法においては、また連続性においては、非数学的あるいは超数学的な、建築学的なエレメントが存在するということである。逆に言うなら、ヘーゲルは、微分法に、真の無限、すなわち「関係=比」の無限を十分に認めているように思われる。彼が微分法を非難する理由は、微分法がそのような真の無限を、偽なる無限である「級数」という数学的形式で表現するということにある。ヘーゲル『大論理学』(上巻の二、武市健人訳、岩波書店)八七頁以下参照。——周知のように、微分法についての現代的な解釈は、全面的に、有限な表象=再現前化の諸項において遂行される。わたしたちは、そのような観点を、第四章で分析する。

10 ヘーゲル『大論理学』(同、中巻)六六頁、八一頁および八二頁。『エンチュクロペディー』§116-122 をも参照。——差異から対立への、そして矛盾へのそのような移行については、ジャン・イポリットの注釈、『論理と実存』(渡辺義雄訳、朝日出版社)一八〇—一九三頁参照。

11 無限、類と種に関しては、『精神現象学』(上巻、金子武蔵訳、岩波書店)一六〇—一六四頁、一七六—一七八頁、二九一—二九七頁参照。

12　ライプニッツ *Nova calculi differentialis applicatio...* (1694), in : Mathematische Schriften, hg. v. C. J. Gerhardt, Halle 1858 (Nachdruck : Hildesheim u. New York 1971), Bd. 5, S. 301-396 参照。――ザロモン・マイモンがライプニッツから引き出しているような相互規定の原理については、M. Guéroult, *La philosophie transcendantale de Salomon Maïmon*, Alcan édit., pp. 75 sq. 参照（ただし、マイモンもライプニッツも、関係＝比の相互規定と、対象の十分な規定を区別していない）。

13　ライプニッツ、アルノーへの書簡（一六八七年一〇月九日、竹田篤司訳、『ライプニッツ著作集8』所収、三五七頁）「以前こう申しましたね。魂はその本性上、全宇宙をある一定の方向から表出する。しかもそれは、その魂の属する肉体に対し、他の物体がいかなる関係にあるかにしたがって行なわれる。ということはとりもなおさず、魂は自分が宿っている肉体の諸部分に属する事柄を、より直接に表出する。そのため魂は、自分にとって本質的な関係法則のはたらきにより、自身の肉体の諸部分になんらかの異常な動きがあるさいに、それをかならずとりわけて表出することになる。」さらに、一六八七年四月三〇日の〔アルノー宛〕書簡における、「関係〔＝比〕の〔程〕度《ドウグレ》 degrès de rapport」（同書、三一九頁）をも参照。

14　ルイ・アルチュセールは、ヘーゲル哲学における同一性の全能、つまり内的原理の単純さを告発している。「ヘーゲル的矛盾の単一性さは、じっさい、あらゆる歴史的な時代の本質を構成する内的原理の単純さによってのみはじめて可能になる。全体性、つまり所与の歴史社会……の無限の多様性を、単一の内的原理に還元することが権利上可能であるという理由によって、こうして合法的に矛盾に付随するこの同じ単一性がそこに反映されうるのである。」（『マルクスのために』河野・田村・西川訳、平凡社、一六八頁）。だからこそ、アルチュセールは、ヘーゲル的円環というものには、すべての形態がそこで反映し保存されるような唯一の中心しかないと非難するのである。ルイ・アルチュセールは、彼がマルクスに発見したと思っている多様なあるいは重層的決定を受けた矛盾の原理を、ヘーゲルに突きつけている。「つまり、活動中の諸審級のそれぞれを構成する諸『差異』……は、かりにそれが現実的な統一性のなかに『融合』されるとしても、ある単一の矛盾の内的統一性のなかでの一個の純粋な現象として『消え失せる』ものではない。」（同書、一六四頁）。（それでもやはり、アルチュセールによれば、結局のところ矛盾が、重層的決定を受け（重層的に規定され）、そして差異的＝微分的なのであり、結局のところその諸差異の総体が、原理となる矛盾のなかで正当に基礎づけられるのである。）――『マルクスのために』、「矛盾と重層的決定」、一六四―一七〇頁を参照。

15　ニーチェは、「肯定する」ことと「担う」ことの同一視をたえず告発する。（『善悪の彼岸』二一三節（同『ニーチェ全集』第十巻、一九三頁）「〈思考すること〉と、事柄を〈まじめにとる〉・〈重大にとる〉ということが――彼らにあっては同じことに思われる。こんなふうにしてだけ彼らは思考というものを〈体験〉してきたのだ。」）というのも、担うということは、偽りの行為、すなわち、ニヒリズムの所産のみを背負う偽りの肯定を含意しているからである。こうしてニーチェは、カントとヘーゲルを「哲学労働者」と定義する。哲学労働者とは、たとえ彼らにとっては過去に打ち勝つことが問題であるにせよ、既成の価値判断の巨大な塊を積みあげ保存する者のことである。そうした意味で、彼らは依然として否定的なものの奴隷なのである（二一一節）。

16　『善悪の彼岸』二一一節。帰結としての、主人の「否《いな》」と、原理としての、奴隷の「否《いな》」については、『道徳の系譜』第一章一〇節参照。

17　ジャン・ヴァール Jean Wahl, *Les philosophies pluralistes d'Angleterre èt d'Amérique* (Alcan, 1920), p. 37 からの引用。――ジャン・ヴァールは、この著作の全体にわたって、差異について深い省察を行っている。すなわち、彼は、差異の自由で野生的な詩的本性を表現することに関する経験論の諸可能性について、また、たんなる否定的なものへの差異の還元不可能性について、また肯定と否定との非ヘーゲル的な諸関係について省察を行っている。

18　ピエール・クロソウスキーは、ニーチェ解釈についての革新的な二つの論文において、つぎのようなエレメントを取り出してみせた。「〈神は死んだ〉ということが意味しているのは、現実存在の顕示であるかぎりでの神性が終るということではなく、まさに、ものごとに責任を負う自我の同一性の絶対的な保証人〔神〕が、ニーチェの意識の地平において消失するということであり、しかもこの意識の地平が今度はそうした保証人の消失と渾然一体となっているということである。……（意識にとっては）もはや、おのれの同一性そのものは、偶然的であるにもかかわらず恣意的に必然的なものとして維持された事例であると表明するほかはないのである。たとえ、おのれ自身を、運命のあの必然的な車輪と思い込むのもかまわずに、また、可能であれば、おのれの必然的な全体性に、諸事例の全体性を、偶然そのものを包含するのもかまわずに。」（『かくも不吉な欲望』「八　ニーチェと多神教とパロディ」〔小島俊明訳、現代思潮社〕二九五頁）――「ということは、思考する主体は、その主体の同一性をおのれのうちから排除するであろうような一貫した思考から出発して、その主体の同一性を失うであろうということなのだろうか。……私がそれに対して一貫性を失うようなその循環的運動において、すなわち私がその思考を思考するやたちまちこの私を排除するほどまでに完全に一貫したその思考に対して、私の分け前とはいかなるものであろうか。……そうした思考は、どのようにして自我の現実性を、すなわちその思考がそれでもなお高揚させるこの自我の現実性を傷つけるのだろうか。自我を自我であるかぎりにおいて意味していたもろもろのゆらぎを解放することによって、したがって、その自我はおのれの現在のなかで鳴り響くような過ぎ去ったものでしかないということになり……神トイウ悪循環 *Circulus vitiosus deus* は、ディオニュソスに似た顔つきをしたあの徴《しるし》の命名にほかならない。」（「《同じ》ものの永遠回帰の体験における忘却と想起」*Nietzsche, Cahiers de Royaumont*, Editions de Minuit, 1966, pp. 233-235）。

19

プラトンによる分割に対するアリストテレスの批判に関しては、『分析論前書』第一巻第三十一章、『分析論後書』第二巻第五章および第十三章参照（アリストテレスは、プラトンの考え方に見いだしたと思っている諸欠陥を、或る連続性の原理によってみずから訂正してはいるのだが、ともかくそうした分割に、種の規定における一定の役割があると主張しているのは、後者の著作においてである)。――しかし、いかなる点で、種の規定は、たんにイロニー的な仮象であって、プラトン的分割の目的ではないのかは、たとえば『ポリティコス』266 B-D においてよく見てとることができる。

20 神話が、他の種類のモデルによって、すなわち、育ての親、召使い、補助的な者、偽造物を類比でもって区別することを可能にする類例〔範型〕によって、補完されなければならないというのは、以上のようなアスペクトから見てのことである。同様に、黄金の〔精錬の〕テストは、いくつかの選別作業を含んでいる――夾雑物の除去、〔黄金と〕「親近関係にある」他の金属の除去(『ポリティコス』303 D-E 参照)。

21 原注18参照。(さらに、クロソウスキーにおいて、永遠回帰との関係で現われるような、見せかけ《シミュラクル》という この観念については、ミシェル・フーコー「アクタイオーンの散文」〔『ミシェル・フーコー思考集成II』(豊崎光一訳、筑摩書房)所収〕、および Maurice Blanchot, *Le rire des dieux*, *Nouvelle Revue française*, juillet 1965 参照。)

22 ウンベルト・エーコ『開かれた作品』(篠原・和田訳、青土社)参照――エーコが正しく指摘したのは、「古典的な」芸術作品は、複数のパースペクティヴにおいて見られ、複数の解釈に従うべきものであるということであるが、ただし、それぞれの観点やそれぞれの解釈には、まだひとつの自律的な作品が対応しているわけではなく、それというのも〔対応するはずの〕作品は傑作というカオスに含まれているからだ、ということである。「現代の」芸術作品は、明らかに、中心あるいは収束の不在ということによって特徴づけられる(同書、第一章および第四章参照)。

第二章 それ自身へ向かう反復

1 ベルクソンのテクストは、『時間と自由』(中村雄二郎訳、『世界の大思想 ベルグソン』所収、河出書房新社)第二章六五―六八頁参照。ベルクソンは、そこで、精神における融合あるいは縮約と、空間における展開という、二つのアスペクトを見事に区別している。持続の本質としての、そして知覚される質を構成するために要素的な物質的振動に関して働くものとしての縮約は、『物質と記憶』において、さらに精密に分析されている。

ヒュームのテクストについては、『人性論』、とりわけ第一編第三部第十四節（大槻春彦訳、岩波文庫、㈠、二五一―二五五頁（原文では十六節を指示しているが、誤り））を見られたい。ヒュームは、想像力における諸事例の接合あるいは融合――記憶と知性から独立してできあがってくるような接合――と、記憶と知性のなかでのその同じ諸事例とを断固として区別している。

サミュエル・バトラー Samuel Butler : *Life and Habit*, London 1878, p. 82.

32

ガブリエル・タルドの哲学は、最後の偉大な《自然》哲学のひとつであり、ライプニッツを継承するものである。タルドの哲学は、二つの次元において展開されている。第一の次元では、この哲学は、すべての現象を支配している三つの基本的なカテゴリー、すなわち反復、対立、順応というカテゴリーを用いている（『社会法則』Gabriel Tarde, *Les lois sociales*, Alcan, 1898 参照）。しかし、対立とは、差異が、反復を限定するために、また反復を新たな秩序あるいは新たな無限へと開くために、その反復のなかで配分される基礎となる形態でしかない。たとえば、生命がその諸部分を二つずつ対立させるとき、生命は無際限な成長あるいは増殖を放棄してもろもろの限定された全体を形成するのだが、しかしそうすることによって、別の種類の無限を、別の本性をもった反復を、つまり生殖という反復を獲得するのである（*L'opposition universelle*, Alcan, 1897）。順応そのものは、反復的な流れが、高次の反復において交差し、統合される基礎となる形態である。したがって、差異は二種類の反復のあいだに現われることになり、また、それぞれの反復は、それと同じ段階にある差異を前提にしているのである（発明の反復としての模倣、変化の反復としての再生、擾乱の反復としての放射、差の反復としての求和……『模倣の法則』、前掲、参照）。しかし、もっと深い次元では、差異の「ために」あるのは、むしろ反復である。というのも、対立も、また順応でさえも、差異の自由な形態を明示することはないからである。この場合の差異とは、「何ものにも対立せず、何ものにも役立たない」差異、「諸事物の最終目的」としての差異のことである（*L'opposition universelle*, p. 445）。そのような観点からすると、反復は二つの差異のあいだにあって、わたしたちを、或るレヴェルの差異から他のレヴェルの差異へ、すなわち、外的な差異から内的な差異へ、要素的な差異から超越的な差異へ、無限小の差異から人称的でモナド論的な差異へ移行させるのである。したがって、反復とは、差異が、増えも減りもせず、むしろ「異なるようになり」そして「おのれを目的だとしておのれ自身に与える」ようなプロセスである（Monadologie et sociologie, et La variation universelle, in *Essais et mélanges sociologiques*, éd. Maloine, 1895 参照）。

タルドの社会学を、心理学主義に還元するのは、あるいは相互心理学にさえ還元するのは、まったくのまちがいである。タルドがデュルケームを非難する点は、説明する必要のあることを、すなわち「無数の人間たちの類似」を既定のものとしているところにある。タルドは、非人称的な所与か大人物たちの《理念》かという二者択一にかえて、ささやかな人間たちのささやかな諸観念、ささやかな諸発明、そしていくつもの模倣的な流れのあいだの相互干渉を問題にする。タルドが創設するのは、微視社会学であり、これは、必ずしも二人の個人のあいだで打ち立てられるものではなく、かえってすでにただひとりの同じ個人のなかで基礎づけられているものである（たとえば、「無限小の社会的対立」としての躊躇、あるいは「無限小の社会的順応」としての発明――『社会法則』参照）。個別研究によってことにあたるそうした方法を用いてこそ、どのようにして反復は、「異なった仕方で異なる」ものを取り出すということをつねに目的として、微小な諸変化を合計し統合するのか、これが示されるであろう（*La logique sociale*, Alcan, 1893）。タルド哲学の全体は、つぎのように提示される――ひとつのまったき宇宙論に微視社会学の可能性を基づかせる、差異と反復の弁証法。

4

ミシェル・スーリオ Michel Souriau, *Le Temps* (Alcan, 1937), p. 55.

5　それら三つのパラドックスは、『物質と記憶』の第三章の論題をなしている。（それら三つのアスペクトのもとで、ベルクソンは、心理学的現実存在 *existence* を有することなしに存在する *est* 純粋過去あるいは純粋記憶《スヴニール》を、表象＝再現前化に、すなわち記憶心像という心理学的実在に対立させている。）

6　ベルクソン『物質と記憶』、「それゆえに、同じ心理学的生は、記憶《メモワール》の継起的な諸層において無数回反復され、同じ精神活動は、高低さまざまに奏せられることができるであろう……」（田島節夫訳、白水社、一二一頁）、「……わたしたちの心理学的生の無数の反復にとって余地があり、それら反復のいずれもが、その同じ円錐のA'B'、A"B"等々といった、それら反復と同数の断面によってあらわされる……」（同書、一八三頁）。——反復は、この場合、心理学的生に関わっているのであって、反復自身は心理学的であるのではない、ということに注意していただきたい。事実、心理学は、記憶心像と共にでしか開始せず、それに対して、その円錐の諸断面あるいは諸層は、純粋過去のなかに姿を現わすのである。したがって、心理学的生のメタ心理学的反復が問題になるのだ。他方、ベルクソンが「継起的な諸層」を語るとき、この〈継起的〉という語は、ベルクソンによって〔一二一頁で〕提出されている図に視線を走らせるわたしたちの目に即して、まったく比喩的に理解されなければならない。というのも、それらの層のすべては、それらの固有な実在性において、互いに共存していると言われているからである。

7　ライプニッツ『人間知性新論』第一巻第一章〔米山優訳、みすず書房、三〇頁〕。

8　カント『純粋理性批判』「理性的心理学から宇宙論への移り行きに関する一般的注」〔『純粋理性批判』篠田英雄訳、岩波文庫、(中)、八三頁以下〕。

9　同書(上)、「先験的分析論」第一篇第二章第二節25の注〔一九九頁以下〕。

10　時間の純粋な形式、およびその形式が《私》のなかに持ち込む亀裂もしくは「中間休止」については、ヘルダーリン『オイディプスへの注解』、『アンティゴネーへの注解』〔手塚富雄訳『ヘルダーリン全集4』所収、河出書房新社、四八頁、五六頁〕参照。さらには、ヘルダーリンに対するカントの影響をおおいに強調するジャン・ボーフレの注釈 Jean Beaufret, *Hölderlin et Sophocle* とくにpp. 16-26参照。（死の本能として理解される時間形式と本質的に連関している、《私》の「亀裂」というテーマについては、三つの偉大な、しかしたいへん異なる文学作品が思い起されよう。すなわち、ゾラの『獣人』、フィッツジェラルドの『崩壊』、ラウリーの『活火山の下』。）

11　想起《アナムネーシス》と生得性との表立った対立については、『パイドン』76A-D参照。

12　キルケゴールにおける反復が、日常的な循環と、さらには想起《アナムネーシス》の円環と対立する仕方については、アブラハムの供犠に関するミルチャ・エリアーデの注釈、『永遠回帰の神話』（堀一郎訳、未来社）一四四頁以下参照。エリアーデは、そこから、歴史と信仰の諸カテゴリーの新しさを結論している。

おのれ〔反復〕から差異を「抜き取る」ようにさせてはならない真の反復に関する、キルケゴールのきわめて重要なテクストは、『不安の概念』（田淵義三郎訳、『世界の名著、キルケゴール』所収）二一五頁に見いだされる。（訳者注記——同頁、上段、後ろから三行目以下「……反復に変化を与え（る）……ことが課題なのではない。」が、ドゥルーズの指示している箇所に相当するのではあるが、仏訳では「反復から変化を抜き取る soutirer」（*Le concept de l'angoisse*, trad. Ferlov et Gateau, Gallimard, p. 171）であり、独訳でも「反復から変化をかちとる abgewinnen」（*Der Begriff Angst* in Gesammelte Werke, EUGEN DIEDERICHS VERLAG, 11 u. 12 Abt. S. 16）となっている（ドゥルーズは、「変化」を「差異」とみなしている）。田淵訳（原・飯島訳も同様、『世界の大思想　キルケゴール』所収、二三四頁）に誤訳はないであろうが、一応、上記のキルケゴールの引用を、仏訳に従って読んでいただきたい。）条件、条件づけられていないもの、絶対に異なるものについてのキルケゴールの理論は、『哲学的断片』のテーマである。

13　ダニエル・ラガーシュは、習慣の心理学的な概念を、無意識および無意識における反復に適用する可能性を検討した（しかしその場合、反復は、緊張の支配というただひとつのパースペクティヴにおいて考察されているように思われる）。Daniel Lagache, Le problème du transfert, *Revue française de psychanalyse*, janvier

1952, pp. 84-97 参照。

14 マルディネ Henri Maldiney, *Le Moi*, cours résumé, Bulletin Faculté de Lyon, 1967 参照。

15 ジャック・ラカン「『盗まれた手紙』についてのゼミナール」（『エクリI』所収〔佐々木孝次訳、弘文堂〕、二五―二六頁）。これは、おそらく、ラカンが反復に関する自分の考え方をもっとも徹底して展開しているテクストである。――ラカンの幾人かの弟子たちは、「非同一的」なものというそうしたテーマについて、またそこに由来する、差異と反復の関係について、おおいに強調している。ミレール J.-A. Miller, *La suture* およびミルネ J.-C. Milner, *Le point du signifiant* およびルクレール S. Leclaire, Les éléments en jeu dans une psychanalyse, in *Cahiers pour l'analyse*, nos 1, 3 et 5, 1966 参照。

16 諸セリーの現実存在は、ラカンによって、きわめて重要な二つのテクストのなかで明らかにされている。一方は、先ほど引用した「『盗まれた手紙』についてのゼミナール」である（第一のセリー「王―王妃―大臣」、第二のセリー「警察―大臣―デュパン」）。他方は、「ねずみ男」についての注釈 *Le mythe individuel du névrosé*, C. D. U. である（父のセリーと子のセリーという、二つのセリーがあって、それらは、様々な状況において、借金、友人、貧しい女、金持ち女を登場させている）。それぞれのセリーにおける諸要素と諸関係は、つねに置き換えられる潜在的対象、すなわち、前者の例では手紙、後者の例では借金に対する、それら要素と関係の位置に応じて規定されている。――「そのような列にならぶのは、たんに主体であるというのではなく、相互主体性において理解される諸主体である……シニフィアンの置き換えは、諸主体を、それらの行為、運命、拒否、無分別、成功、そして境遇において、しかしそれらの天与の才や後天的な社会的知識には関わりなく、また性格や性別も考慮することなく規定する……」（『エクリI』三二頁）。こうして、個人的無意識にも集団的無意識にも還元されない相互主体的無意識が定義されるのであり、この無意識に対しては、どのセリーが根源的で、どのセリーが派生的だ、などと特定することはできないのである（もっともラカンは、言葉遣いのうえで都合がよいので、それらの語を使用し続けている）。

17

セルジュ・ルクレールは、無意識の基本的カテゴリーとしての問いという基礎概念に連関して神経症と精神病についての理論の概略を示した。彼は、そうした方向で、ヒステリー患者の問いの様式（「私は男か女か」）と、強迫神経症患者の問いの様式（「私は生きているのか死んでいるのか」）を区別している。彼はまた、そうした問いという審廷に関して、神経症と精神病のそれぞれの位置をも区別している。——La mort dans la vie de l'obsédé, *La psychanalyse*, n° 2, 1956 および A la recherche des principes d'une psychothérapie des psychoses, *Evolution psychiatrique*, II, 1958 参照。患者によって生きられる問いの形式と内容についてのそれらの研究は、わたしたちの見るところ、たいへん重要であり、無意識一般における否定的なものと葛藤との役割に関する再検討をもたらすものである。その場合でもやはり、それらの研究は、ジャック・ラカンのいくつかの指示を源泉としている。ヒステリーと強迫における問いのタイプについては、『エクリⅠ』、四一三—四一六頁参照。そして、欲望《デジール》〔邦訳では欲求〕について、欲望と欲求《ブズワン》〔邦訳では欠乏〕との差異について、欲望と「要求《ドゥマンド》」との、さらに「問い」との関係については、『エクリⅢ』、六一—六六頁、一五三—一五八頁参照。

ユング理論のもっとも重要な点のひとつは、すでに以下のようなところにあったのではないだろうか——無意識における「問いかけ」の威力、無意識を「問題」と「責務」の無意識とみなす考え方。ユングは、そこからつぎのような帰結を引き出していた——結果として生じる対立よりも深いところにある、異化＝分化のプロセスの発見（『自我と無意識』参照）。たしかに、フロイトは、そのような見方を激しく批判している。すなわち、フロイトは、『ある幼児期神経症の病歴より〔狼男〕』のV章〔小此木啓吾訳、『フロイト著作集9』所収、人文書院〕において、幼児は質問せず、かえって欲望し、責務に直面せず、かえって対立によって支配された動揺に直面すると主張しており——『あるヒステリー患者の分析の断片〔ドラ〕』のⅡ章〔細木・飯田訳、『フロイト著作集5』所収〕においてもまた、夢の核心は、それに対応した葛藤のなかに差し込まれている欲望でしかありえないと指摘している。けれども、ユングとフロイトのあいだの議論は、おそらくしかるべき場所を得ることはないだろう。なぜなら、無意識は欲望すること以外に何かなしうるのか否か、が問われているからだ。実際は、むしろ、欲望は、対立の威力でしかないのか、あるいは問いの力＝累乗《ピュイサンス》に全面的に基礎を置いている威力ではないのか、と問うべきではなかろうか。フロイトが引き合いに出すドラの夢でさえ、（父―母、K氏―K夫人、という二つのセリーを伴った）〈問題〉というパースペクティヴのなかでしか解釈されえないのであり、この問題は、（対象＝xの役割を果たすあの宝石箱と共に）ヒステリー性の問いを展開するのである。

18　エロスが二つの単細胞生物の合体をもたらし、こうして新しい生命的諸差異（生命力の不均等）を導入するかぎりにおいて、「ほかならぬ性的本能について、反復強迫のあの性質、つまりわれわれにはじめて死の衝動〔本能〕を嗅ぎつけさせた性質を、証明できない」のである（フロイト『快感原則の彼岸』、前掲、一八七頁）。

19　ポール・リクール『フロイトを読む』（久米博訳、新曜社）四七一―四七三頁参照。

20　フロイト『自我とエス』（小此木啓吾訳、『フロイト著作集6』所収）二八五―二八七頁参照。

21　フロイト『制止　症状　不安』（井村恒郎訳、同書所収）三五〇頁以下参照。フロイトが、ランクに対し、出産について客観的すぎる考え方をしていると非難するのは、それだけにますます奇妙である。

22　モーリス・ブランショ『文学空間』（粟津・出口訳、現代思潮社）一三九頁、二二五頁、二二六頁。

23　ホルへ・ルイス・ボルへス『伝奇集』（鼓直訳、福武書店）六五―六六頁。九六頁。

24　クロード・レヴィ＝ストロース『今日のトーテミズム』（仲沢紀雄訳、みすず書房）一二六頁参照。「互いに類似しているのは、もろもろの類似ではなく、諸差異である。」（同書、一二七頁）――レヴィ＝ストロースは、この原理が、少なくとも二つのセリーの構成において、どのように展開されるかを示している。ただし、それぞれのセリーの諸項は互いに異なっている（たとえば、トーテミズムに関して、互いに区別される動物の種のセリーと、〔人間の〕互いに異なる社会的地位のセリー）。つまり、類似は、「それら二つの〈諸差異のシステム〉のあいだにある。」

25 レオン・セルムは、（たとえば熱機関におけるように）ひとつのシステムのなかで実現される諸差異が小さくなればなるほど、諸差異の取り消しという錯覚がますます大きくならざるをえないと指摘していた。Léon Selme, *Principe de Carnot contre formule empirique de Clausius*, Givors, 1917 参照。――齟齬する諸セリーとそれらの内的な共鳴が、システムの構成において重要であるということについては、ジルベール・シモンドン Gilbert Simondon, *L'individu et sa genèse physicobiologique*, Presses Universitaires de France, 1964, p. 20 を参照されたい。（ただしシモンドンは、諸セリー間の類似の要請、あるいはそこで作動する諸差異の小ささの要請が条件となると主張している。）

26 ヴィトルド・ゴンブローヴィッチ『コスモス』工藤幸雄訳、恒文社。――『コスモス』の冒頭において、齟齬する諸セリーと、それらの共鳴と、カオスとに関する理論が粗描されている。『フェルディドゥルケ』における反復のテーマをも参照されたい（米川和夫訳、『世界の文学12』所収、集英社 *Ferdydurke*, Julliard, 1958, pp. 76-80）。

27 この問題については、Jean Laplanche et J.-B. Pontalis, Fantasme originaire, fantasme des origines, origine du fantasme, *Les Temps modernes*, avril 1964 参照。〔訳者注記――この論文のレジュメが、『精神分析用語辞典』みすず書房、一〇二頁に出ている。〕

28 ことにフロイトにおける幻想《ファンタスム》にあてられた箇所において、ジャック・デリダは、つぎのように書いている。「したがって、起源的であるのは、まさに遅れなのである。もしそうではないとすれば、差延は、意識が、すなわち現前するものの自己への現前がおのれに与える猶予である、などということになってしまうだろう。……差延は起源的であると言うこと、それはとりもなおさず、或る現前する起源の神話を抹消することである。だからこそ、「起源的」ということを、抹消の線が引かれたものとして理解しなければならないのであって、もしそうではないとすれば、差延を或るまったき起源から派生させてしまうことにもなるであろう。起源的であるのは、まさに非－起源なのである。」（『エクリチュールと差異㊦』三好郁朗訳、法政大学出版局）六七―六八頁。――モーリス・ブランショ Maurice Blanchot, *Le rire des dieux*, N. R. F., juillet, 1965 をも参照。「影像《イマージュ》は、いわゆる第一の対象に比べて二次的であるのをやめなければならず、或る種の優位を要求しなければならないのであって、それはちょうど、オリジナルが、さらには起源が、原初的な諸力に対するおのれの特権を失うようになるのと同じことである。……存在するのは、もはやオリジナルではなく、或る永遠の燦きであって、そこでは、起源の不在が、迂回と回帰において四散しているのである。」

29　プラトンが行う推理は、文体的な繰り返しと反復の点で、際立っており、それらは、ひとつのテーマを「立て直す」ための、また、そのテーマを、隣接してはいるが類似していないテーマ、「そっと忍び込み」にくるようなテーマに対して守るための細心さならびに努力を、証示している。プラトン的テーマの反復によって祓いのけられ、中性化されているのは、ソクラテス以前的なテーマの回帰である。こうして、親殺しは何度も遂行されるのであり、それは、プラトンがおのれの告発するものを模倣してみせるときこそ、最高度に徹底されるのである。――シュール P. -M. Schuhl, Remarques sur la technique de la répétition dans le Phédon, in *Etudes platoniciennes*, Presses Universitaires de France, 1960, pp. 118-125（シュールが、「イデアの連禱」と呼んだもの）を参照。

30　そのような「他の」範型《モデル》は、プラトン哲学においては、〔デカルトにおける〕悪しき霊あるいは欺く神との一種の等価物を構成しているのだが、それについては、『テアイテトス』176 E、そしてとりわけ『ティマイオス』28 B 以下参照。
幻像《ファンタスム》についての、また幻像《ファンタスム》および似像《イコン》の区別についての主要なテクストは、『ソピステス』235 E-236 D, 264 C-268 D である（『国家』第十巻 601 D 以下も参照）。

第三章　思考のイマージュ

1　デカルト『真理の探求』（井上庄七訳、『デカルト著作集4』所収、白水社）参照。

2　フォイエルバッハは、開始の問題においてもっとも徹底的に考え抜いた者のひとりである。彼は、哲学一般における、そしてことにヘーゲル哲学における暗黙の諸前提を告発している。フォイエルバッハの指摘によれば、哲学は、哲学以前的なイマージュとの協調から出発してはならず、おのれと非哲学との「差異」から出発しなければならない。（ただし彼は、そのような真の開始という要請は、経験的で感性的で具体的な存在から出発すれば十分に実現されると考えている。）――『ヘーゲル哲学の批判のために』（船山信一訳、『フォイエルバッハ全集1』所収、福村出版、二九五―二九六頁）参照。

3　ニーチェ『反時代的考察』「教育者としてのショーペンハウアー」（小倉志祥訳、『ニーチェ全集』第四巻所収、理想社、二〇八頁）参照。

4　共通感覚《サンス・コマン》について、および再認のモデルの存続については、モーリス・メルロ＝ポンティ『知覚の現象学』（竹内・木田・宮本訳、同書2、みすず書房、五四頁以下、一六六頁以下）参照。――常識《サンス・コマン》についてのカントの理論については、とりわけ『判断力批判』一八―二二節、および四〇節参照。さらには、『純粋理性批判』における原則的な諸宣言を参照。「……最高の哲学といえども、人性〔人間的自然〕の本質的目的に関しては、自然が常識にも与えたところの手引き以上のことを成就し得るものではない、ということである。」〔『純粋理性批判』篠田英雄訳、岩波文庫、(下)、一二一頁〕。「純粋理性の理念は、……誤用されると、そこからごまかしの仮象が生ぜざるを得なくなるのである。すべて理念は、我々の理性の自然的本性によって我々に課せられたものであるし、また我々の思弁の一切の権利と要求とを判定する最高法廷そのものが元来ごまかしやまやかしを含んでいるなどということは、考えられ得ないからである。」〔同書(中)、三一八頁〕。

5 差異が、表象＝再現前化の「古典主義的」世界において、理解される同一性と知覚される類似に二重に従属しているという点については、ミシェル・フーコー『言葉と物』（渡辺・佐々木訳、新潮社）七七頁以下、九三頁以下参照。

6 プラトン『国家』第七巻、523 B 以下。

7 同書 524 A-B――ガストン・バシュラールが、『適応合理主義』（金森修訳、国文社、八四―九二頁）において、問題、あるいは対象を担うものとしての問題を、どのようにデカルト的懐疑に対立させているのか、そして哲学における再認のモデルをどのように告発しているのか、に注目されたい。

8 想像力のケース。このケースは、カントが、共通感覚の形式から解放された或る能力を考察し、その能力に関して、真に「超越的な」正当な行使を発見する場合の唯一のケースである。事実、『純粋理性批判』における図式産出的な想像力〔構想力〕は、依然として、論理的と呼ばれる共通感覚（『判断力批判』四〇節）のもとにあり、美の判断に反映する想像力は、依然として美的共通感覚のもとにある。しかしカントによれば、崇高なものによって想像力は、おのれの固有な限界に直面するように強いられ強制される。おのれの限界とは、おのれの想ワレルベキモノ φανταστέον、おのれの最大限であり、これはまた、自然のなかでは、想像されえないもの、非定形のもの、歪んだものでもある（『判断力批判』二六節）。さらに想像力は、おのれの強制を思考に伝達し、今度は思考が、超感性的なものを、自然と思考能力との基礎として思考するよう強いられる。思考と想像力は、このとき、或る本質的な不調和のなかに入り、或る相互的な暴力のなかに入るのだが、この不調和、暴力が、新しいタイプの調和を条件づけるのである（二七節）。その結果、再認というモデルあるいは共通感覚の形式は、思考についてのまったく別の考え方を利するために、崇高なものにおいて誤りに陥るのである（二九節）。

9 ハイデガー『思惟とは何の謂いか』（四日谷敬子、ハルトムート・ブッナー訳、『ハイデッガー全集　別巻3』所収、創文社）五―六頁。――たしかにハイデガーは、〔真理への〕或る欲望あるいは愛《ピリアー》 φιλία というテーマを、すなわち、思考と思考されるべきものとの類比、もっと適切に言えばそれらの相同《ホモロジー》というテーマを保持している。それは彼が、《同じ》もの〔自体〕の優位を、たとえこの《同じ》ものが差異としての差異を寄せ集め包含するとみなされていても、やはり手放さないからである。そこに、〈贈り物〉〔同書六頁〕に関する隠喩が由来しており、暴力の隠喩の代用となっているのだ。以上のすべての意味において、ハイデガーは、わたしたちが先ほど主観的前提と呼んだものを放棄していないのである。『存在と時間』（原佑・渡辺二郎訳、中央公論社、七一―七二頁）に見られるように、存在に関する前存在論的で暗黙の了解が、事実、存在するのだ。たとえ、〔存在の〕表立った概念がそこから派生するのであってはならない、とハイデガーが明言しているにせよである。

10 「不調和的‐調和」という基礎概念は、コスタス・アクセロスによって見事に規定されている。彼は、その基礎概念を、世界に適用し、特殊な記号（「そして／あるいは」）を用い、その意味で存在論的差異を指示する。『遊星的思考へ』（高橋允昭訳、白水社〔二九頁など〕）参照。

11 アントナン・アルトー「リヴィエールへの書簡」（ではなく「序言」である――訳者）（清水徹訳、『アントナン・アルトー全集1』所収、現代思潮社、六―八頁）。――この書簡については、モーリス・ブランショの注釈『来たるべき書物』（粟津則雄訳、筑摩書房〔五〇頁以下〕）を参照されたい。

12 ヘーゲル『精神現象学』（『精神の現象学』上巻、金子武蔵訳、岩波書店〔三八頁参照。「知識における、また哲学の研究における思惟様式であるところの独断論とは、真なるものが固定的な結果であるところのひとつの命題、或はまた無媒介に知られるひとつの命題に存すると思いこむ「私念」以外のものではない。シーザーはいつ生れたか、一スタディームはなんトアズの長さに達するか等々のごとき問に対しては、きっぱりした答が与えられるべきである……しかし、この種の所謂真理の本性は哲学的真理の本性とは相違している。」

13 フローベール『ブヴァールとペキュシェ』（新庄嘉章訳、『フローベール全集5』所収、筑摩書房、二一七頁〕――悪（愚劣と悪意）について、また、（個体化との本質的な関係において）自律的になった《基底《フォン》〔根拠〕》として存在する、悪の源泉について、さらには、そこから帰結する歴史の全体について、シェリングは、『人間的自由の本質』（渡辺二郎訳、『世界の名著 フィヒテ シェリング』所収、中央公論社）におけるあのすばらしい箇所において、つぎのように書いた。「……神は、根拠をば、その独立性において活動せしめたのであった。……」（同書四五二頁）

14 特異な諸命題に特権を与えるラッセルの態度は、以上の点に由来している。『意味と真偽性』（毛利可信訳、文化評論出版）における、カルナップへの論駁（同書三六六―三七五頁）を参照。

15 ユベール・エリー Hubert Elie の卓越した書物 *Le complexe significabile*, (Vrin, 1936) を参照。彼は、以上のような意味理論、たとえば十四世紀にオッカム派（リミニのグレゴリウス、オートルクールのニコラウス）において展開されたような意味理論、またマイノングによっても見いだされることになる意味理論の重要性とそのパラドックスを指摘している。――以上のように理解された意味の不毛性、無効性は、フッサールにおいてもまた現われている。フッサールはこう書いている。「表現の層は、……生産的ではないものなのである。或いは、逆の言い方をすれば、こうなる。すなわち、表現の層の生産性、つまりそれのノエマ的働きは、表現作用ということで尽きてしまうのであり、かつその表現作用とともに新しく入り込んでくる概念的なものの形式ということで尽きてしまうのである。」（『イデーン I―II』渡辺二郎訳、みすず書房、二三七頁）

16 アリストテレス『トピカ』第一巻第四章 101b 30-35 参照。――同じ錯覚が、現代の論理学にまで存続している。問題計算、ことにコルモゴロフによって定義されているような問題計算は、命題計算との「同形《イソモルフイスム》」において、依然としてその命題計算を引き写したものとなっている（ポーレット・デトゥシュ＝フェヴリエ Paulette Destouches-Février, *Rapports entre le calcul des problèmes et le calcul des propositions*, Comptes rendus des séances de l'Académie des Sciences, avril 1945 参照）。わたしたちはやがて、「否定なき数学」の企てが、たとえばG・F・C・グリスのそれが、問題というカテゴリーについてのそうした誤った考え方に応じてでしか、おのれの限界を見いださないということを理解するだろう。

ライプニッツは、反対に、問題あるいはテーマと、命題とのあいだに、可変的ではあるがつねに深い隔たりを予感している。「観念と命題との中間に位置するテーマがあるとさえ言えます。問がそれです。問には、然りか否かだけを尋ねているものもあり、それが命題に最も近い問です。しかし、有り様、状況などを尋ねていて、そこから命題を作るにはもっと補うべきものがあるような問もまたあります。」(『人間知性新論』、前掲、三五七頁)

17

デカルトは、「単純命題」に関する定めと、「問い(問題)」に関する定めを区別している(「第十二規則」(『精神指導の規則』大出・有働訳、『デカルト著作集4』所収、白水社、七七―七八頁))。まさしく後者の定めが、「第十三規則」と共にようやく開始され、また前者の定めの結論になっている。デカルトは、彼自身、自分の方法とアリストテレスの弁証術との類似点を強調している。「かくて、われわれは次の一点に関しては「弁証家たち」を見習う、すなわち、彼らが三段論法の形式を教授するにあたってその名辞(terminus)、すなわち内容(materia)が既知であることを前提しているように、われわれもまた、ここでは問題が完全に理解されていることをあらかじめ要求する。」(「第十三規則」(同書八〇頁))――マルブランシュにおける「問い」の従属的な役割も同様である。『真理の探究』、第六巻第二部第七章参照。スピノザにおいては、いかなる「問題」も、幾何学的方法の使用には現われない。

けれども、デカルトは、『幾何学』において、問題の解ばかりでなく、問題そのものの構成の観点から、分析的な技法の重要性を強調していた(オーギュスト・コントは、彼の著作のたいへん見事な箇所においてそうした点を強調し、どのようにして「特異性」の割りふりが、「問題の条件」を規定するのかを示している。*Auguste Comte, Traité élémentaire de géométrie analytique*, 1843 参照)。そうした意味で、幾何学者デカルトは、哲学者デカルトよりも先に進んでいたと言うことができる。

18　現代の認識論のもっとも独創的な特徴のひとつは、「問題」のそのような二重の還元不可能性を認めるところにある（その意味でこそ、〈問題的〉という語を実詞として用いることは、わたしたちには必要不可欠な新語使用《ネオロジスム》であると思われる）。——ジョルジュ・ブーリガンおよび「問題 - エレメント」と「大域的総合 - エレメント」との彼による区別を参照（とりわけ、Georges Bouligand, *Le déclin des absolus mathématicologiques*, éd. d'Enseignement supérieur, 1949）。また、ジョルジュ・カンギレム、および彼の〈問題 - 理論〉の区別を参照（とりわけ、『正常と病理』、滝沢武久訳、法政大学出版局）。

19　プロクロス、Proclus, *Les commentaires sur le premier livre des Eléments d'Euclide* (trad. Ver Eecke, Desclée de Brouwer), pp. 65 sq. 参照。

20　アルベール・ロートマン、Albert Lautman, *Essai sur les notions de structure et d'existence en mathématiques* (Hermann, 1938), t. I, p. 13 ; t. II, p. 149（「わたしたちが理解する唯一のア・プリオリなエレメントは、問題の解の発見に先行する問題そのもののそうした緊急性の経験のなかに与えられている。……」）——さらに、〈《理念》《イデア》 - 問題〉の二重のアスペクト、すなわち超越と内在については、*Nouvelles recherches sur la structure dialectique des mathématiques*（Hermann, 1939), pp. 14-15 参照。

訳注

はじめに

(1)「表象=再現前化」の原語は、représentation である。これについては、本書二〇頁、一六一頁以下などを参照。ちなみに、カントによる表象の定義をあげておく。「一切の認識、即ち意識を以って客体に関係させられた一切の表象は直観であるか或は概念である。――直観は個別的表象であり、概念は普遍的表象、即ち反省的表象である。」『論理学』(『カント著作集10』)田邊重三訳、一五九頁、岩波書店。

(2) simulacre を、「見せかけ《シミュラクル》」と訳した。プラトンの言葉。これについては、本書三三八頁以下参照。

(3)「発散」とは、基本的には、数学における級数の発散を意味するが、ドゥルーズは、この言葉を、広い意味で、すなわち同一的なものに収束しないことという意味で用いている。「分岐」と訳した場合もある。たとえば、ドゥルーズ『ベルクソンの哲学』(宇波彰訳、法政大学出版局)一一四頁における図式を参照されたい。

「脱中心化」は、アルチュセールの言葉。『マルクスのために』(河野・田村・西川訳、平凡社)一六七頁(同書では、「中心の異なる」)を参照。

「置き換え」と「偽装」は、フロイトの用語。『精神分析学入門』(懸田克躬訳、『世界の名著 フロイト』、中央公論社)二三九頁以下、二八一頁、二八五頁参照(ただし、同書の「偽装」を、本書では、「仮装」と訳した)。

(4) ドイツ・ロマン派において広く用いられた、シラーに由来する言葉。ヘーゲル『精神現象学』(金子武蔵訳、『精神の現象学』下巻、岩波書店)九七六頁以下参照。『人類の知的遺産46』(城塚登、講談社)、二三七頁以下参照。

(5)「ドラマ」と「残酷」という語は、直接には、アルトーを示唆していると思われるが(デリダ『エクリチュールと差異㊦』、「Ⅷ　残酷劇と上演の封鎖」若桑毅訳、法政大学出版局、一二二頁以下参照）、しかし、たとえば「ドラマ」に関しては、キルケゴール、ニーチェ、ルーセル、ソレルスその他、また「残酷」に関しては、ヴィリエ・ド・リラダンなどが言及されており、本書では「ドラマ」や「残酷」にかぎらず、ひとつの語が多くの思想家や作家を指示しているということに注意されたい。

（6）　バトラーの小説『エレホン』（石原文雄訳、音羽書房）の題名。ドゥルーズの解釈については、本書下巻、「結論」原注7参照。

（7）　ニーチェ『反時代的考察』（小倉志祥訳、『ニーチェ全集』第四巻、理想社）一〇一頁。

（8）　本書、二五二頁以下参照。そこで言及されているフィオーレのヨアキムの著作に、『黙示録注解』がある。ちなみに、ドゥルーズには、「D・H・ロレンス『黙示録論』仏訳版序文」がある（ファニー＆ジル・ドゥルーズ『情動の思考』鈴木雅大訳、朝日出版社）。

（9）　以上の点について、ブランショ『焰の文学』（重信常喜訳、紀伊國屋書店）一八〇頁以下（「文学と死ぬ権利」）参照。

（10）　レオナルド・ダ・ヴィンチの「モナ・リザ」の複製にひげを描いた、デュシャンの一九一九年の作品。

（11）　ボルヘス『伝奇集』（鼓直訳、福武書店）四九頁。

序論　反復と差異

（1）　エリー・フォール（美術批評家）Elie Faure, *Histoire de l'art, Œuvres complètes*, t.II, J.-J. Pauvert, p104.

（2）　『ダントンの死』（岩淵達治訳、『ゲオルク・ビュヒナー全集』所収、河出書房新社）三三頁。

（3）　キルケゴール『不安の概念』第四章、「二　善にたいする不安〔悪魔的なもの〕」（田淵義三郎訳、『世界の名著　キルケゴール』）三三一頁以下参照。

（4）　カント『道徳形而上学原論』（篠田英雄訳、岩波文庫）「前書き」、とりわけ一五頁あたりに関連すると思われる。

(5) ドゥルーズ『哲学とは何か』一〇六—一〇七頁参照。

(6) le tour de l'obligation『道徳と宗教の二つの源泉』(森口美都男訳、『世界の名著　ベルクソン』所収)二二一頁、二二八頁。

(7) 以上の三つの事態については、順に、以下を参照。キルケゴール『反復』(桝田啓三郎訳、岩波文庫)三八頁。本書一七二頁以下。キルケゴール『不安の概念』、前掲、二一五頁。

(8) 本書、第二章原注12参照。

(9) ニーチェ『ツァラトゥストラ』(手塚富雄訳、『世界の名著　ニーチェ』所収)第三部「快癒しつつある者」参照。

(10) ニーチェ『ツァラトゥストラ』、第三部「幻影と謎」二四三頁。

(11) 同書、第三部「快癒しつつある者」三三二頁。

(12) 彗星とは、デンマークの諷刺新聞『コルサル』で、キルケゴールを嘲笑するために使われた言葉。『世界の名著　キルケゴール』三七頁参照。

(13) ヨブについては、キルケゴール『反復』、前掲、一二九頁以下、アブラハムについては、同じく『おそれとおののき』(桝田啓三郎訳、『世界の大思想　キルケゴール』所収、河出書房新社)七三頁以下参照。

(14) イサク(『創世記』第二二章)を指す。『おそれとおののき』一〇二頁以下参照。

(15) ペギー『ジャンヌ・ダルクの愛の秘義』(岳野慶作訳、中央出版社)二〇頁以下参照。

(16) ニーチェにおける「運命愛」については、たとえば『悦ばしき知識』(信太正三訳、『ニーチェ全集』第八巻所収、理想社)二四九頁。

(17) 「ハビトゥス」の原語は、habitus である。フランス語としては、「アビテュス」と発音するが、ラテン語風の発音で表記した。これは、現在ではブルデュの用いる語として知られているが(『実践感覚1』第三章「構造、ハビトゥス、実践」、今村・港道訳、みすず書房を参照）、本書では、ほぼ「習慣《アビテュード》」と同義で用いられており（本書、第二章二一一頁以下、および二二二頁参照）、しかも「想起」あるいは「記憶」と対比されて用いられているので、ライプニッツ『人間知性新論』（米山優訳、みすず書房）のI、第一章（四九頁）、第三章（七〇頁）、あるいはベルクソン『物質と記憶』（田島節夫訳、白水社）第二章「記憶力の二形式」（九七―一〇〇頁）あたりを示唆している可能性がある。ちなみに、本書ではフッサールの『デカルト的省察』からの引用があるので（本書七六頁など）、同書の第三二節における「習性 Habitualität」の仏訳である habitus を示唆しているかもしれない（Edmund Husserl, *Méditation Cartésiennes*, Vrin, 1986, pp.56-57 参照）。

(18)『反復』、前掲、一六〇頁。

(19) ニーチェの Wille zur Macht（邦訳ではふつう、「力への意志」、「権力への意志」）は、フランス語では（いま訳者の手もとにある *Ainsi parlait Zarathoustra*, Mercure de France, 1921 では）、volonté de puissance と訳されている。「力への意志」という言葉は、たとえば、『ツァラトゥストラ』（前掲『世界の名著』所収、一八八頁、二二六頁）に現われている。ドゥルーズの用いる volonté de puissance という仏語は、したがって、ドゥルーズ独自のものではないのだが、彼の解釈が独特であり、彼は、その語を、「力を目ざす意志」ではないと解釈する。『ニーチェと哲学』（足立和浩訳、国文社）七八頁以下参照。それゆえ、本書では、「力への意志」と訳さず、また足立訳のように「力（への）意志」ともせず、「力の意志」と訳すことにした。「力意志」と訳すこともできようが、何か妙なものを連想させやすいように思われたので、これはとることができなかった（『ニーチェと哲学』三一五頁の訳注（五）参照）。また、ドゥルーズの用いる「力《ピュイサンス》」という語には、つねに「反復」のニュアンスが込められているので、場合によって「力《ピュイサンス》＝累乗」と訳した。

(20) 本書、第一章一二三頁、および原注8参照。

(21) それぞれ、エウリピデス『アウリスのイピゲネイア』、アンデルセン『アグネーテと水の精』か。『おそれとおののき』、前掲、七七頁、八四頁参照。
(22) 本書、第二章二五九頁、および原注12参照。
(23) 『おそれとおののき』三五―三六頁。
(24) 本章、訳注（21）参照。
(25) 『おそれとおののき』三三頁あたりか。
(26) ニーチェ『ヴァーグナーの場合』（原佑訳、『ニーチェ全集』第十三巻所収、理想社）二四三頁。
(27) 『ツァラトゥストラ』、前掲、三九九頁以下参照。
(28) 同書、七一頁以下参照。
(29) 同書、三五七頁以下参照。
(30) 「コレー」とは、一般に「少女」を意味するギリシア語。ギリシア神話では、デーメーテールの娘ペルセポネーを指す。
(31) 『この人を見よ』（川原栄峰訳、『ニーチェ全集』第十四巻所収、理想社）六六頁。
(32) 『権力への意志』（原佑訳、同全集第十二巻）二五二頁。
(33) 本書、第二章二五二頁以下参照。悲劇と喜劇ということで、ドゥルーズが示唆しているのは、おそらく、ヘーゲル『精神現象学』（金子武蔵訳、下巻、岩波書店、一〇六八頁以下、一〇八〇頁以下）、キルケゴール『反復』（前掲、一六〇頁）、ニーチェ『悦ばしき知識』（前掲、八頁）、マルクス『ルイ・ボナパルトのブリュメール一八日』（『マルクス＝エンゲルス8巻選集』第3巻、大月書店、一五三頁）、ローゼンバーグ『新しいものの伝統』（東野・中屋訳、紀伊國屋書店、一五七頁以下）、クロソウスキー『かくも不吉な欲望』（小島俊明訳、現代思潮社、二八三頁以下）などであろう。
(34) 本書下巻、第四章三六頁以下参照。

(35) カントの用いる法律用語。「法学者は、権限と越権とを論じる際に、一つの訴訟事件について何が権利〔合法的〕であるかという問題（quid juris 権利問題）と事実に関する問題（quid facti 事実問題）とを区別する。……」『純粋理性批判』（篠田英雄訳、岩波文庫）（上）一六二頁。

(36) 原語は、r*é*cognition ではなく、r*e*cognition である〔イタリックは訳者による〕。このような基本的な語に誤植があるとは考えられないので、また、recognition がこの後何回も現われるので、文脈からして英語の心理学用語とみなし、英語の発音をルビで付した「再認《レキグニション》」と訳した。心に再生した内容を、自覚的に、一定の過去に関係づけて把握する能力。

(37) bloquer を、「阻止する」と訳した。ドゥルーズに直接うかがったところ、その語は、stopper（止める）、freiner（ブレーキをかける）と言い換えることができる、との答えを得た。概念を阻止するということについての本書の叙述は難解であるが、概念の内包を固定すること、凍結することだと理解してよいだろう。

(38) たとえば、ピエールもポールも、類概念のレヴェルでは「同じ人間である」が、個人としてのピエールという「人間」と個人としてのポールという「人間」は、「互いに他なるものである」ということ。

(39) 「種別化」とは、類概念を種概念へと、種概念をさらに下位の種概念へと分割してゆくこと。カント『純粋理性批判』B 683 以下参照（篠田訳では「特殊化」）。

(40) カント『プロレゴーメナ』（土岐・観山訳、『世界の名著　カント』）二二一頁、「左右の耳」、「左右の手」についての叙述を参照。

(41) 「形態《フィギュール》」、「媒体《ミリウ》」は、イポリットの仏訳によるヘーゲルの言葉。figure = Gestalt (Hegel, *La phénoménologie de l'esprit*, t. II, Aubier, 1939, p.11).『精神現象学』（金子訳、前掲、下巻）七三三頁。milieu = Medium (ibid., t. I, p. 95). 同書（上巻）一一二頁。

(42) ヘーゲル『エンチュクロペディー』（樫山・川原・塩屋訳、河出書房新社）二〇〇頁。「自然は他在という形式における理念である……。」

(43)「部分ノ外ナル部分」については、ロック『人間知性論』(大槻春彦訳、岩波文庫)(二)、二四頁参照。スコラ哲学における延長(空間)の定義。「瞬間的精神」は、ライプニッツの言葉。ベルクソンも引用している。ベルクソン『意識と生命』(池辺義教訳、『世界の名著　ベルクソン』所収)一四一頁の本文と訳注(1)を参照。

(44)「徹底操作《エラボラシオン》」の原語は、élaboration である。本書でドゥルーズが引用しているフロイトの『想起、反復、徹底操作《エラボラシオン》』の仏訳の題名に一致させて訳出した。本書『差異と反復』の独訳では、Durcharbeitung となっており、やはり「徹底操作」の意味にとっている。しかし、文脈からすると、フロイトにおける「加工」に相当するようにも思われる。いずれにせよ、ラプランシュ／ポンタリス『精神分析用語辞典』(村上仁監訳、みすず書房)を参照されたい。

(45)アリストテレス『詩学』(今道友信訳、『アリストテレス全集17』所収、岩波書店)四三頁、1452 a 30参照。

(46)以下、頻出する精神分析の専門用語については、原則的に、前掲『精神分析用語辞典』に一致させて訳語を選んだ。いちいち訳注をつけることはしなかったので、精神分析になじまれていない諸者は、以下の読解にあたって同辞典を参照されたい。

(47)フロイト『あるヒステリー患者の分析の断片』(細木・飯田訳、『フロイト著作集5』所収、人文書院)参照。

(48)フロイト『快感原則の彼岸』(小此木啓吾訳、『フロイト著作集6』所収)、ことに一七二―一七四頁参照。

(49)「未視《ジャメ・ヴュ》」と「既視《デジャ・ヴュ》」については、ヤスパース『精神病理学原論』(西丸四方訳、みすず書房)四六頁参照。ビンスワンガーの「恐怖の演劇」は、出典不明。

(50)フロイト『W・イェンゼンの小説「グラディーヴァ」にみられる妄想と夢』(池田紘一訳、『フロイト著作集3』所収)参照。

(51) ヘンリー・ミラー『ランボー論』（小西茂也訳、『ヘンリー・ミラー全集12』所収、新潮社）二三九頁か。

(52) カドゥヴェオ族の身体塗飾の模様を指している。レヴィ＝ストロース『悲しき熱帯』（川田順造訳、中央公論社）上、二九八頁参照。

(53) 「開口《ベアンス》」については、ラカン「ファルスの意味作用」（佐々木孝次訳、『エクリⅢ』所収、弘文堂）一五五頁など、メルロ＝ポンティ『見えるものと見えないもの』（滝浦・木田訳、みすず書房）一六七頁参照。

(54) 「信号《シニャル》」と「しるし《シーニュ》」については、本書、第三章三七二頁以下、下巻第五章一四四頁以下を参照。この「しるし《シーニュ》 signe」という語は、言語的記号の意味で用いられる場合もあるが、本書では、一般にもっと広い意味で用いられている。ドゥルーズに直接うかがったところ、「しるし《シーニュ》」とは、たとえば「くも」が、張られた巣に伝わってくる振動を受けとめて、それが獲物を意味するのかどうかと解釈する場合、その振動が「しるし《シーニュ》」である、という教示を得た（『プルーストとシーニュ』宇波彰訳、増補版、法政大学出版局、二一九頁参照）。したがって、「信号《シニャル》 signal」、たとえば学校での授業の終りを知らせるベルの音は、解釈の必要がないが、「しるし《シーニュ》」は、解釈しなければならないものである（もっとも、「信号《シニャル》」という語は、本書では、物理学的な意味で用いられている）。

「連絡《コミュニカシオン》 communication」とは、齟齬する諸項、あるいは諸セリーのあいだに成立する、「不調和的調和」（ニーチェ『悦ばしき知識』におけるホラティウスからの引用をドゥルーズが本書で引用している）の関係を意味している。この語は、さしあたって、ライプニッツの『実体の本性と実体相互の交渉《コミュニカシオン》ならびに心身の結合についての新たな説』（佐々木能章訳、『ライプニッツ著作集8』所収、工作舎）における「交渉《コミュニカシオン》」を示唆しているとみてよいだろう（ドゥルーズ『プルーストとシーニュ』、前掲、一八〇頁以下参照）。しかし、ドゥルーズの用いるこの「連絡《コミュニカシオン》」を、読者自身の視点から、他の思想家たちと比較することが、きわめて有益であろうと思われる。コミュニカシオンという語だけに注目して、思いつくままに列挙するなら、ブレイエ（『哲学の歴史Ⅰ』）、バタイユ（『有罪者』）、ブランショ（『来るべき書物』）、

(55) メルロ＝ポンティ（『知覚の現象学』）、レヴィ＝ストロース（『構造人類学』）、セール（『コミュニケーション』）、あるいはカント（『純粋理性批判』）、ヤスパース（『哲学とは何か』）、など。
このあたりのドゥルーズの叙述については、つぎの図を参照されたい。

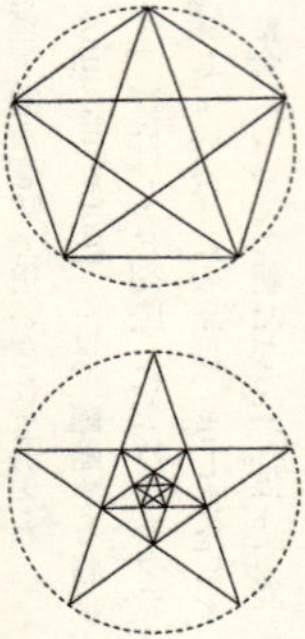

Matila Ghyka, *The golden section*, in《The geometry of art and life》, Dover Publications, 1977, p15.

(56) フーコー『レーモン・ルーセル』（豊崎光一訳、法政大学出版局）四一頁以下参照。

(57) ステッチの原語は、points である。出典不明だが、ロマン・ロラン『ペギー』（山崎・村上訳、『ロマン・ロラン全集16』、みすず書房、「V　シャルトル巡礼　『壁掛け《タピスリー》』と『四行詩によるバラード』の詩人」）三五二頁に、「……壁掛け《タピスリー》におけるのとおなじく、無数の点 points が一本の横糸と交叉し、……」とある。Romain Rolland, *Péguy*, Albin Michel, 1944, p36 を参照。

(58) ニーチェ『ツァラトゥストラ』、前掲、四四六頁以下参照。

(59) フッサール『デカルト的省察』（船橋弘訳、『世界の名著　ブレンターノ　フッサール』所収、中央公論社）第五十節「間接的呈示として他我経験における間接的指向性」二九六頁以下参照。

(60) カーライル『衣服の哲学（衣裳哲学、サーター・リサータス）』の原著名 Sartor Resartus を示唆している。

(61) タルドについては、本書、第二章原注3、および下巻第四章原注18参照。

(62) ヘーゲル『大論理学』（武市健人訳、岩波書店）中巻、五二頁の記述を示唆しているのであろう。「……

ライプニッツが、……貴婦人たちに……宮廷で形而上学をやり、……木の葉を比較するなどということをやっておればよかったとは、形而上学にとって何と幸福な時代であったことか！」これに関して、ライプニッツ『人間知性新論』（米山優訳、みすず書房）二一二頁参照。

(63) 本書、「序論」訳注（40）参照。

(64) 本書下巻、第四章一一頁以下参照。

第一章　それ自身における差異

(1) 『初期ギリシア哲学者断片集』（山本光雄訳編、岩波書店）「15　エムペドクレス」五九頁参照。

(2) 「規定作用ソノモノ LA détermination」については、本書、第二章二三八頁、および訳注（21）を参照。

(3) たとえば、プロクロス『神学綱要』（田之頭安彦訳、『世界の名著　プロティノス　ポルピュリオス　プロクロス』所収、中央公論社）第一章「一と多」参照。この段落の小みだしの「暗い背景」は、シェリング『人間的自由の本質』における「暗い根拠」を示唆しているように思われる。形（形相）と素材（質料）に関しても、シェリングが示唆されているのかもしれない。

(4) ゴヤの作品に、「理性の眠りは怪物を生む」（『気まぐれ《カプリチョス》』所収）がある。ちなみに、ラカン「『盗まれた手紙』についてのゼミナール」（佐々木孝次訳、『エクリI』所収、弘文堂）五五頁にゴヤの同作品への言及あり。

(5) 「規定作用《デテルミナシオン》」については、デリダ『エクリチュールと差異(下)』、前掲、一三三頁（「決　定《デテルミナシオン》」）参照。

(6) 本書下巻、「結論」二四六頁、および訳注（2）参照。

(7) アリストテレス『形而上学』1055a 3 以下参照。「差異」は、邦訳（出隆訳、『アリストテレス全集12』、岩波書店）の「差別性《ディアボラー》」に相当する。なお、ドゥルーズの用いるアリストテレスの仏訳語については、Aristote, *La Métaphysique*, t.I, II, Trad. Tricot, Vrin, 1948 を参照した。邦訳については、出訳を参照した。

(8) 同書、1054b 23 参照。
(9) 同書、1055a 4-5では、「最大の差異（差別性）」は、「反対性 ἐναντίωσις, contrariété」であると言われている。
(10) 同書、1055b 1以下参照。
(11) 同書、1058a 30 以下参照。
(12) 同書、1058a 36 以下参照。
(13) たとえば、「動物」という類のなかには、「ヒト」、「ウマ」、「ブタ」などの種が属しているが、「理性的」という特徴は、同じ「動物」という類において、「ヒト」だけがもつ特徴であり、したがって「ヒト」を「ウマ」や「ブタ」から区別する特徴である。このように、同じ類のなかで、ひとつの種を他の種から区別する特徴を、種差という。
(14) 『形而上学』1057b 7 以下参照。
(15) たとえば、動物＝類、ヒト＝種、理性的＝種差としてみると、まず「ヒトは理性的である」、つぎに「ヒトは動物である」、さらに「理性的な動物はヒトである」となる。
(16) 「ディアフォラ（ディアポラー）diaphora」とは、一般に、「差異（差別性）」を意味するが、語源は、「ディアフェロー διαφέρω（運んでゆく）」という動詞にあり、ドゥルーズは、ディアフォラ、すなわち差異を、運搬という意味でも用いる。
「種別化」については、本書、「序論」訳注（39）を参照。
(17) 「最低種」については、アリストテレス『形而上学』998b 16（出訳、七二頁、一三行目）参照。個体を意味する。Aristote, op. cit. t. I, p 86 参照。ライプニッツ『形而上学叙説』（清水・飯塚訳、『世界の名著 スピノザ ライプニッツ』所収、中央公論社）三八五頁、および『人間知性新論』、前掲、二六〇頁参照。
カント『純粋理性批判』B 683 以下参照。

(18)『形而上学』998b 16などを参照。

(19) たとえば、「動物」をひとつの類とし、「植物」を他の類とする。「動物」には「ヒト」や「ブタ」が属し、「植物」には、「バラ」や「ツタ」が属する。ところで、ひとつの類は、その類に属する種の述語にしかなれない。たとえば、「ヒトは動物である」と言えても、「バラは動物である」とは言えない。ところが「存在」は、あらゆるものの述語になることができる。「ヒトは存在する」、「バラは存在する」など。したがって、「存在」は類ではない、すなわち特定の種の集合を意味することはない。

(20) カントについては、『純粋理性批判』において、カテゴリーの表（B 106）が、判断の表（B 95）に基づいていること。ヘーゲルに関しては、『大論理学』（武市健人訳、『ヘーゲル全集8』、岩波書店）三五頁、「……判断は、……自立的な各契機の中に失われた概念の統一を含んではいるが、……この統一が判断の弁証法的運動を通じて措定されたものとなると、判断はこれによって推論となり、完全に措定された概念になる。……」あたりが、ドゥルーズの念頭に置かれていると思われる。事実、同書の第三巻第一篇第二章の判断の分類は、基本的に、カント（同書、B 95）の分類に従っている。

(21)「要件 *requisits*」とは、ライプニッツの用いる語。たとえば、『認識、真理、観念についての省察』（米山優訳、『ライプニッツ著作集8』所収、工作舎）三〇頁参照。

(22) カント『純粋理性批判』（篠田英雄訳、(上)、岩波文庫）、「反省は、対象に関する概念を直接に得るために対象そのものを考察するのではなくて、心意識の状態である……」（三三九頁）、「……概念が心意識の状態において互に対《つい》となり得る関係は四通りある、即ち〈同一〉と〈相違（差異）〉……」（三四〇頁）を参照。

(23)「明けの明星‐宵の明星」は、フレーゲが提出した例。同一の「金星」を指示している（ホーレンシュタイン『ヤーコブソン』川本・千葉訳、一一五頁以下参照）。「イスラエル‐ヤコブ」については、『創世記』第三二章、「……あなたはもはや名をヤコブと言わず、イスラエルと言いなさい」（『聖書』、日本聖書協会）を参照。あるいは、ドゥルーズ『スピノザと表現の問題』（工藤喜作他訳、法政大学出版局）三四頁、五三頁参照。「プラン*plan*－ブラン*blanc*」については、出典不明。プラン（平面）の音素プ（*p*）と、ブラン（白）の音素ブ（*b*）が、両唇音かつ破裂音として同類であるということか。あるいは、ドゥルーズ、同書五三頁、「……〈平面《プラン》〉は、それを見る人間に応じて〈白い《ブラン》〉と言われる……」のことか。

(24) パルメニデスの韻文の著作『自然について』、その第一部が「真理の道」、第二部が「臆見の道」。ツェラー『ギリシャ哲学史綱要』（大谷長訳、未来社）八九頁以下、『初期ギリシア哲学者断片集』（山本光雄訳編、岩波書店）三八頁以下参照。

(25) 「ノモス」の意味については、本章、原注6参照。

(26) デカルト『方法序説』第一部、冒頭の文を示唆。

(27) 「譫妄《デリール》」は、精神医学の専門用語であるが、その語源は、ラテン語のdelirare（畝や直線からそれる）にある。

(28) ソポクレス『オイディプス王』（藤沢令夫訳、岩波文庫）九八頁、「どんな悪意のダイモーンが、めくるめくかなたの高みより跳びかかり、幸《さち》うすき、あなたの運命《さだめ》を苛《さいな》んだのか」という文章を、ドゥルーズが、パラフレーズしたものと思われる。

(29) アルトー『ヘリオガバルスまたは戴冠せるアナーキスト』（多田智満子訳、白水社）を示唆。

(30) スピノザ『エチカ』（畠中尚志訳、岩波文庫）(下)、九頁参照（「神あるいは自然」）。

(31) 同書、(上)、三七頁、「定義三」、「定義五」参照。

(32) 本書、「序論」訳注(19)参照。

(33) 本書、第一章原注8参照。

(34) 出典不明。ドゥルーズ『ニーチェと哲学』（足立和浩訳、国文社）六八頁に、同様な記述あり。

(35) ニーチェ『ギリシア人の悲劇時代における哲学』（塩屋竹男訳、『ニーチェ全集』第二巻所収、理想社）

三一八頁。『人間的、あまりに人間的』、同全集第五巻、一八頁。

(36)「車輪」については、ニーチェ『ツァラトゥストラ』（手塚富雄訳、『世界の名著　ニーチェ』所収）三一八頁参照。

(37)「オルジックな」の原語は、orgique である。ドゥルーズの造語。この語は、ドゥルーズの直接の教示によれば、organique（有機的な、組織的な）状態が、orgiaque（ディオニュソス祭の、乱痴気騒ぎの）状態へ向かって逸脱する、ということを意味している。

(38)このヘーゲルからの引用については、ドイツ語の原文と、本書に引用されている仏訳を、いわば折衷して訳出した。

(39)ヘーゲル『大論理学』（武市健人訳、岩波書店）中巻、六七頁参照。

(40)同書、六八頁参照。

(41)アンセルムスの言葉を示唆していると思われる。Saint Anselme de Cantorbéry, *Fides Quaerens Intellectum ...Proslogion...*, texte et traduction par A. Koyré, Vrin, 1967, p. 12 :《...aliquid quo nihil majus cogitari possit.》を参照。

(42)カント『純粋理性批判』B 605（篠田訳、「完全な規定」）。

(43)同書 B606。

(44)ライプニッツ『モナドロジー』一四節および二一節参照（清水・竹田訳、『世界の名著　スピノザ　ライプニッツ』所収）。

(45)ドゥルーズの造語。vice-diction（副次的矛盾《ヴィス・ディクシオン》）についての、ドゥルーズからの直接の教示を記す。vice とは、たとえば vice-amiral（海軍中将、直訳するなら、副－海軍大将）の vice（副）の意。この vice という接頭辞と、ヘーゲルにおける contradiction（矛盾）とを合成して造ったもの。vice-diction の厳密な意味は、à la place de la contradiction（矛盾のかわりに）である。したがって、「副次的矛盾《ヴィス・ディクシオン》」とは、「矛盾」

より劣る事態でも、「矛盾」を補足することでもなく、反対に「矛盾」に取ってかわるものを意味している。

(46) 以下の本文の内容は、本書下巻、第四章二〇頁以下に詳論されている。

(47) 「連続律」については、一六九〇年三月二三日、アルノー宛のライプニッツの書簡、「これらの実体は、おのおのその本性の中に、〈オノレノハタラキノ系列ノ連続ノ法則〉と、みずからに起こったこと、起こるであろうことのすべてを含んでいる」（竹田篤司訳、『ライプニッツ著作集8』所収、工作舎、三九九頁）を参照。「不可識別者同一の原理」については、「自然のなかには、二つの存在が、たがいにまったく同一で、そこに内的なちがい、つまり内的規定にもとづいたちがいが発見できないなどということは、けっしてない……」（『モナドロジー』、前掲、四三八頁）参照。

(48) 「共可能性《コンポッシビリテ》」については、「事物の根本的起源」（清水富雄訳、『世界の名著　スピノザ　ライプニッツ』所収）四九八頁参照。

(49) 同書、四五一頁の訳注（5）、四九七—四九八頁参照。

(50) 「解析接続」は、数学の専門用語。一応、比較的わかりやすい定義を挙げておく。「2点α、βを結ぶ曲線Cと、有限個の領域 $D_1, D_2, \ldots, D_n$ があって、$D_1 \cup D_2 \cup \ldots \cup D_n$ がCを含むものとする。各D_kで1価正則な函数 $f_k(z)$ があって、$f_k(z)$ は $f_{k-1}(z)$ の直接接続になっているとすれば、$f_n(z)$ をCに沿っての $f_1(z)$ の解析接続という。直接接続はもちろん解析接続の一つとみなされる」（『理工学のための数学ハンドブック』、丸善、一二八頁）。本文では、この数学用語を、非常にゆるい意味で使っているように思われる。

(51) 「明晰」と「混雑」については、本書下巻、第四章一二三頁以下参照。

(52) 『形而上学叙説』一四節、『モナドロジー』五七節を参照。

(53) 「オルジスム orgisme」も、おそらくはドゥルーズの造語であろう。オルジックな状態を指すと思われる。本章、訳注（37）参照。

（54）決裁的実験 expérience cruciale とは、ベーコン『ノヴム・オルガヌム』（服部英次郎訳、『世界の大思想　ベーコン』所収、河出書房新社）第二巻、三六節三五〇頁、「道標の事例 instantia crucis」に由来する言葉。その意味については、同箇所を参照されたい。

（55）「齟齬する《ディスパラット》 disparate」は、ボエティウス、ライプニッツなどが用いた言葉（Lalande, *Vocabulaire technique et critique de la philosophie*, P. U. F., 1972, p. 239）。ドゥルーズは、このほかに、「齟齬《ディスパリテ》 disparité」「齟齬をきたす《ディスパール》 dispars」、「齟齬の働き《ディスパラシオン》 disparation」という語を用いている。後の二つは辞書にのっていない語である。ドゥルーズに直接うかがったところ、「齟齬をきたす《ディスパール》」は、「散在した《エパール》 épars」に似せて、「齟齬する《ディスパラット》」からドゥルーズが造った語、「齟齬の働き《ディスパラシオン》」もドゥルーズの造語で、「ものごとを齟齬させる働き《アクシオン》」であるとの教示を得た。

（56）『弁神論』（佐々木能章訳、『ライプニッツ著作集6』、工作舎）一四四頁以下参照。

（57）本章、訳注（55）参照。

（58）トゥルベツコイ『音韻論の原理』（長嶋善郎訳、岩波書店）三七頁、「弁別という概念は、〈対立〉（Gegensatz, Opposition）という概念を前提としている。」

（59）「牛の眼」の原語は、l'œil *du* bœuf である。出典不明。似た言葉に、l'œil-*de*-bœuf（小円窓）があるが、あるいは、「牛の眼l'œil *d'un* bœuf」を窓の穴にはめこんで倒立像を見るという、デカルトの実験の記述に関係があるのかもしれない。『屈折光学』（青木・水野訳、『デカルト著作集1』所収、白水社）一三八頁以下参照。ちなみに、マルクス／エンゲルス『ドイツ・イデオロギー』（古在由重訳、岩波文庫）三二頁に、暗箱のなかの倒立像の比喩がある。

（60）ヘーゲル『精神現象学』（金子武蔵訳、岩波書店）上巻、九五―一一三頁を参照。

（61）たとえば、飛んでいる矢は、本当は静止していると説くゼノンなど。『初期ギリシア哲学者断片集』（山本光雄訳編、岩波書店）四九頁参照。

(62) スピノザ『エティカ』(工藤・斎藤訳、『世界の名著　スピノザ　ライプニッツ』所収) 八三頁、訳注(1) 参照。

(63) 「代理《エアザッツ》 Ersatz」については、たとえばフロイト『精神分析学入門』(懸田克躬訳、『世界の名著　フロイト』所収) 三五二頁などを参照。ただし、ドゥルーズが、ここでフロイトを示唆しているのか否かについては、確定できない。

(64) ニーチェ『ツァラトゥストラ』、たとえば「覚醒」の節などを参照。

(65) ベルクソンにおける「記憶」を示唆。本書下巻、第四章一二一頁参照。

(66) 『ツァラトゥストラ』(手塚富雄訳、『世界の名著　ニーチェ』所収)、「影」の節、三八二頁、「ツァラトゥストラは……走りはじめた。しかし、彼の背後にあるものも、彼について走った〔彼のあとを追った〕……」における、「あとを追う」の原語が、*nachfolgen* であり (Nietzsche, *Werke* II, Schlechta, Ullstein Materialien, 1984, S. 783)、ドゥルーズはおそらく、この動詞に基づいて、「追うもの《ナーハフォルゲ》 *Nachfolge*」というドイツ語の名詞を用いたのであろう。

(67) 同書、三五四頁参照。

(68) 同書、四四二頁参照。

(69) 『道徳の系譜』(信太正三訳、『ニーチェ全集』第十巻所収、理想社)、とりわけ三五二頁以下。

(70) 『ツァラトゥストラ』、前掲、四〇一頁参照。

(71) 本章、原注8参照。

(72) 本書、第二章、原注3で引用されているタルドの表現。

(73) 「置換《ベルミュタシオン》 permutation」は、数学や言語学で用いられる専門用語であるが、フロイトの「すりかえ Vertauschung」の仏訳語でもある。『精神分析学入門』、前掲、三五二頁参照。Freud, *Werke*, XI, S. Fischer, 1961, S. 289 ; Freud, *Introduction à la psychanalyse*, Payot, 1985, p. 261 参照。

（74）フッサールの表現の見せかけ《シミュラクル》のように思われる。「先験的経験論」については、たとえば『デカルト的省察』、前掲、二〇九頁以下を参照。

（75）「感性論《エステティック》」については、カント『純粋理性批判』B 35 以下参照。

（76）同書、B 195。

（77）本書、第三章三七二頁以下参照。

（78）vicus of recirculation（循環通り）とは、『フィネガンズ・ウェイクⅠ・Ⅱ』（柳瀬尚紀訳、河出書房新社）の冒頭の文章のなかで使われている言葉である。邦訳では、「巡《めぐ》り路《みち》」、「巡《めぐ》り戻《もど》る」あたりか（五頁）。「循環通り」という訳語は、やはり柳瀬氏の『英語遊び』（講談社、一九七頁）から借用させていただいた。カオスモス chaosmos は、『フィネガンズ・ウェイクⅠ・Ⅱ』では（一三〇頁、一一行目）、「萬物《ばんぶつ》の混沌《こんとん》界《かい》」と訳されている（柳瀬氏の御教示による）。ドゥルーズ『意味の論理学』（宇波彰訳、法政大学出版局）三二六頁では「循環通りはカオスモスを……動かす〔回転させる〕こともできない……」とあり、本書の記述と正反対になっている（もちろん、原書で正反対になっている——Deleuze, *Logique du sens*, Minuit, 1969, p. 305）。

（79）本章、訳注（55）参照。

（80）『ヘルダーリン全集4』（手塚富雄訳、河出書房新社）五五頁、「……時が定言的に転回し……」あたりを指すのであろうか。

（81）『純粋理性批判』B 75, 93 などを参照。

（82）ハイデガー Heidegger, *Vorträge und Aufsätze*, Günther Neske Pfullingen, 1954, S. 79, »Die Umkehrung des Platonismus«（プラトン哲学の転倒）を指す。

（83）『ソピステス』219 A-220 B（以下、プラトンの著作はすべて、『プラトン全集』、岩波書店、に準拠する）。

（84）ピアジェ『発生的認識論序説Ⅲ』（田辺・島雄訳、三省堂）三一一頁以下を参照。Ａ・ジョルダンが、ヨーロッパヒメナズナの多型に注目して、リンネがひとつだけ認めたヒメナズナを二〇〇以上に細分した種の範囲を、ジョルダン種という(『岩波生物学辞典』第三版)。

(85) 本章、訳注(17)参照。

(86) 『ポリティコス』303 D-E。

(87) 『ポリティコス』267 E-268 D, 275 A-E「要求者prétendant」は、文脈によって「主張者」「候補者」「求婚者」とも訳すことができる。以下の訳注(89)(90)で指示されている箇所を参照されたい。たとえば、『ポリティコス』267E の「……言い張り……」が、仏訳(Platon, *Le politique*, »Les Belles Lettres«, 1950, p. 19)では、《prétendre(要求する、主張する、求婚する)》となっており、これなどを踏まえてドゥルーズが「要求者」という語を用いている。

(88) 「矛盾」については、アリストテレス『形而上学』1012a 6 など、および『分析論前書』(いたるところにあり)参照。「論争」については、プラトン『ソピステス』225 A-C、『ポリティコス』268 A など参照。

(89) 『ポリティコス』267 B-C, 267 E-268 A, 275 B。

(90) 『パイドロス』237 B-238 C, 244 C, 249 E, 253 C-256 E。

(91) 『ポリティコス』268 D 以下。

(92) 同書、276 D。

(93) 『パイドロス』244 A 以下。

(94) 同書、253 A 以下。

(95) 同書、248 D あたり。

(96) 『国家』617 D-620 E を参照。

(97) 『パイドロス』247 B。

(98) 『ポリティコス』276 D。

(99) 出典不明。

(100) たとえば、プロクロス『神学綱要』、前掲『世界の名著』四六六頁以下を参照。

(101) プロティノス『エネアデス』、同書二七〇頁以下を参照。

(102) 『ポリティコス』303 D 参照。

(103) 『メノン』81 B 以下を参照。

(104) 本書下巻、第四章七七頁以下。

(105) 『ソピステス』257 B-C 参照。

(106) 「開口《ベアンス》」については、本書、「序論」訳注（53）参照。「開在性《ウヴエルチユール》」については、メルロ＝ポンティ『知覚の現象学2』の巻末の事項索引を見ていただきたい。さらに、『見えるものと見えないもの』（滝浦・木田訳、みすず書房）の巻末の索引を見ていただきたいが、とりわけ四四六頁の訳注二三二＊＊を参照されたい。「襞《プリ》」については、『見えるものと見えないもの』、ことに三三〇頁、三四二頁を参照。ドゥルーズ『襞』（*Le pli*, Minuit, 1988）、冒頭（五頁）に、ライプニッツ『モナドロジー』61節における「襞 replis」への言及があり、四二頁ではハイデガーにおける〈折り目 Zwiefalt〉（本書『差異と反復』一八五頁で言及）、四三頁ではマラルメにおける「襞」が論じられている。

(107) 『ソピステス』257 B。

(108) 『メノン』84 B 以下を参照。

(109) ハイデガー『存在と時間』（原・渡辺訳、『世界の名著　ハイデガー』）四五六頁参照。

(110) サルトル『存在と無』（松浪信三郎訳、人文書院）第一分冊、六一頁以下。

(111) 『存在と無』第一分冊、三六四頁など。メルロ＝ポンティ『見えるものと見えないもの』、前掲、九六頁参照。

(112) ハイデガー『根拠の本質について』（辻村公一、ハルトムート・ブッナー訳、『道標』所収、創文社）一五一頁。ハイデガーからの引用については、独語原典を参照したうえで、本書に引用されている仏訳の文章から訳出した。

(113) この引用は、ドゥルーズが独語原典から直接仏訳したものと思われる。

(114) Heidegger, *Vorträge und Aufsätze*, Günther Neske Pfullingen, 1954, S. 78 ; *essais et conférences*, Gallimard, 1958, p. 89（note 1. *Zwiefalt*, le pli en deux.....）を参照。

(115) *ibid.*, S. 78 ; p. 89.

(116)「転回」の原語は、le《tournant》すなわち die Kehre である（Heidegger, *Questions*, IV, Gallimard, 1976, p. 140 以下を参照）。

(117) Heidegger, *op. cit.*, S. 78 ; p. 89. 独語原典を参照したうえで、仏訳の引用から訳出した。

(118) *ibid.*, S. 193 ; p. 231. 同様に、独語原典を参照したうえで、仏訳の引用から訳出した。

(119) ハイデガー『有の問へ』（辻村・ブッナー訳、『道標』所収）四八三頁、五一三頁。

(120) 本章、原注18参照。

(121) 本書『差異と反復』の独訳の訳注によれば、「脱根拠化《エフォンドマン》 effondement」とは、「根拠《フォンドマン》 fondement」と、「崩壊《エフォンドルマン》 effondrement」との合成語。

(122)『ランボーの手紙』（祖川孝訳、角川文庫）五三頁。

(123) プラトン『ティマイオス』29 A 参照。

(124)『ソピステス』268 A-B 参照。

(125) 本章、訳注（75）参照。

第二章　それ自身へ向かう反復

(1) ドゥルーズ『経験論と立体性』（木田・財津訳、河出書房新社）九二頁参照。

(2) 本書、「序論」訳注（43）参照。
(3) 「縮約」の原語は、contraction である。ベルクソン『物質と記憶』におけるもっとも重要な概念のひとつ。この語についてのドゥルーズの解釈が、この後（本文において）続けられる。きわめて重要。
(4) エディントンの言葉。フレーザー『自然界における五つの時間』（道家・山崎訳、講談社）一三一頁参照。
(5) 『時間と自由』（中村雄二郎訳、『世界の大思想　ベルグソン』所収、河出書房新社）六七頁参照。
(6) 本書、「序論」訳注（17）参照。
(7) クロソウスキー『ディアーナの水浴』（宮川・豊崎訳、美術出版社）、フーコー「アクタイオーンの散文」（豊崎光一訳、『ミッシェル・フーコー思考集成Ⅱ』所収、筑摩書房）を参照されたい。
(8) プロティノス「自然、観照、一者について」（田之頭安彦訳、『世界の名著　プロティノス　ポルピュリオス　プロクロス』所収）、二七七頁以下を参照。
(9) 本書下巻、三二五頁で言及されているビュトールの小説『心変わり《モディフィカシオン》』の題名を示唆している。
(10) ベケットの小説『モロイ』（安藤元雄訳、『筑摩世界文学大系82』所収）四七頁、『マーフィー』（川口喬一訳、白水社）一〇一頁、『マロウンは死ぬ』（高橋康也訳、白水社）一〇頁を参照。
(11) トロピスムとは、生物学の用語であり、「屈性」、「向性」等と訳されているが、ここでは、「刺激に対する反応」といったゆるい意味で用いられているのであろう。
(12) ムネモシュネは、ウラノスとガイアから生まれた娘（ギリシア神話）。
(13) フッサール『内的時間意識の現象学』（立松弘孝訳、みすず書房）第二章一二節、一五節などを参照。
(14) ヒューム『人性論』（大槻春彦訳、岩波文庫）㈠、三九頁参照。
(15) 本書下、第四章一二一頁参照。
(16) フロイト『快感原則の彼岸』（小此木啓吾訳、『フロイト著作集6』所収、人文書院）一六一―一六二頁あたりを示唆していると思われる。

(17) 本書、「序論」訳注(54)参照。
(18) カント『純粋理性批判』B 317, B 407 を参照。
(19) デカルト『方法序説』(野田又夫訳、『世界の名著　デカルト』所収)一八九頁、『省察』(所雄章訳、『デカルト著作集1』所収、白水社)四一頁。(財津理「懐疑と〈コギト・エルゴ・スム〉」、中央大学『紀要』、哲学科第三二号を参照していただければ幸いである。)
(20) 『純粋理性批判』B 158 の原注を参照。
(21) 同書、B 157 の原注を参照。ドゥルーズは、カントの Aktus zu bestimmen(規定する作用)を、LA détermination(規定作用ソノモノ)と言い換えているように思われる。
(22) 同書、B 153-159 の要約になっているように思われる。
(23) 同書、B 152 を参照。
(24) 同書、B 69 など。
(25) 『省察』、前掲、六七頁参照。
(26) シェイクスピア『ハムレット』(市河・松浦訳、岩波文庫)四七頁、「世の中は調子はずれだ The time is out of joint」を指す。
(27) オイディプスとハムレットの関係づけについては、フロイト『精神分析学入門』(懸田克躬訳、『世界の名著　フロイト』所収)四一一―四一二頁参照。
(28) 「カルドー cardo」とは、「蝶番」、「軸」、「主要な点」などを意味するラテン語。「カルディナル cardinal」というフランス語の形容詞は、そのラテン語に由来しており、基数の「基」とか、東西南北の方位点における「方位の」という意味をもつ。したがって、このフランス語を、「機軸的な」と訳した。
(29) 「運動の数」とは、アリストテレス以来の時間の定義。アリストテレス『自然学』219b 以下を参照。
(30) ヘルダーリン『オイディプスへの注解』(手塚富雄訳、『ヘルダーリン全集4』所収、河出書房新社)四八頁。

(31) ニーチェ『ツァラトゥストラ』、前掲、「青白い犯罪者」の章、九四頁、「行為の表象」を指す。独語原典では、das Bild der Tat であり、仏訳では、l'image de l'action である。Nietzsche, *Werke*, II, Schlechta, Ullstein Materialien, 1984, S. 578 ; *Ainsi parlait Zarathoustra*, Mercure de France, 1921, p.51 を参照。

(32) 四つの表現のうち、最初のものはハムレットを、三番目のものはエムペドクレスを（クロソウスキー『かくも不吉な欲望』小島俊明訳、現代思潮社、三五頁参照）、四番目のものはオイディプスあるいはニーチェを示唆していると思われる。二番目の〈太陽を炸裂させる〉は、出典不明。

(33) 出典不明。あるいは、『ツァラトゥストラ』における「行動のイマージュ（行為の表象）」（本章訳注(31)参照）の直後に、「かれが犯罪の行為をしたとき、かれはその行為と等身だった。しかしその行為を犯したのちに、かれはそのイマージュ（表象）に耐えることができなかった」とあり（前掲書、九四―九五頁）、これをドゥルーズがパラフレーズしたのかもしれない。

(34) 『ハムレット』、前掲、一二四―一二五頁を参照。本書、二五三頁参照。

(35) ソポクレス『オイディプス王』（藤沢令夫訳、岩波文庫）、「第一エペイソディオン」（三〇頁）、あるいは「第四エペイソディオン」（八六頁）におけるオイディプスの尋問と思われる。

(36) ピエール・バランシュ Pierre Ballanche の言葉。本書、二五六頁参照。

(37) マルクス『ルイ・ボナパルトのブリュメール一八日』（『マルクス＝エンゲルス8巻選集』第3巻所収、大月書店）一五四頁参照。

(38) 本書、二五三頁参照。

(39) 本書、三四頁以下参照。

(40) 「これを最後に une fois pour toutes」については、クロソウスキー『かくも不吉な欲望』、前掲、二五頁参照（「一度かぎり une fois pour toutes」）。

(41) この小みだしは、本文の文脈、内容からして、その位置は奇異ではあるが、この《三つの反復に関する注》のためのものであるように思われる。
(42) 『ルイ・ボナパルトのブリュメール一八日』、前掲、一五三頁。
(43) 『ハムレット』、前掲、一一一頁。
(44) 『ツァラトゥストラ』、前掲、九四頁以下。
(45) 同書、「退職」の章であろうか。三六四頁以下参照。
(46) 同書、「幻影と謎」の章、二四四頁と思われる。
(47) 同書、「最も静かな時刻」の章、二三四頁。
(48) 同書、「徴《しるし》」の章、四四七頁。
(49) ヨアキムは、全世界の歴史を三つに区分し、それに父と子と聖霊を対応させている。すなわち、旧約聖書の時代、新約聖書の時代、そして一二六〇年に始まる時代。(『キリスト教大辞典』、日本基督教団出版局による。)
(50) ヴィーコ『新しい学』(清水・米山訳、『世界の名著 ヴィーコ』所収)八四頁。
(51) キルケゴールを示唆。本章、原注12参照。
(52) フロイト『快感原則の彼岸』、前掲、一五一頁参照。
(53) 「エス」という代名詞が、ニーチェに由来しているということについては、フロイト『自我とエス』(小此木啓吾訳、『フロイト著作集6』所収)二七三頁参照。
(54) 以下、頻出する精神分析の専門用語については、原則的に、『精神分析用語辞典』(前掲、みすず書房)に一致させて訳語を選んだ。重要なタームは、〈 〉あるいは「 」でくくってあるので、専門的な意味については、同辞典を参照されたい。
(55) 本書、「序論」訳注(17)参照。

(56) 「拘束」と「支配」については、同辞典、一三七―一三八頁参照。
(57) 『純粋理性批判』B 67 参照。
(58) 「紐帯《リアン》」の原語は、lien であるが、この語は、『精神分析用語辞典』一三八頁に、「連想の〈鎖《リアン》〉」とあるので、「鎖」と訳すべきかもしれない。いずれにせよ、このあたりのドゥルーズの叙述は難解である。
(59) 「自己中心性《エゴサントリスム》」は、ピアジェの用語。幼児が主観的領域と客観的領域を区別できないということ。ピアジェ『臨床児童心理学―I　児童の自己中心性』（大伴茂訳、同文書院）参照。
(60) ラカン『エクリI』（宮本忠雄他訳、弘文堂）三頁参照。
(61) スィーガル『メラニー・クライン入門』（岩崎徹也訳、岩崎学術出版社）六頁以下参照。
(62) 大洪水で人類が絶滅した後、デウカリオンが妻と共に、道にころがっていた石を拾って背後に投げると、その石は変形して人間になった、というギリシア神話に出てくる石のこと。
(63) Jacques Lacan, *Écrits*, Seuil, 1966, p25 からの引用であるが、同ページ、二六行目の《à sa place（あるべき場所に）》が抜けている（『エクリI』、前掲、二六頁参照）。ただし、ドゥルーズによる引用は、同書の文章と完全に同一ではない。
(64) 『精神分析用語辞典』、前掲、三一五―三一六頁を参照。
(65) 「対象＝x」に似た言葉としては、カント『純粋理性批判』A 109 に「先験的対象＝X」、フッサール『イデーンI-I』（渡辺二郎訳、みすず書房）一七五頁に「空虚なX」、『イデーンI-II』二六二頁に「規定可能なX」があるが、ドゥルーズは、『意味の論理学』（岡田・宇波訳、法政大学出版局）「第14のセリー」の章において、カントとフッサールにおける「X」を批判している。
(66) 『エクリI』、前掲、七頁参照。
(67) 本書「はじめに」訳注（3）参照。
(68) 『快感原則の彼岸』、前掲、一七四頁以下参照。

(69) 『精神分析学入門』、前掲、四四八頁—四四九頁を参照。

(70) 『エクリI』、前掲、三二頁参照。邦訳では「相互主観性」であるが、本書の文脈においては「相互主体性」とする。

(71) ニーチェ『善悪の彼岸』（信太正三訳、『ニーチェ全集』第十巻、理想社）二九六頁。

(72) ラカン「ファルスの意味作用」（佐々木孝次訳、『エクリIII』所収）一五三頁以下参照。ただし、邦訳における「欠乏」を、本書の文脈においては「欲求」、邦訳における「欲求」を「欲望」に変更する。

(73) 「複雑なテーマ」は、ライプニッツの言葉。『人間知性新論』、前掲、三五七頁参照。

(74) メルロ＝ポンティも用いている言葉だが、ここではラカンを示唆している。本書、「序論」訳注（53）参照。

(75) 出典不明だが、本書の文脈からすると、たとえば、プラトン『ソピステス』236 E あたりを示唆しているようにも思われる。

(76) 原文では《différenciées》だが、《différentiées》と読む。

(77) ライプニッツの言葉。たとえば『モナドロジー』二一節を参照。

(78) このあたりの文脈からすれば、主として、「ライプニッツの伝統」によってシェリングを（本書二九〇頁、「シェリングはライプニッツ主義者であった」）、「カントの伝統」でヘーゲルを示唆しているのであろう。

(79) フロイト『快感原則の彼岸』、前掲、一五一頁を示唆しているように思われる。

(80) 「未視」は、ヤスパースの言葉。本書、「序論」訳注（49）参照。

(81) フロイト『自我とエス』、前掲、二七七—二七八頁を参照。

(82) ニーチェ『ツァラトゥストラ』、前掲、「憂愁の歌」の章、四一六頁、「紅の空を、緑いろして、妬ましげに忍び足であゆむとき……」あたりを踏まえているように思われる。

(83)「理想自我」と「自我理想」の区別については、リクール『フロイトを読む』（久米博訳、新曜社）五四一頁参照。

(84) ボルヘス『八岐の園』（鼓直訳、『伝奇集』所収、福武書店）九四頁あたりか。

(85)『自我とエス』、前掲、二七七頁参照（邦訳では「非性化」）。

(86)『快感原則の彼岸』、前掲、一八七頁あたりを示唆していると思われる。

(87) 同書、一七四頁、「……無生物に還ろうとする最初の本能であった」。

(88) 本書、第三章三九三頁、および原注11参照。

(89) ロブ゠グリエの小説を示唆。「ひも」は『覗くひと』（望月芳郎訳、講談社）、「壁の染み」は『嫉妬』（白井浩司訳、新潮社）、「消しゴム」は『消しゴム』（中村真一郎訳、河出書房新社）に現われる。

(90) リビドーとサディズムおよびマゾヒズムとの関係については、フロイト『マゾヒズムの経済的問題』（青木宏之訳、『フロイト著作集6』所収）を参照されたい。

(91)『ツァラトゥストラ』、前掲、「日の出前」の章、二五四頁、および本書四二一頁（「……おまえは、神的な骰子たちと神的な賭け手たちのための……」）を参照。この「賭け手《ジュエール》」という語の最初の意味は「遊ぶ者」であり、「子ども」と「遊び」は、ニーチェ思想の出発点にあるモチーフである。『悲劇の誕生』西尾幹二訳、中公文庫、一四〇頁（「永遠の子ども」と「崇高な玩具」）を参照。ドゥルーズ『ニーチェと哲学』（足立和浩訳、国文社）五五—五八頁参照。マラルメ『イジチュールまたはエルベノンの狂気』（秋山澄夫訳、思潮社）五〇—五三頁参照。

(92) ハイデガーを示唆している。本書一八四—一八六頁を参照。

(93)「カップリング」とは、物理学の用語であり、「結合」ともいう。二つのセリーもしくはシステムのあいだに相互作用がある場合、それらは、カップリングもしくは結合の状態にある。ドゥルーズは、この語を、ゆるい意味（ドゥルーズ的な意味）で用いている。

(94)「強制運動」は物理学の用語。「束縛運動」ともいう。物体の一定の運動が、その運動にとって外的な条件によって強制される場合に生じる運動のこと。この語も、本書では、広い意味で用いられている。

(95) 本書下巻、第五章一四六頁、および原注2参照。

(96)「疎通」とは、精神分析の用語。興奮が、最初にニューロンからニューロンへ移るとき抵抗に打ち勝ち、その後抵抗が弱まること。『精神分析用語辞典』(前掲)を参照されたい。

(97) 本書下巻、一二七—一二八頁参照。

(98) 本書、七三頁参照。

(99) *Finnegan's Wake* というアポストロフィ付きの言葉は、アイルランドの俗謡の題名であり(ジョイス『フィネガン徹夜祭』鈴木幸夫他訳、解説、二二八頁参照)、*Finnegans Wake* というアポストロフィなしの言葉が、ジョイスの小説の題名である、ということはよく知られている。ドゥルーズが、ここで意図的にアイルランドの俗謡の題名を出しているとは考え難い。あるいは、誤植ではないだろうか。というのは、本書(原書)の巻末に付せられている参考文献の表に、ジョイスの作品として、アポストロフィ付きの『フィネガンズ・ウェイク』が記されており、これはどう考えても納得できないからである。また、本書の他の箇所では、アポストロフィなしの『フィネガンズ・ウェイク』もあったりして、アポストロフィの付与は、意図的な操作というより、むしろ単純なミスではないかと思われる。

(100)「コスモス的な文学」については、ニーチェに、「……宇宙的な大文字で概念の大空に書きつけられる……」という表現がある(『悦ばしき知識』、信太正三訳、『ニーチェ全集』第八巻所収、九頁、理想社)。

(101)「エピファニー」は、ふつうはキリスト教の「公現祭」を指すが、ジョイスの用いる語としては、些細なことから人間の本質が突然啓示される瞬間を意味する(『英米文学辞典』、研究社)。

(102) ジョイス『ユリシーズ』II(丸谷・永川・高松訳、河出書房新社)三九二頁以下参照。

(102)「マドレーヌ」については、たとえば、『プルースト全集1——失われた時を求めて』(井上究一郎訳、筑摩書房）五七頁などを参照。ドゥルーズ『プルーストとシーニュ』、前掲（旧版）、七〇―七一頁、七四―七五頁を参照。

(103) カント『純粋理性批判』A 250 以下を参照。本章、訳注（65）参照。「或るもの＝x」は、「対象＝x」と同じ。

(104) 「知覚」については、『プルースト全集8』三八一頁参照。ドゥルーズ『プルーストとシーニュ』、前掲、五二頁、七五頁参照。

(105) 「意志的記憶」については、ドゥルーズ、同書、七一―七二頁参照。

(106) 「質的な差異」については、『プルースト全集10』三〇三頁、「地球の表面には」については、『プルースト全集8』三八〇頁参照。ドゥルーズ、同書、五二頁参照。

(107) 『プルースト全集6』二一二頁参照。ドゥルーズ、同書、二四―二五頁参照。

(108) 『プルースト全集10』二六九頁参照。ドゥルーズ、同書、七五頁、一三六頁参照。

(109) この叙述には、どれほどの深さ＝奥ゆきがあるのかわからない。さしあたっては、マラルメか、あるいはガリレオか。トマス・ア・ケンピス、デカルト、ゲーテ……？　清水徹『書物の夢　夢の書物』（筑摩書房）参照。

(110) ゴンブローヴィッチ『コスモス』（工藤幸雄訳、恒文社）一九四頁以下を参照。

(111) 『形而上学叙説』九節、一四節、『モナドロジー』五七節など。

(112) ドゥルーズ『スピノザと表現の問題』（工藤喜作他訳、法政大学出版局）一七九頁、四〇二頁参照（ただし、同書と本書の訳語は同じではない）。清水純一『ジョルダーノ・ブルーノの研究』、創文社、一八九頁参照。

(113) 『ユリシリーズ』の第二章「ネストール」および第一七章「イタケー」が、質問と答えで構成されていること。

(114)デリダ「フロイトとエクリチュールの舞台」(三好郁朗訳、『エクリチュールと差異(下)』所収、法政大学出版局)六七頁参照。
(115)フロイト『ある幼児期神経症の病歴より』(小此木啓吾訳、『フロイト著作集9』所収、人文書院)四三七頁参照。
(116)囚われの女については、『プルースト全集8』(前掲)を参照。
(117)『精神分析用語辞典』、前掲、一二三頁参照。
(118)ブランショの言葉を用いている。本章原注28参照。デリダ、前掲書、六八頁参照。
(119)本書、序論訳注(19)参照。
(120)原語は、phantasme である。ふつう、フロイトの用語としては「幻想《ファンタスム》」、プラトンの言葉としては「幻像《ファンタスム》」と訳される。以下、本文のプラトンの用語については、岩波書店の『プラトン全集』および、platon, *Œuvres Complètes*, société d'édition《Les Belles Lettres》に準拠した。
(121)「要求者」については、本書、第一章訳注(87)参照。

第三章　思考のイマージュ

(1)『省察』(所雄章訳、『デカルト著作集2』所収、白水社)三九頁参照。
(2)『真理の探求』(井上庄七訳、『デカルト著作集4』所収、白水社)三二七頁参照。
(3)『エンチュクロペディー』(樫山欽四郎他訳、河出書房新社)一〇九頁参照。
(4)『存在と時間』(原佑・渡辺二郎訳、『世界の名著　ハイデガー』所収、中央公論社)八三頁参照。
(5)『真理の探求』の登場人物。エピステモンは「学識ある人」、ユードクスは「良き意見の持ち主」を意味し、後者がデカルト自身に擬せられていると言われている。前掲、三三三頁、四四三頁参照。
(6)「オーソドクシー orthodoxie」は、「ortho(正しい) -doxia(臆見)」というギリシア語に由来している。

（7）出典不明。

（8）アリストテレス『形而上学』の冒頭の句。

（9）デカルト『方法序説』「第一部」の冒頭の句。

（10）カント『判断力批判』二一節における「伝達可能性」を示唆。ドゥルーズ『カントの批判哲学』（中島盛夫訳、法政大学出版局）三三―三四頁参照。

（11）この小みだしと、つぎの節の小みだしとの位置は、訳者の判断によって原書における位置を逆にしたものである。

（12）デカルト『省察』、前掲、四五―四六頁参照。

（13）『カントの批判哲学』、前掲、三三頁以下を参照。

（14）以上に関して、財津理「感覚と知覚――現象学的アプローチ」（『新岩波講座　哲学9』所収）を参照していただければ幸いである。

（15）フッサールの言葉。フッサール『イデーンI―II』（渡辺二郎訳、みすず書房）一六七頁など（「根元臆見」）。

（16）『純粋理性批判』A 103 以下を参照。

（17）ニーチェ『善悪の彼岸』、前掲、二一一節を参照。

（18）『純粋理性批判』B 353 以下を参照。

（19）同書、B 422 以下を参照。

（20）「共通の通俗的理性 la raison populaire commune」は、本書『差異と反復』の独訳では、der gemeine Verstand（ふつうの悟性、すなわち常識）となっている。この独訳の言葉（むしろ原語?）は、『判断力批判』の二〇節に見いだされる。四〇節にも似た表現がある。そこで、nrf 版の仏訳本 Emmanuel Kant, *Œuvres philosophiques* II, 1985 を見ると、le bon sens（良識）と訳されている（二〇節）。四〇節の der gemeine Menschenverstand（ふつうの人間的悟性、つまり常識）は、l'entendement commun（共通の悟性）、le sens commun（常識、共通感覚）と訳されている。しかし『実践理性批判』には die gemeine Menschenvernunft（ふつうの人間理性）という表現がある（岩波文庫一九七九年三〇四頁、および一八八頁参照）。

(21)『判断力批判』四〇節の原注一四参照。ドゥルーズ『カントの批判哲学』、前掲、三六頁参照。

(22) プラトン『国家』524 A 以下を示唆していると思われる。

(23) 同『メノン』81 C 以下あたり、『パイドン』73 A 以下あたりと思われる。

(24)『ハムレット』におけるせりふのもじり。本書、第二章二四五頁、および訳注（26）参照。ちなみに、ニーチェ『悦ばしき知識』、前掲、五五頁に似た表現がある。なお、アクセロス『遊星的思考へ』（高橋允昭訳、白水社）一五六頁、および五一二頁における二つの訳注を参照。

(25)『国家』523 B 以下、524 D 以下を参照。

(26) ヤスパースの言葉。本書、「序論」訳注（49）参照。

(27)『国家』524 C 以下を参照。

(28)『パルメニデス』133 C 参照。

(29) ハイデガーの表現。この文の末尾に付せられている原注9参照。なお、アクセロス、前掲書、七〇頁参照。

(30) フロイト『自伝的に記述されたパラノイア（妄想性痴呆）の一症例に関する精神分析的考察』（小此木啓吾訳、『フロイト著作集9』所収）におけるパラノイア患者の名。

(31) ニーチェが引用しているホラティウスの言葉。『悦ばしき知識』、前掲、五八頁参照。

(32)「逆感覚《パラ・サンス》 para-sens」とは、ドゥルーズの造語。ドゥルーズに直接うかがったところ、「パラ・サンス」の「パラ」とは、「パラドックス」の「パラ」と同じ意味、すなわち「反《コントル》」という意味であるという教示を得た。「パラドックス」とは、語源的には、「反臆見」を意味している。したがって、「パラ・サンス」を「反感覚」と訳せるのではあるが、すでに「反意味《コントル・サンス》」という語があり、まぎらわしいので「逆感覚《パラ・サンス》」と訳してみた。「反共通感覚」という意味。

(33) ライプニッツ『人間知性新論』、前掲、二三六頁以下参照。

(34) ブランショ『来るべき書物』（粟津則雄訳、筑摩書房）五三頁以下参照。

(35) 同書、五四頁参照。

(36)『国家』431 C 参照（「正しい思わく」）。『テアイテトス』208 B 参照（「正しい思いなし」）。

(37)「エングラム」とは、本来は、刺激によって生じた生体の持続的変化のことをいうが、心理学的には、潜在的な記憶痕跡などを言う（『精神医学辞典』弘文堂）。

(38)『テアイテトス』208 D 以下を参照。

(39) 同書、196 A。

(40) たとえば、キケロ『ストア派のパラドックス』（水野有庸訳、『世界の名著　キケロ　エピクテトス　マルクス・アウレリウス』所収）一一〇頁参照（「馬鹿者」の「馬鹿」が stultitia にあたる）。

(41) ハイデガーが用いる表現のパロディー。本章三八五—三八六頁参照。

(42) ラッセル『意味と真偽性』（毛利可信訳、文化評論出版）二三三頁。

(43)「アブラクサス」には、グノーシス派の呪文などいくつかの意味がある。「スナーク」は、ルイス・キャロルのナンセンス長詩『スナーク狩り』に現われる語。「ブリトゥリ」とは、竪琴の音に似せた擬音語（セクストス・ホ・エムペイリコスによる）。

(44) 以上の点について、財津理「ドゥルーズと論理学」（一九七八年七月号『エピステーメー』所収）を、きわめて未熟な論文ではあるが、参照していただければ幸いである。

(45) ライプニッツの言葉。本書、第二章二九〇頁、および訳注（73）参照。

(46)「猫のいない猫笑い」については、キャロル『不思議の国のアリス』第六章を、「騎士」については、『鏡の国のアリス』第八章を参照。

(47) たとえば、フッサール『イデーンI—I』(渡辺二郎訳、みすず書房)七七頁、九一頁参照。

(48) マルクス『経済学批判』における言葉。本書下巻、第四章五七頁、および訳注(29)を参照。

(49) アリストテレス『トピカ』101b 15以下を参照。

(50) 同書、100b 20以下。

(51) そのような「場所」、すなわち「トポス」を研究するのが、ほかならぬアリストテレスの『トピカ』である。

(52) 以上について、同書、第一巻第四章を参照。

(53) 本書四三一頁、および原注19を参照。

(54) これは、ドゥルーズ『カントの批判哲学』の根本的なテーマである。

(55) ライプニッツ『人間知性新論』、前掲、三五七頁参照。

(56) この小みだしと、つぎの節の小みだしとの位置は、訳者の判断によって原書における位置を逆にしたものである。

(57) たとえば、『形而上学叙説』三三節参照。「関係=比《ラポール》の……度《ドゥグレ》」については、本書、第一章原注13参照。

(58)『モナドロジー』二一節参照。

(59)「パイデイアー」とは、「教育」を意味するギリシア語。プラトン哲学のもっとも重要なテーマのひとつ。ドゥルーズ哲学においても同様。ただし、反プラトン主義の立場で。

(60)『善悪の彼岸』、前掲、一四六頁参照。

(61) プラトン『メノン』の主要登場人物のひとり。詳しくは、岩波版『プラトン全集9』の解説、三七〇—三七一頁参照。

本書は一九九二年、河出書房新社より
単行本として刊行されました。

差《さ》異《い》と反《はん》復《ぷく》 上

二〇〇七年一〇月二〇日 初版発行
二〇二四年 六 月三〇日 13刷発行

著 者 G・ドゥルーズ
訳 者 財津《ざいつ》理《おさむ》
発行者 小野寺優
発行所 株式会社河出書房新社
〒一六二-八五四四
東京都新宿区東五軒町二-一三
電話〇三-三四〇四-八六一一（編集）
〇三-三四〇四-一二〇一（営業）
https://www.kawade.co.jp/

ロゴ・表紙デザイン 粟津潔
本文フォーマット 佐々木暁
印刷・製本 大日本印刷株式会社

Printed in Japan ISBN978-4-309-46296-7

神の裁きと訣別するため

アントナン・アルトー　宇野邦一／鈴木創士〔訳〕　46275-2

「器官なき身体」をうたうアルトー最後の、そして究極の叫びである表題作、自身の試練のすべてを賭けて「ゴッホは狂人ではなかった」と論じる35年目の新訳による「ヴァン・ゴッホ」。激烈な思考を凝縮した2篇。

ユング　地下の大王

コリン・ウィルソン　安田一郎〔訳〕　46127-4

現代人の精神的貧困の原因とその克服を一貫して問い続けてきた著者が、オカルト、共時性、易、錬金術、能動的想像等、ユングの神秘的側面に光をあて、ユング思想の発展を伝記と関連させて明快に説いた力作。

百頭女

マックス・エルンスト　巖谷國士〔訳〕　46147-2

古いノスタルジアをかきたてる漆黒の幻想コラージュ一四七葉——永遠の女「百頭女」と怪鳥ロプロプが繰り広げる奇々怪々の物語。エルンストの夢幻世界、コラージュロマンの集大成。今世紀最大の奇書！

慈善週間　または七大元素

マックス・エルンスト　巖谷國士〔訳〕　46170-0

自然界を構成する元素たちを自由に結合させ変容させるコラージュの魔法、イメージの錬金術!!　巻末に貴重な論文を付し、コラージュロマン三部作、遂に完結。今世紀最大の芸術家エルンストの真の姿がここに!!

見えない都市

イタロ・カルヴィーノ　米川良夫〔訳〕　46229-5

現代イタリア文学を代表し世界的に注目され続けている著者の名作。マルコ・ポーロがフビライ汗の寵臣となって、様々な空想都市（巨大都市、無形都市など）の奇妙で不思議な報告を描く幻想小説の極致。解説＝柳瀬尚紀

不在の騎士

イタロ・カルヴィーノ　米川良夫〔訳〕　46261-5

中世騎士道の時代、フランス軍勇将のなかにかなり風変わりな騎士がいた。甲冑のなかは、空っぽ……。空想的な《歴史》三部作の一つで、現代への寓意を込めながら奇想天外さと冒険に満ちた愉しい傑作小説。

ファニー・ヒル

ジョン・クレランド　吉田健一〔訳〕　46175-5

ロンドンで娼婦となった少女ファニーが快楽を通じて成熟してゆく。性の歓びをこれほど優雅におおらかに描いた小説はないと評される、214年の禁をとかれ世に出た名著。流麗な吉田健一訳の、無削除完訳版。

ロベルトは今夜

ピエール・クロソウスキー　若林真〔訳〕　46268-4

自宅を訪問する男を相手構わず妻ロベルトに近づかせて不倫の関係を結ばせる夫オクターヴ。「歓待の掟」にとらわれ、原罪に対して自己超越を極めようとする行為の果てには何が待っているのか。衝撃の神学小説！

路上

ジャック・ケルアック　福田実〔訳〕　46006-2

スピード、セックス、モダン・ジャズ、そしてマリファナ……。既成の価値を吹きとばし、新しい感覚を叩きつけた1950年代の反逆者たち。本書は、彼らビートやヒッピーのバイブルであった。現代アメリカ文学の原点。

孤独な旅人

ジャック・ケルアック　中上哲夫〔訳〕　46248-6

『路上』によって一躍ベストセラー作家となったケルアックが、サンフランシスコ、メキシコ、ＮＹ、カナダ国境、モロッコ、南仏、パリ、ロンドンに至る体験を、詩的で瞑想的な文体で生き生きと描いた魅惑的な一冊。

ポトマック

ジャン・コクトー　澁澤龍彥〔訳〕　46192-2

ジャン・コクトーの実質的な処女作であり、20代の澁澤龍彥が最も愛して翻訳した《青春の書》。軽やかで哀しい《怪物》たちのスラップスティック・コメディ。コクトーによる魅力的なデッサンを多数収録。

大胯びらき

ジャン・コクトー　澁澤龍彥〔訳〕　46228-8

「大胯びらき」とはバレエの用語で胯が床につくまで両脚を広げること。この小説では、少年期と青年期の間の大きな距離を暗示している。数々の前衛芸術家たちと交友した天才詩人の名作。澁澤訳による傑作集。

残酷な女たち

L・ザッヘル＝マゾッホ　飯吉光夫／池田信雄〔訳〕　46243-1

８人の紳士をそれぞれ熊皮に入れ檻の中で調教する侯爵夫人の話など、滑稽かつ不気味な短篇集の表題作の他、女帝マリア・テレジアを主人公とした「風紀委員会」、御伽噺のような奇譚「醜の美学」を収録。

毛皮を着たヴィーナス

L・ザッヘル＝マゾッホ　種村季弘〔訳〕　46244-8

サディズムと並び称されるマゾヒズムの語源を生みだしたザッヘル＝マゾッホの代表作。東欧カルパチアとフィレンツェを舞台に、毛皮の似合う美しい貴婦人と青年の苦悩と快楽を幻想的に描いた傑作長編。

恋の罪

マルキ・ド・サド　澁澤龍彥〔訳〕　46046-8

ヴァンセンヌ獄中で書かれた処女作「末期の対話」をはじめ、50篇にのぼる中・短篇の中から精選されたサドの短篇傑作集。短篇作家としてのサドの魅力をあますところなく伝える13篇を収録。

悪徳の栄え　上・下

マルキ・ド・サド　澁澤龍彥〔訳〕　上／46077-2　下／46078-9

美徳を信じたがゆえに身を滅ぼす妹ジュスティーヌと対をなす姉ジュリエットの物語。悪徳を信じ、さまざまな背徳の行為を実践する悪女の遍歴を通じて、悪の哲学を高らかに宣言するサドの長編幻想奇譚!!

ブレストの乱暴者

ジャン・ジュネ　澁澤龍彥〔訳〕　46224-0

霧が立ちこめる港町ブレストを舞台に、言葉の魔術師ジャン・ジュネが描く、愛と裏切りの物語。“分身・殺人・同性愛”をテーマに、サルトルやデリダを驚愕させた現代文学の極北が、澁澤龍彥の名訳で今、蘇る!!

飛ぶのが怖い

エリカ・ジョング　柳瀬尚紀〔訳〕　46250-9

1973年にアメリカで刊行されるや、600万部の大ベストセラーになり、ヘンリー・ミラーやアップダイクが絶賛した新しい女性の文学。性愛をテーマにしながらもユーモラスな傑作。装画・あとがき＝山本容子

なしくずしの死　上・下

L-F・セリーヌ　高坂和彦〔訳〕　上／46219-6　下／46220-2

反抗と罵りと怒りを爆発させ、人生のあらゆる問いに対して〈ノン！〉を浴びせる、狂憤に満ちた「悪魔の書」。その恐るべきアナーキーな破壊的文体で、20世紀の最も重要な衝撃作のひとつとなった。待望の文庫化。

モデラート・カンタービレ

マルグリット・デュラス　田中倫郎〔訳〕　46013-0

自分の所属している社会からの脱出を漠然と願う人妻アンヌ。偶然目撃した情痴殺人事件の現場。酒場で知り合った男性ショーヴァンとの会話は事件をなぞって展開する……。現代フランスの珠玉の名作。映画化。

北の愛人

マルグリット・デュラス　清水徹〔訳〕　46161-8

『愛人――ラマン』(1992年映画化）のモデルだった中国人が亡くなったことを知ったデュラスは、「華北の愛人と少女の物語」を再度一気に書き上げた。狂おしいほどの幸福感に満ちた作品。

アンチ・オイディプス　上・下　資本主義と分裂症

ジル・ドゥルーズ／フェリックス・ガタリ　宇野邦一〔訳〕　上／46280-6　下／46281-3

最初の訳から20年目にして“新訳”で送るドゥルーズ＝ガタリの歴史的名著。「器官なき身体」から、国家と資本主義をラディカルに批判しつつ、分裂分析へ向かう本書は、いまこそ読みなおされなければならない。

碾臼

マーガレット・ドラブル　小野寺健〔訳〕　46001-7

たった一度のふれあいで思いがけなく妊娠してしまった未婚の女性ロザマンド。狼狽しながらも彼女は、ひとりで子供を産み、育てる決心をする。愛と生への目覚めを爽やかに描くイギリスの大ベストセラー。

太陽がいっぱい

パトリシア・ハイスミス　佐宗鈴夫〔訳〕　46125-0

地中海のまぶしい陽の中、友情と劣等感の間でゆれるトム・リプリーは、友人殺しの完全犯罪を思い立つ――。原作の魅惑的心理描写により、映画の苦く切ない感動が蘇るハイスミスの出世作！　リプリー・シリーズ第一弾。

死者と踊るリプリー

パトリシア・ハイスミス　佐宗鈴夫〔訳〕　46237-0

《トム・リプリー・シリーズ》完結篇。後ろ暗い過去をもつトム・リプリー。彼が殺した男の亡霊のような怪しいアメリカ人夫婦の存在が彼を不気味に悩ませていく。『贋作』の続篇。

眼球譚［初稿］

オーシュ卿（G・バタイユ）　生田耕作〔訳〕　46227-1

20世紀最大の思想家・文学者のひとりであるバタイユの衝撃に満ちた処女小説。1928年にオーシュ卿という匿名で地下出版された当時の初版で読む危険なエロティシズムの極北。恐るべきバタイユ思想の根底。

空の青み

ジョルジュ・バタイユ　伊東守男〔訳〕　46246-2

20世紀最大の思想家の一人であるバタイユが、死とエロスの極点を描いた1935年の小説。ロンドンやパリ、そして動乱のバルセローナを舞台に、謎めく女たちとの異常な愛の交錯を描く傑作。

裸のランチ

ウィリアム・バロウズ　鮎川信夫〔訳〕　46231-8

クローネンバーグが映画化したW・バロウズの代表作にして、ケルアックやギンズバーグなどビートニク文学の中でも最高峰作品。麻薬中毒の幻覚や混乱した超現実的イメージが全く前衛的な世界へ誘う。解説＝山形浩生

ジャンキー

ウィリアム・バロウズ　鮎川信夫〔訳〕　山形浩生〔解説〕　46240-0

『裸のランチ』によって驚異的な反響を巻き起こしたバロウズの最初の小説。ジャンキーとは回復不能になった麻薬常用者のことで、著者の自伝的色彩が濃い。肉体と精神の間で生の極限を描いた非合法の世界。

時間割

ミシェル・ビュトール　清水徹〔訳〕　46284-4

濃霧と煤煙に包まれた都市ブレストンの底知れぬ暗鬱の中に暮した主人公ルヴェルの一年間の時間割を追い、神話と土地の霊がひき起こす事件の細部をミステリーのように構成した、鬼才ビュトールの最高傑作。